你一定爱读的中国战争史

11

五代十国

羽寺 著

民主与建设出版社
·北京·

© 民主与建设出版社，2021

图书在版编目（CIP）数据

你一定爱读的中国战争史 . 五代十国 / 羽寺著 . —
北京 : 民主与建设出版社 , 2021.11
ISBN 978-7-5139-3692-7

Ⅰ . ①你… Ⅱ . ①羽… Ⅲ . ①战争史 – 中国 – 五代十
国时期 – 通俗读物 Ⅳ . ① E291-49

中国版本图书馆 CIP 数据核字 (2021) 第 214196 号

你一定爱读的中国战争史：五代十国
NI YIDING AI DU DE ZHONGGUO ZHANZHENGSHI WUDAISHIGUO

著　　者	羽　寺	
责任编辑	彭　现	
封面设计	王　星	
出版发行	民主与建设出版社有限责任公司	
电　　话	（010）59417747　59419778	
社　　址	北京市海淀区西三环中路 10 号望海楼 E 座 7 层	
邮　　编	100142	
印　　刷	重庆长虹印务有限公司	
版　　次	2022 年 2 月第 1 版	
印　　次	2022 年 2 月第 1 次印刷	
开　　本	787 毫米 ×1092 毫米　1/16	
印　　张	23	
字　　数	251 千字	
书　　号	ISBN 978-7-5139-3692-7	
定　　价	99.80 元	

注：如有印、装质量问题，请与出版社联系。

目录

目录

第一章

梁晋争锋（907年——923年）

争霸拐点：梁晋夹寨之战

绝处逢生

天祐三年冬，公元907年初，河北沧州地界。

大唐梁王、天下兵马大元帅朱全忠刚刚宣布了一个决定：全体撤军。

数月之前，朱全忠从大本营汴州，即河南开封启程，假道魏博北上，驻扎在永济渠旁的长芦县。其后派出重兵，由将领胡规带头，负责城壕营寨工事，在沧州城外编织了一张密不透风的包围网。

在胡规加班加点的监工下，这道重围建得天衣无缝，说是连麻雀老鼠都无法穿过，那可一点儿也没夸张。

城中很快陷入绝食境地，由此出现乱世屡见不鲜的戏码：百姓或食观音土，或掠食弱者，或易子相食……朱全忠多次派人到城下劝降，可惜沧州之主、义昌军节度使刘守文对此一概拒绝。

虽然史书说得好听：朱全忠对刘守文这种不屈不挠的行为十分赞许，从而放缓了攻势。但细想就知道，他本就不必要费力去攻城，大可让人时不时在城外冷嘲热讽，然后静候佳音就行了。

因为朱全忠心里门儿清，就算刘守文的身板挺得住，他的下属们却没这份骨气，一旦到了极限，谁也无法保证这帮软骨头会对上司做什么！那种闭着眼睛都能预料到的事，唐末已经发生过太多次了。

与城中惨况形成天壤之别的，是城外宛若另一个世界的汴军大营。粮草堆积如山，足以塞满数十个粮仓，另外永济渠的船队里，还有相当多的物资尚未卸下来。光是看到这幅场景，就能把沧州城头上的守军给气疯了！

在人力和物力上，朱全忠使出了绝对的大手笔，可见他对这次兼并河朔地区剩余势力——刘仁恭、刘守文父子的军事行动，乃是志在必得。

鉴于前些年幽州军接连惨败在汴军手下，早就元气大伤，朱全忠压根不信"刘窟头"刘仁恭还有什么余力来拯救儿子刘守文于水火之中，此战毫无投入骑军的必要。

因此，汴军大将、元帅府行军左司马符道昭很快就接到一项比起围城来要清闲得多的新任务（他本人可能并不这么认为）：领着一批战马去冀州堂阳县放牧，让马儿们也享受一下难得的清闲。

自信心爆棚，莫过于此。

眼看汴军就要在沧州城下过大年，刘守文已经认定自己这个年是过不好了。

而就在沧州萌生降意时，转折忽然出现：腊月二十六日这天，数万汴军在已经坚持了长达五个多月，而且并无折损的情况下，说撤就撤，突然自发结束了这次该死的围城！

而朱全忠之前拿来显摆的粮草辎重，现在反而一下子成了累赘，带也带不走。老朱皱了皱眉，咬牙下令：各部队撤退时，统统放一把大火，烧掉粮仓！至于河上的货船，干脆也派人凿穿船底，任其沉没在永济渠中。霎时间，汴军大营火光冲天，浓烟滚滚。

不怪刘守文看不明白，实在是这世界变化太快。心里的一块巨石总算落了地，刘守文为了补救，赶忙派人出城向朱全忠乞求："沧州城里还有好几万百姓，已经连着几个月没东西吃了。与其让粮食灰飞烟灭，希望您能发发好心，救救这些百姓吧！"

刘守文应该是给朱全忠留下了不错的印象。听完他这番诉苦，朱全忠点点头，让人留下十几个粮仓，大方施舍了去。沧州余下的百姓，凭此得到接济，总算渡过了难关。

只道沧州百姓实在可怜，数年后还要被卷入刘氏兄弟的阋墙之争，再次遭遇人间惨剧，且有过之而无不及。这只是乱世大潮下的冰山一角，在那个年代，还有很多史书没能记载下来的悲惨故事……

青萍之末

朱全忠，原名朱温。二十年前，黄巢手下的大将朱温迫于形势，叛离老东家，归降了唐朝，当时的天子僖宗皇帝大喜过望，赐予他一个新"马甲"——朱全忠。

而今，经过整整二十年南征北战，当初手下只有几百人的降将朱温摇身一变，成为天下实力最为雄厚的大军阀，身兼天下兵马大元帅一职。他的地盘，也从起初强敌环伺的一亩三分地——汴州、宋州，扩充为名义上囊括二十一军，实际上兼有十七个藩镇的庞然大物。

大唐王朝最后三十年间，可谓藩镇林立、军阀辈出。如秦宗权、罗弘信、时溥、朱瑄、朱瑾、王镕、王处直、刘仁恭、王珂、李茂贞、王师范、赵匡凝，甚至他的宿敌李克用……那些曾让朱温头疼不已的对手，不是相继被踢出争霸的舞台，就是拜服在朱温的军威之下，成为他胜利的注脚。

放眼天下，北方已无人堪称朱温的对手！

朱温击败了凤翔节度使李茂贞，从对方手中夺回唐昭宗，再联合宰相崔胤，杀尽叱咤中晚唐百年的宦官团伙，随着这一连串大事件的发生，一介人臣原不该怀有的欲望和野心，终于在朱温心底滋生。

为了实现目的，他除掉了崔胤这个拦路石，强迫昭宗迁都洛阳，并拆毁长安城，使这座十三朝古都从此彻底丧失了作为首都的资格。

之后，朱温发现"挟天子以令诸侯"这一招行不通，天子也不甘心沦为傀儡，于是他又杀死了昭宗，将年仅十三岁的辉王李柷拥立为帝，以代替其父当这个牵线木偶……全忠，可谓全不忠。

等一下，在这一系列流程中，有什么东西被朱温忽视了。

是对李唐王朝的忠心吗？不该是它，自打背叛黄巢那天起，朱温早已视忠诚为无物。

不仅是他，在丛林法则至上的乱世，绝大多数军阀都摒弃了忠君报国的优良传统。这些人虽然为了争夺地盘打得不可开交，但在某一点上是达成了共识的，那就是宁教我负他人，休教他人负我！

而在严于待人这方面，朱温做得尤其出格。比如说，为了确保军队的积极性和战斗力，朱温制定了一条非常严苛的军法——"跋队斩"。也就是一支队伍如果在交战期间发生了主将阵亡或被驱逐的事件，那么对不起，一损俱损，剩下来的成员全都要被处斩！

但就算是这样，前二十年里，朱温手下却从未发生将领作乱的事件，反而是他的老对头李克用屡遭背叛。原因也非常现实：大家坚信在大帅的英明领导下，前景是充满美好和希望的，人人都能大碗喝酒，大口吃肉！

所以悉知朱温的"屠龙方案"后，汴军宿将氏叔琮、朱友恭不敢怠慢，立即"请"唐昭宗去了另一个世界。

事后，虽然朱温对外宣称天子死于后妃谋害，和自己及下属无关，但勤劳肯干的员工很快发现，他们依然被无良黑心老板给卖了。在心腹谋士李振的建议下，朱温强行给氏叔琮、朱友恭二人扣了个罪名，勒令自杀。

临死前，两头替罪羊就像他们的前辈成济一样，用尽全力喊话，发泄着对老上司的不满。前不久还创下二围太原佳绩的氏叔琮悲愤道："拿我的命去堵天下人的悠悠之口，你以为神明看不到吗？"而曾经威震淮南的朱温义子朱友恭也不再留什么口德："老贼，你都做的什么好事？等着断子绝孙吧！"

这些看似微不足道的"小事"，都将成为直接影响朱温霸业的节骨眼。

唐昭宗的讣告传至天下，镇守潞州的汴军老将丁会命三军缟素，表示哀悼。丁会充分发挥了早年从事哭丧行业的优势，哭声震天动地，长久不能停下。人们不由得感叹：丁公真是大忠臣啊！

事实上，人们并未领会丁会的真正心思。

两年后，朱温围困沧州，这便是本章开头的一幕。

当时，晋王李克用也接到刘仁恭的求救信，于是派出最得力的两员大将——李嗣昭、周德威杀向潞州，以此分散汴军的注意力。朱温见招拆招，命元帅府左行军司马李周彝带着数万兵马，从河阳北上支援潞州。

接下来的事是李周彝始料未及的。还未等他抵达，那位跟随了朱温二十余年、立下过无数战功的汴军骨干元老丁会，忽然不战而降，献出了潞州！

事后来看，丁会当年的泪水与其说是为素未谋面的天子而流，不如说是因两位同袍蒙冤而死（虽然弑君之罪确实无法开脱）而感到兔死狐悲。朱温卸磨杀驴如此无情，丁会自危之下，只好如此行事。

长芦前线的朱温接到急报，惊诧万分：从来只有他炒别人的鱿鱼（比如黄巢和唐昭宗两任老板），哪能容忍别人炒他！更重要的是，如果连丁会这样的老干部尚且靠不住，其他人还有谁能让他完全放心呢？一想到这儿，朱温更怒更急。

要应对丁会事件可能引发的连锁反应，当务之急是南下安稳人心。他决定停止攻略河朔，于是着急忙慌地撤军焚营，从而给沧州留出了一条生路。简而言之，正是潞州易主，迫使朱温从沧州撤围。

潞州和沧州的两起大事件给朱温的威望带来了很大冲击，为收拢人心，他决定加快篡位的节奏。天祐四年三月二十七日，即公元 907 年 5 月 12 日这天，年纪轻轻的唐哀帝被迫禅让出了名不副实的帝位，至此，令无数后人魂牵梦绕的大唐王朝，立国将近三百年，终于宣告寿终正寝。

公历 6 月 1 日，朱温在开封即位了。由于朱温的爵位是梁王，故新政权的国号在几天后被定为"梁"，同时改元"开平"，这就是后梁建国之始。

同时，从这天起，一个更为腥风血雨、更无原则可循的时代——五代十国，正式拉开了大幕。

称帝不到一个月，朱温便点起十万兵马，发动了建国后第一场大规模的军事行动，目标再明晰不过：以牙还牙，夺回潞州！

蚍蜒战阵

作为此次行动的主帅，梁军名将康怀贞压力山大，惴惴不安。

建国第一仗，打胜图个彩头，这是理所当然的。但在临行前，朱温特地叫来康怀贞，给他上了一堂德育课：

"爱卿如今身居高位，朕也算是没有亏待你，你要好好学习韩信效忠汉王，也做个忠烈大丈夫！你看看丁会那家伙，居然丝毫不感恩，反咬一口，上天岂能放过他？

"现在河东人心不稳，望爱卿竭智尽忠，必能一战克之。朕等你的好消息，到时满朝文武都将亲临庆功宴，为你接风！"

朱温确实被丁会伤透了心，所以不忘敲打康怀贞一二。康怀贞当然不愿意和韩信同一个下场，他回想起皇上的劝勉，再抬头看看潞州，顿时感到如负千钧。

之前他在西线以屡败岐王李茂贞闻名，但眼前这个潞州，若要让他硬啃，怕是会落得一颗好牙都不剩。

潞州即今山西长治，古称上党，是著名的兵家必争之地。它位于太行山脊最高点，地形高耸，地势险要。尤其在梁晋争霸时代，晋王李克用的势力一旦占据了潞州，便可以通过河内，直捣洛阳和开封。反之亦然，朱温势力若在潞州站稳脚跟，也相当于在离太原不远的南方埋下一根肉中刺。

朱李两家围绕潞州的争夺已有十多年的历史，故而潞州的城防设施也在连年战争中不断地打补丁升级。潞州城高池深到了什么程度呢？这么说，后来五代某个皇帝觉得威胁太大，容易形成割据，于是下了一道命令：全国范围内以潞州为典型，把那些比较过分的城防设施全部夷平！这皇帝不是别人，正是即将登场的李存勖（xù）。

回到当下。半个月的时间里，康怀贞绞尽脑汁，使出各种招数，驱使梁军日夜攻城。但让他欲哭无泪的是，纵使梁军将士挥汗如雨，顺便把丁会全家"问候"上一万遍，这潞州城就是岿然不动。

史书把康怀贞攻城的过程形容为"机巧百变"，但这遣词似乎不像在夸他，反倒像是史官撰史时发好心，给这位劳模颁了一项安慰奖。

攻城本非梁军强项，面对坚如铁壁的城防，康怀贞无法实现速战速决，只好深深地叹了一口气，改用去年在沧州的老法子——围！

很快，潞州守军发现城池四周突然出现了一圈不间断的深沟。又由于受地势高低变化的影响，这圈壕沟的形状千回百转、犬牙交错，看上去就像百足虫一般，故而另有学名叫"蚰蜒堑"。梁军在壕沟周边还安置了军犬、铃架充当警备，但凡有人想要靠近，首先就会被这犬吠和铃声吓出心脏病来。

李克用当然不会袖手旁观，为了保住潞州，他摆出了不惜一切代价的架势，让此时留在晋阳的头号大将周德威带领一队比较豪华的名将阵容，率五万人来援。

据不完全统计，晋军这支援军里的高级将领包括李存璋、李嗣本、史建瑭、安元信、李嗣源、安金全、李嗣肱等人，可以说几乎倾尽了李克用的家底，只缺了李克用自己。因为那时他生病了，而且病得不轻，只好把这一重任交给了周德威。

周德威率领的河东大军到达前线后，并不直接与梁军硬碰硬，而是使出一招围魏救赵，分兵攻打在潞州西南方的后梁据点泽州（今山西晋城），意图迫使康怀贞从潞州大营分出兵力。

不过朱温一直对前线战事保持高度关注，他一眼就看破了河东的意图，于是再派梁军猛将范居实增援泽州，破解了周德威的计策。

一计不成，周德威很快再生一计：以其人之道，还治其人之身。想把潞州人饿死？那梁军也别想张嘴吃饭！

康怀贞的噩梦来了。

周德威决定发挥晋军骑兵数量多、机动性强的优势，扼住梁军的咽喉。他每天派出一队又一队的游骑袭扰梁军，还专挑对方软肋下手：运粮队、打草工、放牧人。这就像有一群苍蝇，在康怀贞耳旁嗡嗡作响，搞得他心烦意乱，饭也吃不好，觉也睡不香。最气人的是，梁军对晋军这群来去如风的骑兵毫无办法。如果出兵，可能会出现敌军乘虚攻入的情况；可再不打开局面，未等蚰蜒壕围死潞州，梁军就要先被困死在这大营内了！

两害相权取其轻。得知晋军在潞州西北的高河一带安营扎寨，近日也在施工，康怀贞决定出兵直接攻打周德威。

梁军派去突袭的大将名叫秦武，此人人如其名，非常生猛，带着一队精兵猛攻施工中的高河大营，让晋军也尝了点儿苦头。但关键时刻，河东猛将安元信执鞭乘马而出，将秦武一击毙命。剩余梁军一哄而散，慌忙退去。周德威的大营也得以建成，在潞州外围站稳了脚跟。

朱温本来对这次出征满怀期待，打算随时举办一场盛大的庆功宴。不料事与愿违，潞州战事绵延将近三个月，依然毫无进展，反而受制于人。对康怀贞交呈上来的成绩单，朱温非常不满意。

保险柜里的军队

开平元年（907 年）八月十二日，潞州行营都统康怀贞被贬为都虞候。同时，另一位梁军大将李思安领命，带着河北方面军上任潞州，代替康怀贞担任潞州行营第二任主帅。

在群星闪耀的梁军将领中，如果不谈智谋，单论勇猛，李思安绝对算得上名列前茅。就连大老板朱温也评价：在这一点上，梁军无人能出其右。

可是后来，朱温对李思安还有一个评价："每当我想要重用李思安时，马上就会传来他打败仗的消息，已经好多次都是这样。都说西汉名将李广是因为运气不好才难以封侯，现在看来，此言非虚啊！"

那么，运气同样一向不太好的李思安，是否能胜任这次行动的主帅呢？

很快，李思安的表现就让人大跌眼镜。不知道是出于对前任主帅的尊敬，还是对敌军大将周德威的忌惮，以勇猛著称的李思安一到潞州也不猛了，反而谨小慎微起来。

他上任后，全盘继承蚰蜒堑，并在原来的基础上，分别在壕沟的内侧和外侧又各自修建了两道城垣，还将这一庞大系统美其名曰"夹寨"。根据宋人诗作描述，李思安不知道动用了什么巧思，在夹寨内侧挖通了护城河，水上还有战船巡游，好不威武！

就这样，梁军大营被打造成了一座超级要塞，内可防备潞州守军出击，外可防备周德威突袭。如果墨子、鲁班这些工匠祖师爷能看到这个杰作，怕是也会自叹弗如。

但是，外壳再坚硬，李思安此举至多也只能算是给大营安上了一道防盗门，却没办法保证门里的人不挨饿。眼下，从泽州到潞州一带的粮运线路已被晋军阻截，梁军只能从河北翻越太行山，为潞州前线运输粮草物资。

于是，周德威故技重施，派出骑兵日夜侵扰——所谓招式不在于新鲜，而在于有没有效果。梁军外围的后勤人员再度叫苦不迭。

李思安这才后知后觉，应该也给粮运路线设防，于是他再度发挥了一不怕苦、二不怕累的精神，下令把从潞州夹寨到太行山口的这条生命线建成甬道，沿着路线竖起栅栏和护墙。

李思安的想法倒是挺美，但周德威也不是摆设。很快，一支由河东骑兵临时组成的拆迁队应声上线，日夜冲击这条薄弱的甬道。据说这种令人发指的拆迁业务，晋军骑兵一天能干上数十次。多番袭扰之下，梁军损失惨重。每次护墙好不容易搭建起来，就立即被河东骑军看准时机一下冲垮，就连李思安派出防卫粮道的两位骁将——黄角鹰、方骨仑也全被晋军活捉。几番较量下来，梁军竟然总计丢了四十多个将官。此外，晋军名将史建瑭更是难缠，此人神出鬼没，时不时摸到梁军大营来个偷袭，导致梁军上下人心惶惶，生怕哪天自己前脚出了营门，后脚就成为失踪人口。于是这条粮运甬道最终也未顺利建成。

连日来李思安疲于奔命，却无甚收获，这位猛将却出人意料地开始尿了。一筹莫展之际，他索性选择龟缩不出，下令紧闭夹寨营门，接受了被动挨打的事实。后人翻遍记载，始终找不到他主动出击晋军大营的记录。

此时潞州城内的守将是李克用最忠心耿耿的义子李嗣昭。虽然潞州被梁军围得水泄不通，但李嗣昭和全城军民同甘共苦，无人生出二心叛降。

拜夹寨所赐，此战成为一场经典的围城战事。城里的晋军守军想出，出不来；寨外的晋军援军想进，进不去。

周德威攻势凶猛，同时也急得直跺脚。眼下梁军虽然处于被动局面，对晋军的骑兵无计可施，但梁军的优势在于储备比较丰足，还谈不上撑不起全军。反观潞州城，全然没有外来的补给，如果就此僵持下去形成持久战，那它肯定是撑不住的，这样一来，之前康怀贞、李思安的战略构想仍能实现。

战事就这样陷入了僵局。

周德威还探得一个消息，那就是对方的大梁皇帝朱温可没歇着，不断朝着泽州到潞州这一带增兵。梁军刘郡、尹皓等将领相继率军奔赴战场，已经攻克了晋军在江猪岭一带的据点。不得已，潞州外围的晋军大营从高河移至了更西北的余吾。

周德威得到李克用的指示，使出调虎离山之计，派遣老将李存璋分兵攻打晋州，同时发兵侵扰太行山以东的洺州，多线吸引梁军兵力。

但对于晋军的计策，朱温的应对可以说不能更熟练了——发兵支援便是，反正他财大气粗，经得起折腾！晋军诸将未能得逞，只得退兵。

对峙了四个月，转眼已到新年。太原却传来了一个让周德威心头一颤的消息：主心骨李克用死了。

这里倒是没有任何阴谋论。大唐最后一位忠于朝廷、咬定皇家招牌不放松的藩帅——晋王李克用，最后是头生毒疮病死的。临死前，他把儿子李存勖托付给了诸位僚佐，算是交代了后事。

人生走到尽头之际，李克用对潞州战事非常挂怀："我儿进通（李嗣昭的小名）忠诚孝顺，现在潞州还没能解围，我实在放心不下。难道是德威还没忘记当初的仇怨吗？如果不能解围，我将死不瞑目啊！"

　　李克用这里暗示了周德威和李嗣昭这对河东的黄金搭档之间多多少少有些嫌隙，但具体是什么，史书没有记载。但周德威显然不是那种因私忘公之人，不然的话，也不能把李思安这么一员猛将都打成缩头乌龟了。

　　李克用身故后，李存勖擦干眼泪，在老臣张承业的搀扶下承袭了晋王之位，一代新的传奇从此开篇。

大旱云霓

　　宿敌李克用死了！于朱温而言，这简直是天大的好消息，虽然没能生擒对方，但能够熬死他，也是非常不错的结局！对于这份新年厚礼，朱温非常满意。不过，他也没有盲目欢庆，而是谨慎地质疑：李克用会不会是在装死，特意给自己丢了个烟幕弹呢？

　　难怪熟读二十四史的毛主席也这样评价朱温："朱温处四战之地，与曹操略同，而狡猾过之。"

　　加之眼下李思安的表现，让朱温难免有些心绪不宁、坐立难安。几个月来，李思安徒劳无功不说，还赔进了上万军队，更气人的是，这会儿李思安竟然还在夹寨龟缩不出，白白损耗国家的人才和资源，这是耍什么大牌啊？

　　朱温思前想后，生怕李克用是在装死，不知接下来会出什么幺蛾子，还是及时止损为妙。保守稳重起见，朱温决定中止这场战争，并亲赴泽州，接应梁军从潞州撤回本国境内。

　　从事后诸葛亮的角度来看，朱温本来有几个机会，可以挽回接下来即将发生的大败局。

　　有撤军想法，这是朱温的第一个机会。

　　开平二年（908 年）三月，一到泽州，朱温就让人将李思安从夹寨带到面前，劈头盖脸训斥了一顿。由于其损失比康怀贞挂帅时更为惨重，所以李猛将受到的责罚当然也比前任更重，除了被革除一切官职爵位以外，还被勒令押回原籍充当苦工，接受下乡再教育。监军杨敏贞则更倒霉，被朱温直接一刀"咔嚓"了。

走马换将，第三任潞州行营总司令一职交到了刘知俊手里。这位梁军名将不久前刚创下了在美原之战五千破六万的佳绩。不过这回，朱温交给他的任务比之前简单，只需带回夹寨的梁军大部队就行。

重用刘知俊，这是朱温的第二个机会。

可没想到刘知俊的表现实在太过精彩了，刚到潞州就打了个大胜仗，一战下来，晋军丢盔弃甲，看似完全有失之前的水准。至于周德威，简直像丢了魂似的，才经历了一场挫败，竟然就撤走了！

捷报传来，朱温大喜。他终于得以确认，与他结怨二十年的死对头李克用确实已成了"死"对头！

随即朱温对守卫潞州的李嗣昭加大了心理打击，多次派使者颁发诏书劝降，顺便向对方发布一下最新消息："早点投降吧！你爹真的死了，你还有什么硬撑下去的必要呢？"

李嗣昭压根不信这些来自敌方的消息，一次次烧毁了在他看来一文不值的狗屁诏书，一次次斩杀了朱温派来的使者，在城头高悬人头示威。

又有那么一天，潞州城头传来了喧嚣。刘知俊抬头一看，那位遵循义父教诲长期戒酒的李嗣昭，此时为了表现自家兵精粮足，竟然在城头开起了战时派对，与诸将宴饮取乐。

我们打得这么辛苦，你们还有心玩乐，岂有此理！

为了煞一煞对方的威风，刘知俊命令弓箭手朝李嗣昭方向一通乱射。梁军无心，箭羽有意，恰有一支习钻的流矢经受住了潞州高耸城池的考验，不偏不倚，正中李嗣昭的脚部。

潞帅不动声色拔下箭矢，继续开怀畅饮，谈笑自若，当时竟无人发觉。

事实上，经历长达一年多的围城，潞州城里的军民死了大半，整个街区充斥着死一般的寂静。李嗣昭的从容自若，无疑给城里人服下了一颗定心丸。

李嗣昭可以不信梁人口中的父亲死讯，但周德威撤走的消息也很快传来，这意味着，他不愿意面对的那个残酷事实，十有八九成真了。

有那么几个夜晚，孤胆英雄遥望北方，也会暗自流泪。

所幸他并不是孤身作战，昭义军节度副使李嗣弼、观察支使任圜、监军张居翰、亲将石君立等好兄弟或是尽心劝勉，或是代为率军。有了他们的帮衬，潞州上下咬紧牙关，渡过了一个个难关。

大恩不言谢，李嗣昭擦拭去眼角的泪痕，继续做他该做的事。

潞州的人们坚信，曙光就在眼前了。

风云奇儿

周德威从潞州前线撤军不假，而且一撤就直接回了太原，那正是他接到军令后的反应。

晋阳城内，年仅二十四岁的李存勖刚即位不久，他在张承业、李存璋等一众托孤老臣的帮助下，平定了有谋逆之心的叔叔李克宁等人的谋反事件。

与此同时，他对领重兵在外的周德威也难免心怀忌惮，虽然表面上是以给李克用奔丧为由请对方回师，可在这内乱新定的敏感时刻，谁敢说李存勖没有两手准备，以应对未知的形势呢？

在晋阳众人满怀猜疑的目光下，周德威单骑进城，直奔李克用的灵堂，趴在先王的棺椁上放声大哭。周德威虽然不是李克用的义子，但其悲恸哀切之情，令人无法不动容。最终，周德威以其最真挚的情感宣示了自己的忠诚，证明老晋王并没有看错人。

确认内部如铁板一块，新任晋王李存勖顿生底气，他不再犹豫，马上召集众位将领商议潞州对策，言道："上党是太原的屏障，如果丢了上党，皮之不存，毛将焉附？况且朱温最为忌惮的只有先王而已，现在老贼听说由我这个没有行军打仗经验的小娃继位，一定会骄傲懈怠，放松警惕！我军若集结起一支精锐部队，发起突然袭击，打他一个出其不意，一定能够取胜！各位叔伯，河东霸业在此一举，我们万万不可坐失良机！"

在此之前，李存勖并无半分从军的经验，但此番言论精辟老练，不太像是从没上过战场的年轻人能说出来的。诸将又惊又喜：晋王后继有人了！

这一天起，李存勖直接担起了晋军主帅重任。

四月二十四日，阅兵完毕，晋王李存勖率周德威、丁会等人挥师南下。二十九日，晋军抵达潞州北方距夹寨四十五里的黄碾。

黄碾南方不远处，有一座由三座黄土冈相接而成的山丘，名唤三垂冈。这座山冈上，原有唐玄宗李隆基的祠堂，二十年前，李克用曾在此置酒作乐。当陆机名篇《百年歌》凄婉的曲调响起时，他不禁触景生情，指着李存勖说："老夫壮志未已，二十年后，此儿一定会在这里与敌交战！"如今果然应验了。

李存勖选择与敌速战，其依据还有一条，那便是此时的梁军兵老将骄，完全不在状态。虽然李思安被撤，但夹寨内外的梁军诸将仍然一致认为，只要再坚持个十天半月，潞州必克。加上新任主帅刘知俊一来就打了个漂亮仗，梁军上下都已经产生了必胜的错觉。

朱温也被带得轻敌起来，放弃了最初打算撤军的计划。还不止，出于对西线李茂贞势力的顾虑，朱温令刘知俊部撤出潞州，休整十天就回本镇。

放弃撤军，让潞州师老兵疲的军队继续作战，同时又调离了有战绩保障的刘知俊，至此，朱温一口气放弃了两个本来可以转危为安的机会！

高手过招，戒骄戒躁，最忌讳的就是失了稳重，偏偏在这节骨眼上，朱温出了个大昏着。

刘知俊离开夹寨后，梁军部队的实际指挥权便按照惯例移交给了原先的副帅符道昭。但符道昭这个人可不怎么样，他是梁军中出了名的拍马能手，同时还是个不用脑子打仗的常败将军。他一旦出击失利，就请同僚给他善后，而打赢之后，又掩去人家的功劳，着实人品不佳。此外，符道昭在归降朱温前，曾多次败给梁军潞州行营的第一任主帅康怀贞。此时康怀贞屈居其下，恐难以服众。挑选这样一个人来挑大梁，只能说朱温是轻敌妈妈给儿子开门——轻敌到家了。

在朱温看来，潞州战况已是高枕无忧，于是起驾从泽州回朝。途中这位大梁皇帝还在怀州大宴文武，好似潞州已被攻克了一般，至于之前康怀贞、李思安经历的艰难险阻，统统被他丢到脑后了！

安排符道昭接棒，其恶果很快便浮现出来。夹寨中的数万梁军，白日里便军纪涣散，至深夜时分更是无人警备，连一个放哨的人都没有，仿佛他们是在前线度假一般。显然，这闲暇时光的代价可不会便宜。

五月初一深夜，李存勖率军在三垂冈设下埋伏，徐徐向南潜行。

次日凌晨，天降大雾，晋军乘着天时之便，一路畅行无阻，直抵梁军的夹寨边上。强敌已执刃悄然逼近，可军营内的梁军将士全在呼呼大睡，毫无察觉！

经过部署，李存勖决定亲自领兵攻打夹寨最难攻下的东北角。李克用的另一位义子李嗣源乃是一员猛将，素有“李横冲”威名，由他充当晋王的前锋，他带着手持刀斧的士兵朝夹寨外围的拒马一通猛砍，又用土石把城外的壕沟填平，很快就铺成了一段坦途。小兵李怀忠奋勇而上，抢先登上夹寨一处墙头，就此突破了东北角。

差不多同时，周德威和李存审也顺利攻克了西北角。两队劲旅擂鼓呐喊，气势汹汹杀入梁军大营！

李存璋和王霸则奉命专事破坏敌营，在中间地带到处放火焚烧。火舌四处乱窜，梁军陷入一片火海，曾让梁军将帅引以为豪的百足蚰蜒堑霎时被烧成了两段。

符道昭被打得措手不及，他怎么也无法相信，本来万无一失的夹寨，竟在一夜间就化作了重灾区。究竟发生了什么事？这位草包将军终于难得清醒了一次，连忙骑上快马，希望通过登高一呼，重振梁军的士气，无奈人潮阻隔，无法通行，他自己反而被一些眼明手快的晋军士卒盯上，即刻被打下马来，直接就地斩杀！

原梁军主帅康怀贞的运气要好一些，他带着一百多人慌忙从夹寨南方冲杀出去，直奔天井关，最终保住了小命。而更多在睡梦中被惊醒的梁军将士面对晋军如同潮涌的攻势，几无还手之力，只能四处奔跑，自相踩踏。甚至还有不少人压根就来不及从睡梦中醒来，就已经失去了生命。

最终，李存勖所部与潞州守军成功会师，周德威和李嗣昭也冰释前嫌，重归于好。紧接着，周德威乘胜南下，攻打泽州。梁军士气本已大衰，情势一时十分危急。幸亏老将牛存节拼死守城，加上刘知俊及时来援，才使周德威无功而返。泽州得保，朱家军的尊严总算没有丧尽。

清点战场，梁军伤亡逃逸上万人，计有三百余名将官被杀被俘，留在营内的大量粮草物资全部落入敌手。就连符道昭的老婆侯氏也成了晋军的战利品，被李存勖占为己有，号称"夹寨夫人"，即"压寨夫人"这一名词的发源。符道昭死都没想到，自己会以这样一种方式来给博大精深的中华文化添砖加瓦。

除去人员和物资方面的重大损失，三垂冈之战对梁军造成的心理打击更是空前，此战之后，昔日百胜梁军的自信心开始一点点瓦解。

而初登战阵的李存勖，他在非常不利的形势下，一战扭转了梁晋争霸多年来河东处于下风的局面，战略上，梁军终于从被动转向了均势。

得知夹寨这盘棋局输了个精光，朱温大惊失色，他不禁倒吸一口凉气，瘫倒在龙椅上。半晌，这位仿佛苍老了十岁的大梁皇帝悲叹道："生子当如李亚子！实在没想到，李氏未灭啊！再看看我家的儿郎们，啧，那都是一群猪狗！"

顺风顺水多年，一朝阴沟翻船，朱三再次体会到了万念俱灰的感觉。因为朱温已经意识到，虽然老对手李克用不在了，但他的朱梁王朝却不得消停，他们还将面对一个更可怕的后起之秀。

清代严遂成有诗《三垂冈》云：

风云帐下奇儿在，鼓角灯前老泪多。

萧瑟三垂冈下路，至今人唱百年歌！

攻守同盟：梁晋柏乡之战

大战过后

后梁开平二年五月二十日，汴梁皇城西面的右银台门前，四十多位自绑双手的高级将领长跪不起，其中就包括刚从潞州亡命归来的康怀贞。显然，他们正是为刚刚经历过的大败请罪。梁朝开国不久就在他们手下跌了一次大跟斗，这些武人无颜面圣，与其等待天子降罪，不如先自己低头认罪。

然而皇帝却一反常态，不但没有怒发冲冠，反而命人给大将们松绑，还分发酒食慰劳，让他们各回各家。这还是那个脾气火爆的朱老板吗？

其实，朱温自己心知肚明，这次夹寨遭受大败，很大一部分归咎于自己的决策失当。当然，朱温是不会坦白说出来的，于是最终官方给出的交代是：错在出兵打潞州时没看黄历，这才打了败仗，将领无责，皇帝更无责！

我们再来看看另一边。

有关年轻的晋王李存勖，后世流传着一个相当知名的故事。

据说李克用在去世前，曾交给李存勖三支箭矢，并为它们赋予了特殊的意义："其一，征讨幽州刘仁恭，报其过河拆桥之仇；其二，征讨契丹耶律阿保机，报其背弃盟约之仇；其三，必灭朱温和他的伪梁，这就不用多说了，报咱家几十年的宿仇！"

每一支箭矢，都代表了亡父的一个遗愿。李存勖非常看重这份遗物，将它们安置在李克用的祭庙中。

潞州大捷后，这位少主回到晋阳，开始奋发图强，决心先从整顿父亲在世时的弊政入手。

李存勖命各个州县举荐才德兼备之人，又罢免了一批为非作歹的官吏，减轻民间田租赋税，抚恤在战争中流离失所的孤寡百姓，严令禁止奸盗恶行，一时间，河东境内呈现出大治的气象。

对于治军和内政，李存勖是两手一起抓，两手都要硬。尤其在军事训练上，他还特别有一套。

由于河东地狭，兵少马更少，因此李存勖要求骑兵们在看见敌军前不得乘马，以保存马匹体力；各步军必须严格遵照部署，不得相互超越或停留，不管有什么突发事件（比如将帅倒霉生个病），都必须按时抵达会合地点——违者，必斩！

虽然比较苛刻，但比起朱温的"跋队斩"，还是要人性化得多。一套规矩定下来，大伙都不敢轻易当出头鸟，从此河东三军同心，无不以一当百，协力对抗梁军。

更难能可贵的是，赶时髦的文艺青年李存勖，还有个老一辈的朱温不具备的技能，那就是自撰歌词、自谱曲子创作军歌，被称为"御制"。不管是打赢了还是打输了，只要主将掉转马头，晋军上下都要齐声高唱由"唱作人"李存勖亲授的军歌。继而将士们深感振奋，备受鼓舞，无不舍生忘死作战，在气势上压了敌军一头。像这样一支自带背景音乐的军队，在中国历史上也是很少见的。

振兴河东任重而道远，头绪纷杂，李存勖的这碗饭注定要一口一口地吃。

但朱温并不打算就此放弃潞州。

开平二年年末，后梁宣布迁都至洛阳，原开封被定为东都。刚过完开平三年（909年）的春节，朱温便任命博王朱友文留守开封，自己带着文武百官亲抵洛都，这里离潞州也更近了。

三月，朱温任命后梁的重量级名将——山南东道节度使杨师厚为潞州四面行营招讨使，另一位老将韩勍（qíng）担任副使，表示出他再次收复潞州的决心。

没想到就在这节骨眼上，曾在夹寨之战中有过亮眼表现的刘知俊也因君臣相猜叛变了。突如其来的背叛再次打乱了朱温的节奏，后梁不得不先清理门户。直到七月，朱温才任命驻守邢州（今河北邢台）的保义军节度使王檀为潞州东面主帅，再次将收复上党提上日程。

然而，晋王李存勖联合岐王李茂贞多次侵扰，后梁形势并不乐观。加上朱温的身体也日益衰老，所以攻潞战事仍旧是一拖再拖。

各自抉择

河北地区，除了幽州（治今北京）的卢龙节度使刘仁恭（已被其子刘守光取缔），在河北中部尚存武顺军节度使王镕（原成德节度使，治镇州，今河北正定）与义武军节度使王处直（治定州，今河北定州）。这两位自从晚唐以来，一直做着地头蛇，各自割据势力。

二人虽然割据多年，成德王氏更是屹立近百年的大唐老牌钉子户，但早些年都被朱温打怕了，不得不归附后者。后梁建国几年来，二王虽然并未按时输送赋税，但纳贡送礼还是挺勤快的。加之王镕和朱温还是儿女亲家，所以二王和朱温之间没有闹过什么不愉快。

直到开平四年（910 年）八月，以一件事为契机，朱温的注意力突然从山西转移到了河北。

这年夏天，赵王王镕的母亲何氏去世了，按照君臣礼节，朱温派出了使者前往地方上吊唁。没想到使团一去镇州，就发现了一件令人吃惊的事：河东晋王李存勖的使臣也在丧礼上出现了！

使者回京以后，马上奏报给朱温："不得了了，王镕和李存勖之间有猫腻！王镕、王处直相互抱团，本就不算弱小，如果再加一个河东，将来恐怕难以对付！"

本来后梁与王镕尚处于蜜月期，现在突然插进来个第三者，朱温不由得"醋意大发"。老朱吃醋了，后果很严重。在危机意识非常敏锐的朱温看来，既然河北已是不得不防，那不如先下手为强，以绝后患。

当年十月，朱温任命杨师厚、李思安（已经复官了）带兵屯守泽州，对外宣布要对潞州下手了。但到十一月，朱温又突然改口：这次杨师厚不当主帅了，换王景仁上，韩勍继续当副将，李思安担任先锋，率军开往潞州。

还没等人想明白为什么要临时换帅，朱温的第三道命令又下来了，倒是揭晓了原因：王景仁等人移师，屯兵魏州（今河北大名），杨师厚返回驻地。

只要不是傻子，都能看出朱温的真实目标不在山西，而是河北，前面那些，都是在打幌子呢！

朱温的动作非常迅敏。正巧燕王刘守光南下入侵义武，于是后梁便义正词严地声称：由于担忧燕军进犯，大梁特地派供奉官杜廷隐、丁延徽北上协防，帮助王镕、王处直两位小伙伴渡过难关！

杜、丁二人带着三千兵马北上，要求进驻王镕控制区内的深州、冀州。深州守将石公立预感到来者不善，拒绝开门放行。但王镕生怕引起朱温不满，反而将石公立调到城外，并大开深州城门，热烈欢迎梁军。

石公立走出城门后不禁泪流满面："朱温连大唐的江山都能篡夺，三尺小儿都知道他是个什么人！我们大王竟然仗恃一层可笑的姻亲关系，开门揖盗！我实在是可惜这座城，今天就这样落入敌手啊！"

就在这时，后梁军中有人突然逃奔镇州，告发了朱温的阴谋。王镕如遭晴天霹雳，却不敢跟朱温来硬的，只好派遣使者前往洛阳，言明燕军已经撤走，请求朝廷撤回驻军。

王镕显然太天真了，狼都已经进了羊圈里，哪有不吃饱就走的道理？朱温一边派使节安抚王镕，一边暗地向杜廷隐等人发出了指示——杀光深州和冀州的戍卒！

王镕这才如梦初醒，派石公立等人反攻，但皆不能攻克。情急之下，王镕渴望联合一切可能的力量来阻止这次灭顶之灾，于是遣使前往定州、并州甚至是幽州。

定州与镇州距离不远，唇齿相依，显然已经知晓了南方的重大变故，所以王镕的使者刚抵达晋阳，王处直的人也到了。这两拨人一拍即合，一致推举李存勖来当反抗朱温的盟主，一起攻打梁国。

其实李存勖心中已有决断，但如此大事，还是应先召集起各位将领商议。

没想到河东诸将众口一词，非常不信任王镕等人的诚意，建议李存勖继续作壁上观，见机行事。理由很简单："王镕跟从朱温十多年，每年都要向伪梁进献大量珍宝奇货，而且二人又是儿女亲家，想都不用想，这一定是个骗局！"

李存勖却不这样认为，他相信自己的判断："设身处地想想，王镕之所以心甘情愿效忠朱温，只是为了保命而已！现在他连小命都快丢了，还谈什么亲家不亲家？我们如果不发兵援救，必然中了那姓朱的下怀；若现在即刻出兵，晋赵联手，必然能够击破伪梁！我意已决，各位不必多言！"

而与此同时，王镕的另一批使者抵达了幽州，也向刘守光的谋士孙鹤说出了同样的请求。

孙鹤大喜过望，骑马奔向猎场，向刘守光报喜："赵人来搬救兵了，这是上苍要成就大王的功业啊，我要向您道喜了！"

刘守光闻言一头雾水，用满是疑惑的眼神看着孙鹤。

没办法，孙鹤耐心地给他把道理讲透彻："我们一直担心的就是王镕、王处直和朱温结成一体，而朱温一直想要兼并整个河朔地区，不达目的誓不罢休。现在他们之间产生了裂缝，互相为敌，这不就是我们的机会吗？如果大王联合赵地击败梁军，那么二镇从此都会归附我们，千万不要让河东晋王先抓住这个良机！"

说了这么多，本以为刘守光会痛快答应下来，但让孙鹤失望的是，刘守光另有自己的一套成算："王镕多次违背诺言，现在就让他和朱温斗个两败俱伤，我可以坐收渔利，何必去救他？"之后，王镕的使者络绎不绝，但都被刘守光拒绝了。

如果说李存勖拥有领袖思维，那么刘守光就和河东诸将一样，只具有员工思维。后来的事实也证明，力排众议的李存勖再一次抓住了机会。

李存勖答应出兵后，派周德威东出井陉，屯兵赵州（今河北赵县），做好了迎敌的准备。

王镕与王处直则双双停止尊后梁为正统，重新用起了唐朝的天祐年号。当然，王镕也用不着继续去避朱温之父朱诚的名讳了，武顺军就此改回唐朝中期以来的老军号"成德军"。

晋王的军事课

十二月初三，得知王镕、王处直已正式加入了李存勖的阵营，朱温也不再遮遮掩掩了，当即下令王景仁等人率部与魏博军会合，总计四万人，开进邢、洺二州地界；再命阎宝、王彦章率领两千铁骑，与王景仁会合。这一番增兵下来，后梁兵力达到七万余人，浩浩荡荡地向柏乡（今河北柏乡）进发。

接收到王镕不断向河东发来的求救信号后，李存勖决定亲征河北，留下李存审驻守晋阳。他率军从赞皇东下，于二十五日抵达赵州，与周德威会合，同时王处直的五千人马也已到达。

李存勖决定先探一下梁军的底，便让史建瑭带着一队轻骑兵偷袭对方的割草砍柴兵，一下抓来了两百多个人，审问得知：梁军此行共动用了七万精兵！

审完以后，李存勖对这些人进行了二次利用。他们被押到镇州，向王镕报告朱温先前给他们的指示："皇帝告诫主帅王景仁，这次哪怕镇州城池是铁铸的，也要给他打下来！"王镕听完，对朱温彻底死心了。

二十六日，李存勖率军向南推进，距离柏乡三十里时，他命令周德威率领骑兵穿过野河，到梁军营前使出老一套——极尽挑衅。但梁军主帅王景仁用兵素以稳重闻名，在他的指示下，梁军闭门不出。

又过了一天，李存勖的主力距柏乡只有五里了，其营寨就驻扎在野河的北岸。这一天，晋军派出了更多骑兵前去梁营挑衅，将士们又是胡乱一通箭射，又是不停大声辱骂，就试图逼对方出战。

晋军骂得口干舌燥，以为梁军仍然不为所动，准备撤退，这时梁军营门出乎意料地打开了——激将法竟然生效了！不过，中了计的并不是梁军主将王景仁，而是副将韩勍和先锋将李思安。

其实王景仁原本不是朱温的嫡系将领，而是近年才从南方投奔过来的，底下诸将难免对他不服。说起来，王景仁多年前和朱温作对，还是朱温的杀侄仇人，只不过朱温欣赏他的持重，才不拘一格重用他。

而韩、李两位元老宿将就不一样了。相较主帅王景仁的沉稳克制，他们可不愿忍下这口窝囊气，听到梁军的辱骂后，二人一怒之下，不待王景仁同意就擅自带着步骑三万人，兵分三路追击晋军，准备好好出一口恶气。

梁军出现后，原本骂骂咧咧的晋军嗓门立即小了一半。原来，面前这些梁军士卒的披挂十分耀眼：铠甲披着精美绸缎，附着金银装饰，装饰上精雕细琢出繁复的各式花纹。梁军个个穿戴威风、光彩夺目，而晋军多数人甚至从未见过此等世面，不免相形见绌。就连周德威也不得不暗自感叹：这真是一支威风雄壮的队伍！

不过周德威的头脑仍然很清醒，他对此次担任三镇（河东、成德、义武）排阵使的李存璋道出了自己的想法："我看这些梁军结方阵前来，不见得是要和咱们硬拼，而只是要炫耀他们的军威。我军初见，恐怕会觉得敌军势不可当，要是不想办法煞一煞他们的锐气，我军士气恐怕不能振作！"

李存璋心领神会，笑着纵马扬鞭而去，面朝三镇大军大声喊道："各位兄弟，你们都看到了，对面就是汴梁的天武军！其实他们都是一些贩夫走卒，根本没怎么打过仗！虽然衣甲亮丽，但虚有其表，十个也挡不住我们一个！现在发财的机会来了，只要抓住他们，扒了他们身上的物件，好东西就归咱们啦！"朱温要是知道李存璋这番说辞，非得被气晕过去不可，毕竟天武军可是后梁万里挑一的精锐。但三镇大军的士兵们信以为真，纷纷蠢蠢欲动。

见火拱得差不多了，李存璋高声一呼："好东西不能让它溜走，跟我一起杀啊！"随即，周德威率千余骑兵冲杀出去，三镇联军也悉数向梁军发起了猛烈袭击。

不得不说，财富的诱惑力非常巨大，这激发出了不少人的潜能。经过无数次左冲右突，三镇联军最后俘获梁军一百多人。联军带着俘虏一面御敌，一面慢慢后撤，退到野河边时，韩勍和李思安也顾不得泄愤了，赶忙带人撤回大本营。

初战告捷，周德威没有被胜利冲昏头脑，主张不轻举妄动，他对李存勖说："梁军的声势仍然浩大，我军最好保持按兵不动，等他们气焰落下去。"

然而，对于周德威的疲敌策略，年轻的李存勖有些不以为然："我军孤弱，这是明摆着的事。远道而来，就是为了救他人的危急！三镇联军也不过是一群乌合之众，最利于速战速决，您现在却主张按兵固守，这是什么道理呢？"

周德威心中微叹，觉得有必要给这个年轻人上一堂课："成德、义武二镇的军队，野战冲锋是他们的短板，但坚守城池是他们的长处。我们晋军倚仗骑兵作战，在平原旷野才能发挥最大优势，现在迫近敌军营垒墙门，连马腿都迈不开。敌众我寡，一旦他们察觉出我们的弱点，事态就会非常危急了，所以……"

话还没说完，年轻的晋王便涨红了脸，气鼓鼓地退回营帐，躺到床上去了，留下一众将领大眼瞪小眼。显然，这番道理李存勖无法反驳，但碍于面子，他还是非常不高兴自己被周德威当众驳倒。

据史书记载，周德威"身长面黑、笑不改容"，是个非常正直严肃，甚至可以说是固执的人。一旦他认定什么事该做，什么事无益，就很难改变看法，同时他也不会委婉迂回，跟李存勖说些什么甜言蜜语。

周德威耸耸肩，觉得多说无益，又来到一向受李存勖敬重的张承业面前，继续阐述自己的方略："大王上次在潞州打了一场胜仗就开始轻敌了，自不量力只贪图速战速决。现在我军距离贼军只有一水之隔，如果对方造桥逼近，那么我军恐怕顷刻间就会被消灭殆尽！不如退兵到高邑，远离野河，引诱敌军离开大营。他们出战，我们就退避；他们回营，我们就进击。另外再派轻骑掠夺他们的粮饷物资，那么撑死一个多月，敌人必败！"

一言以蔽之，眼下没有夹寨的形势，那就把柏乡变成第二个夹寨！

张承业点了点头，进入大帐，掀起床帘，轻轻拍了拍李存勖，说："现在哪里是大王睡觉的时候呢？周德威是沙场老将了，军事经验非常丰富，他说的话我们不能忽视啊。"

其实，李存勖就在等人递台阶，听完张承业的劝慰，他立即像个孩子一般翻过身来一跃而起，说："我正在考虑周将军的建议！"

之后，通过询问后梁的一些降兵，李存勖得知王景仁这几天果然在不声不响地赶工建造浮桥。李存勖当即赞赏了周德威的高明，并立即拔营向北退守距离柏乡三十余里的高邑，等待良机。

与此同时，由于柏乡近年不再贮存草料，所以梁军并不能得到很好的供给，只能另派士卒去野外割取草料。周德威侦察到了这一点，晋军再次故技重施，每天派出骑兵环绕梁军大营飞驰，一边放射乱箭，一边叫骂脏话，不断向梁军发起挑衅。

经历过上一场失利，梁军将士都怀疑营外设下了埋伏，越发不敢出门，只好拆除屋顶茅草，或铡碎屋内草席来喂养战马，但这顶不了几天，很多马匹还是被饿死了。

日落柏乡

两军相持，时间很快就到了开平五年（911 年）正月初一。这天出现了月食现象，古人迷信，认为这预示了将有什么大事件发生。梁朝老臣敬翔心生隐忧，因为就在一个月前梁军出兵时，司天监就曾有言："下个月会有月食，不宜用兵。"

上次夹寨之败是因为没看黄历，那这次呢？朱温陷入了沉思。

正月初二，周德威设下伏兵，又亲自出马，带着史建瑭、李嗣源两员猛将，共三千精锐骑兵，逼近梁军营门，进行辱骂梁军的日常打卡。

不在沉默中爆发，就在沉默中灭亡。梁军积怨已久，不得不发！这回就连主帅王景仁也忍不住了，带着韩勍、李思安，出动梁军所有兵力，满腔怒火地要与晋军决一死战！

周德威没料到梁军忽然奋起，战力竟这般强大，他预先埋设的伏兵没起到作用，只得率大军且战且退。此时李存璋已经率领成德、义武的步兵阵列在野河北岸边等候多时了。

梁军大阵东西延绵数里之广，将士全都杀红了眼，争相上前抢夺浮桥。过了浮桥就是晋军的高邑大营，守桥的镇、定二镇步兵力不能支，几乎挡不住梁军的攻势。韩勍派出五百精兵，眼看就要占领浮桥。

形势危急，李存勖叫来身边的另一位猛将——匡卫都指挥使李建及，对他说："贼军一旦过了浮桥，就再也无法遏制了！"李建及二话不说，当即选上两百多人，手执长枪，大声呐喊着冲上浮桥血战梁军。见过不要命的，没见过这么不要命的。梁军数次被冲散，又数次再集结，但仍然被晋军击退。浮桥保住了。

此时，李存勖登上一处小山丘，眺望着两军战阵，长叹一口气："梁军争先恐后，心浮气躁不成阵列，而我军严整有序，一定能够打赢这场仗！"

话虽如此，但三镇联军上次只见识了后梁的天武军，这次王景仁倾巢出动，梁军的龙骧、神威、拱宸、神捷等精兵全数上阵，这些精锐花了朱温的大血本，单每个人的铠甲武器就要花费上数十万钱，阵容十分豪华。看到这样的阵仗，三镇联军不少将士又被镇住了。

李存勖有心激励全军，便托举着白金酒盅，亲自给一旁的李嗣源斟酒，还故意激他道："兄长看到南军的白马都、赤马都了吗？看看他们，真是能让人吓破肝胆啊！"

李嗣源嗤道："那不过都是虚有其表，到了明天，这些良驹都会进入我的马厩！"

李存勖拍腿大笑："兄长的气势已经吞并他们了！"

李嗣源一饮而尽，转身持矛上马，带着部下百余人冲进梁军的白马都阵地，穿梭其间，挥舞长矛，不消片刻便活捉了两个梁军骑兵校官回来。而李嗣源身上也插满了箭矢，活像一只刺猬，但仍然威武挺立。晋军见了，士气大振！

两军正式交战。这一打，就从上午十点持续到了十二点，高下仍未见分晓。眼看午饭都要耽搁了，李存勖不免心急，忍不住对周德威说："将军，两军交战陷入胶着，我们是生是死，就看这一下子了！看本王为您先冲锋陷阵，您可以跟着我！"说完就策马准备领兵出击。

周德威显然更沉得住气，他连忙拉住李存勖的坐骑，劝谏道："大王！我看梁军现在这形势，可以用以逸待劳制服，如果硬碰硬直击，恐怕仍然不易战胜。现在梁军已经离开柏乡大本营三十余里，即便随身带着干粮，也没有时间吃。等到太阳快落山，梁军饥渴交迫，而我军的刀枪剑戟仍在相逼，对方士卒疲劳困顿，一定心生退却，到那时候，我们再用精骑追杀他们，一定可以取得大捷！现在还没到时候！"李存勖听了劝，这才不再贸然行动。

恶战又持续了几个小时，果然，太阳落山之际，梁军左龙骧都指挥使邓季筠和他率领的骑兵们首先掉了链子，逐渐退却。受到连锁反应，主帅王景仁的部队也开始往后移动。

而这时，周德威及时冲出，并使出全身的力气大喊："梁军跑了！梁军败了！"这一喊引起的震动，不亚于当年淝水之战朱序的一声吼。晋军闻言，欢声雷动，士兵高唱御制军歌，争相前进，一时尘土漫天。

受此影响，梁军部署于东面的魏州、滑州方阵有了明显的后退。李嗣源正在西面与梁军汴州、宋州方阵陷入苦战，见势也大声呼喊："东阵已经逃了，你们为什么还要留在这里？"梁军西阵将士闻言心下大骇，一时张皇失措，继而全线崩溃。联军李嗣源、史建瑭、安金全三将乘势追击，带着吐谷浑诸部骑兵展开追杀！

这时，李存璋正带着一队步兵追杀溃逃的梁军骑兵，他很是懂得如何拿捏敌人的软肋，他的呼喊给了梁军致命一击："梁人也是我们自己人，父兄子弟们只要放下武器，我们不杀！"

霎时间，数万梁军纷纷丢掉刀枪弓箭，解下铠甲，喧哗声震天动地。晋军个别人开始争抢梁军的财物，而赵军心怀对梁人屠杀深、冀二州戍卒的仇恨，并不关注财宝，仍然继续追杀梁军！

朱温怎么也想不到，他引以为傲的龙骧、神威、神捷、拱宸等精锐军团，一夕之间几乎全被歼灭，从野河到柏乡，尸横遍野，两万梁军将士永远留在了这里！王景仁、韩勍、李思安几位梁军大将带着仅仅数十人落荒而逃，其余梁军将校二百八十余人被俘。

这天晚上，三镇联军抵达柏乡，此地已是人去营空，联军又便宜得到了大量物资器械，计有战马三千匹、铠甲武器七万副，可谓美不胜收。

李嗣源等人乘胜追击，竟然直逼邢州，河朔大为震动。

驻守邢州的保义军节度使王檀严密戒备，小心打开城门，接纳从柏乡逃回的梁军，发放钱粮，这些不成建制的军队才得以顺利返回本州。

先前驻守深州、冀州的杜廷隐和丁延徽二人得知大败，连忙离开二州。令人发指的是，他们逃离时还不忘对两座州城展开最后的报复：他们竟驱赶所有青壮年充当奴婢，又将老幼全部活埋，徒留断壁残垣，一片凄凉。当初石公立的预言，最终还是不幸成真了！

正月初八，朱温得到败报后心痛无比：王景仁真是中看不中用啊！无奈之下，他只得再度起用杨师厚担任北面都招讨使。杨师厚率军进驻河阳，沿途集结各路散兵，准备北上迎击李存勖的进犯，但过了十多天，只集合了一万人。

而此时李存勖已经兵分两路，派周德威、史建瑭率三千骑兵奔赴澶州、魏州，又派张承业、李存璋率三镇步军继续攻打邢州，他本人则亲率主力在后方缓进，给河北州县移送檄文，把朱温骂了个狗血淋头。

王景仁逃回洛阳后，朱温给予了这位加盟后梁不久的客将很大的宽容。当然最初他还是大怒了一场，削了王景仁的招讨使和同平章事（名誉宰相）职位，还把人关了小黑屋。但没几天，朱温便放了王景仁，还安慰他道："我知道这不是你的过失，都是韩勍和李思安欺负你这个新来的，不听你指挥罢了。"这就等于，朱温在间接承认自己又一次用人不当、驭下不严了。

二月初四，李存勖抵达魏州城下。他还不知道，未来这座城市将对他有重大意义。他对魏州城发起攻击，未能攻下。

到了晚间，魏州城内悄悄出动了一支五千人的队伍，原本打算偷袭李存勖大营，没想到碰上李建及在此戒备，遭到全歼。

朱温闻讯，忙派仅次于敬翔、裴迪的三号心腹李振赶往魏州稳住局面，并由杜廷隐率一千人送李振轻装上任。

且说杨师厚这边，他好不容易集合起来的一万多梁军败卒，原定将要渡过黄河，一听说晋王李存勖就在黎阳观看黄河，竟然被这位"柏乡噩梦"吓得马上跳船离开。其中梁军将领张温、曹儒，本是从柏乡逃归的败将，原想从黎阳南渡黄河，偏偏找不到一艘船，干脆带着手下三千士卒大掠周边，继而投靠了李存勖！

与此同时，周德威等晋军将领在后梁境内的河北地区展开扫荡，如入无人之地。二月初十以来，晋军从临清向东进发，接连攻下夏津、高唐、东武、朝城、临河、淇门，又大掠了新乡、共城等地。其间，后梁的澶州刺史张可臻甚至直接弃城逃跑，被朱温开刀问斩。

面对颓势，朱温只好拖着病体，亲率大军坐镇京都洛阳北方的白马阪，意在对来敌造成威慑。

这边李存勖准备渡过黄河，那边杨师厚即带领援军，从还没遭殃的相州、磁州地区赶往魏州。杨师厚到底还是不好惹的，李存勖、张承业等人忙解除对魏州、邢州的包围，北撤前往赵州。不过梁军此番追击只越过漳水而返，并没有占到什么便宜。

李存勖在返回晋阳前，特意让周德威等将领率三千河东军，名正言顺地驻守在赵州。朱温也不甘示弱，命杨师厚率领三万军队屯守邢州，与赵州遥遥相望。朱温这一举措，同时对王镕也产生了很大震慑。

由此，王镕认定自己只能死死抱住李存勖这条大腿才能安然，于是就在这年七月，在王镕的主动示好下，两人结为亲家。从此时起，终王镕一世，成德和河东两家的关系都很团结。这也意味着，李存勖就此取得了一块跳板，为晋军后来在河北腹地进行北攻或者南取打下了基础。朱温则因操之过急，把成德、义武两个小伙伴彻底推向了敌方，可以说是很大的战略失误。

燕帝末路：晋王败梁灭燕

愚者帝梦

且说刘守光软禁其父卢龙节度使刘仁恭后，自行继立，又连年与镇守沧州的兄长刘守文争战。终于，刘守文在鸡苏之战中被弟弟生擒，之后沧州又经历了数月围城，在人人相食的境况下投降了。刘守光杀死哥哥，兼任卢龙、义昌两镇节度使，成为刘家的新一任掌门人。刘守光自认得到上天庇佑，变得更为荒淫暴虐起来。每每处置犯人，刘守光一定要将其放在铁笼子里，用烈火炙烤，还特制一种铁刷，猛刷受刑人的脸部，以满足自己的变态快感。

燕王这个爵位，乃是先父刘仁恭与后梁示好时，由朱温封授的，刘守光打心底里看不上。

柏乡之战后，刘守光不再坐山观虎斗，派人前往镇、定，对二王说："听说河东、成德、义武三镇联军击败梁军，本王也想要亲率三万精锐，给各位开道。但是四镇联合的话，一定要有个盟主，你们说本王如果南下，如何安置为好？"

王镕和王处直也没见过这么无耻的，但对刘守光的实力也不敢小觑，连忙私下派人请李存勖拿个主意。

李存勖又气又好笑，对手下诸将说："成德紧急求援时，刘守光不发一兵一卒帮忙。等到我冒险犯难东下，大功告成之际，他却想靠武力来挑拨离间，天底下再也找不出第二个这么蠢的家伙了！"

以周德威为首的众将士认为："我方的云州、代州与燕土接壤，刘守光如果时不时来骚扰，恐怕人心动荡。我军相隔千里，即便发动远征，一时难以救援，那也不可容忍。如此心腹大患，不如我们先消灭他，然后就可以专心对付梁贼了！"

李存勖深表赞同，正好杨师厚大军屯于邢州，晋军和王镕军面临魏博、卢龙南北两面夹击，一时也拿后梁没什么办法。既然难以进展，不妨暂且放下，优先准备伐燕事宜，密切关注刘守光的动向。

此时，刘守光日益荒诞，已经开始做起了皇帝梦。他曾穿着只有天子才能穿的赭黄袍，得意扬扬地对部下说："如今天下大乱，英雄豪杰互相角逐，本王兵马雄壮，地势险要，也想做他一个皇帝试试，你们觉得如何呀？"

孙鹤苦口婆心地谏言道："现在我们刚刚平定内乱，公家私人都困苦竭蹶，而李存勖还在晋阳窥伺我们的西方，阿保机在契丹谋取我们的东方！这种情况下草率称帝，我看不出有什么益处。大王最好养士爱民、训练军队、储备粮草，只要修行德政，四方自然能够主动归顺！"

刘守光被泼了冷水，大不高兴，拂袖离开。

这事儿暂且被孙鹤压下去了，但要让一个蠢货停止做蠢事，似乎比登天还难。很快，刘守光又派人暗示王镕和王处直，要求他们尊奉自己做尚父。

李存勖得到这个消息后，勃然大怒，恨不得马上发兵讨伐燕国。周德威和张承业忙拉住他，一致认为："刘守光可谓罪大恶极，上天必将让他全族灭亡，我们不如表面上假装推崇他，成全他恶贯满盈的心愿！"

李存勖好歹克制住了自己的怒意，接受了建议。他作为河东节度使，拉上了另外五家自己人——成德节度使王镕、义武节度使王处直、昭义节度使李嗣昭、振武节度使周德威和天德节度使宋瑶，六镇一齐联合推举刘守光当尚书令、尚父。

爱慕虚名的刘守光不知是计，认为六镇是发自内心地敬畏自己，越发骄横，也越发不把朱温放在眼里了。他上疏洛阳，自言无法拒绝李存勖等人的盛情美意，同时得寸进尺地请求朱温封他担任河北地区的都统。朱温同样知道刘守光是个蠢货，只当他蠢病又发了，也不多计较，派人做做表面功夫，册命他就是了。

乾化元年（911 年）五月末，六镇使节和梁国使者一齐抵达幽州，为刘守光加官晋爵举行仪式。

没想到仪式当天，刘守光又不知道哪根筋搭错了，发出疑问："为何没有南郊祭天和更改年号的事项？"使者们也惊了，负责事务的属官艰难解释道："尚父虽然尊贵，但也是天子的臣属，本是和祭天、改元没有关联的……"

刘守光恼羞成怒，一把将册礼单扔到地上，在众目睽睽之下大放厥词："本王疆土方圆两千里，披甲将士三十万，就算做了河北天子，又有谁能阻挡我？尚父算什么东西，谁稀得做！"于是改命幽州属官们准备称帝事宜。

这一下就让现场炸开了锅，文武僚佐私下议论纷纷，大多数人都认为不可。刘守光也不客气，在大堂里摆放刀斧、砧板，以及铁笼、铁刷，扬言："谁要敢多劝一句，斩！"

孙鹤原是刘守文手下，一心为刘家着想，此时只有他敢站出来说话："沧州城破时，我本该受死，承蒙大王保全之恩，得以活到今天，现在我又哪里敢贪图活命，忘却恩德呢？但我还是要说，大王现在当皇帝，万万不可！"

刘守光气急败坏，命人把孙鹤摁在砧板上，生生剐其皮肉。孙鹤大喊："不出百日，必有大军来到！"刘守光忙让人用泥土塞住其口，残杀了孙鹤。

后梁乾化元年八月十三日，刘守光在幽州称帝，国号大燕，改元应天。连两位后梁使节也稀里糊涂跟着沾了光，被刘守光分别任命为左相和御史大夫，实在令人哭笑不得。

李存勖听说刘守光称帝，放声大笑："随他卜算自己能在位多少年，待本王问鼎，取他而代之！"张承业闻言莞尔，顺势请求再派出使者继续迷惑他，李存勖欣然应允，派了太原少尹李承勋前往幽州。但李承勋其实是个硬骨头，无论如何都不肯用尊奉皇帝的礼节对待刘守光，最终被下狱而死。

与此同时，后梁境内传出晋赵联军即将再次南下的流言，致使人心浮动。朱温不敢闲着，到了九月，他的病情刚稍好些，就着手亲征河北事宜，准备应对敌情。

九月二十日，朱温从洛阳出发，经四天抵达卫州（今河南卫辉），忽然得到晋军已东出井陉的军报，顾不得把饭吃完又匆匆上路，昼夜马不停蹄地北行。直到两天后赶到相州（今河南安阳），听说晋军原来没有出动，朱温这才松了一口气，终于停歇下来。

但经此一番折腾，朱温的内心非常不痛快，此时任相州刺史的李思安就倒霉了。由于没预料到御驾突然亲至，相州该供应的东西没能及时到位，加上朱温原本就对李思安不满已久，于是后者再次被削除了所有官爵。

十月初六，前方再报晋赵联军南下的消息，于是朱温再从洹水疾行到魏县。突然，军中有人大喊："沙陀军到了！"梁军顿时震动恐惧，逃跑失散了不少人，再严厉的责罚也拦不住。很快，军报证实并没有敌人来犯，不过是虚惊一场，全军上下这才安定下来。

上述这一连串事件，反映出梁军以朱温为首，上下都已经染上了一种顽疾，那就是"恐晋症"，以至于个个风声鹤唳，草木皆兵。

自从接连遭受夹寨、柏乡两次前所未有的大惨败，朱温陷入长期积郁状态，加上身体每况愈下，他变得更加易怒暴躁，不少功臣老将仅因一些小过失就被他赐死。光这次北巡期间，朱温就在相州腰斩了左龙骧军都教练使邓季筠、魏博马军都指挥使何令稠、右厢马军都指挥使陈令勋，理由是战马太瘦；又在魏县斩了先锋将黄文靖，理由大概便是这次驭下不严导致哗变。

之后，再无晋军南下的消息传来。朱温此番平白虚惊数次，竟是扑了一场空，真是亏得不能再亏了。

另一边，刘守光当了几个月的皇帝后，内心已然膨胀至极，到十一月时，他决定用拳头来迫使南方的义武、成德臣服于他。

一位参军不顾孙鹤的前车之鉴，勇敢劝谏刘守光应停止征战，果然被打入大牢。不过，他的运气要比孙鹤好得多，因有人帮忙求情，最终得以释放。出狱后，他愤而逃奔河东，经张承业推荐，最后效力于李存勖。

这位参军名叫冯道，这一年刚满三十岁。而他未来在政坛上的长青经历，堪称世间传奇。

最后的远征

刘守光一顿猛攻，义武军很是吃不消，王处直接连向李存勖发出了两道紧急求救信息。

十二月十四日，李存勖派周德威、李嗣源、刘光浚诸将率军从晋阳出发，东出飞狐道，准备在易水与义武、成德军会合。

梁乾化二年，即晋天祐九年（912 年）正月初七，三镇合兵后，很快攻克了燕国的岐沟关。

刘仁恭的小儿子刘守奇也加入了三镇联军，他要比他的哥哥刘守光更得人心，于是两天后，燕国涿州守将不战而降，使联军再得一城。但刘守奇作为外来将领，周德威对他暗暗怀了些妒忌的心思，没少排挤这位小刘郎，导致刘守奇中途改辙，又南投后梁去了。

正月十八日，周德威大军抵达幽州城下，孙鹤的预言差不多应验。幽州派军出击，没想到派出去的燕将王行方临阵倒戈，率领部下四百人投奔了联军。

刘守光大为恐惧，把之前的豪言壮语全都抛到脑后，立即派人向朱温求救。朱温虽然不喜刘守光，但他也不愿看见任何一股势力能整合河北全境，所以他必须要给晋赵制造压力，并为刘守光这个蠢货解围。

二月二十六日，朱温一行抵达魏博天雄军首府魏州，随后亲临魏博北部的贝州（今河北清河），兵力实际有十数万，对外声称五十万。趁着联军主力都在河北北部，朱温一面派杨师厚、李周彝围攻枣强（今河北枣强），一面派贺德伦、袁象先围攻蓚（tiáo）县（今河北景县），这两处县城都隶属成德南部的冀州。

当时，驻守赵州的晋军将领是李存审和史建瑭等人，他们手上只有数千人，和梁军差得不是一星半点，不免心生忧虑。裨将赵行实（后改名赵德钧）建议退到井陉东部的土门（今河北鹿泉西南）再做打算，或许这在当时不失为一条上策。可是一旦前往土门进入太行山，要想再出来，那就难了，李存审果断否决了这个提议。

此时，朱温一行已深入至下博地界（今河北深州东南下博）。朱温登上观津冢眺望周遭景色时，碰巧遇到数百名成德巡逻兵。为首将领符习不知这群人里有梁国皇帝，只以为把他们驱赶走就对了，于是马上向对方逼近。梁军当中有人一见晋军出现，立即仓皇高喊："有一大批晋军来了！"朱温又被吓了一跳，慌忙抛下御帐，向南方的枣强靠拢，投奔杨师厚的军队去了。

此刻，杨师厚正艰难攻打枣强。他的进展不太顺利，这枣强城池虽小，但防御坚固，赵人招募数千精锐据城守卫，城墙一有毁坏就马上修补完好。六万梁军连续数日发动猛攻，竟仍然没法攻克，反而被对方造成数以万计的死伤。

不过，枣强的抵抗再顽强，城中的箭矢和石头也快用尽了。守军开始商议投降，这时一个小兵自告奋勇说："梁贼自打柏乡大败，视我们赵人为死敌，如果现在归顺他们，和羊入虎口有什么差异？现在情况如此艰难，爱惜这条命还有何用，我要出去碰碰运气！"

于是，这位不知名的勇敢小兵在夜晚垂下绳索，潜出枣强城，前往梁军大营假装投降。

梁军副帅李周彝正愁打不下枣强，于是招来此人，询问城中戒备情况。那小兵回答道："没有十天半月的时间，恐怕很难攻下。不过我既然已经归顺，希望您给我一把利剑，好冲上城头，砍下守将的首级！"李周彝并未放松警惕，就没有应允这个小卒的要求，只给了他一条扁担，让他挑着担子随军。

但万万没想到，这个小兵其实是来实施斩首行动的，他寻了个空子，猛地挥起手中的扁担，使劲朝李周彝的脑袋砸去！李周彝当即跌倒在地，幸好左右及时赶到，他才没不幸成为历史上第一位死于扁担的武将。

而那位无名英雄直到死前才知道，自己原来攻击错了人。其实，他的真正目标并非李周彝，而是梁朝名将杨师厚，但他这般奋不顾身，终没能得偿所愿。

朱温听说此事，更加愤怒，多次痛批杨师厚，责令他加紧攻城。梁军终于在三月初七攻破枣强。为了报复，梁军实施了屠城暴行，城中无论男女老幼全部遇害，乃至血流全城！

紧接着，朱温带着杨师厚部五万人向东进发，准备与贺德伦部会合，齐攻蓨县。

李存审在赵州思虑了几天后，对史建瑭、李嗣肱等人说："我王现在的目标是幽蓟一带，抽不开身关注南方，这里的战事既然已经交付给我等，现在枣强遇屠、蓨县告急，我们不能坐视不管！退一步说，如果朱温老贼得手，一定进而继续向西进攻冀州、深州，那时危害就更为深重了，我准备和诸位一起出奇制胜！"

随即，李存审率两百精兵把守下博桥，封锁梁军由此深入河北之道，再派史建瑭、李嗣肱分别活捉冀州境内的梁军。史建瑭把麾下三百人分成五支，其中四支分别前往衡水、南宫、信都、阜城，自己则带着一百人深入蓨县方向，会合李嗣肱部三百人扫荡，只要遇见出来砍柴割草的梁军，一律生俘。

几支队伍各自北返下博，把数百梁军俘虏尽数诛杀，取下他们的武器装备，只留几个俘虏——确切地说，是各被砍断了一只臂膀的人放还回梁营。史建瑭朝这些惊魂未定的幸存者说道："替我传话给朱公，晋王大军已到！"

三月初八，朱温刚抵达蓨县，还没来得及安下御帐，就看见北方返回了六百多名身着梁军服色、高举梁军大旗的部队，看样子似乎是打草回来的。

日暮时分，这些刚刚回营的"梁军"突然来到蓨县主帅贺德伦的营门，格杀守门人，纵声呐喊，乱射弓箭，在梁营内左冲右突。天色渐黑，这些来历不明的骑兵割下败卒左耳，带着俘虏离开。梁军大营内一片混乱，许多人还不清楚究竟发生了什么，甚至以为是哪处哗变了。

恰在此时，那些被史建瑭砍了臂膀的俘虏逃了回来，第一件事就是向全军宣布："沙陀大军到了！咱们赶紧逃命吧！"这一下，梁军上下这才反应过来：原来刚才晋军已如游魂一般溜到自家大营内烧杀劫掠了，可咱们还浑然不知！

朱温吓得肝胆欲裂，连忙命人焚烧营垒，并在杨师厚的保护下连夜跑路，一夜绕了一百五十多里的弯路，才在黎明抵达冀州。梁军一路逃亡，蓨县田野间的农夫无不手举锄头棍棒，痛打这群可恶至极的落水狗。

朱温撤回贝州后，让他气绝的消息很快传来：晋军主力压根没有南下，袭扰他的只不过是史建瑭和李嗣肱的游骑兵罢了！数万大军竟然被几百人戏耍得如此狼狈，朱温羞恼交加，怒杀了好几位在蓨县表现不佳的将领泄愤。之后，他的病情更加严重了，直接在贝州休养了半个多月，各路散兵才渐渐聚集起来。

梁军此行也不是一点儿收获都没有。其间，刘守光之子刘继威在沧州任上胡作非为，引起部将兵变，沧州随之投向后梁的怀抱，算是给了朱温一点儿小小的安慰。

但这位大梁皇帝怎么也想不到，他再也没有机会踏上河北的大地了。

朱温拖着病体，一路上走走歇歇，回到洛阳以后，他又遭遇了一起溺水事件，可谓祸不单行。乾化二年闰五月中旬，朱温突然病重，对着近臣哽咽道："我经营天下三十年，没想到太原余孽竟然还能如此嚣张！我看他们志向不小，怎奈天不假年……我死以后，我的儿子们恐怕没有一个是他们的对手，到时候我将没有葬身之地啊！"

半个月后，朱温死于其子朱友珪发起的宫廷政变，终年六十一岁，史称后梁太祖。

朱温死后，后梁陷入混乱。由于弑君者朱友珪不得人心，河中节度使朱友谦、荆南节度使高季昌等藩镇纷纷表示脱离梁朝控制。后梁自顾不暇，自然无力继续操心燕国的存亡了，这就给了晋军一鼓作气解决刘守光的机会。

吞并幽燕

晋军在燕国境内的扫荡工作可谓顺风顺水，南方无忧后，李存审奉命率领吐谷浑、契苾部骑兵北上支援攻燕，周德威、李嗣源、李信部接连攻克瓦桥关、莫州、瀛州等地。

五月初一，刘守光派大将单廷珪（这位大将的姓名后来被施耐庵借鉴在了《水浒传》中）率领万人迎战。单廷珪在幽州东南龙头冈突然遭遇周德威，这位骁将此时信心满满，对着部下大喜道："今天一定能够活捉周阳五（周德威小名），献给皇上！"

交战之初，单廷珪看准了周德威，立即手提长枪，策马单骑直扑而上，枪尖破空直抵周德威背后，不料对方一个侧身，顺势掏出铁树，反把他打落在地。主心骨一失，燕军士气大衰，周德威乘势率军冲杀，杀伤对方三千余人，生擒将校五十二人！

随后，周德威把大营就扎在幽州城下，不挪窝了。过了一个月，晋军又在幽州西门击败燕军。

周德威围困幽州，却不轻易攻城，号令晋军各路将领逐次拔掉刘守光在卢龙军境内的据点。截至来年五月，晋军接连攻陷了顺州、蓟州、檀州、卢台军、古北口、平州、营州等地。

刘守光不得不向先前的宿敌契丹人求援了。负责接应任务的是刘守光的心腹将领元行钦，此人率七千骑兵在燕山以北一边招募兵马，一边等候援军。其间，元行钦听说武州（今河北宣化）刺史高行珪要投降，便准备清理门户。

高行珪闻讯后，派堂弟高行周前往李嗣源军中充当人质，换取支援。李嗣源便率领李嗣本、安金全等将领，带上高行周为武州解围，又追击元行钦至广边军（今河北赤城南），与燕军展开八次交战。

在这八个回合里，元行钦身上中了李嗣源七箭，而李嗣源也挨了对方一箭。元行钦筋疲力尽，只好投降。李嗣源非常欣赏他的勇猛，豪饮一杯酒，赞叹地抚着元行钦的背感慨道："真乃壮士！"就此将其收作义子。后来这位义子又被李存勖要了去。

对李嗣源而言，此行更大的收获是高行周。这个年轻人从此留在了李嗣源的身旁，和他另一位养子李从珂一起充当牙兵军官，侍奉左右，后来也成为一代名将。

四月十一日，刘守光终于派出使者，向周德威请求和解。

虽然对方的言辞态度非常卑微哀切，但周德威知道，绝不能轻信鳄鱼的眼泪，于是一向严肃的周德威故意调侃道："大燕皇帝还没有完成南郊祭天，怎么能屈居人下，像个妇人似的呢？我奉命讨伐罪人，至于缔结同盟和好之事，那不是我的事！"

刘守光大为恐惧，接连派出好几拨人向周德威求饶，此事才被上报到李存勖那儿。

到了五月，沉寂许久的梁军终于有了动静。后梁天雄军节度使杨师厚会合刘守奇，集结十万兵马，突然从柏乡北侵，越过赵州，兵锋直指王镕，一度抵达镇州，焚烧镇州南门关城！

等到史建瑭带着晋军五百精兵前往镇州时，杨师厚等人又已从九门东下，扫荡河北境内，移兵下博，准备从弓高渡过永济渠——原来杨师厚此行的意图，不过是逼迫沧州顺化节度使张万进搬个家，同时把沧州交给刘守奇来镇守罢了。

至于刘守光的死活，后梁并不关心。燕国从此彻底失去了外援。

张承业奉李存勖之命来到幽州城下，与周德威商议军机，对刘守光的请降仍然是置之不理。

七月，张承业与周德威率领一千骑兵来到幽州城西，向刘守光提出和谈的条件：燕帅应派出一名刘家子弟表示诚意。刘守光犯了难，不再多言。事实上，刘守光表面上是在不断请求和解，实则暗中派遣将领向刘守奇、杨师厚求援，只不过运气不好，派出去的人均已被周德威截获。

其间，刘守光一度亲率七百骑兵、五千步兵夺回顺州，继而谋取檀州，但被周德威大败，只得继续钻回幽州当缩头乌龟，并扬言如果晋王李存勖亲自前来，他一定开门投降。

虽然不知道刘守光又在酝酿什么阴谋，但张承业回到晋阳之后对李存勖说："刘守光肯定言而无信，不过，他现已陷入四面楚歌之境，卢龙只剩幽州未下，如果晋王亲自前往，必能告捷！"

李存勖也有预感，这回应是能够达成父亲的遗愿之一了。他马上派官员前往祖庙祭告先人，又拿出一支箭矢装在锦囊中，派亲信将领背负着它做先锋，再让张承业留守晋阳，自己亲率大军前往幽州。

十一月二十三日，李存勖抵达，单骑来到幽州城下，对刘守光说："朱温篡逆，我本想和你会合河朔五镇光复大唐，没想到你竟然效法梁贼！镇州王镕、定州王处直二节帅，长期都对你非常恭敬，你却从来不去体恤他们，所以如今你才落到如此境地。大丈夫就应该拿得起放得下，现在我来了，你准备怎么做？"

刘守光苦苦哀求："如今我已经是砧板上的鱼肉罢了，只听大王裁决！"李存勖看他已是穷途末路，思量晋军出兵已久，能省力就省力，于是折断一支弓箭起誓："只要你愿出城相见，我保证没有其他事情！"

刘守光却还是要求改日再谈。李存勖也没说什么，反正晋军等得起。

其实，刘守光早就想投降了，之所以迟迟不降，是受到他另一位爱将李小喜的劝阻。这位李小喜在燕国境内的地位是一人之下、万人之上，此人平时作恶多端，刘守光犯下的很多坏事都是他撺掇的。

眼见刘守光大势已去，李小喜心生奸计，准备把姓刘的卖了，自己在李存勖面前赚个功劳，于是在深夜翻出城墙，前往晋军投降，把幽州城内的窘况一五一十都报告给了李存勖。

次日，李存勖登上燕太子丹冢，督促各路兵马同时从四面攻打幽州城，一举擒获了被儿子软禁的刘仁恭。刘守光则带着妻妾幸运逃脱，准备向南投奔沧州，到弟弟刘守奇那儿避一避风头。

时值腊月寒冬，刘守光的双脚都冻肿了，加上迷路，竟南辕北辙，跑到了幽州东北的燕乐县（今北京密云东北）境内。由于白天藏在山谷中，晚上才赶路，刘守光好几天都没有吃上一顿饭了，就让妻子祝氏去农家讨饭。

皇后乞讨也是稀奇事，老农察觉出这位妇人举止异常，不像出自平民人家，便向官府告发，于是刘守光和他的三个儿子全被俘虏。

十二月十三日，李存勖从幽州出发，刘氏一族全数戴着枷锁跟随南下。刘仁恭和妻子不停唾骂刘守光这个败家子："逆贼，把我们家害到如此境地！"面对父母的责骂，刘守光低头不语。

乾化四年（914年）正月十五，李存勖用铁链拴住刘仁恭、刘守光父子，高奏凯歌进入晋阳。从幽州到晋阳，行程长达千里，一路上无人不来看大燕皇帝的热闹，嘲讽地叫着他的外号"刘黑子"。

临刑前，刘守光还想拉一个人下水，便突然大喊大叫："我死也没有遗憾了，但是我要揭发，不让我投降的是李小喜！"李小喜问讯到来，对自己的前任主公斥责道："难道你之前做的杀兄囚父这些禽兽不如的事儿，也是我教唆的吗？"

李存勖对李小喜的悖逆态度很不满，看不过眼，临时起意，命人杀了这个二五仔。

眼见李存勖已为自己出了口恶气，刘守光仍不放弃求生："大王啊，我擅长骑马射箭，您要成就霸业，为什么不留我一命，为您效劳呢？"

比起低眉折腰的刘守光，还是两位女流之辈——祝氏、李氏看得更通透，她们责备丈夫道："事已至此，活着又有什么意义呢？"然后伸长脖子请求速死。反观刘守光丑态百出，到死还在不停地号哭求饶。

小的死了，老的也不能放过，尤其是当年背叛了父亲李克用的刘仁恭。李存勖将刘仁恭押送到代州李克用墓前，刺取其心血祭告亡父，再将之斩首。

至此，李存勖控制了河北中部及北部的大部分地区，只待同梁军争夺河北南部的霸权。

河北易主：梁晋魏博之战

都是搬家惹的祸

乾化四年七月，刘守光死后半年，晋军东出太行山，会合成德军，准备向后梁的邢州、洺州发起试探性进攻。李存勖率军抵达邢州西部的张公桥。梁将杨师厚探得消息，也率军驻守在漳水以东。

一场大战即将打响之际，晋军中却出了内鬼。一个名叫曹进金的裨将不知何故，投奔了梁军，也许是泄露了什么重要的军事机密，李存勖的这次军事行动并不顺利，很快不得不回师晋阳，休养生息，静待时机。

这一等就是大半年。但值得长时间等待的，往往是一次良机。

后梁乾化五年（915 年）三月，梁朝当时最负盛名的国之柱石、重量级名将、天雄军节度使、邺王杨师厚去世了。杨师厚算得上一位让晋军不敢小觑的强力对手，想来李存勖得知这个消息，也会有如释重负之感。

事实上，还有一个人比李存勖更对此感到欣喜万分，这个人就是后梁的现任皇帝朱友贞。

朱友珪弑父以后，朱友贞在杨师厚的鼎力支持下，联合洛阳禁军再一次发动政变，逼死朱友珪，自己当上了后梁第三位皇帝，同时把国都迁回开封。为报答杨师厚，朱友贞上位后第一件事情就是封他为邺王，且朝中政务，事无巨细都要先行找他谋划。

而杨师厚在朱温时代长期担任北面招讨使，掌握着魏博天雄军和一部分禁军，本就有割据一方的态势，加上有拥立大功，晚年逐渐居功自傲。

同时，杨师厚专门调割本镇财赋，招募彪悍精锐的士卒数千人，组成银枪效节军，大有恢复旧日魏博牙军的趋势，深受时人诟病，外界都认为他图谋不轨。就连梁帝朱友贞也不得不战战兢兢地过日子，生怕老头儿哪天心情不好，突然发难，把国家户口本上的姓氏也改一改。

这下好了，姓杨的去世了，朱友贞和他的死党们无不认为这是天意。皇帝表面上宣布为他辍朝三天以示哀悼，实际上在后宫里大开庆祝派对！

朱友贞的姐夫，也就是时任租庸使赵岩，拉上下属租庸判官邵赞，私下劝说皇帝道："魏博地区六州精兵数万，一直以来都是朝廷的心腹大患，昔日就危害了唐朝一百多年。太祖皇帝尸骨未寒，杨师厚就施展阴谋，他依仗着地广兵强，才得以达成目的。现在他死了，我们不如把魏博分割削弱，使朝廷能够像使唤手脚一般控制，使其顺服，否则的话，万一有后来人成为第二个杨师厚呢？"赵岩的话说到朱友贞心坎里去了，"我建议分相州、魏州为两镇，那样朝廷就不会有北顾之忧了！"

梁帝当即批准了这个计划，对外宣称："魏博六州之地是河朔的重要屏藩，魏、博等州离镇定最近，相、卫两州则控制着太行山口，都与晋国相邻。既然战事频繁，朝廷决定一分为二节制，以免劳烦广大战士在两条路线上疲于奔命！现在把相、卫、澶三州分出来，另外建制昭德军，让宣徽使张筠来做新任相州昭德军节度使。这需要魏州子民大力配合，分出一半兵力和财力给相州！"

朱友贞又任命贺德伦为新任天雄军节度使。由于担心魏州人不服，朝廷又以讨伐镇定为由，派遣开封尹刘鄩率军六万人，渡过黄河进驻魏州以南的昌乐（今河南南乐）。另外，刘鄩拨出五百名龙骧军骑士，由素有"王铁枪"威名的猛将王彦章率领他们进入魏州，驻扎在金波亭。

贺德伦一到魏州上任，立即点选各军上路前往相州，满街都是家属们辞别的哭声。是啊，天雄军这一百五十多年来，官军都是父子兄弟互相继承，又互相联姻，关系盘根错节，现在强行分开，哪里能够心甘情愿呢。

听说王彦章率军进城，魏州牙兵们更为不满："朝廷看不惯我们强盛，所以设计让我们残败。我们六州历代都是一体，军中父子姻族相连，从来就没有出过远门。现在朝廷却要拆散骨肉，使我们背井离乡，简直是生不如死！你们说对不对？"

心动不如行动，三月二十九日晚上，魏州爆发兵变。乱军纵火焚烧官府民舍，大肆劫掠，同时包围了金波亭的王彦章部队。一方面后者寡不敌众，另一方面魏州军人怒火爆发，大梁朝的精锐龙骧军竟然不敌，主将王彦章挥舞百斤铁枪，好不容易杀出一条血路才得以逃走。

而贺德伦更倒霉，亲兵五百多人都被杀死，自己也被关押了起来。

最后，一位名叫张彦的银枪效节军将校率领部下几百人及时制止了大乱，并被推举为首脑。

魏州新主

朱友贞得知魏州暴动，连忙派供奉官扈异前往河北安抚张彦，答应让他做魏州刺史。张彦等人平日里骄横惯了，朝着使者骂骂咧咧，把诏书扔到地上，强调他们的诉求始终只有一个：恢复相州、卫州、澶州隶属于天雄军的旧制，三地不能分割！

扈异被他们的粗暴举止吓出了一身冷汗，一回到开封就马上向朱友贞报告："张彦这群人容易对付，只需让刘鄩派兵增援，马上就能摘下他们的脑袋！"于是朱友贞不但没有同意恢复魏博的行政区划，还收回前言，闭口不谈让张彦担任刺史的事。随后，张彦想要仿效杨师厚担任招讨使，也被朱友贞拒绝了。张彦彻底怒了，用手指着南面臭骂朝廷："这帮佣工小儿，竟敢如此怠慢本大爷！"

魏州孤悬于河北，不能没有帮手，张彦决定换个码头，最理想的对象无疑是晋王李存勖。于是贺德伦被逼写下投诚书信，由牙将曹廷隐送去晋阳求援。同时张彦也奉唐为正朔，称本年为天祐十二年，让梁廷见鬼去吧！

李存勖得知魏州巨变，马上传令驻扎在赵州的蕃汉马步副总管李存审，命他向南进发占据临清（今河北临西），观察事态发展。

与此同时，在昌乐的刘鄩已决定对魏州展开行动，于是率军向北推进到魏州西南的洹水。

贺德伦，不，张彦连忙再向河东求援，李存勖这才亲自率军从黄泽岭东下，抵达临清会师李存审。但李存勖还是非常慎重，生怕魏人有诈，所以按兵不进。

此时，贺德伦本人秘密派人前往晋营，把张彦的骄横跋扈一一上报，言语间暗示晋王，到时候只要先除去张彦这个不和谐音符，其他的一切都好办！李存勖心里马上有了数，向南移动到永济（今山东冠县）。

张彦挑选了五百银枪效节军，全副武装出了魏州城，前往永济拜见晋王，没想到得到的是一通训斥。李存勖登上驿站的高楼斥责道："你以下犯上欺凌主帅，残害无辜百姓，这些天拦住马头向我诉苦的人就有一百多个。本王前来是为了安抚百姓，并非贪图他人疆土！你对我虽然算是有功，但本王为了给魏州百姓一个交代，不得不拿你开刀！"

一声令下，张彦和其他七个首谋统统掉了脑袋，剩下的士卒当场被吓得腿软求饶。李存勖顺势召集这伙人，耐心向他们解释："有罪过的只有这八个人，其余人等一概不予追究，从今以后，你们要尽心竭力，助我建功立业啊！"

这些效节军纷纷跪倒在地，高呼万岁，李存勖也将他们收编，安置在自己左右两侧，改名为"帐前银枪都"，从此成为晋王的护卫。

刘鄩在洹水听说李存勖南下，立即拣选一万多人直奔魏州西南的魏县。李存勖也留下李存审驻守临清，自己带着新编的帐前银枪都，与史建瑭等将领一同抵达魏县一带，和刘鄩在漳水的南北两侧遥遥对峙。

六月初一，李存勖进入魏州。原后梁魏博节度使贺德伦肯定不能继续留在魏州了，于是李存勖将他举族迁到晋阳，给了个大同节度使（治云州，今山西大同）的官做。但他很快又被张承业扣留下来，于是再一次成为有名无实的节度使。

眼见魏州的一些银枪效节军仍然在城内为非作歹，李存勖便任命李存进为天雄都巡按使，负责巡查。凡是煽动人心或者抢夺钱财的，全被李存进杀头凌迟示众。仅仅过了半个月，魏州城内就变得一片祥和安宁，没人敢再喧哗闹市。

就这样，李存勖消去了魏州的不安定因素，可以专心对付梁军了。

智将登场

起初，张彦提出献土时，北方的贝州刺史张源德拒绝服从命令，并向北联合驻守沧州、德州的顺化军，向南与刘𬩽遥相呼应，屡屡出兵，截断成德、义武运往临清的粮道。

有人劝说李存勖先攻下贝州，再向东夺取沧州等地，这样就可以拿下东至大海的广袤土地。但李存勖并不认同。在他看来，贝州城池坚固、兵士众多，明显不是个软柿子。反观德州，隶属临道，又没有防备。如果攻下德州，就相当于拦腰切断了贝州与沧州的联系，到时候这两地就可以各个击破。

于是李存勖亲率五百骑兵，奔赴德州。后梁德州刺史没料到晋军突然出现，弃城逃跑，德州轻而易举被攻陷。

七月的一个夜晚，晋军突然又朝着澶州袭来，一战克之。魏州籍将领李岩走马上任做了澶州刺史。

倒霉的是原后梁澶州刺史王彦章，他当时和刘𬩽在一块儿，没料到自己被偷了家，妻子儿女全部被俘。李存勖特意厚待王彦章的家属，并派人向他示好，希望换来他的投诚。但在王彦章的心目中，国家才是放在首位的，对李存勖的美意，这位耿直的汉子不屑一顾，还杀死了来使，断绝对方的念头。数年之后，王家老小在晋阳遇难，但可以确定的是，王铁枪至死不悔。

眼见德州、澶州已接连被晋军攻克，就连同事王彦章的家属都被俘了，损失如此巨大，那这些天下来，刘鄩率领的梁军大部队在魏县做了什么呢？

其实，刘鄩正在谋划一次秘密行动。刘鄩猜想，晋军的主力都到魏州境内来了，那他们的老巢晋阳会不会空虚呢？带着这个疑问，刘鄩对晋军动向展开了密切关注。

他首先发现，李存勖到魏县军营犒军来了。接着探子来报，李存勖又带着一百余骑兵，沿着漳水西行，正在观察梁军形势。

望着灰蒙蒙的天空，刘鄩心生一计，赶紧在一个被茂密芦苇遮盖的河流拐弯处设下五千伏兵。李存勖的部队一靠近，这些伏兵便一边呐喊击鼓，一边冲出来把李存勖层层包围。

但刘鄩没想到，梁军明明人数占优，但这场遭遇战竟然从中午十二点打到了下午四点！

而李存勖策马腾跃，高声疾呼，不断率骑兵向梁军发起冲击，他身边的夏鲁奇、乌德儿、王门关等几位亲将，无不拼死护卫晋王。尤其是夏鲁奇，手刃一百余人，自己也战成了浑身创伤的血人！

眼看李存勖等人体力渐失，就快把性命搭在这片芦苇荡中，先前留守临清的李存审终于带着援兵赶到了！突围后，李存勖气喘吁吁，还不忘回头笑着对随从说："差一点儿就要被俘虏，给敌人当笑话了！"骑兵们敬佩答道："这次正好让贼人见识一下我王的神武！"

此战晋军有七名骑兵战死，乌德儿等人被俘，李存勖越发珍视夏鲁奇这员猛将，给他赐姓名为李绍奇。

偷袭虽然失败了，但暗中观察的刘鄩通过这场伏击做出了自己的判断：李存勖虽然作战英勇，但还是太过年轻冒进，这次出兵完全可能是倾巢而动，没给自己老家设防！于是，他着手准备西上穿过太行山，奇袭晋阳！

刚刚经历了一场生死之战，李存勖热血上涌，摩拳擦掌等着下一场较量。偏偏接下来的一段时间里，刘鄩部突然寂静下来，城中连炊烟也没有升起，只有城头上闪现的人影和移动的旗帜姑且能证明梁军还活着。

"我早就听说刘鄩是梁军中的智将，用兵多含机变，素有'一步百计'之称，此间必然有诈！"李存勖越想越不对，忙派人前往侦察，果不其然，城墙上只剩几头毛驴，身上绑着稻草扎成的打着军旗的假人！

晋军又从城中老弱处得知，刘鄩的大部队竟然已经离开两天了！

李存勖马上意识到刘鄩的意图，但冷静思索道："刘鄩擅长玩小动作，乘人不备偷袭，但沙场决战并非他的长处，我估计他的行程才刚刚到达太行山下！"而后派出李嗣恩，率骑兵追击这股梁军。

且说刘鄩悄悄率大部队从魏县出发后，沿着李存勖来时走的黄泽岭一路前进。他的智谋确实过人，但运气却不怎么样。老天一连下了半个月的暴雨，黄泽岭的山路泥泞不堪，烂泥足有一尺多深，梁军士卒拉着山间葛藤向前推进，依然寸步难行。不少人腹泻脚肿，甚至有两三千人还因此坠下山崖丧命。等到刘鄩部好不容易抵达乐平（今山西昔阳），粮食都快吃完了。

而李嗣恩对他们展开追击后，另外派出一队轻骑抄捷径，竟抢先一步赶到了晋阳，通知守军加强守备。

得知前方晋阳已有防备，后方又被追击，稍一不慎就容易被包饺子，梁军上下非常恐惧。眼看军心就要崩溃，再次上演一哄而散的场景，刘鄩劝谕道："现在我们深入敌境有千里之遥，前后都有敌军，这里山高谷深，我们就像要掉到井里一样，又能逃到哪里去呢？各位，我们只有杀出一条血路才能保命，否则也只能以命来报答国家了！"此时此刻，也只能置之死地而后生。梁军将士受到勉励，逐渐恢复理智，停止了喧哗哭泣。

刘鄩整军返回，从邢州陈宋口渡过漳水向东，在宗城（今河北威县）驻扎下来。经过清点，他发现梁军这一来一回竟然损失了大半战马，如今人困马乏，亟须得到供给。得知晋军在临清屯有粮草，刘鄩打算急行军占据此地，断绝晋军的粮道，同时也填饱自己的肚子。

先前听说刘鄩大军威胁晋阳，镇守幽州的周德威连忙率领千骑南下。等到达土门时，得知刘鄩已经东下，又对临清有所企图，于是周德威分出十余名骑兵，快马加鞭一天一夜赶至南宫（今河北南宫），抓获刘鄩的斥候数十人。这些俘虏被砍断了手，而后被放回去传话："周侍中已经占据临清了！"

刘鄩信以为真，大惊失色，连忙逃往贝州，但没有久留，又马上移兵堂邑（今山东聊城西堂邑）。事实上，直到第二天，周德威才率五百余骑真正抵达临清。倘若不是周德威及时赶到，临清恐怕就要易手。

李存勖从堂邑东边的博州（今山东聊城）赶来，周德威则从北进攻梁军，刘鄩不得不继续向南撤往靠近黄河的莘县（今山东莘县），并在这里整修城防，全力固守。同时，刘鄩还在莘县到黄河渡口之间筑起一条甬道，用来运送来自河南郓（yùn）州、濮州境内的粮饷。

李存勖的部众与周德威会师，在莘县以西三十里处驻扎下来。梁晋两军烟火相望，每天都展开多次交手。刘鄩选择闭门不出，这对晋军来说就好办了。骑兵们开始摧毁甬道的夹墙，手持刀斧猛砍梁营，每有梁军士卒不堪其扰冲出来逃命的，都被一抓一个准。

其间，王檀、贺瑰两位梁将收复了澶州，生擒了李存勖安排在此的刺史李岩以及猛将王门关。

北方贝州的情况也不太乐观。李存审接到任务，发动贝州八县丁夫挖掘深壕，困住据守清河县城的张源德。

开封的朱友贞对刘鄩长时间兴师动众造成很大伤亡，现在又不速战速决的表现非常不满，于是将责备的诏书一道接一道送到刘鄩手上。刘百计万般无奈地向朝廷阐明形势："皇上请息怒。此前我们计划奇袭晋阳，回师时夺取镇、定二州，原本有望十天半月扫清河朔！无奈天公不作美，阴雨连绵而军粮匮乏，士卒多伤病，这才准备占据临清，结果又遇到周德威疾如闪电般的突袭，不得已退保莘县，休养生息，等待良机。晋军来去如风，不是我不敢出击，实在是敌人不可小视啊！"

"朕要的是解决办法。"

"臣现在并无良策，只希望每个将士都能分到十斛粮食，一定能够击破敌人！"

朱友贞阅完这个狮子大开口的回复，脸都黑了，痛批刘鄩不作为："你要这么多粮食，是准备破敌，还是当饭桶充饥呢？"看来不采取点儿措施不行了，于是着令开封派出宦官监军，前往莘县督战。

刘鄩的作战手段是以智取胜，但朝廷等不了他更多的时间。刘鄩召集诸位将领，问道："皇上深居宫中，不了解军队作战实况，只会和一些晚生后辈商量。作战取胜在于随机应变，没法预料估计，现在晋军仍然强势，硬碰硬的话我们一定会失败，大家认为应该怎么做呢？"

本以为手下将领们都会支持以静制动，好让自己更有底气，但刘鄩没想到，他们全都纷纷请求出战："这样拖着也不是办法，无论胜负都应该决一死战！"刘鄩听完以后，心里非常不是滋味，一言不发黯然离去。

打仗不求胜利，只图一时之快，这哪能行呢？刘鄩越想越闹心，回营后又对随从说："大梁皇帝昏庸愚昧，臣下阿谀奉承，将领骄傲自大，士卒疲惫不堪，我不知道自己会死在哪里！"

过了几天，刘鄩再一次召集诸将，在每个人面前放了一碗河水，命众人喝下。将领们不解用意，面露难色，勉为其难喝下。刘鄩这才阐明自己的意图："你们连一碗水都难以下咽，难道还想喝完黄河滔滔东流吗？"在场诸将无不大惊失色。

为了应付朝廷监军的督促，刘鄩不得不先挑软柿子捏，在数日后率领万人突袭成德、义武方面军的阵地，一时引起对方大乱。李存审再一次充当了关键先生，率领两千骑兵拦腰痛击梁军，又有千余名帐前银枪都在李建及的带领下前往助战，刘鄩再次遭遇惨败，死伤数千人，灰溜溜逃回营寨。

刘鄩突袭镇、定军营不得，却被晋军大败，渐渐开始无计可施了。

这一年冬天，刘鄩甚至派出卧底，假装投降李存勖，实则暗中买通晋军伙夫在食物里下毒，图谋用最快的方式让李存勖上西天。但这一企图也因有人告密而破产，此后，智将刘鄩算是黔驴技穷了。

一败涂地

刘鄩的经验倒是给另一个人带来了启发，这个人就是后梁的另一位良将，同时也是刘鄩亲家的许州匡国军节度使王檀。王檀秘密上奏朱友贞：虽然刘鄩从太行山以东袭取晋阳失败了，但晋阳没有守备却是事实，如果从山西地区走阴地关，未尝不是一个好办法。

朱友贞觉得这主意不错，就让王檀率领河阳节度使谢彦章、汝州防御使王彦章统领陕州、华州、同州各道部众三万人，自陕州西行，经河中北上走阴地关，猛攻晋阳！

贞明二年（916 年）二月，暌违多年，数万梁军突然出现在晋阳城下，日夜急攻城池。

城中果然没有防备，当地不得不征发工匠和城民登城据守。贺德伦的部下中多有逃出城外投奔梁军的，张承业怀疑这些人是得了他的指示，担心生变，索性杀死了这个前梁军将领及其部曲。但城池眼看就要陷落，饶是张承业经验丰富，此时也无计可施。太原危在旦夕！

闲居在家的河东老将安金全决意来做这一次的拯救者。他离家拜见张承业，掷地有声道：“虽然俺老头现在年迈多病，也不过问军务了，但我还知道太原是晋王的根本之地，一旦失陷，那什么都完了！请张公把府库兵甲交给我，让我去对付梁军！”

安金全召集起自家子弟以及其他赋闲的老将们，一共聚起几百人，乘着夜色出了晋阳北门，突袭驻扎在羊马城的梁军，打了他们一个措手不及。梁军中有些资历的将士一看，来人正是早年间有鬼将之称的“安五道”安金全，不禁吓得纷纷后退。

次日，李嗣昭派来的五百救急骑兵只花了一天时间就及时赶到。潞州牙将石君立一战击败镇守汾河桥的梁军，直奔城下高声大呼：“昭义李侍中大军已来！”随后，镇守汾州的李存璋也带着援军进入晋阳。

当天夜晚，安金全、李存璋、石君立三股人马分别从晋阳各门出击梁军，杀伤对方数千人。王檀等人顿时泄了气，在凌晨时分洗劫了一番晋阳郊外，便焚烧营帐，悻悻退去。

梁军第二次奇袭晋阳宣告失败。

就在王檀北上期间，固守莘县的刘鄩突然得到一个消息：长期留在魏州的晋王李存勖准备回晋阳了。面对朝廷的不停催促，忍气吞声多时的刘鄩终于觉得可以出手了，便禀告皇帝，请求对魏州发起进攻。

朱友贞求之不得，对刘鄩说："朕已经把全国精锐都交给你了，社稷存亡在此一战，将军努力！"随后还让澶州刺史杨延直也带着一万人，充当刘鄩的外援，表示支持。

刘鄩没让这支生力军停留太久，马上让杨延直带兵先抵达魏州城下，但魏州城内突然冒出五百壮士，在夜间偷袭澶州军，杨延直被打得丢盔弃甲。

次日早晨，刘鄩率主力从莘县火速赶到魏州东北方时，与杨延直的残兵正好相遇。但同时到达的，还有从莘县紧随而来的李存审。正当刘鄩准备解决身后的晋军时，李嗣源也率军从魏州城中冲杀出来，让他意想不到的是，不远处又来了一支部队，那竟然是李存勖在领兵！

原来李存勖知道刘鄩追求速战，故意放出了返回晋阳的风声，实际上只是去了贝州给李存审劳军，现在回来，正好撞上梁军倾巢而出。刘鄩作为一代智将久负盛名，如今却轻易落入了后生李存勖的圈套！

刘鄩大惊失色："晋王竟然在此！"随即引兵向后撤，准备退回莘县。

晋军好不容易引蛇出洞，焉能放过这次机会？梁军撤到距魏州东北不远的故元城（又名王莽城）时，贝州的李存审也率大军赶到，与李存勖部会合，把梁军团团围住。

李存勖在西北，李存审在东南，刘鄩四面受敌，在中间摆下圆阵，数万人混在一起，短兵相接，互相搏杀！两军鏖战多时，尘埃漫天。李嗣源、李建及率四千骑兵，环绕着以步兵为主的梁军，疯狂向他们发起冲击，终于将圆阵冲出一个大缺口，梁军顿时被冲散了阵形！

正如李存勖所说，刘鄩并不擅长大兵团作战，而刘鄩接下来的做法，又暴露了他性格上最重要的一个缺陷：不够果敢。刘鄩见势不妙，竟然率领数十人突围逃走，把七万步卒全都抛下！

等待这些人的是一场屠杀，许多梁军士兵抵挡不住晋军骑兵，只得一边逃跑，一边攀爬到树木上，但人数实在太多了，以致树木的枝干折断。晋军一直追击到黄河边上，梁军七万军士，不是被杀死，就是被淹死在河里，几乎被全歼。

刘鄩集结残兵败将，往黎阳（今河南浚县）方向狂奔，渡过黄河回到滑州（今河南滑县），这才生还。

毫无疑问，贞明二年二月的这场故元城之战，是梁军继柏乡之战后的又一场大败，且惨烈程度有过之而无不及。朱友贞先是听说王檀失利，又得知刘鄩惨败，西线和东线竟然全都落空，他不禁带着哭腔长叹一声："我的大势已去！"

晋军乘胜在河北大肆攻城略地，从当年三月至六月，接连攻下梁朝的卫州（今河南卫辉）、磁州（今河北磁县）、洺州（今河北永年）。

又过了两个月，坚守邢州（今河北邢台）多时的梁军大将阎宝由于得不到援军支持，连城带人投了李存勖。而后梁之前任命的昭德军节度使张筠不想做第二个贺德伦，于八月弃城南逃，至此相州（今河南安阳）也落入晋军之手。

九月，后梁的顺化军节度使戴思远放弃了沧州（今河北沧州）逃走，守将毛璋见守城无望，主动献出城池。不久后，坚守贝州（今河北清河）一年多的军民眼见河朔州县纷纷改姓了李，于是杀死不肯降敌的张源德，举城投了晋军。张源德也因此得到了后人的敬佩，被欧阳修列入《新五代史》的《死事传》。

贝州陷落后不久，梁朝的坏消息接踵而至。

刘鄩的亲家，也就是那位攻打晋阳失利的王檀，曾招募了很多有前科的强盗匪徒充当自己的左右护卫。在他赴郓州上任后不久，这群人竟突然发动兵变，杀死了王檀。虽然这场兵变并未给大局造成什么影响，却也意味着后梁的人才库又少了一员良将。

至于要为此次惨败负不小责任的刘鄩，他非常有自知之明，面对朝廷的多次宣召，就是不肯入朝觐见，生怕被开刀问罪。其实朱友贞此时已经是惊弓之鸟，生怕把刘鄩也逼到晋军去了，只得就地任命他当滑州宣义军节度使。

贞明三年（917年）二月，李存勖率军攻打黎阳，不敌而退。刘鄩总算做了点儿补偿，但也仅限于此了。数年之后，这位智将仍因遭到朱友贞猜忌，死于一杯毒酒。

经过这么一番折腾，河北除了黎阳一座孤城，全都陷入李存勖之手。从此，魏博地区成为晋军南征的首要基地，也就是说，李存勖与朱友贞之间，只隔着一条黄河天险了。

也许，朱友贞会反问自己一句：早知如此，我又何必非逼着人搬家呢？

鏖战胡柳：梁晋夹河之战

初涉河南

按照李存勖的计划，接下来就该准备打过黄河去，活捉朱友贞了。

但正当此时，东北的契丹人突然发难，包围了幽州，李存勖不得不先搁置对梁战事，专心对付外敌。所以在贞明三年的大部分时间里，李存勖虽然还是长期坐镇魏州，但注意力大都放在北方，后梁君臣也难得安生了一段时间。

这就容易给某些人带来一种天下太平的错觉。这年十二月月底，朱友贞刚委任另一位老将贺瑰做新任的北面行营招讨使，表示自己不忘收复河朔，转眼又听从姐夫赵岩的劝说，决定要到洛阳南郊祭天。

朱温生前的头号谋臣——老宰相敬翔马上劝谏道："自打刘鄩在魏博失

利，我们于公于私都处于非常艰难的时刻，正是人心惶惶。现在要去南郊祭天，必然要施行赏赐，那这就是贪图虚名，却换回实害啊。而且晋国劲敌还在黄河边上，大驾怎么可以轻易出动？不如等到北方平定之后，陛下再举行祭天也不迟。"

但正如之前刘郚哀叹的，朱友贞对老臣们的建议早就不以为然，敬翔这一番谏言自然也没听进去。

十二月二十四日，朱友贞抵达洛阳，确定下了祭天日期，准备让人整修宫室，这时突然惊闻，黄河南岸的重要据点——杨刘城（今山东东阿杨柳乡）失陷了！

原来就在前一天的早晨，李存勖从魏州出发，前往黄河北岸的朝城打猎。对岸便是梁国的杨刘城，该城沿河数十里，营寨紧密相连，蔚为壮观。但与此同时，李存勖也发现受寒冷天气影响，这一带的黄河河水竟然已经结冰了，不由得大喜："在大河北方作战已有数年之久，若从夹寨之战算起，同梁军交战也有十年了，始终被一条河水阻隔。如今河水自己结成了冰，不是天意又是什么？"

于是，李存勖当即派步兵踏过黄河，砍掉拒马，将那些营寨全部攻陷，接着从四面猛攻由三千人戍守的杨刘城。包括李存勖本人在内，晋军将士纷纷背起芦苇，填平了杨刘城外的壕沟。战斗持续了半天之久，晋军猛将李继岌率先登上梯子攻占城头，俘虏了梁军守将安彦之！

其后，晋军竟一直深入到郓州、濮州境内才北返，如同搞了次开封周边一日游。坊间的传言则更为夸张：晋军已经打进汴梁了！消息传来，洛阳的文武百官无不忧虑，相对哭泣。惊慌失措的朱友贞连忙停止郊祀，直奔汴梁。

按理来说，经过此事，朱友贞应当得到足够教训了。然而事实上并没有。回到开封后，敬翔再次上疏谏言道："近年来国家接连失利，疆土日益缩水，陛下应当反思一下，如果您一直深居简出，共商大事的又都是您的亲信，光靠这些后辈，如何能预料成败呢？太祖皇帝在世的时候，拥有河朔所有疆土，率领英豪南征北讨，尚且不能满意，而今敌军已经打到河南之境，陛下为何仍不忧虑？"

不管朱友贞的脸色如何变化，敬翔并没有打算停下话头，谁的面子都不打算给了。

"老臣还听说，李存勖即位十年以来，每次作战，无不身先士卒。而陛下温文尔雅、从容不迫，虽然派了贺瑰之流代替刘郇，期望他们消灭贼寇，但恕老臣直言，他们不见得能有什么用！陛下应该多询问老臣，另寻他法制敌，否则国家将永无宁日！我这把老骨头虽然不太中用，但深受大梁厚恩，如果陛下实在找不出人来，请让我去前线效力！"

能看出敬翔对国势不振的局面心急如焚，巴不得朱友贞动一动金口回他一句："你行你上啊！"如果真的一定要让他上战场，相信这位老人家是绝对不会推辞的。然而赵岩、张汉杰这些外戚一向看不惯这位老臣的苦口婆心，纷纷指责敬翔是在倚老卖老，借机泄愤，于是朱友贞再次把敬翔的话当作了耳旁风。

此时，李存勖要面对的新对手，除了后梁的北面行营招讨使贺瑰，还有北面行营副招讨使兼排阵使谢彦章。

虽然资历和年龄不低，但长期以来，贺瑰似乎并没有什么太亮眼的表现，只是因为近期平定了庆州叛乱，才受到了朱友贞的重视。

相较于贺瑰，谢彦章则算是梁军名将中的少壮派。他是已故后梁战神葛从周的养子。据说在他小时候，葛从周因材施教，常常在大盘子里放置千枚铜钱，手把手教他排兵布阵之法。长大之后，谢彦章长期担任骑将，更凭借过人能力，被朱友贞任命为两京骑兵首将。可以说，他不但有关系，更有能力，虽然目前在行营中的军职只是副帅，但实则和贺瑰、王彦章这些老将平起平坐，其前途不可限量。

贞明四年（918 年）二月，谢彦章亲自出马，率数万大军试图收复杨刘城，但杨刘城得到了李存勖的支援，梁军进展并不顺利。谢彦章知道，如果梁军无法夺回杨刘，晋军便可以轻而易举进入河南地区。因此，他做出了一个非常不厚道的决策：掘开黄河一处堤坝，用河水来阻隔晋军行进！

此举非常粗暴且有效，河水马上淹没了方圆数里之地，在牺牲了附近平民家园的同时，也确实让晋军难以继续深入河南。

但这也使得谢彦章失了民心。先前杨刘城的一些残兵败将本来聚集在郓、兖二州的山谷中，走投无路做起强盗，坐观梁晋成败。此时一经李存勖招募，也有不少投靠晋军的。

其后数月，双方相安无事，不过晋军一直在关注水流动向。六月间，李存勖在一次前往杨刘劳军时，亲自划船探测附近河水的深浅，发现此时水深仅仅可以淹没膝盖。李存勖大喜："梁军根本不敢作战，只想用河水阻隔我军，消磨我们的耐心。现在是时候蹚过这片水，发起进攻了！"

六月二十三日，李存勖亲率大军，带头过河，各路士卒们抱着铠甲、横背长枪，组成方阵前进。谢彦章闻讯连忙率军来到岸边迎敌。晋军一时不利，稍稍后退。李存勖急中生智，顺势让部队假意退去，佯装不敌。

俗话说穷寇莫追，何况是水里的穷寇。但谢彦章杀得兴起，一时之间竟把义父的那些教导抛到脑后，命大军继续追击晋军，直至河心。

眼见梁军也下了水，已然失去占据制高点的优势，李存勖大军突然击起战鼓，掉头反攻。所谓狭路相逢勇者胜。同在水中，晋军打了梁军一个措手不及。谢彦章无法支撑，只得退回岸上。这回轮到晋军穷追不舍，梁军大败，鲜血染红了黄河，谢彦章仅以身免，还丢了四个城寨。

此战之后，李存勖信心大涨：既然连黄河都已经挡不住晋军兵锋，那么开封不足虑也！

双星陨落

当年八月初一，李存勖在魏州城外举行盛大阅兵。此次阅兵也是他即位以来最隆重的一次，部众集结了河东、魏博、卢龙、横海、成德、义武、安国、大同、振武等十镇兵马，还有奚族、契丹、室韦、吐谷浑等部族。

其中，周德威率卢龙军步骑三万人，李存审率横海军步骑一万人，李嗣源率安国军一万人，王镕和王处直虽然没有亲自前来，但也各自派出亲将带领镇定兵马一万人抵达，各部众加起来，号称有十几万人之多，史评"近代为最"。

随即，在李存勖的带领下，晋军渡过黄河来到杨刘，向西南方向继续深入，侵略后梁的郓州（今山东东平）、濮州（今山东鄄城）等地，最终抵达濮州西部，在黄河南岸的麻家渡驻扎下来。

身在滑州的贺瑰与谢彦章闻讯，马上率军进抵濮州北部的行台村，同十里地开外的晋军互相对峙。

局面僵持了三个多月，其间，好动的李存勖一度按捺不住，亲率数百骑兵，多次迫近梁营挑衅对方。

一次，李存勖带领亲军深入至濮州东北的潘张村，不料遇上在此巡逻的梁军猛将王彦章。王老汉一路穷追猛打，气势汹汹要为死难的家人报仇。李存勖来不及逃往麻家渡，只能找来一条船就近渡过黄河。眼看仇人就要溜走，王彦章提起长枪登上另一条船，连连催船工开船，还是贺瑰忙派人前来制止了他这次不太理智的举动。

王镕和王处直听说这件事以后，给李存勖写信道："国家兴亡系于大王一身，您应该为了天下苍生保重身体，怎么能如此轻率啊？"看完信件，李存勖也只是笑着说："安定天下，非身经百战不能办到，我怎么可以像朱友贞那样深居大院，把自己养得白白胖胖呢？"

当时晋军大营中，地位仅次于李存勖的负责人是李存审。晋王频频轻率出击，他实在看不下去。一次李存勖准备出门，他拦住对方的马头，哭着劝谏："大王要多加珍重！冲锋陷阵这种事，乃是我们将领的职责，不是大王应该做的！"在李存审的阻拦下，李存勖未能成行。但没过几天，李存勖又另找到机会，趁着李存审不在赶紧骑马飞奔直冲梁营，一边赶路一边还不忘对旁人埋怨:"老家伙妨碍到我游戏了!"

李存审的担忧并非多虑。事实上,危机正向李存勖靠近。谢彦章被挑衅这么多次,怎么会无动于衷?他早已准备好对策,就等李存勖钻入圈套。就见李存勖带着十几个亲信刚刚过了一处河堤,这时,埋伏在周围的五千梁军突然冲杀出来,将他们团团围住。一些晋军将士不禁脱口而出谢彦章的威名:"不好,是两京太傅在这儿!"

李存勖到底过了一把打仗的瘾,在谢彦章的包围阵中不停策马冲击,所幸身旁有猛将元行钦保护,这才多次免于受伤。加上有稍后赶上的数百晋军在阵外猛攻,李存勖才好不容易杀出一条血路,几乎仅以身免。梁军继续追击,就在李存勖命悬一线之际,还是李存审率领援军赶到,逼退对方,他才捡回了一条命。

算上几年前在魏县被刘鄩伏击那次,这至少是李存审第二次充当晋王的救星了。李存勖这才意识到,李存审等人的忠言非常中肯。所谓不听老人言,吃亏在眼前,他不听劝,差点儿连小命都丢了。然而,江山易改,本性难移,他不能克服这样的性格缺陷,总有一天会为之付出巨大代价。

十二月,李存勖总算等到一个利好消息:先前差点置他于死地的谢彦章,突然死了!

这要归因于梁军内部的兵种之争。梁军北面行营的两员大将中,贺瑰擅长步战,而谢彦章精于骑兵作战。但对于整个梁军而言,称得上多多益善的,只有谢彦章一人。因为晋军多是骑兵,梁晋两相对战时,还是精通骑兵的谢彦章更吃香一点,这就逐渐引起了主将贺瑰对后辈的嫉妒。

后来又发生了一件事,越发扩大了两位将领之间的隔阂。

在行台村外练兵时,贺瑰偶然发现了一块高地,便与谢彦章商量:此地可以立下栅栏防御晋军。没想到时隔不久,偏偏那块地方就被晋军占据了。

贺瑰并没向第二个人提起过此事,疑惑不已,于是多次跟谢彦章说起自己打算主动出击的想法,借此试探后者的心意:"圣上把大军交给你我二人,如今我们面对着敌人屡屡进犯，却一连多时不应战，这说得过去吗？"

谢彦章却认为："贼人的目的就是要速战速决。现在我们扼守险要、高筑营垒，他们怎么敢进来？轻易发动战争的话，一步错就会全盘皆输啊。"

见自己的主张多次被这个年轻人反驳，而且这个人还是他名义上的下属，贺瑰不禁恼羞成怒，平日里的不快一下子全都在内心爆发了。

贺瑰联合军中第三号人物——北面行营马步都虞候朱珪，摆了一场鸿门宴，邀请了谢彦章、孟审澄、侯温裕三人。这三位都是梁军中数得上来的骑兵名将，没想到被贺瑰等人设伏全数斩杀！事毕，贺瑰上奏朝廷：谢彦章等人暗中通敌，现在已被处理！

就这样，梁军因内讧自断其臂，白白丧失几位良将。谢彦章死时只有四十五岁。除了统领骑兵有力以外，他也是一位儒将，在文武两界都颇受欢迎，不少人都对他的死感到惋惜。

当然，对此感到高兴的也大有人在。贺瑰等人自不必多说，李存勖得到这个消息后，大喜道："梁军将帅不和，自相残杀，怎么可能不亡国！"

同时，他南下的决心也更为坚定了："贺瑰暴虐不厚道，已失军心，现在如果直捣汴梁，他不可能继续坚守不出。让我军与梁军干上一场，没有不赢的道理！"说完，立即准备亲率一万骑兵直接南侵。

眼见孩子的老毛病又犯了，周德威忙劝："梁军虽然死了良将，但是军队仍然完整无缺。我军如若因此轻率出战，万一出了什么差错，那可一点儿好处都没有！"周德威的这番话，和先前谢彦章对贺瑰说的那一套其实差不多，都是认为要稳扎稳打，不可盲目冒进。可两边的结局也一样，主帅不肯听。

贞明四年十二月二十一日，李存勖先让军中老弱全数返回魏州，再下令毁掉麻家渡的大营，号称十万大军，兵锋直指西南方，向汴梁发起攻击！

二十三日，晋军抵达濮州西北方的一处山地，此地名唤胡柳陂。李存勖先前还征调了魏州的民夫三万人随军前行，负责修筑营垒，所以一系列工事很快就完成了。

贺瑰惊闻李存勖大军移动，也放弃了行台村，连忙追赶。二十四日凌晨，两军即将相遇。

不愿放弃劝说的周德威继续向李存勖强调："贼寇急行军追击，没有好好休整，而我军营寨已经十分坚固，戒备守卫绰绰有余。现在我军已深入敌境，大王一定要考虑周全，不可轻率行动！此地距离开封很近，梁军士卒们又思念家乡，我们如果不思考谋略对付，反而贸然迎敌，恐怕会激发对方的愤怒。我请求大王万万按兵不动，由我来带骑兵先去骚扰对方，让他们休息不成。等到晚上，梁军的营垒没有修好、炉灶准备不齐全，我军再进行攻击，一定可以消灭对方，这才是破敌之道！"

周德威苦口婆心说了一大堆话，没想到李存勖这次是铁了心，带着斥责的口气答复周德威："从前在河上只恨见不到敌人，而今敌人来了却又不进击，不知道有什么可等？您身为大丈夫，为什么要如此胆怯懦弱呢？"

李存勖转过头来，见到同样准备劝谏的李存审，也不跟他废话，直接安排道："兵马未动粮草先行，你先运送辎重出发，我来给你殿后，一同杀敌！"说完就带着亲军出了大营。

不得已，周德威只能跟着出动，临行前他预见到了结果，对儿子说："不知道我将要死在哪里！"

当时，贺瑰的梁军已经组成巨大方阵，东西连营达数十里，其中，代替谢彦章统领骑兵方阵的是梁军行营左厢马军都指挥使王彦章。晋军这边，李存勖与李存审率领河东、魏博军总领中央，周德威率卢龙军在西，李嗣源率安国、成德、义武三军在东。

李存勖带着帐前银枪都率先冲杀，深入王彦章的战阵十几里。由于接连丧了长官，后梁骑军们表现得非常积极。王彦章部撑不住李存勖的斩击，首先被击败。王彦章奋力向西冲杀，往濮阳逃去，但剩下的梁军士兵成了没头苍蝇，四处乱窜。他们一边逃离战场，一边见人乱杀，竟冒冒失失闯到战场西面的晋军辎重部队里。负责晋军辎重部队的长官、魏博节度副使王缄丧命，其余负责运输的晋军后勤被吓得一哄而散！

这一乱，场面就变得难以收拾，继而导致一系列可怕的连锁后果。这些人冲进了周德威的阵列，导致卢龙军崩溃，引起大规模的踩踏。更要命的是，混乱中，一代名将周德威和其子周绍弼一同死于梁军之手！

死战！不退！

梁军西军的混乱，竟意外导致晋军全线崩溃，留在战场上的其余梁军立即从四面八方集结起来，乘机发起猛攻。很快，贺瑰的数万部众已经占据了整个战场地势最有利的一座土山。

大乱中，李存审带着三子李彦图率中军冲锋陷阵，李存勖才得以占领了另一块高地，收集残兵败将，直到中午，晋军势头才稍有振作。

李存勖还不知道周德威阵亡的消息，回头向将士们高呼："今天这场战斗的胜败，就看能不能占据那座土山。既然梁贼已经占了山头，那我就和各位一起去把它抢回来！"说完，李存勖率银枪都骑兵率先冲了出去，李建及与李嗣源的义子李从珂则带着银枪都步兵紧随其后，一战就把土山打了下来。

傍晚时分，梁军大将贺瑰终于集结齐剩余的步兵部队，在土山西面的山脚下列阵。山上的晋军远远望去，面带惧色。

晋军多数将领认为，既然各路人马都没有聚齐，不如先从其他方向冲杀出去撤回大营，改日再战，李存勖同意了。但先前从后梁投降的将领——现任晋军东南面招讨使阎宝站出来劝阻道："梁军中王彦章的骑兵都已经逃到濮阳去了，山脚下的贺瑰部队全是急于休整的步兵，我军率骑兵居高临下进攻，定能将其攻破！反之我军已深陷敌境，如果因为这点失利就撤退，势必引起敌军反攻，从而被击败。那样的话，我军剩余没有集结的部队听到这个结果，也都不用打了，必然自行崩溃。决战必须审时度势，既然形势还不算太差，就要下定决心，不能再迟疑了！大王，成败在此一战，如果不能取胜，即便收拢了残兵败将北返，梁军也会乘胜渡过黄河，到那时，河朔地区也将不复为我们所有了！"

一旁的李嗣昭点头附和，出言帮阎宝添了把柴火："敌军没有营垒，日夜归心似箭，肯定无心攻打我军。只需要派出精锐骚扰他们，让他们吃不了晚饭，等他们撤军时，我军再发起追击，一定可以击败。要是我们撤走，等他们休整好了卷土重来，那时候胜负就难料了！"

晋军猛将李建及听完这些话，已经摩拳擦掌，披上铠甲横执长枪，放话道："敌军的骑兵大将现已逃走，而我王的骑兵则完好无缺，对付这些疲惫不堪的步兵，如同摧枯拉朽！大王只管在山上观战，看我等为您破敌！"

李存勖恍然大悟："如果不是各位老兄及时点明，我就要耽误大事了！就请诸位助我杀出去！"

李嗣昭率先带着一队骑兵从山上冲了下去，李建及、李存审率帐前银枪都紧随其后。为了激发士卒斗志，李建及大喊道："今天丢的辎重都在山下，咱们准备吃晚饭！"饥肠辘辘的晋军战士们顿时来了劲。

也不知晋军之前是从哪儿招募来了民夫万人，他们在山下拖着干柴树枝奔走，弄得尘土飞扬，为晋军助长声势。梁军不知实情，吓得肝胆俱裂，个个丢盔弃甲、四处逃散。晋军当然不会客气，一战下来，报销了贺瑰的梁军三万人之多！

通观李嗣昭这套方略，其实和早上周德威所说的并没有两样，可惜为时已晚。当晚李存勖回到大营，听说周德威父子双双阵亡，懊悔不已，像个孩子一样号啕大哭："丧失了国之良将，都是我的罪过啊！"

当年柏乡之战，李存勖正是一再听从了周德威的建议，才能以弱胜强，取得胜利。如今又因为轻率傲慢和刚愎自用，拒绝听取周德威的建议，李存勖咽下了即位以来的第一个大苦果。今昔之别，真是让人唏嘘不已。

这场持续了整整一天的胡柳陂大战，梁晋双方都丧失了三分之二的士卒。如果再从数月之前两军对峙开始算起，双方又分别丧失了谢彦章、周德威这些军事人才，从战力层面上看，是彻头彻尾的两败俱伤。

再从精神层面上来看，后梁的军心无疑再一次遭受重挫。王彦章军中失散的败卒逃到了开封，声称晋军马上就要打过来，弄得人心惶惶，就连朱友贞也动了逃往洛阳的心思，差点儿放弃汴梁，后来才发现是虚惊一场。

胡柳陂之战后，李存勖的部众确实仍然在向西前移，大有进抵开封的态势，但抵达濮阳北面的德胜口后，晋军便停下来休整，给新添的重创疗伤。

江河日下

贞明五年（919年）正月，李存审沿着德胜口的南北两岸筑起两座城池。这里是进入河南的门户，李存审便把两城建设成要塞。他肯定想不到，八十多年后，正是在德胜北城，中原政权与契丹立下了著名的澶渊之盟。

梁军主帅贺瑰仍在行台村，但德胜渡与他的大本营——滑州近在咫尺，恰如鲠在喉。要让他对此视而不见，那是不现实的。四月，贺瑰率领数千人，发动了对德胜南城的猛攻。

为阻隔晋军从北岸搬救兵，贺瑰此次还带来了秘密武器。黄河中流停泊着十几艘巨大的战舰，每一艘都设有上中下三层。它们紧密相连，不仅蒙上了牛皮，船的四周还筑起了类似城垛、栅栏的防御设施，俨然一群不动如山的水上城堡！

德胜南城的弓箭石头即将用尽，守将氏延赏派出一位名叫马破龙的游泳高手游过黄河求救。李存勖不敢耽搁，当即开出重金赏格，招募能够破敌之人。此举倒是吸引了一堆所谓奇人异士，有自称能吐出火焰焚烧敌船的，有自称能念咒语刀枪不入的，但真正顶用的一个也没有。

正当李存勖心急如焚时，还是猛将李建及挺身而出，发出豪言壮语：“贺瑰这次倾巢而出，是准备一举定成败的。我军如果无法渡河，必将失败！光施展些雕虫小技是行不通的，今天就让我拼了这条命去试一下！”于是，李建及挑选了三百帐前银枪都，领着同样用铁锁连接起的十艘船，直奔河水中心。

　　快要接近梁军巨舰时，李建及派出手持利斧的勇士，冒着箭雨砍断这些大船之间连接的竹索，摧毁它们的护墙，又让人点燃了装满干柴的几十个木桶，从上游抛入水中。

　　一切准备就绪，李建及又率领满载晋军精兵的战舰出发，击鼓喧哗，向梁军发起总攻。一时间河上火光冲天，梁军的巨舰因为缺少了连接的竹索，各自不受控制地顺流而下，根本挡不住突如其来的火势，梁军士卒不是被火烧死，就是被迫跳入水里溺死，拢共折损了将近一半人。李建及等人顺利抵达黄河南岸，一路追击撤围的贺瑰，一直把他逼到行台村才罢休。

　　梁军接连经历了数次大败，内战内行、外战外行的庸将贺瑰忧愤成疾，几个月后就向谢彦章报到去了，享年六十二岁。

　　朱友贞不得不另寻主帅人选。这一次被选中的人，是堪称皇帝亲信的开封尹王瓒。

　　王瓒作为开封尹，最大的优点是治军严整，一般人不敢违背他的命令，颇有周亚夫、徐晃之风。但要论起一位良将该有的谋略和应变，却又都不是他所擅长的，这也注定他接下来的表现，不会比贺瑰好到哪儿去。

　　贞明五年八月，王瓒甫一上任就来了个大动作，点起五万兵马，从黎阳北渡黄河，试图奇袭澶州和魏州。不过王瓒出兵显然没有做好充分准备，梁军在接近澶州治所顿丘（今河南内黄）时，竟碰上了李嗣源的部队。王瓒宛若惊弓之鸟，一枪未发便撤退了，真不知道是谁给谁来了个下马威。

　　一计不成，王瓒便有样学样，又是从洛阳要来制造浮桥的竹子，又是从滑州要来大量粮草物资，准备在德胜南城上游十八里处的杨村也筑起一座横跨大河的要塞，以此来制约晋军。

　　梁军的浮桥很快就建成了。反观晋军在德胜城这边，虽然城池完备，但由于缺少建筑工材以及固定船只的铁牛，浮桥的修建一直拖拖拉拉，始终没能完工，晋军军吏们没少对梁军的工程进展产生羡慕嫉妒恨。

　　晋军将领李存进是位比较富有巧思的人，他不把人们的戏谑放在眼里，决心另外想办法试一试。他让人用苇草制成绳索，连接河上的数十艘巨舰，同时在两岸堆山种树，用来绑定这些绳索。李存进不拘一格用这种方式完成了浮桥，使得李存勖大喜，后者给予李存进高度赞美，将他比作曾主持建造富平津大桥的西晋名将杜预。

随后，李存勖征发数万民夫，一边不断扩建德胜北城，一边与梁军日日交战。一次作战中，李嗣源的女婿石敬瑭的战马被梁军割断了铠甲。危急关头，一位叫刘知远的兵马使主动让出自己的战马给石敬瑭，自己则换骑断了铠甲的马缓缓后撤。从此，石敬瑭非常信任刘知远，视他为自己最亲密的部将。值得一提的是，后来石敬瑭和刘知远都成了开国皇帝。除了他俩，当时晋军中还有李存勖、李嗣源、李从珂，这三位后来也当上了皇帝。一军之中竟然出了五个皇帝，这在历史上也是绝无仅有的奇事。

且说梁军这边，王瓚实在是太需要一场大胜了。十月，王瓚再次率军北渡黄河，挺进到德胜北城北方的戚城，竟再次遇上了李嗣源。这次梁军虽然没有直接开溜，还硬着头皮打了一架，但李嗣源的前锋部队里突然冒出来个名叫侯益的小将，生擒了梁军李立、李建两位骁将，王瓚见势不妙，再度撤军。

到十二月时，王瓚总算用脑子打了几场胜仗。他专门在杨村和屯粮地之间设下伏兵，差点儿就能生擒再一次冒进犯险的李存勖。后来他又在黄河南岸的一场战争中假装败退，再杀了个回马枪，生擒了曾阻止王檀攻下晋阳城的河东勇将石君立。

然而，王瓚并没有得意太久，很快梁军再度被晋军大败，他成了一个光杆司令，紧急渡过黄河直奔杨村而去，堪堪幸免于难。李存勖乘着大胜，一举攻下了梁军的重要据点濮阳！

小胜掩盖不了大败，王瓚的主帅之位也难坐下去了，他被朱友贞下旨诏回，继续当他的开封尹。而梁军主帅换成了对朱友贞有拥立大功的将领霍彦威。这个霍彦威接替死去的王檀，已经做了三年多的天平军节度使，换言之，郓州、濮州、曹州这些黄河南岸的重地都归他管辖，朝廷让他继任主帅，自然也是看中他熟悉近年的河南形势这一点。

之后，从贞明五年年底到龙德元年（921年），两年间接连发生了一系列大事：河中节度使朱友谦再次叛梁投晋、李存勖的铁杆盟友王镕被杀、后梁惠王朱友能叛乱等等。当然，梁晋争霸的焦点并不在河南地区。所以，即便北面行营主帅霍彦威没有再丢一城，他也因为没有什么比较积极主动的措施，尸位素餐，让朱友贞很是不满。

这下，霍彦威不光丢了北面行营招讨使一职，连郓州的节度使也没得做了。朱友贞也不想让他清闲，直接将他支到陕州（今河南三门峡）去，让他看好朱友谦这个刺头。

贺瑰、王瓒、霍彦威，连续三位梁军主帅都不得力，验证了敬翔所说的：朱友贞的用人眼光实在不怎么样。而他接下来要起用的人，更让人为后梁帝国的未来担心不已。

龙德元年十月，新上任的天平军节度使戴思远，同时也成为梁军新一任北面行营招讨使。

客观来说，戴思远是一位非常平庸的将领。几年前弃城而逃，导致沧州落入晋军之手的，正是这位戴思远。从戴思远的传记和墓志来看，此人高寿善终不假，但除此以外，竟然找不到其他闪光点。真是不知朱友贞是看上了他哪一点，也许只是觉得对方无甚主见，自己用起来放心吧？

当时李存勖正出兵讨伐镇州，戴思远倒是比前任霍彦威来得积极，认为有机可乘，准备动用杨村的军队偷袭德胜北城。可惜这个消息被降兵走漏，李存勖提前知道了相关谋划。

十月初七，依照李存勖的部署，李存审负责镇守德胜北城，他本人则和李嗣源一起在戚城设下埋伏，等待梁军到来。一小队晋军遇到戴思远的部队后，马上假装败退，将他们引到李存勖定下的地点。

就在这时，李嗣源的亲将高行周率先忽然杀出，拦腰冲击梁军！没等对方反应过来，李存勖与李嗣源又率领三千铁骑紧随其后，奋力冲击，就连德胜北城的李存审也不愿错过痛打落水狗的机会，率军加入围殴。戴思远根本没有还手之力，一直被追杀到杨村。

更欺负人的是，李嗣源的大儿子李从珂竟然带着十几个人混入梁军败卒，进到人家的大营里，乘人不备斩杀了数名倒霉鬼，还把对方的望楼给砍倒了，这才施施然地回来！李存勖一向欣赏这个和自己同龄的侄子，赐酒给他，大笑道："阿三真乃壮士也！"

战后清点，这次被晋军杀伤的，以及自相踩踏、坠河而死的梁军，竟然多达两万人。这就是朱友贞钦点的新任梁军主将戴思远交出来的第一份成绩单，实在惨不忍睹！

接下来的两个月，戴思远没再弄出一点儿动静。直到次年正月，他听说李存勖本人已经离开魏州北上抵御契丹，暗自欣喜，仿佛忘了刘鄩在莘县的教训，决定打响新一轮的争夺战。

不过戴思远这次倒是赌对了，李存勖确实已经带着不少军队离开了，只留下李嗣源和李存审驻防德胜。

既然主心骨不在，李存审先向李嗣源道出了他的忧虑："梁军听说我们在南方的防御空虚，那他们不是要攻打德胜，就肯定是要偷袭魏州。既然如此，我们两个人全都挤在这里并没有什么意义，不如分兵抵御敌军进犯！"李嗣源非常赞同，于是亲自率军前往魏州设防。

戴思远果然已经从杨村出动，不过李嗣源派出的人也已通知魏州做好战备。梁军来到魏州以西的魏店时，发现目标已经不容易拿下，但戴思远不愿意白来一趟，于是率军继续向西渡过漳水，攻陷成安（今河北成安），大肆劫掠了一番，出了口恶气才南返。

戴思远手里有五万人，他觉得以这样的兵力，虽然暂时打不下魏州，但去打德胜北城应该还是绰绰有余的。于是他又掉头往东去，在德胜北城周围一连挖了数道壕沟，又修筑了几重壁垒，日夜不停猛攻。由于李嗣源的援军人数占不到优势，起不到太大作用，所以城内的李存审守得非常辛苦。

此时李存勖已经解决了北方的外患，听说德胜势危，马上急速南返，只花了五天就从幽州回到了魏州。戴思远得知李存勖已经回来，该认怂还是得认怂，连忙烧掉德胜周围的营寨，回到杨村去了。

不过此时晋军的重心仍在燕赵之地，对梁军来说，如果不抓紧机会再捞一把好处，那就太对不起自己了。正好晋军阵营出了个活宝，白白送给梁军一个扬眉吐气的机会。

李存勖任命的卫州（今河南卫辉）刺史李存儒，本是俳优出身，因为臂力过人而受到宠爱重用，此人在任上横征暴敛，甚至同意守城士卒可以免役，就为了能够向他们征收钱财。

龙德二年（922年）八月，戴思远派遣将领段凝、张朗乘机连夜渡河。虽然杨村到卫州距离有点儿远，但好在梁军轻易打下了防守空虚的卫州，生擒了李存儒，并把这个敛财能手送到了开封去。其后，戴思远本人也率军渡河，会合段凝等人一连攻克淇门（今河南淇县）、共城（今河南辉县）、新乡（今河南新乡）等地。

澶州以西、相州以南的一大片地区都被梁军收复了。自打魏博镇改姓了李，其后数年间，梁军还是第一次取得如此斐然的成绩！戴思远和朱友贞这下真要好好谢谢李存儒了——这些地方先前储藏了晋军三分之一的粮秣辎重，现在全被梁军夺得，气得李存勖不得不直喊肉疼。

虽然一时不慎让梁军声势大振，但截至本年九月，经过一年多的时间，在付出痛失史建瑭、李嗣昭、阎宝、李存进四员重量级大将的惨重代价后，北方的晋王李存勖总算平定了镇州，其间还顺便痛击了契丹人，完成了李克用的第二个遗愿。

李存勖的目光再次投向了黄河对岸。

该祭出第三支箭了！

电光石火：后唐灭梁之战

付诸东流

后梁龙德三年（923年）四月二十五日，众望所归之下，晋王李存勖登上魏州的祭坛，祭告上天，正式称帝，国号仍旧为唐，改天祐二十年为同光元年，魏州也被升为兴唐府。李存勖成为后唐的开国皇帝，后世称为后唐庄宗，原先的晋军从此也要改口叫唐军了。

这皇帝是做上了，但总不能满足于只做河北天子吧，所以李存勖的糟心事一点儿也没少到哪儿去。

李嗣昭在镇州战死后，他的儿子李继韬继任潞州昭义军节度使一职。李嗣昭生前在此镇守近二十年，在上党说一不二，俨然地方霸主。如今他驾鹤西去，李存勖打算乘这个机会在潞州建立自己的绝对威信，这就让李继韬一下子感到压力倍增。为了能继续当地头蛇，李继韬一拍大腿，做了归附后梁向朱友贞称臣的决定，还送去两个儿子充当人质表示诚意。

朱温活着的时候，肯定做梦也想不到，他发起夹寨之战也没有攻下的潞州（今山西长治），如今一箭不发，就成了梁国的领土。天降厚礼，朱友贞大悦，改潞州的军号安义军（避讳李嗣昭）为匡义军。

然而，得知李继韬背叛河东后，其父李嗣昭的亲信老将——戍守在泽州的裴约对这位后生的做法深恶痛绝，拒绝服从纳土归梁。朱友贞也不含糊，派出一员骁将——董璋北上攻打泽州。

这起大事件就发生在李存勖称帝前一个月。值得一提的是，就在李继韬招兵买马期间，一个名叫郭威的年轻人加入其中，几十年后，他也将开创一个时代。

此时身处魏州的李存勖三面受敌：北方的契丹族屡屡南侵，南面的卫州等粮库也落入梁军之手，现在就连山西的潞州都改姓了朱，完成灭梁大计看上去遥遥无期，李存勖犯了老大难。

就在这时，戴思远的老部下郓州守将卢顺密向李存勖伸出了橄榄枝。原来，卢顺密认为后梁没有前途，就趁着主帅远在杨村，准备投了唐军。

卢顺密送来的密信里，透露了郓州守备的真实情况："现在郓州守军连一千人都不足，而且巡检使刘遂严、都指挥使燕颙（yóng）都不得人心，您可以率军袭取！"对于这份突如其来的示好，郭崇韬等唐军将领大多秉持不可轻信的看法，认为没有必要去冒这个险。

众人议论纷纷，唯独李嗣源没有发表意见。李存勖向他看过去，询问道："梁军现在的目标是泽潞，东方的戒备一定会松懈下来，我军如果夺取郓州，等于击溃了其心腹之地，问题是郓州到底可以拿下来吗？"

李存勖看似在提问，实则把道理都说透彻了，李嗣源只需回答是与不是："我军疲敝，要想成就大业非出奇制胜不可，我愿亲自执行这次任务，给您带来好消息！"

和聪明人讲话就是省事儿，李存勖要的就是这个答案。

后梁龙德三年，即后唐同光元年，闰四月二十八日，李嗣源率精兵五千自德胜北城而出，沿北岸东行。抵达杨刘渡时，天色已黑，还下起了雨，唐军将士们多数不想继续行进，只有高行周向李嗣源进言："这正是天助我也，梁军一定没有防备！"

于是这支唐军渡河南下，直往郓州方向杀去。正如卢顺密所言，梁军果然守备空虚，李从珂率先攀上城墙，杀死稀稀拉拉的守军，打开城门。李嗣源军于次日攻克郓州全城，生擒戴思远的代理人节度副使崔筡、节度判官赵凤等人。刘遂严与燕颙虽然逃脱了，但被盛怒之下的朱友贞一并斩杀。

如此一来，戴思远连自己本镇的地盘郓州都丢了，他这个主帅也没脸再做下去了。朱友贞撸掉戴思远的北面行营招讨使一职，把他贬到了南方的邓州去，同时斥责了驻守在北方的副招讨使王彦章、段凝等将领。

老臣敬翔知道梁国已处在生死边缘，便进宫觐见皇帝，哭诉道："先帝在世时，未曾觉得我没有才能，什么事情都要听从我的建议。而今敌人如此强大，陛下却从来不听老臣的一句话！我活着又有什么用，不如死在陛下面前！"说罢，当即拿出藏在靴子里的绳索，作势就要上吊。

朱友贞吓了一跳，赶紧拦住敬翔，询问他自己应该怎么办。于是敬翔为后梁王朝提出了最后一条重量级建议："此时万分紧急，非用宣义军节度使王彦章做大将不能挽回局面！"

忠勇老将王彦章此前在战场上只负责冲锋陷阵，从未独当一面过，但论资历和能力，好像也没有其他更合适的人选了。于是，在敬翔的冒死进谏下，王彦章从梁军副帅升为主帅，同时由段凝来担任副帅。

朱友贞召见了这位被敬翔死命推荐的老将，问他多久可以破敌，也算是给自己留个盼头。

"三天！"王彦章的这个回答实在太过夸张，皇帝的左右侍从听见，都没忍住笑出了声。王铁枪也不多解释，第二天就急速赶往自己的驻地滑州。

李存勖听说梁军主帅换成了王彦章，不由得一惊，赶紧南下驻守澶州，同时警告德胜城守将："王铁枪英勇果敢，必将乘着激奋的气势来攻，千万谨慎防备！"

如果此时负责镇守德胜之人仍是老成持重的李存审，想来李存勖也可以放一百个心。但李存审已经远赴东北镇守幽州，如今守卫德胜的重任交给了李存勖的亲信朱守殷。

朱守殷何许人也？他本是李存勖身边的书童，当年凭借平定李克宁的功绩青云直上，一路做到蕃汉马步都虞候。然而朱书童在此之前从没上阵指挥过，反而爱干一些见不得人的打小报告勾当。这次守卫德胜，对于上司发来的警告，他一点儿都不上心，丝毫不把王彦章放在眼里。

五月十八日，王彦章在滑州大办了一场宴会，同时暗中派人在杨村准备好了一批船。到了晚上，王彦章又派出了六百猛士，手持巨斧，乘坐满载皮鼓和石炭的船只顺流而下。

当时，宴会还没散去，王彦章假意起身离开更衣，实则亲率数千精锐，沿着黄河南岸直奔德胜南城！

而此时德胜南城中，朱守殷探知王彦章在举办宴会，加上天空又下起了蒙蒙细雨，所以彻底放松了戒备。

顷刻间，梁军先前派出的水上部队已经潜入德胜两城中间，用火烧断了水中安置的铁链，又用斧头砍断了浮桥，由此，德胜南城的退路被切断，援军也无法接近。王彦章大军抵达之后一举破城。唐军死伤数千人，朱守殷只得登上一条小船，狼狈不堪地渡往德胜北城。

其后，王彦章一鼓作气，接连攻下了后唐在黄河南岸建立的一系列据点，其中就包括麻家渡。梁军声势大振。

李存勖敏锐意识到，王彦章的下一个目标将会是杨刘城，于是顾不得大骂朱守殷废物，先让他立即放弃德胜北城，把城寨拆掉做成木筏，火速装载军队武器东下黄河增援杨刘。同时，他连忙派出亲信宦官——左监门卫大将军焦彦宾先行赶往杨刘，协助守将李敬周。

王彦章得到消息，也让人把梁军痛恨得牙痒痒的德胜南城拆除了，木材改作木筏，一起率军东下。就这样，从贺瑰到戴思远，连续几任梁军主将都没能攻克的德胜城，转眼化为一片废墟。而王彦章也并没有失信，此时距他接受主帅大任，正好三天。

后梁与后唐的两支船队沿河并行，各靠一岸东进，每当经过河道弯曲之处，两军便不得不相遇展开恶战，短兵相接，箭如雨下，每天都要交手个上百次，互有胜负。但抵达杨刘时，梁军已给朱守殷的部众造成了一半伤亡，这再一次证明了李存勖让朱守殷带兵，实在是所托非人。

五月二十六日，后梁北面行营的招讨使王彦章、副招讨使段凝、马军都指挥使杜晏球等将领完成集结，率十万大军，从四面八方猛攻杨刘城，同时梁军还在河上停泊了九艘连锁巨舰，以阻隔后唐援军。

梁军发了疯一般，昼夜不息攻打，杨刘多次濒临陷落，得亏城中守将李敬周、焦彦宾与士卒同甘共苦、全力抵抗，勉强挡住了王彦章的猛攻。此外，王彦章还一度分出兵力，试图攻打李嗣源镇守的郓州，也没能成功。

六月初二，李存勖大军抵达杨刘城外，但梁军早已挖好了数道深壕，筑好了层层营垒，其中还暗藏了大量弩手，唐军被射杀无数，根本无法前进，这一点让他非常头疼。

郭崇韬提出："王彦章此举，实则图谋伺机袭取郓州，我军如果再不南下，便正中其下怀。我认为可以尽快在博州东边修筑一处营垒，控制要津，这样的话既能接应郓州，又能分散敌军在杨刘的兵力。我唯独忧虑的是，一旦王彦章察觉我军动作，直接杀过来，营垒必然没法修好。希望陛下每天派出一些勇士挑战梁军，进行牵制，如果十天之内梁军不到，营垒就可以修好！"

正好，郓州李嗣源派亲将范延光带着他的书信来到，他的想法与郭崇韬不谋而合，同样也建议李存勖在马家口（博州东的黄河渡口）修城，以打通前往郓州的道路。

李存勖马上同意了这个计策，等天一黑，就让郭崇韬和毛璋带着万把人前往博州地界，从马家口渡过黄河筑城。郭崇韬的效率很高，在唐军加班加点的劳作下，仅仅过了六天，也就是预期的一多半时间，马家口新城即将竣工。但此时，筑城的消息突然传到了王彦章耳里。

王铁枪立即点起数万人从杨刘杀向马家口，试图破坏郭崇韬这个搭积木工程。六月十五日，王彦章大军抵达，将攻打杨刘之法如法炮制，集火围攻马家口新城。

由于城池还没完工，郭崇韬的处境比李敬周更为危急，他连忙派人向李存勖求援。李存勖当即率大军抵达马家口西岸并摆开阵势，城中士气大振。而梁军由于初来乍到，半天之内无法建成围城营垒，没有足够把握与敌交战，只得退往黄河东岸的另一处渡口邹家口。

七月初五，马家口新城建成，李存勖率军渡河南下，王彦章大军听说李嗣源也从郓州出兵，只得再次返回杨刘。唐军与郓州的联系得以恢复，李嗣源总算能喘一口气了。

单看这段回合往来，不免让人心生疑问：为什么人数占了绝对优势的梁军，反而接连在杨刘、郓州、马家口等地失利呢？其实，除了唐军守将李敬周、郭崇韬应对得当以外，很大问题出在梁军自身，具体来说，这个漏洞便是副帅段凝，以及在他背后的一些人。

能当上梁军副帅，段凝主要还是倚仗自己在朝中的靠山。其靠山不是别人，正是后梁外戚赵岩、张汉杰、张汉伦等人。朱友贞上位以来，很多馊主意，诸如强行分割魏博、到洛阳举办南郊祭天、拒绝联合镇州张文礼等等，都是他们提出来的。凭着皇帝宠幸，赵、张等人平时没少干贪赃纳贿、卖官鬻爵的勾当，把后梁朝政搞得乌烟瘴气。

王彦章一向疾恶如仇，痛恨奸臣乱政，就在此次出兵前，他还曾扬言："等老夫凯旋班师，定要杀光奸臣，以谢天下！"这话传到赵、张等人耳中，几人马上对号入座，互相达成共识："我们宁可死在沙陀人刀下，也不要被王彦章害死！"于是加紧对王彦章的陷害。不过他们大概想不到，自己这番气话，竟会一语成谶，不过这也是后话了。

段凝给了赵、张一伙不少好处，换来个副招讨使的位子。有这层关系，段凝越发无法无天，竟敢在军中对主帅王彦章颐指气使，甚至千方百计破坏对方预定好的行动计划，视对方为自己升官发财的绊脚石，唯恐其能成事。于是，段凝动辄向皇帝告王彦章的黑状，而每当有捷报传到开封，赵岩、张汉杰又把功劳全算到段凝头上。朱友贞暗弱无断，给予近身的小人们百分百信任，反倒开始怀疑王彦章的忠诚……有如此君臣在旁掣肘，若王彦章还能打胜仗，那简直是奇迹！

这不，七月十二日时，梁军一小股部队在德胜南城西偶然遭遇唐军游击队，不敌而撤，段凝就以为敌军已经占据上游，自乱阵脚，指着王彦章鼻子斥责他深入敌境。

王彦章对段凝一伙的小动作早已不满多时，现在又被平白指控，顿时怒不可遏，当场破口大骂，几乎就要动起手来。诸将面面相觑，不敢相劝。

就在梁军将帅连续数日争吵得不可开交之时，李存勖大军已经抵达邹家口，加紧了攻势。唐军猛将元行钦突袭杨刘，生擒了梁军侦察兵，再一把火烧了梁军的巨舰，这让段凝惊惶不已，再度催促王彦章撤军。

七月十七日，杨刘城内断粮的第三天，后梁大军解除了对杨刘的包围，朝着杨村大本营方向一路狂奔。李存勖率唐军紧随其后，再次收复了德胜地区，王彦章好不容易打下来的战果就这么丢了。

但段凝贪功，心里认定这份战功已经归他，舍不得放弃，于是率军掉头反攻德胜等地，结果遭到一连串大败，总计损失一万多人，抛弃的粮草营帐、盔甲武器更是数以千计。

这场德胜争夺战，梁军先胜后败，又回到了王彦章挂帅前的起点。除了白白损失不少军队、物资，并让士气再一次遭受重大挫折以外，后梁王朝什么也没得到。反观后唐，手中仍然掌握着德胜、杨刘、马家口等据点，加上夺得的河南重镇郓州，为南下灭梁创造了极为有利的条件。

三人成众

果不其然，一打完败仗，段凝就急于推卸责任，联合赵岩、张汉杰把这次战败的罪责全数嫁祸到了主将王彦章头上。朱友贞大怒，召杨村的王彦章入京，准备追究责任。

王彦章入宫觐见，并不忙于解释，而是当场拿着笏板在地上比画，陈述形势，探讨接下来该如何应对敌军。然而赵岩见缝插针，让有关部门参了一本，弹劾王彦章不顾朝仪，是对天子大不敬！

而段凝则再一次献上丰厚的财帛贿赂赵岩、张汉杰等人。眼看朱友贞就要听信谗言，让段凝担任梁军新帅，梁朝老臣敬翔、李振、张全义等人纷纷站出来表示反对，但最终还是没能阻止皇命。王彦章被勒令卸职，不久后又被派去增援董璋，之后他攻下泽州、俘杀裴约，再度证明自己绝非无能之人。

而段凝当上主帅的消息一经传开，梁军将士无不愤愤不平。

为了阻止唐军进攻，段凝升级了当年谢彦章的办法，直接掘开滑州南部酸枣县的黄河大堤。这股滔天巨浪向东横流，淹没了曹州、濮州、郓州，以及杨村、德胜南城等大小夹河据点，但同时也淹没了自酸枣到郓州这一带的所有良田房屋，以致生灵涂炭。

段凝才不管老百姓死活，还在朱友贞面前给这场人为灾祸取了个名字叫"护驾水"。这对君臣显然意识不到，这场大水将成为后梁王朝的催命符。

八月十七日，段凝趁大水还没到来，率五万梁军从濮州西北的王村开拔，在高陵津（今河南范县）渡河，大肆剽掠后唐澶州境内。李存勖只好率军往东北方向行进，抵达莘县西南的朝城，不时同梁军展开小规模作战。

十天后，梁军先锋大将康延孝由于不满段凝作为，突然带着一百多人投奔了后唐。李存勖当即解下自己的锦袍玉带赐给他，并向他询问梁军动向。

康延孝咬牙切齿地发泄了一通怨气后，冷静下来，沉痛剖析这些年来后梁的深重积弊："梁国君主昏庸，奸臣当道，朝政腐败至极，所以就连段凝这种既无谋略也不英勇的东西，居然也能一朝踩在王彦章、霍彦威这些宿将之上！而且段凝挂帅以来，只知克扣军饷、讨好朝中权贵，梁军上下积怨深重。不光这点，梁朝每次派军出征，都不忘让亲信和宦官随军监视控制，这样的军队和国家，还有什么希望？"

而接下来他所揭开的，乃是一个天大的军事机密，这直接影响了之后的战争走势："我最近得知，梁朝又有大动作了。按他们的部署，由董璋率领陕州、潞州军队从石会关（今山西榆社）北上，攻打太原；由霍彦威率洛阳一带军队渡河，经相、卫进攻邢洺、成德；王彦章一部也将率军攻取郓州；现在对付您的，则是段凝和杜晏球率领的主力部队。估计到了十月，梁军就要发动总攻。梁军如果都集结在一块儿，很难对付，但如果分别出击，问题不算太大。我建议陛下养精蓄锐，等待他们分兵作战，到那时再带着五千骑兵，从郓州直捣汴梁，不出十天半月，天下就可以平定！"

听完康延孝的话，李存勖倒吸一口凉气：这次朱友贞竟然织了这么大一张网等着他入套呢!

梁军不知道,后唐其实正面临着物资吃紧的难题,自从卫州一带失守,唐军已经失去了三分之一的储备,最近又因德胜城陷落,丢了数百万石粮食。虽然有精打细算的租庸副使孔谦在魏州横征暴敛,以充军需,但如此粗暴的方式造成了大量农民逃亡,后唐在河北的租税越发收不上来,剩余的积蓄支撑不到半年了。同时,山西的潞、泽二州相继离手,又有契丹屡次南侵,并扬言即将大举来犯。种种困难接连而至,彻底让李存勖体会到了什么是"屋漏偏逢连夜雨"。

时间进入九月,离康延孝所说的梁军发起总攻的日子越来越近,事不宜迟,李存勖急召众人前来商议如何应对。

会上,以宣徽使李绍宏为代表的诸要员提出了比较消极的对策:"郓州城外都是梁国土地,这样一座孤悬于敌人大后方的城池,既然难以据守,占有它还不如舍弃。不如试试向敌国提出谈判,请求用郓州来交换卫州和黎阳一带,两国以黄河为界和平交好。这样可以让我国军民得到休整,等到物力充裕了再做打算。"

这不就是变相的示弱投降吗?李存勖非常不满:"若听你们的话,那我就要死无葬身之地了!"

李存勖懒得和这些人废话,单独召见没有当众发表意见的郭崇韬,询问他有什么高见。郭崇韬果然没有辜负皇帝的期望,心里早已有一大堆想说的:"臣没读过什么书,只能有一说一。陛下称王以来,与梁交战已有十五年,您的远大志向是雪耻复仇,而今已经称帝,河朔军民们无不盼望天下太平。眼下才刚刚得到郓州这方寸土之地,不想坚守却反而放弃,这样又如何能够一统宇内呢?"

郭崇韬又说:"现在我最惧怕的是军心涣散,将来粮食吃完,众人离散,即便梁国同意以黄河为界,又有谁能帮陛下坚守阵地呢?我曾私下详细地向康延孝探听过河南局势,经过这几天慎重考虑,我认为,一决胜负就在今年。

现在梁军所有精锐之师都在段凝手下，他们侵入我国南境，又掘开大堤用来保护汴梁，以为我军无法南渡，必然倚仗这点不设防备。段凝这人无甚将才，不必放在心上。他们派王彦章侵略郓州，目的就是希望让我们内部人心不稳。投降我军的梁兵都说开封没有什么军力，如果陛下留一部分军队坚守魏州以及杨刘，再亲率精锐同郓州守军会合，长驱直入河南猛扑汴梁，那么对方一定望风而降。一旦拿下贼首朱友贞，梁军各路将领自然会投降。"

为了坚定李存勖的决心，郭崇韬再次强调："今年歉收，粮食已经快要吃完了，如果陛下再不决断，大功无法告成！老话说，准备盖房子却一直在路边和行人商量的话，三年都盖不好。成事在天，谋事在人，希望陛下当机立断！"这些话都说到了李存勖的心坎里去了。但司天监不知道看了谁的眼色，上奏说今年不宜深入敌境，于是李存勖索性不理睬。

此前的黄河对岸，王铁枪正渡过汶水，向郓州发起了攻击。

王彦章手下的一万人本由保銮骑兵等皇家禁军和其他一些军队拼凑而成，虽比不上段凝那批精锐，但战斗力也不算太差，要是正儿八经干上一仗，郓州的李嗣源未必能是对手。

但偏偏如康延孝所说，朱友贞非常多疑，另安排了亲信牵制王彦章，那人正是张汉杰。找王彦章的死敌来监军，那么这支部队还没遇敌就浑身贴膏药——毛病不少了。接下来的战事，也证明实际指挥权并不在王彦章手中。

李嗣源派出李从珂率军迎战，在郓州南的递坊镇一战击破了王彦章的前锋部队，生擒敌将任钊、田章等三百人，阵斩梁军二百多人。没想到，梁军遇此小小挫败，就退往汶水以南的小城中都（今山东汶上）。

捷报传回，李存勖大喜，对郭崇韬说："郓州首战告捷，足以提高我军士气！可以过河了！"

据说毛主席在读梁晋争霸这段历史时，他老人家如是批注："康延孝之谋，李存勖之断，郭崇韬之助，此三人可谓识时务之俊杰。"

李存勖孤注一掷，命宰相豆卢革、宣徽使李绍宏和租庸使张宪等人回魏州留守，同时也让将士们把家属全都送回魏州，以准备渡河。在北返的人员里，还包括了他自己最宠爱的魏国夫人刘氏，以及他的长子李继岌。

"大事是成是败，就看这一次决战了！如果我没能回来，你们就把全家人聚到一起，放火自杀吧！"做完最后的诀别，李存勖君臣站在驿亭，望着亲人们的背影渐渐远去，直至消失在地平线。

是时候了。"全军听令，随朕过河！"

千年豹死留皮在

十月初二，李存勖率大军从杨刘渡河，于次日抵达郓州，与李嗣源会师。午夜时分，由李嗣源担任前锋，唐军南渡汶水，于初四凌晨击破遭遇到的梁军，随后包围了王彦章所在的中都。

由于中都城并不大，平日里也没有什么防御设施，如果被困在此地，迟早是死路一条，梁军只得冲出城外逃命。唐军当然不会放过这些四散奔逃的无头苍蝇，马上展开追击，一战杀伤数千人，俘获千匹骏马，生擒梁军都监张汉杰、曹州刺史李知节及梁将赵廷隐、刘嗣彬（原后梁名将刘知俊的侄子）、康文通等二百余人。仅有少数梁人逃回了开封，幸免于难。其中有一个叫景延广的，将在二十年后影响到历史进程。

至于梁军主将王彦章，本来也正带着数十名亲兵想要逃回汴梁，不为别的，只为向朱友贞告急。

而唐军中一名将领单枪匹马，穷追不舍，他听到王彦章的声音时，一下就辨认了出来，更加快了追击速度。说时迟，那时快，此人直冲到王彦章身后，一枪刺入其背，将这位老将连人带马重重掀翻在地。

王彦章睁开双眼看清对方后，甚至还有点儿惊喜，他无奈地笑了笑："这不是老夫的故人吗？"

来者不是别人，正是后唐军中著名的"百人斩"猛将李绍奇。很多人不知道，多年前，李绍奇还叫夏鲁奇时，也曾是梁军中的一员。他虽然比王彦章年轻二十岁，但二人趣味相投，关系非常要好，直到夏鲁奇与其他主将不和，投奔了李存勖。被这位威名赫赫的老朋友活捉，也不丢脸，起码好过成为其他人的俘虏吧，于是后梁一代名将王彦章束手就擒。

由于一向不满梁军中普遍患有的"恐晋症"，王彦章常常扬言："李亚子不过是一个喜欢斗鸡的小娃娃，有什么可怕的？"如今这位傲气的老将落到了李存勖的手里，后者不由得扬眉吐气道："你常把我当成孺子看待，今天服不服？你也是一员良将，为什么不守兖州，反而留在无险可防的中都小城？"这自然都是拜张汉杰所赐。但王彦章无心解释，只淡淡回答："天命已去，我没什么好说的了。"

其实李存勖多年前就非常欣赏王彦章的才能，还一度用王家老小来要挟他，希望他投诚，但最终也没奏效，现在他旧事重提，让人给予老将最好的治疗待遇，并多次亲自劝说王彦章弃暗投明，但王老将军的态度非常明确，那就是——不可能！

"我一介匹夫，深受先帝国恩，当今天子又把我擢升为上将，和你们打了这么多年的仗。如今兵败力竭被俘，死也是我的本分，即便你让我活下来，我又有何面目见天下人呢？我作为臣子和将领，怎么可以早上还是梁臣，晚上就侍奉起晋人来？"

李存勖决定派与王彦章年纪相仿的唐军猛将李嗣源去做最后的尝试。但王彦章一见到李嗣源，就立即皮笑肉不笑地打了一声招呼："哟，这不是邈佶烈吗？"邈佶烈正是李嗣源的乳名。显然，李存勖又打错算盘了。王彦章一向看不起李嗣源，更不可能接受他的劝降。可能李存勖还曾让李绍奇劝说过老友，但结局同样都是不欢而散。

虽然被偶像人物拒绝了，但获此大胜，李存勖还是非常高兴的，他举杯向李嗣源敬酒："今天得此大胜，是您和郭崇韬的功劳，我要是听了李绍宏他们的话，大势就真要一去不复返了！"

由于之前吃了太多冒进的亏，甚至把周德威的命也搭了进去，李存勖这次本着谨慎的态度，接着询问诸将："先前担心的只有王彦章一人，现在再无顾虑，这是天要灭梁！不过段凝还在黄河北岸，诸位认为下一步该做什么？"

多数人的意见和先前的李绍宏一样，认为应该见好就收："虽然据传开封没有防备，但虚实真假还没确定下来，如果要打，还是比较冒险。现在梁国河南东部的兵力都在段凝手中，守卫空虚，不如先行扩大我军的战果，向东推进打到海边，然后再养精蓄锐乘机行动，这样可保万无一失。"

康延孝倒是坚持直取汴梁，但毕竟不久之前他还是梁将，所以显得有点儿人微言轻。不过李嗣源站了出来，给康延孝投了一张关键的支持票："兵贵神速，现在王彦章被抓，段凝一定还不知道，就算有人跑过去告诉他，以段凝的脾性，也会犹豫上几天再下决定。再退一步来说，纵使段凝马上发兵支援，由于大水阻隔，这些军队不可能直接南下，也必须绕到滑州才能渡河，而这几万大军仅靠船只很难快速抵达。"

说完梁军的困境，李嗣源接着阐述唐军的优势："再来看我军，已经距汴梁如此之近，前方没有山川阻隔，部队完全可以畅行无阻，如果加速行军，昼夜兼程，两天两夜就能活捉朱友贞。而那时候段凝还在河北呢！康延孝的建议是正确的，我们还是应该信任他嘛。请陛下率主力在后方慢慢推进，先由我率领一千骑兵充当先锋！"

听完李嗣源的豪言壮语，包括李存勖在内，唐军上下顿时欢欣鼓舞，争先恐后地要求出征。

十月初四，就在击破中都这一天，李嗣源一刻也没耽搁，到晚上便率领前军直奔汴梁而去。

十月初五，李存勖率大军从中都离开，王彦章也被抬在担架上一同前行。途中，李存勖仍不忘再试探他一次，半炫耀地说："您看，我这次出击，能不能大获全胜啊？"王彦章回得斩钉截铁："段凝有六万精锐大军，虽然他领兵无能，但也不会很快就投降的，你很难成功啊！"王彦章为了恶心李存勖，不但夸大了梁军兵力，还间接说了仇家段凝些许好话，堵得李存勖没话说。

当天行至任城时，王彦章突然以伤痛难忍不堪随军为由，坚决要求留下。王彦章南征北战数十年，曾经多次顺利杀出重围，是梁军中出名的突围大师，岂会是如此矫情之人，他这么做，无非是在尽自己最后一分薄力，延缓唐军的行进速度罢了。

李存勖叹了口气，他终于明白，这是一个不可能投降的人。随后，王彦章被就地斩首，时年六十一岁。

王彦章的一颗忠心日月可鉴，在后晋时被石敬瑭追赠为太师，子孙也被朝廷录用。一百多年后，北宋文宗欧阳修也声称自己"未尝不想见其人"。欧阳修不仅撰写了《王太师画像记碑》一文表示怀念，还在《新五代史》中将王彦章列为《死节传》传主之首。甚至朱友贞等君臣薄待王彦章这点，也成了欧阳修对后梁政权深恶痛绝的缘由之一。

而著名武侠小说家金庸的代表作《射雕英雄传》《神雕侠侣》中多次出现的"铁枪庙"一地，这个设定便是为了纪念王彦章而创作的。

王彦章本人没读过什么书，生平最爱说一句俚语："豹死留皮，人死留名。"无疑，他做到了。

随着最后一位名将陨落，后梁王朝进入了最终倒计时。

建国门的挽歌

十月初七，唐军抵达与汴梁近在咫尺的曹州（今山东定陶），曹州不战而降。

就在这一天，"王彦章部全军覆没，唐军正从东北方向大举袭来"这一消息传到了开封城。天就要塌下来了，后梁的文武百官束手无策，皇族纷纷抱头痛哭，朱友贞自知时日无多，连连哀号："大势已去，大势已去啊！"

时至今日，朱友贞终于明白谁才是最值得依靠的那个人，他流着泪问敬翔："我过去总是不听您的话，才走到今天这一步！情势危急，您说我到底该怎么办，我一定听您的！"

"朝闻道，夕死可矣"可并不是在什么事情上都适用的，敬翔自知为时已晚，越发伤心地说："老臣深受太祖皇帝厚恩，到现在已经三十多年了，名义上是本朝宰相，实则还是朱家老奴，侍奉陛下，就如同侍奉家里的郎君一般。老奴前前后后提过多少意见，没有一次不是至公至诚的。陛下起用段凝时，老奴坚决反对，可是那群小人相互依附勾结，才有了今天！

"敌军马上就到，段凝也被隔绝在河北，不能及时前来护驾了。现在老奴请陛下出城避敌，您不可能接受；要是请求御驾亲征，陛下也不可能有这种决断胆识。事已至此，纵使张良、陈平再世，也无法为陛下想出好办法来了。老奴只希望陛下赐我一死，我实在不忍心眼睁睁看着大梁灭亡啊！"

连朱家最靠得住的老臣敬翔都准备等死了，朱友贞不由得绝望，君臣二人相对痛哭。

绝望归绝望，朱友贞仍不愿放过任何求生的机会，他派张汉伦快马加鞭赶往河北让段凝赶紧回来。但没想到，张汉伦一到滑州就上报自己坠马受伤，走不动了。这些小人果真一到关键时刻就派不上用场！

朱友贞只好来到皇城的正南大门——建国门，登上门楼，亲自加派一批精挑细选的亲信，让他们乔装改扮，带上蜡丸密函催促段凝。这些人虽然得了重酬，结果仍然是一离开就作鸟兽散，一个人影都找不着了。

接连被泼了冷水，这位大梁皇帝已是不知所措。亲信朱珪（参与谋害谢彦章的那位）请求率四千控鹤军出城迎敌，朱友贞却不肯答应，只是派王瓒拉着一群市民登上城墙戒备。一些人认为唐军即便夺取了开封也无法久留，于是建议皇帝逃往洛阳，召集段凝等军队继续抵抗；甚至有人建议他直接投奔段凝大军。

对朱友贞忠心耿耿的控鹤都指挥使皇甫麟当即否决了这些主意："段凝本无大将之才，想要靠他来随机应变、反败为胜，比登天还难。而且他听说王彦章兵败以后，胆都被吓破了，怎么知道他是否还能为陛下尽忠职守呢？"

赵岩也认为："事已至此，下了建国楼，谁都不敢保证自己的忠心啊！"

简而言之，人心散了，队伍不好带啊，朱友贞只能打消出城避难的主意。很快，就连朱友贞放在卧室里的传国玉玺都被亲信偷走，准备给即将到来的唐军当见面礼了。

而朱友贞最信任的亲信赵岩，他的算盘打得比谁都精，后唐军队从曹州袭来的消息一到开封，这位就准备抛下皇帝独自逃走了。许州的匡国军节度使温昭图（就是那位臭名昭著的盗墓大王温韬）以前受过赵岩的提拔之恩，赵岩相信他一定会收留自己，于是一句招呼也不打，直奔许州去了。

十月初八这天，束手无策的朱友贞让人杀光先前被梁军俘虏的河东诸将泄愤，其中就包括石君立。朱友贞万念俱灰，也不想活了，对皇甫麟说："沙陀人与我朱家有四十年宿仇，我决不能低头投降，等他们来羞辱杀死我！但我没有自寻短见的勇气，需要你砍下我的人头！"

这大概是朱友贞一生中最有骨气的时刻。

皇甫麟哭着说："我只会为陛下挥刀杀敌，死在敌军手下，却万万不敢接受这项诏令！"

"皇甫麟，你不忍这么做，是连你也要背弃我吗？"

皇甫麟没有说话，打算拔剑自刎，被朱友贞拉住："我和你一起死吧！"君臣二人都清楚，已经无路可退了。

就在建国楼廊下，皇甫麟挥泪杀死了朱友贞，随即自杀，君臣二人双双殉国。朱友贞当时还很年轻，只有三十六岁，史称梁末帝，从这一刻起，后梁实际上已经灭亡了。

十月初九凌晨，李嗣源率领的先锋部队抵达开封，刚一开始攻打北面的封丘门，王瓒就马上开门迎降。

十月初十，李存勖从西面的乾象门进入开封城，五代第一朝——后梁宣告灭亡，距李存勖从杨刘渡过黄河，仅有短短八天。

梁末帝身死国破，旧时代臣子们的归宿也大不相同。

当年朱温有四大辅臣，如今仅存最后两位。李振想要拉上敬翔去迎接李存勖，说道："听说有诏赦免吾辈，一起去朝见新帝吧？"敬翔非常不齿李振此时的作为，回答他说："你我二人都是梁朝宰相，皇帝昏聩不能直谏，国家灭亡不能拯救，新君如果问起来，你又怎么回答呢？"李振充耳不闻。

天明时，传来了李振朝见李存勖的消息，敬翔叹息道："李振枉为大丈夫啊！朱氏与河东世为宿敌，如今国亡君死，纵使新君不杀，他李振又有什么脸进建国门呢？"于是自缢而死，兑现了当初的诺言。

随后，段凝、杜晏球、霍彦威等将领或率军投降，或觐见新主，都得到了李存勖的重用。

当年鼓动朱温炮制了"白马之祸"的李振，如今率先屈膝投降，丑态百出，就连郭崇韬见了他也耻笑道："世人都说，李振乃一代奇才，我今天见到，也不过是个寻常人！"

李存勖并没饶过这个后梁元老，将他和赵、张一党一并族诛。早知道这样，李振还不如陪着敬翔一起了断呢，何必落得一个"止增笑耳"。

至于梁朝头号奸臣赵岩，他的人头被温韬取下当作了献给后唐的投名状。李存勖也没有放过其他那些奸佞。除了段凝因投降之功免死外，张汉杰、张汉伦、张汉融、赵鹄、朱珪等人全在汴桥下被斩首族诛。

正义也许会迟到，但从不会缺席。数年之后，李嗣源接受了于他有拥立之功的霍彦威的建议，流放并赐死了罪恶滔天的段凝与盗墓惯犯温韬等人，令百姓无不拍手称快。

至此，自朱全忠与李克用交恶以来，梁晋争霸近四十年的历史，终于画上了句点。

第二章

沙陀兴替(923年—950年)

燕赵前传：晋王契丹战史

狼影涌涌

在接下来的几十年乃至整整两百年的时光里，从后唐至北宋，历代中原王朝都将面对一个非常强大的劲敌——契丹辽国。

东北地区的契丹族在唐末年间开始兴盛壮大，在朱温篡唐建梁的同一年，契丹迭剌部首领耶律阿保机当上了可汗。在这之前不久，阿保机还与李克用在云州（今山西大同）会盟，结为兄弟，两人约定好一起对付朱温。但是等到后梁建立以后，朱温同样派出使者与契丹交好，阿保机审时度势，接受了朱温的册封，答应"共灭沙陀"，把云州之盟抛到脑后，不时南侵李氏父子的河东代北之地，这就是李克用至死都对征讨契丹念念不忘的原因。

其间，阿保机将目光放到了毗邻契丹的幽燕之地，截至李存勖灭刘守光之前，阿保机已经占据了榆关之内的平州（今河北卢龙）、营州（今河北昌黎）、滦州（今河北滦县）等地。公元916年，阿保机自立为帝，正式缔造大契丹国，改元神册，设置百官，人们也将皇帝阿保机和皇后述律平尊为天皇帝、地皇后。

李存勖迟早是要为父报仇的，自然视契丹为眼中钉，但在一段时期内，为了经营河朔地区与后梁对抗，他还是尽量去与契丹人搞好关系，用对叔叔婶婶的礼节对待阿保机夫妇。

但契丹族的游牧习性，注定了李存勖再怎么毕恭毕敬，阿保机也不会对这个沙陀族晚辈以温情相待。此外，随着另一个人加盟契丹，阿保机变得更加有恃无恐。

据《辽史》等史料记载，阿保机称帝后不久，晋国的新州将领卢文进携一众不满多时的士卒发动兵变，在出征路上杀死了不得人心的上司——威塞军团练使李存矩。随后，卢文进攻打新州、武州等地全部失利，只得一咬牙投靠了契丹。

这个卢文进最早是刘守光的部将，也是契丹初期最为重要的一位"汉奸"。自打他到来以后，耶律阿保机可以说是得到了一个重要的向导和帮手，常常让卢文进引导契丹军队南侵，掳掠汉地居民，还让他教导契丹民众从事耕作织造，使得契丹的实力更为壮大。

其后，卢文进奉命戍守平州，时不时带着骑兵绕到涿州一带，截击从南方运往幽州的粮草，由此成为一大祸患。

后梁贞明二年，即契丹神册元年（916 年）八月，在卢文进的带领下，耶律阿保机率领大军，号称雄兵百万，实际三十万（这个"实际数字"可能还要再打一半折扣），从麟州（今陕西神木）、胜州（今内蒙古托克托县）一带南下，向东渡过黄河，直扑李存勖的地盘朔州（今山西朔州）。

此时镇守此地的，是有"威信可汗"之称的河东将领李嗣本，然而朔州守卫兵力空虚，顶不住阿保机夜以继日的猛攻。契丹人不但在这里挖了不少地道，还动用了新式武器"火车"。朔州最终陷落，李嗣本举族被俘。

阿保机大喜过望，在青冢（即昭君墓所在地）之南勒石记功，又乘胜挥师北上，把云州当作下一个目标。驻守云州的大同防御使李存璋杀死阿保机派来劝降的使节，命人熔化城中的所有铁车用来制作武器，全力抵御契丹人攻城。

李存勖当时正攻略后梁在河北的剩余据点，得知代北有难后，不敢大意，在九月亲自带着一部分军力回师。等到这批援军到了代州，契丹人已闻讯见好就收，撤除对云州的包围，带着战利品北返。阿保机称帝后与李存勖的第一次交手就这么结束了。

然而，阿保机很快又卷土重来，南侵山后地区，在当年十二月攻下了武州（今河北宣化）、妫州（今河北怀来）、蔚州（今河北蔚县）等地，还把前两个州改名为归化州、可汗州，对处于这三地中央的新州（今河北涿鹿）完成了包围。

契丹人一连数十天攻打新州，镇守在此的老将安金全独木难支，终于在贞明三年三月时弃城遁去，卢文进迅速进占，并留下部将刘殷守卫新州。

身在幽州的周德威连忙带着义武、成德二镇兵马前来收复失地，没想到刘殷坚守了十天，硬是守住了阵地。继而阿保机的大军赶至，周德威因寡不敌众被契丹军大败，丢下了三万尸体，且战且退躲回了幽州。

耶律阿保机乘胜追击，想要一举拿下幽州这座重镇。此时这支契丹军队声势浩大，有说来了三十万的，有说来了五十万的，更有夸张成百万大军的。

卢文进则再次担任这次军事行动的急先锋，他一方面招降引诱了一批幽州地区的亡命之徒，一方面又教导契丹人制造了一大批攻城器械，其中不乏云梯、冲车之类，全都排列在了幽州城下。

与此同时，卢文进还指挥契丹人挖起了地道，堆起了土山，花样百出地攻城。但一代名将周德威也不是吃素的，契丹人挖地道，那就灌油点火对付；契丹人起土山，那就用滚烫的铜水招呼！

就这么持续了半个月，防卫幽州的晋军每天杀伤数以千计的契丹人，但周德威的兵力渐渐告罄，只得向李存勖求救。

拯救大兵周阳五

幽州告急！

周德威心急火燎地等待李存勖的援兵，但那位晋军主心骨仍有顾虑：晋军刚刚才将河朔纳入手中，此时一旦分出兵力救援周德威，梁军可能乘机反攻。可若不进行救援，则会失去重镇幽州以及一位元老大将。

军事会议上，多数河东将领也同样举棋不定，只有三个人果断认为应该赶紧出兵：李存审首先表态，李嗣源紧随其后附和，梁军降将中地位最高的阎宝也表示赞同。李存勖内心还是更倾向于救幽州的，眼见三位大将都赞成出兵，大喜道："当年唐太宗得到一个李靖，就能生擒突厥的颉利可汗，如今本王有三位猛将，还有什么顾虑呢？"至于后梁方面的反应，走一步看一步吧。

决定了要打之后，下一步就是商讨怎么打了。李存审认为："契丹人势必无法久留，等到他们在幽州境内抢无可抢的时候，肯定会自行离开，到那时，我军再与周德威合军追击对方，必有斩获。"

阎宝则进一步提出，应控制山川险要，设下强弓劲弩，给敌军一个伏击。

李存审的方案虽然确实比较谨慎保险，但李嗣源不太赞同出兵的时机："周德威是尽忠国家的社稷之臣，一定要救。如今幽州朝不保夕，如果我们继续犹豫不决，不用等到出兵，幽州城内恐怕就要生变！如果想要等到契丹人气衰再行动，那必然错过良机，希望现在就让我率领五千骑兵，担任先锋击破契丹！"

李存勖深表赞同，当天就开始集结北上的兵力。

李嗣源的想法很激进，无奈晋军的兵力确实谈不上充裕，直到四月，李存勖才点齐兵马，派李嗣源带着先头部队出发，最后抵达涞水（今河北涞水）。随后，阎宝带着成德、义武二镇的兵马北上，与李嗣源在易州完成会合，等待出击。

之所以还不打，是因为和传言中动辄以十万为单位的契丹军比起来，晋军这股兵力实在太少了，李存勖为了保险起见，只能继续想方设法凑人。这种情况下，实际行动还是回到了李存审和阎宝最初提的那一套，而迫切想打的李嗣源也只能一起候着，寄望于周德威能再多撑一点时间。

到六月，忽然传来了一个好消息：由于连人带马都无法忍受的连日酷暑和大雨，耶律阿保机决定先带一批部队回家，留下卢文进和最重要的亲信将领耶律曷鲁继续攻打幽州。

周德威派人把这条情报送到易州，另外透露了更多敌军的动向："现在耶律阿保机已经吃掉了一半羊马，却久攻幽州不下，他非常后悔发动此战，还把卢文进痛批了一顿，自己先回军了。现在剩余的契丹军队不满万人，正是你们乘其不备发动奇袭的时机！"

周德威这些消息的真实性待考，但对待在易州无所事事了好几个月的晋国联军来说，无疑是一剂强心针。加上到了七月底，李存勖因担心援军数量不足，又派出了力主这次行动的一号人物李存审率军北上，更是实打实地补充了兵力，使总数量达到了七万。

当时，周德威已经连续抵挡了两百多天契丹人的围攻，再得不到支援就要人亡城陷了。李存审不敢小觑敌军，道："蛮夷的人数仍然要远远多于我军，而且对方以骑兵为主，我军以步兵为主，如果在平原地区贸然遭遇，我军必然惨遭对方踩踏，一个人都逃不掉。"

李嗣源无疑是三个人里最着急的那一个，但对李存审的顾虑，他也认为在理："而且蛮夷从不准备多少军需，都是通过'打草谷'（靠劫掠补充物资）四处剽掠，如果我军与对方相遇，他们首先盯上的一定是我们的粮草辎重，我军将不战自败。"

同时，李嗣源也吸取了阎宝的战术，进一步指出："我军不如不走大路，从山路悄悄地行军至幽州，形成和城中内外策应的态势。如果途中遇到了契丹人，则就地据守险要，抵御他们！"

三位将领一致认为进击的时机已到，于是在八月十七日这天率大军从易州出发。二十三日，李嗣源率三千骑兵打头，总计七万晋军衔枚束甲，翻越了位于幽州西南的大房岭，沿着山涧继续向东进发。

终于，在距幽州只有六十里的山谷地带，晋军遭遇了驻守于此的契丹军。不过，这支契丹部队的心理素质不过关，竟然被贸然出现的晋军吓住，连忙后撤到山上。晋军继续在山涧中行进，每到一个谷口，都会遭到契丹人的拦截，双方多次展开白刃战。

有一次，由于坐骑突然临阵脱逃，李嗣源被契丹人逼到了死角，幸亏亲将王令温让出自己的马并为他殿后，李嗣源才逃过一劫。

李嗣源、李从珂父子的先锋部队好不容易冲出山口，抵达幽州，却发现前方竟是严阵以待的一万多名契丹骑兵！而经过前面一系列山涧缠斗，晋军将士早已筋疲力尽，此时一见到契丹大军，更是面色发白。

这般关键时刻，倘若主将表露出一丝畏惧，整支部队马上就会崩溃。幸亏此时冲在晋军最前面的，乃是河东诸将中最不怕死的"李横冲"李嗣源！他面朝后方大声说道："为将之人，应当舍身忘家、临阵忘死。以死报国就在今天！各位请看我们父子和贼人周旋一番！"李嗣源一扭头，带着包括李从珂在内的一百多名骑兵率先杀了出去。

为了给契丹人一个下马威，李嗣源脱掉头盔，扬起马鞭，用一口流利的契丹语向敌军高喊："你们无缘无故侵犯我们的疆土，晋王命我率雄兵百万前来，直捣你们的王都西楼，灭了尔等种族！"随即挥舞起手中的流星锤，头也不回地冲入契丹阵中，三进三出，如入无人之境，当即阵斩契丹首领一人！更让这些契丹人恼火的是，李嗣源一边冲杀，一边还在不断叫喊："你们不是我的对手，让你们的天皇帝出来和我单挑试试！"

很快，不光李嗣源的数千先锋尽数涌入了战场，阎宝与李存审的部队也陆续到达，一起逼退了契丹大军，冲出了山谷口。

为了在平原上应对契丹的骑兵优势，早在前往幽州的道路上，李存审就让士卒们砍树取材，制成防护营寨用的拒马，每人手持一根。此时部队一停下来就搭建营寨、插上拒马，每当契丹骑兵从这些营寨经过时，营寨内的晋军就会发射出遮天蔽日的密集利箭，而被射死的契丹人马几乎塞满了道路。

就这样，一边战斗一边搭营，晋军总算推进到了幽州城下，即将面对卢文进和耶律曷鲁的主力部队。

由于敌我双方兵力悬殊，单靠李嗣源的武勇是不足以取胜的，李存审不急不躁，又想了个办法应对。

李存审分出一部分步卒，悄悄绕道摸到契丹军阵的背后，摆好阵势，但严格保持静默，不得打草惊蛇。接着，他又抽选出一批老弱，让这些人拖着点燃的草木在地上狂奔，直掀起遮天烟尘，给不清楚晋军虚实的契丹军队造成了很大的心理压力。等火候一到，李存审再擂动战鼓，从契丹军前后两方包夹，瞬间把敌军包成个肉夹馍！

如此情形，契丹认定这股晋军的数量非常庞大，足以把自己的数万大军重重包围，所以刚一交战，契丹军就被晋军打了个大败。卢文进和耶律曷鲁无心恋战，连忙收拾残兵败将准备往燕山方向逃跑。晋军乘胜追击，一路痛打落水狗，接连斩获数万契丹人，狠狠出了这几个月的怨气。战后清理战场，漫山遍野都是契丹人丢弃的战车、帐篷、铠甲以及牛羊。

晋军上下几个月的筹划和坚持，终于换来了这场大胜，实属不易。贞明三年八月二十四日，晋军援兵进入幽州。往日里"身长面黑、笑不改容"的好汉周德威一看见李嗣源，终于控制不住情绪，握着对方的手痛哭流涕——要是再晚来一些，咱可就要阴阳两隔了啊！

而倒霉的卢文进回去之后，估计没少挨阿保机的训斥。为了体现自己的价值，这位汉奸在其后数年里加大了侵略的频率。虽然这一次幽州幸免于难，但卢龙军下辖各州县仍然深受其害。

北方的触手

贞明七年（921 年）二月，王镕死于义子张文礼谋划的兵变，几乎举族被灭，回纥王氏自中晚唐以来统治成德镇百余年的历史就此终结。

这个张文礼的手脚非常不干净，暗中向后梁投去了橄榄枝，于是李存勖下定决心，一定要铲除这个祸患。他明面上声称要为晋国的长期盟友赵王报仇，暗中打算乘机取得对成德镇的完全控制。

李存勖要对成德下手，心急如焚的不仅仅是张文礼，还有义武节度使王处直。如同当年柏乡之战爆发前，朱温要对王镕下手，王处直也心生唇亡齿寒之忧，不得不和成德抱团抗敌。

现在，王镕死了，但张文礼还是想与义武军交好，所以在王处直心里，李存勖带给自己的威胁和当年的朱温一样大——晋国要是今天灭了张文礼，明天就该轮到他王处直了啊！

王处直知道凭借自己的实力，还没有底气直接向李存勖喊出"不行"，只能写信委婉劝谏。他在信中是这么说的："现在我们的第一要务，仍然是团结起来对付梁贼，不能自家先起了内讧，晋王还是应该先赦免张文礼为好。"李存勖当然有足够的理由回绝："张文礼杀了他的义父王镕，于公于私都不可赦免。况且他还暗通梁国，恐怕对义武军也没有好处吧！"

谈是谈不拢了，但总不能坐以待毙吧，一连数日焦头烂额，王处直终于想到一计"以毒攻毒"：可以寄希望于契丹人！在王处直看来，如果契丹人在这时南侵，李存勖必然撤除对镇州的包围，至于后续会如何，他现在已经管不了那么多。

定州将佐纷纷劝谏他不要引狼入室，王处直全然听不进去。由于新州毗邻契丹，王处直就暗中派人联系镇守新州的儿子王郁，让他负责来和契丹人谈这桩交易。

王郁之所以没在义武军境内，反而在属于李存勖地盘的新州，除了因为他是李克用女婿以外，还因为他早年得不到父亲王处直的宠爱，才投奔了河东。现在父亲有求于己，王郁当然不会白帮忙，他顺势要求王处直把嗣子之位传给自己，别继续把心思花在那个养子王都身上，王处直同意了。

但让人意想不到的是，王处直的养子王都也是个心狠手辣之人，他担心义父召回王郁之后会排挤自己，竟然发动兵变把王处直软禁起来，并将他的子孙亲信全数诛杀。

随后，王都遣使向李存勖表达效忠之心，并透露了王处直想要拉拢契丹的内情。身在魏州的李存勖对这个新小弟非常满意，也不计较后者干过多少不厚道的事，当即宣布让王都继任义武节度使。几个月后，王处直怀着忧愤在囚禁中死去。

就这样，当年李存勖在柏乡之战中的两个盟友——成德节度使王镕和义武节度使王处直，全都死于自家义子的兵变，河朔地区开始了新一轮的洗牌。

虽然王处直不在位子上了，但王郁和契丹的谈判仍在进行。老牌汉奸卢文进摩拳擦掌，就等耶律阿保机一声令下。既然父亲王处直已经被赶下台，那当儿子的王郁也没什么顾虑了，不断加大煽风点火的力度："镇州、定州都是美女如云，黄金绸缎堆积成山，天皇帝如果早日出发，这些都是您的，不然的话，全都要进了李存勖的口袋里！"阿保机闻言大喜，把王郁收为义子，当即同意发动大军南下。

地皇后述律平想要劝谏丈夫："我们拥有漫山遍野的牛羊，其乐无穷，为什么要兴师动众、乘人之危去夺取一点蝇头小利呢？我听说晋王用兵，天下鲜有敌手，万一失败，皇上后悔就来不及了！"然而阿保机早已被巨大的诱惑冲昏了头脑，加上幽州之战的仇还没报，所以根本不屑于搭理她。

龙德元年十二月二十日，耶律阿保机会合平州卢文进部，亲率大军进抵幽州境内，把镇守在此的主将李绍宏吓了一跳。不过阿保机吸取了上次的教训，采取跳岛战术，放弃了幽州，直奔防御力量较弱的涿州，只用了十天时间就将其攻克，还俘虏了守将、李存勖的堂兄弟——李嗣弼。

眼见契丹人又朝定州杀奔而来，王都忙向李存勖发出求救信号。

而李存勖一个多月前才从魏州抵达镇州，正跟张文礼对峙，接到消息后，他也只能暂且放下当前战事，转而率五千亲军北上增援义武军，另派神武都指挥使王思同带人火速在狼山（今河北易县狼牙山）驻扎下来，牵制契丹。

不过王思同的这支队伍，实际上并没有起到太大作用。龙德二年正月十三日，李存勖刚抵达镇州东北的新城，前方回来的侦察兵就来报："契丹大军的前锋已经到了定州西南的新乐，正要过沙河南下！"这也是契丹的触手第一次如此深入河朔地区。

面对突然来袭的契丹军队，晋军很多将士都没有做好心理准备，甚至发生了逃逸事件。晋军为整肃军纪，处死了一批典型，但仍然不能阻止逃亡，加上南方传来梁将戴思远侵入河北的消息，诸将只好劝告李存勖："我军面对契丹大军寡不敌众，应该撤除包围镇州的部队，向西撤入井陉，暂避兵锋，或者把军队调回魏州，拯救根本重地！"

李存勖眉头紧锁：向西也是撤，向南也是撤，合着你们觉得这次只有一个"逃"字？这不是本王要的答案！

郭崇韬首先站出来否定了这些消极论调："契丹人受了王郁的引诱，这次南下完全是为了金银、美女，哪里有闲心解救镇州！我王这些年来接连击败梁军，威震天下，契丹听说我王亲征，必定惊慌失措。我们只要挫败他们的前锋，契丹军非逃跑不可！谋事在人，成事在天，何不相信一次天意呢？"

正好李嗣昭也带着援军从潞州赶到，他也支持主动出击："现在大敌当前，我们只有前进，一旦后退，势必引起军心溃散，后果不堪设想！"

而在李存勖的字典里，可能从来就没有"怯战"这两个字！他下定决心，高声说道："帝王兴起，自有天命，如果上天注定，契丹人又能把我怎么样？我曾只用几万人就平定了太行以东，现在碰到一小股外敌就打算远远躲开的话，我还有什么脸来面对天下人呢？你们随我同行，看本王杀敌！"

将勇者胜

撂下豪言，李存勖重新点起五千骑兵，头也不回地北上了。半数晋军刚穿过新城北方的一片桑林，就碰到了万余契丹军，而统领契丹这支前锋部队的，乃是耶律阿保机最小的儿子耶律牙里果。

阳光照耀在晋军的盔甲上，金光四射。不出郭崇韬所料，年轻的契丹统帅被突然从树林里冒出来的晋军吓了一跳，他们此次南下，几乎没有遇到过像样的抵抗，都快忘记自己身处何地了。

耶律牙里果下意识地带着人掉头逃跑。李存勖随即将部队分成两翼追击，这群契丹人只得逃往沙河边上。然而沙河之上只有一座狭窄的木桥，这也是之前契丹人行至此处就放慢了行军速度的原因。

　　此时只顾逃命的一万多契丹军早已丧失冷静，争先恐后地冲上河桥。但这座桥梁无法承载这么多人马，不少契丹军连人带马被挤下了河桥。

　　当时已是初春时分，沙河上只结了薄薄一层冰面，脆弱的冰层被马蹄踏碎，大量契丹骑士落入水中，迎来被冻死和淹死的结局。这倒是出乎李存勖的意料，毕竟这仗都还没怎么打，契丹军就遭受了巨大损失。晋军乘胜追击，就连耶律牙里果也成了他们的俘虏。

　　原本耶律阿保机已经把大帐安置在了定州城下，从败卒处探得噩耗后，不得不马上下令全军撤往定州东北的望都。

　　很快李存勖也抵达定州，王都亲迎晋王，热情万分。李存勖同意了王都的提议，让长子李继岌娶了王都的爱女，宣布双方从此就是一家人，再不说两家话了。

　　既然亲如一家，那么亲家的障碍，就是自己的障碍了。李存勖没有在定州逗留太久，第二天便率军出城，进逼望都，两位开国帝王——李存勖与耶律阿保机将在此地进行第一次正面对决。

　　李存勖仍然亲自担任先锋主帅，带着一千多名骑兵，很快就与契丹的奚族大将秃馁所率五千骑兵相遇了！李存勖再次无视敌军的兵力优势，奋力冲杀，出入敌阵数次。

　　而在接下来的四个小时酣战里，晋军这区区一千多人竟然都没被秃馁的数千大军击败，始终屹立不倒。不过不妙的是，李存勖已经陷入重围，一旦力不能支，迟早还是会成为秃馁的"盘中点心"。

　　李嗣昭得报，马上亲率三百骑兵，死命从契丹军侧翼发起攻击，为李存勖制造出一个突围缺口。李存勖刚刚脱离虎口，回头见秃馁部稍稍退却，他又发现了新的战机，竟再度杀了回去。加上援兵的到来，大为振奋了晋军的声势，李存勖乘势高声喊杀，与李嗣昭再次率军投入激战。

　　而契丹的主心骨阿保机甚至都没出面，就连忙让大军向易州方向撤退。几千晋军一路尾随，接连大败数以万计的契丹军，堪称神话。

至此，李存勖完成了父亲临终前交给他的第二个任务——给阿保机一个迎头痛击。

这段时间，由于连降半月大雪，地面积雪达到了数尺之厚，契丹军行进得非常不顺利。由于没抢到粮食，大量契丹士兵和战马被冻死、饿死，一个挨着一个倒在了路上。

目睹此情此景，卢文进的心也凉了一半，生怕阿保机会拿他出气。不过阿保机只是非常无奈地举起双手，指着天空，对卢文进感慨道："这是老天爷不想我到这里来啊！"最后，阿保机把怨气发泄在了始作俑者王郁身上，给他套上脚镣、手铐，押送回国，从此对他非常冷淡。

阿保机下定决心回军，至于那些美女、金银，就留给真正的有缘人吧。此后，他把攻略重心转移到了东边的渤海国，至他临终，他已经将契丹的势力范围扩大到了东临日本海。不过这是后话了。

李存勖追到幽州便见好就收，只派出两百精骑继续追踪契丹军动向，并告诫他们："契丹人一出边境，你们就赶回来，万万不可恋战。"然而李存勖没想到，这两百人不愧是他的手下，竟然也沾染上了他的脾性——好战、冒进，他们倚仗自己的武勇，鲁莽地跨过边境追击契丹人，结果全被俘虏，最后只有两个人逃了回来。

与此同时，山后地区也传来了好消息。先前那位被契丹军俘虏的涿州刺史李嗣弼，他的弟弟，同时也是多年前曾和史建瑭在蓨县吓跑朱温的李嗣肱，已率军收复新州、妫州、儒州、武州四地，完全夺回了威塞军。

此战大获全胜，但李存勖心中并无太多释然。追击路上，李存勖曾经仔细观察过对手留下的营帐，发现地上铺好的稻草整整齐齐、方方正正，就好像编织起来放在那儿似的。一支败军的营帐，稻草竟没有一根是杂乱的。见到这个细节，李存勖非常吃惊，不禁感叹道："契丹人的军纪，竟然可以严明到这个地步，我们的军队可是赶不上啊！"

他有预感，契丹终将成为中原大患。

天府新王：后唐两川战史

末大不掉

后唐庄宗李存勖灭了宿敌后梁以后，定都于洛阳，没过多久又轻而易举地灭了雄踞西南的前蜀，使后唐成为五代中版图最大的政权。

然而，用欧阳修《伶官传序》的话来总结，那就是李存勖的"逸豫"终于导致了他的"亡身"。在最后几年的统治时光里，由于在政治、经济等方面倒行逆施，再加上天灾人祸不断，这位一代英豪接连丢了民心和军心，最终众叛亲离，死在内乱的冷箭之下。

被推举出来坐上后唐帝位的，是已到花甲之年的李嗣源。而李嗣源在位时期，刚刚被后唐攻占的蜀地又逐渐脱离了中央的控制，另挂上别家招牌。在这桩政治变故中，那个同后唐朝廷斡旋多年，最终成为三川新霸主的事件主角，名为孟知祥。

要想说明白后唐这些年的蜀地战争是怎么打起来的，还应先讲清楚孟知祥和后唐朝廷的纠葛。

孟知祥出身巨鹿（即今河北邢台）孟氏，他的伯父是唐末邢洺节度使孟方立。邢州被李克用兼并后，孟方立服毒自尽，十几岁的孟知祥不得不和父亲一起前往晋阳，最后他成了李存勖的亲姐夫。

在李存勖败亡之前，孟知祥作为皇帝信得过的自己人，被派往蜀国首都成都担任西川节度使。不久，担任灭前蜀先锋的康延孝发起叛乱，不过最终被孟知祥、董璋、任圜等人合力平定。同时，孟知祥也派出手下诸将，平息了前蜀灭亡以来境内的各处骚乱，蜀地总算重归安宁。

就在这时，李存勖身死国破、李嗣源被拥立上位的消息传来，让孟知祥不禁有了别的想法：既然他李嗣源都能做上中原的皇帝，我如何做不得这个蜀川之主呢？于是他一边与民休养生息，一边扩军训练，图谋割据蜀地。

天成元年（926 年）七月，孟知祥开府库，得到前蜀留下来的铠甲共计二十万副，随即在原有后唐军队的基础上（骑兵三千人、步兵两万四千人）继续招兵买马，不断完善西川的军事力量。截止到当年九月，孟知祥已经于成都牙城增置一万六千人，于成都罗城增置六千人，另于成都境内以及西川其他州县又安置了两万人。此外，孟知祥特别增设了左右飞棹军六千人，分别由亲将李仁罕、赵廷隐、张知业等人统领，戍守在沿长江一线地区练习水战。

如此大幅度的军备动作，马上引起了后唐朝廷的注意，尤其是李嗣源的亲信——枢密使安重诲，他把这一切都看在了眼里。在安重诲看来，西川节度使（治成都）孟知祥与东川节度使（治梓州，今四川三台）董璋两人分别据守险要、手握强兵，长此以往恐怕会不受朝廷控制。尤其让李嗣源这一届领导班子更为敏感的是，孟知祥还身兼李存勖亲姐夫的身份。

蜀川历来都是天下闻名的富庶之地，当初灭掉前蜀，后唐还从民间搜刮来了两百万缗（mín，成串的铜钱，每串一千文）钱财物资，关于这一点，当初从蜀地回到北方的宰相任圜是再清楚不过了。

所以，在任圜的建议下，李嗣源让盐铁判官赵季良兼任三川都制置转运使前往蜀地，一方面向孟知祥示好，告知朝廷已经加封他为侍中，另一方面，那就是伸手要钱了。

天成元年十月二十一日，赵季良抵达成都。西川将佐对这一行人前来"吸血"的打算心知肚明，纷纷劝孟知祥不要白白交钱，不过孟知祥只是笑道："府库的钱财是别人搜刮来的，当然可以交出去。但州县收上来的租税，是供养我手下十万镇兵的，他在我这儿拿不走一文钱！"

所以最终，赵季良只是搬出了孟知祥的少量府库财货运往朝廷，不敢再言语其他了。实际上，仅仅只是这一小部分钱财，即所谓的"芝麻"，也含有财宝、绸缎数以亿万计，足以让李嗣源的朝廷撑好一阵子了。这也可以从旁看出，手上握着"西瓜"的孟知祥是何等的财大气粗。

不过，孟知祥对赵季良这么客气，不仅因为二人是旧识，还因为孟知祥深知赵季良有大才，将来对自己有大用处，于是索性将人留在成都，再也不放回中原了。这下倒好，钱没能全部要到，反而还搭进一个赵季良，后唐朝廷的面子丢大了。

就在后唐朝廷为两川问题感到犯难时，曾被孟知祥救过一命，也算是他故人的客省使李严毛遂自荐，主动揽下了担子。李严之所以如此自信，是因为他有个比较光荣的履历——之前正是他出使前蜀，探明虚实，才促使李存勖动了灭亡前蜀的心思。

此时李嗣源刚罢免了天下诸道的监军宦官，于是李严自请前往成都担任西川监军。西川、东川紧密相邻，于是朝廷同时又任命文思使朱弘昭担任东川节度副使，意图牵制东川节度使董璋。李严的老母亲得知儿子又要入蜀，忧愁地对他说："你之前出谋划策灭了蜀国，现在再去那里，这条命一定会拿来给蜀人谢罪啊！"

天成二年（927 年）正月，孟知祥得知李严将要到来，非常生气："朝廷下令诸道废除监军制度，却又给我塞了个李严，我看是李严这厮想再一次利用蜀地来换取大功啊！"掌书记毋昭裔等人建议孟知祥干脆就不要放人进来，不过孟知祥并没有这么做，他道："何必搞这么大动作，我自有对付他的办法！"于是仍然派人去绵州、剑州（今四川剑阁）一带迎接李严。

早年孟知祥对李严有救命之恩，两人算是结下了"过命"的交情。这不光让李严觉得孟知祥会对自己网开一面，就连孟知祥本人也认为，如果自己拒绝了李严，也算两边都扯平了。所以孟知祥的办法，就是在成都城外布下大军，用来震慑李严，让他自觉滚回北方。

但孟知祥没有料到，李严的勇气和他脸皮一样深厚。面对重兵，李严没有被吓倒，反而大摇大摆地进了城。而在接下来的半个月时间里，孟知祥虽然表面待李严如和风细雨一般，但明里暗里给了不少暗示：烦请你打哪儿来回哪儿去。但后者却始终无动于衷，一点儿"识趣"的表现都没有。孟知祥渐渐地有些烦了：看来有些人是敬酒不吃，想吃罚酒啊！

一天，李严受邀前去孟知祥的府衙吃饭。席间，李严突然从怀里掏出一纸诏书，要求孟知祥诛杀另一位客人——先前的监军宦官焦彦宾。焦公公其实是一位比较尽忠职守的好官，为人和善，平日里和孟知祥的关系也很不错。李严突然发难，孟知祥原本就恼他，这一刻更是觉得怒气直冲天灵盖，既然忍无可忍，则无须再忍！

孟知祥怒喝："你以前奉诏出使蜀国，回去就请求朝廷发兵，庄宗皇帝听了你的话，导致两方都败亡了。今天你又来到这里，蜀地军民都深感恐惧，而且天下都已经废止了监军，只有你偏偏来当我的监军，你想做什么？"

李严这才发现老朋友变了脸，不准备留情面了，大为惶恐，连忙哀求饶他一命。"众怒难犯！"孟知祥敷衍地拱手一揖，递给节度押牙王彦铢一个眼色，就地将李严处斩。

这还不止。由于原先的武信军节度使（治遂州，今四川遂宁）李绍文去世，孟知祥便见缝插针，自称有庄宗允许可便宜行事的密诏，马上安排自己的节度副使李敬周（曾在杨刘抵挡王彦章大军，也是焦彦宾公公的老战友）前往遂州，之后再通知朝廷。

孟知祥上报道："李严假传诏令要代替我，又擅自赏赐将士，已经被我杀了！"先前朝廷任命的东川节度副使朱弘昭听说了李严的死讯，非常害怕，忙找了个机会溜了回去。

对于孟知祥这一系列先斩后奏的举动，朝廷碍于天下多事，只能暂时睁一只眼闭一只眼。反倒是凤翔节度使李从曮（yǎn）十分敏锐，认定孟知祥要造反，马上扣留了从他辖区经过的孟知祥妻儿一行。然而李嗣源暂时还不想和姓孟的翻脸，于是不但下令让李从曮放人，还派人去慰谕孟知祥。不久，后唐朝廷又给孟知祥加了个检校太尉的官衔，同时还给董璋的封邑也抬了抬分量。

要知道，五代时期的节度使制度沿袭唐朝旧例，名义上由亲王遥领节度大使，而地方上的节度使全名是"节度副大使知节度事"。李嗣源为了表示诚意，干脆下令把孟知祥和董璋的"副大使"去了，让他们名义上做了真正的"节度使"。

朝廷一连退让了好几步，孟知祥便顺势得寸进尺。本来按照规定，地方节度使任命属官是要先经朝廷同意的，但孟知祥乘机摆架子，直接让赵季良来当自己的节度副使，之后事无巨细，都要与赵季良商量决策。同时，孟知祥又自行任命了另一位原前蜀官员李昊（后梁名将刘知俊的女婿）来担任推官，往后蜀地的奏疏檄书等公文将全出自他手。从此，赵季良和李昊这对谋士，就成了孟知祥身边最重要的左膀右臂。

后来，李嗣源派出自己的亲信何瓒，试图让他担任西川节度副使，同时把赵季良支到不属西川的果州去。但孟知祥也不含糊，直接藏起朝廷的制书，派人入朝请留赵季良，惺惺作态慷慨陈词一番，最后李嗣源还是不得已答应把人还回去。至于那位何瓒，虽然名义上是孟知祥任的二把手，即节度行军司马，可实际上却没有得到一点实权，最后还被软禁起来，郁郁而终。

这几场没有硝烟的战争中，李嗣源完败，就连董璋也沾了孟知祥的光。

两川结盟

孟知祥和董璋相邻而治，最初邻里关系还行，后来却因为柴米油盐的"盐"闹得很不融洽，最终交恶。当然，这个导火索与其说是盐，不如说是隐藏在盐业背后的巨大利益。

唐代以来，剑南西川节度使辖内仅有邛、眉、嘉三州的十三口盐井，反观剑南东川节度使辖内，虽然到五代之后，行政面积已大不如前，但董璋掌管下的梓州、绵州等地仍有盐井近百口，显然东川的盐利要远远超出西川。

孟知祥本来就有些眼红，而董璋似乎还采取了薄利多销的措施，鼓励商人们购买东川的食盐，再向西川出口，进一步侵占了西川的盐业市场。显然董璋这买卖做得可不太厚道，于是孟知祥下令在两川交界的汉州专门设立了三道关卡，高额征收入境盐商们的反倾销税，一年凭此就可以征收七万缗。

盐商们见无利可图，自然也就不再往返于两地间倒卖食盐了。眼见财路受阻，董璋自然也对孟知祥恨得牙痒痒。

孟、董两家不和的局面，迅速被远在洛阳的几双眼睛捕捉到了。加上董璋之子董光业在朝中担任宫苑使，广泛结交权贵为奥援，后者争相称赞董大帅的良善，并指责孟知祥的叛逆。所以在安重诲看来，既然两川尾大不掉，如果朝廷能联合有意交好中央的东川，对付不听话的西川，也未尝不是一个好办法。

想法确实是好的，但安重诲的大计最终被一个人破坏了。

天成四年（929 年）五月，李嗣源即将前往南郊祭天，于是派客省使李仁矩前往两川征收助礼钱，命西川献一百万缗，东川献五十万缗。这位李仁矩发迹前只是一个专门为李嗣源跑腿的人，后来被安重诲重用，才在短短数年间青云直上，担任朝廷要职，是个惯会看人脸色的角色。

李仁矩去西川收钱，孟知祥以经费困难为由，把份子钱打了个五折，只交了五十万缗，但李仁矩生怕成为第二个李严，战战兢兢，不敢多说半句。

李仁矩又去东川收钱。他见孟知祥不好惹，但董璋对朝廷毕恭毕敬，便以为自己这趟公费出差，到了东川后定然可以放纵一些。李仁矩到达东川的治所梓州后，感觉自己之前简直憋坏了，一下榻驿站就寻来美女，纵情声色，也没及时去与董璋见礼。

然而董璋这边早已摆好了宴席，准备为朝廷来使接风洗尘。可他从早晨等到中午，始终没见到李仁矩的影子，还担心是否出了什么变故，为此紧张了一番，没想到最后打探回来的消息却是对方正徜徉温柔乡，没把他放在眼里呢。董璋深感受了冒犯，立时怒发冲冠，带着卫队冲进驿站，把李仁矩拖到阶下，指着这位惊魂未定的朝廷来使诟骂道："你只听说西川杀李严，难道我就不能杀个人吗！"李仁矩被吓得涕泪齐流，连忙叩头求饶，这才免得一死。

几天后，董璋气消了，自觉做得过火了点儿，用厚礼向李仁矩个人道歉。不过这次的助礼钱就要打个大折扣了，原定五十万缗，东川只给了十万缗，这一对比，连孟知祥都显得比董璋有诚意。

不久之后，朝廷又派通事舍人李彦珣到东川办事，而李彦珣仅仅因为些许失礼，董璋就命人把他的随从扣押起来。李彦珣单骑狼狈逃回，与李仁矩一道向朝廷痛斥董璋违法乱纪。

董璋冷笑：这就是所谓"人善被人欺"？他本来就对朝廷在他和孟知祥之间施行双重标准颇有不忿，如今索性不再理会，越发无法无天。

当年九月，从鄜州保大军派到东川的特遣部队奉朝廷之命回本战区，董璋居然打起他们的主意，擅自留下了其中的精壮军士和全部装备，只放走一些空着手的老弱。

当时，后唐刚刚结束了在定州和荆州的战事，已经能腾出手来解决两川事务了，李嗣源和安重诲自然无法对东川的乖张表现坐视不理。

十月，朝廷就划出了阆州（今四川阆中）和果州（今四川南充）两地，另外在东川邻道增设保宁军，钳制之意不言自明。此外，安重诲还派出自己的大表哥武虔裕，空降东川辖区内的绵州（今四川绵阳）当刺史，直接给董璋插了一根刺。

更让董璋不快的是，那位保宁军节度使不是别人，正是老熟人李仁矩。就在安重诲做出这个决定后，朝廷多数人都觉得很是不妥，认为这是对董璋莫大的挑衅，但安重诲并未改变主意。

李仁矩新官上任，没事就专门找董璋的碴，他派人探察董璋的言行，再添油加醋一番，作为东川谋反的证据上报朝廷，董璋时常被他气得七窍生烟。

最为紧要的一点是，李仁矩和武虔裕都不是空手而来的。安重诲特别挑选了好几拨精兵，多的有两三千人，少的也不下五百人，以护送长官上任为由入蜀，实则准备用这数万兵力来对付东川。

而此时，位于东川南部的遂州（今四川遂宁）武信军节度使已经不是孟知祥安插的李敬周了。因为李敬周忠于朝廷，李嗣源便在两年前调他移镇，改由猛将夏鲁奇（一度改名李绍奇）继任。现在，夏鲁奇接到安重诲的通知，要求修治州城、整顿武备。同样，之前朝廷也给遂州派来数千精兵。

保宁、武信二军就紧挨着东川，就算董璋两只眼睛都瞎了，也不可能对这些动向毫无所觉。加上民间传言朝廷还要把东川的绵、龙二州也割出去，用来安置武虔裕，董璋越发确信朝廷要对自己下手了！

朝廷的大动作同样引起了另一个人的恐慌，那就是孟知祥。

虽然龙、绵二州在东川境内，但当年邓艾通过位于龙川的阴平小道便一举灭了蜀汉，而绵州与龙川相比，更是与成都近在咫尺，如果这两处要地真的被朝廷接管，那接下来朝廷要对付的是董璋还是他孟知祥，那可说不准！

就在这时，董璋向孟知祥投来了橄榄枝。对方送来重金厚礼，请求通过联姻抱团，一致对外。但孟知祥对董璋的恨意尚未消除，看到东川使者后，原本打算一口回绝。

但赵季良出面劝阻，他先明确指出西川现在面临的难题："朝廷在两镇增设兵马，已对东川形成掎角之势，蜀地将有不测之变，如果您错过了先机，恐怕灾祸将接踵而至啊！"孟知祥问："依你之见，我该怎么办呢？"

赵季良这才进入正题："西川虽然不缺兵马甲仗，然而势单力孤的话还是容易陷入被动，我建议还是先与董璋联合，解决保宁、武信两个隐忧，如此一来，我军就没有后顾之忧了！"

孟知祥还是非常清醒的，决定先把旧日恩怨放到一边，暂时与董璋冰释前嫌："告诉东川使者，我已经同意把女儿嫁给董家儿郎了！"随后，赵季良代表西川，前往梓州与东川修好。

其实赵季良回到成都后曾向孟知祥进言："董璋这个人贪婪残暴、好大喜功，恐怕终究是我们西川的祸害！"但为了大局着想，西川文武只能捏着鼻子先结盟。

天成四年十二月，为了维护割据局面，西川与东川达成了同盟，一致叫板中央。

而对于李嗣源和安重海来说，他们没能及时抓住两川不和的良机，实现借力打力，逐一解决强藩，反因用人失当，最终促使两川联合起来，合力对抗朝廷，不可不谓是重大失策。

号角响起

天成五年（930 年）正月，东川节度使董璋在剑门关外修筑了七座营寨；长兴元年（930 年，二月改元）三月，董璋以要委任行军司马一职为由，把武虔裕诱骗到梓州囚禁起来，解除了在绵州的心腹大患；五月，董璋大阅民兵，给他们剪发黥面，同时又在剑门关以北再筑一道永定关，布列烽火。

与此同时，朝廷也向阆、遂二州源源不断地增兵。气氛越发紧张，商人们大都不敢入蜀。

董璋、孟知祥联合上表，请求撤除保宁、武信军增兵。李嗣源虽然对此不予理会，但仍然希望通过怀柔的方式，化解孟知祥对朝廷的敌意。李嗣源拜孟知祥为中书令，同时给夏鲁奇加了同平章事名誉官衔，希望孟知祥能够和夏鲁奇站在同一战线。孟知祥以西川有军队戍守在夔州（今重庆奉节）为由，提出将本不属于他管辖的云安（今重庆云安）十三盐井划归西川以供养军队，李嗣源为了拉拢孟知祥，连这样的要求也一并答应了。

而董璋一边积极备战，一边继续上表朝廷请求撤军，但均被枢密使安重诲拒绝。六月，中央又向阆州补充了一支队伍，成为逼反董璋的最后一根稻草。很快，洛阳就接到了阆州保宁军节度使李仁矩、遂州武信军节度使夏鲁奇、利州昭武军节度使李彦琦三帅的报告：董璋的军队正向阆、遂二镇发起攻击！

安重诲对此非常满意，因为这正是他想要的结果："我早就知道他想这么做了，只是陛下太包容他，迟迟不肯讨伐。"

李嗣源叹息，如今再也没有容忍董璋的理由了，只好说："朕不愿辜负他，他若负朕，便要讨伐！"

长兴元年九月初，孟知祥收到西川进奏官（相当于西川驻京办主任）苏愿从洛阳写来的信件，得到一个重磅消息："朝廷准备正式派遣大军讨伐蜀地了！"

赵季良的建议直切要害："应该让东川发兵，先占领遂州和阆州，然后我们西川军与其合兵，齐心协力扼守剑门关，这样的话，即便朝廷大军到来，我们两川也不会有后顾之忧。"

孟知祥同意这一方略，马上通知东川，双方约定好先下手为强。董璋一得到消息，马上以利、阆、遂三镇挑拨东川和朝廷的关系为借口，率先攻击他的老冤家李仁矩所在的阆州！

九月初九恰是李嗣源的生日，孟知祥做足姿态，特意办了一场盛宴，于席间朝着洛阳所在的东北方下拜，痛哭泪流不已，表示自己发兵实属无奈。将士们无不认为孟帅有情有义，反而是朝廷有负两川，这次他们要打响的是一场正义之战！当然，他们并不知道，孟影帝擦掉眼泪以后，就是另一副面孔了。

翌日，孟知祥即派出两队人马，命都指挥使李仁罕为行营主帅，汉州刺史赵廷隐为副帅，简州刺史张知业为先锋指挥使，率三万兵马负责攻打遂州；又命牙内副都指挥使侯弘实、先登指挥使孟思恭率四千兵马会合董璋，攻打阆州。

之后，两川联军对阆州的进攻事宜进行得还算比较顺利，这不仅仅是因为董璋报仇心切，还乘了守方策略失当的便利。

东川军先抵达阆州。当时守城诸将均认为："董璋早就蓄意谋反，没少用金银财宝讨好士兵，这股军队锐不可当，我军应该深挖壕沟、加高城墙来打击对方的士气，不出十天，待朝廷援军到来，叛军自然就会退走！"

应该说，这确实是一个比较稳健的对策。然而李仁矩狂妄自大，向众将拍板道："蜀军一向怯懦如鼠，怎能挡我的精兵！"说完头也不回地出城迎战东川军。然而讽刺的是，双方还没交战，李仁矩的部队就先因为信心不足，一哄而散，溃败回城。

不久，东川军又会合了由侯弘实和孟思恭率领的西川援军，董璋得以加大火力，昼夜进攻，根本不给阆州喘息的机会。很快，阆州在九月二十日被攻破，董璋入城干的第一件事，就是斩杀李仁矩并诛其全族。

大仇得报，董璋终于出了一口恶气，但他为此付出的代价也不小。此前，李嗣源已经下诏削去董璋的所有官爵，宣布兴兵讨伐；之后，李嗣源得知阆州失陷，便将中原境内包括董光业在内的董璋亲族全部诛杀。

这次朝廷派来征讨东川的主帅是李嗣源的女婿——天雄军节度使石敬瑭，副帅则是正在遂州的夏鲁奇，而儒将王思同充任此次伐蜀的先锋将。颇耐人寻味的是，在李嗣源钦点的行营名单里，还有个负责后勤供给的供馈使——孟知祥！甚至朝廷正准备将孟知祥的妻子琼华公主李氏也改封为福庆长公主。

时至今日，朝廷当然知道西川已同东川合流，李嗣源此举，不过是体现出他对孟知祥抱有的不切实希望。但李嗣源再执着于姑息养奸，也没能换回孟知祥的"迷途知返"。

蜀道难，难，难

攻克阆州后，董璋分兵，让孟思恭率领西川援军攻打昭武军下辖的集州（今四川南江）。

孟思恭从成都出发前，孟知祥曾特意嘱咐他："敌军如果人数不多，便与他战上一战。如果对方人多势众，你就退守要塞，我会给你增援兵力的。"

但没想到孟思恭到了董璋手下，立即把老领导的嘱咐抛在脑后，轻敌冒进起来。由此，两川联军在集州遭遇了出兵以来的第一场败仗，董璋非常不满，嫌孟思恭拖后腿，又把他赶回了成都。

其实这位孟思恭的来头并不小，他是前蜀开国皇帝王建的女婿，也与孟知祥以宗人相称。但他这一次让西川军丢了脸面，还是在孟知祥看不起的董璋面前，孟知祥怒不可遏，免了这位亲戚的官职。

于是之后，两支川军分开行动，东川军主力集中在阆州、利州（今四川广元）一带，西川军集中于遂州。

西川军将领李仁罕、赵廷隐、张知业率领三万人，于十月初三抵达并包围了遂州，守将夏鲁奇采取了之前李仁矩没有接受的策略——固守城池。孟知祥准备来一场消耗战，便加派都押牙高敬柔带着资州义军两万人，专门在遂州四周兴筑长围。夏鲁奇当然不愿坐以待毙，派出马军都指挥使康文通出城击敌。

康文通，当年在中都之战中被俘的梁将之一，与围攻遂州的川军副帅赵廷隐是老相识了，早年两人同是后梁名将王彦章手下的将官。赵廷隐见到故人，直接告知阆州陷落的消息，劝对方不要负隅顽抗。康文通深感大事不妙，索性率领部众直接降了东川军！

而赵廷隐，当年他也在中都之战中被俘，还是夏鲁奇认为人才不可多得，出面保他，他才得以免死。时至今日，夏鲁奇与赵廷隐兵戎相见，内心大抵五味杂陈。

其间，东川军接连攻下武信军的其他支郡昌州（今重庆大足）、合州（今重庆合川），只剩遂州和沿江的泸州、渝州尚未被联军攻下。

到十一月，孟知祥突然下令，让赵廷隐带着一万人北上剑州，留下李仁罕和张知业这对舅甥继续围攻遂州。这当然不是孟知祥替赵廷隐避嫌，照顾他与恩人交手的复杂心情，实在是北方吃紧。

先前董璋与孟思恭分兵后，他亲自率军攻打昭武军治所利州，偏偏中途遇到连日暴雨，粮草供应跟不上，只得退回阆州休整。成都的孟知祥接到消息，大吃一惊："联军刚打下阆州，本应该乘胜北上。利州守将李彦琦并非勇将，必然望风而逃，我军便可以缴获他们的粮仓，占据利州北方大、小漫天二寨，如此一来，朝廷大军绝对支援不了遂州。如今董璋放着大道不走，却留在偏僻的阆州，把朝廷大军的必经之路剑州丢得远远，实在不是什么好办法！"

孟知祥非常着急，打算加派三千人协防剑门关，董璋却固执己见，坚决不让孟知祥来干涉他的辖内事务，称："剑门关已有完全戒备！"接着，董璋仿佛是要与孟知祥赌气一般，仍旧停留在阆州一带，只派兵攻下周边的果州（今四川南充）、巴州（今四川巴中），却不把剑门关这个最重要的北方门户当一回事。

与董璋死盯嘉陵江中下游不同，孟知祥时刻提防朝廷从三峡地区的水路切入，他几年前就开始整备操练水军，此时自然派上了用场。

孟知祥请出前蜀时代擅长水战的名将张武，由他担任峡路行营招讨使，目标直指仍在后唐掌握下的巴蜀门户——军事重镇夔州。其实，张老将军当时已经有八十多岁了，让他直接指挥作战，到底有些强人所难。而孟知祥仍要搬出这尊大佛，不过是看中张武原蜀国夔州镇江军节度使的特殊身份。至于实际上的具体事务，部分要由左飞棹指挥使袁彦超来操办。

十一月，借着张老将军几十年的积威，西川水军先后降服渝州（今重庆主城）、泸州（今四川泸州），并准备沿江继续向东攻略，由先锋将朱偓分兵向黔州（今重庆彭水）、涪州（今重庆涪陵）进军。不久之后，年迈的张武便在渝州去世，由袁彦超正式接管指挥权。而朱偓也没辜负老将军的厚望，很快拿下武泰军黔、涪二州，阻断了朝廷从这一带向遂州增援的可能。

此外，为防止朝廷走邓艾的老路从阴平南下，孟知祥也不再与董璋商量，直接就请前蜀老将李筠带兵四千，奔赴龙州（今四川平武）把守险要。果然，中央军不久后就打算从文州（今甘肃文县）南下袭击龙州。而川军在李筠的指挥下顺利击败了这支中央军部队，使后者再难复刻邓艾灭蜀的奇迹。

南方的战事接连告捷，北方的董璋则为自己的刚愎自用付出了代价。

石敬瑭的中央大军刚一进入秦岭北麓的大散关，先锋大将王思同便积极展开了行动。

王思同乃是大燕皇帝刘守光的外甥，但他与昏聩的舅舅完全不同，是个争强好胜、血气方刚的武将。他早就对董璋、孟知祥这些跋扈藩帅非常不满，于是拉上行营步军主帅赵在礼、阶州刺史王弘贽和泸州刺史冯晖（这也导致泸州轻易被川军攻陷）的部众，甚至都还没与主帅完全商谈好部署，就一路杀气腾腾地直奔剑门关。

途经利州，王思同没有遭遇本应在此设防的东川军，便马不停蹄地翻越了利州北方的人头山，绕到剑门关的背后。这支部队接着北上，在十一月十三日从后方一举攻下剑门关，杀死东川军三千人，生擒东川守将齐彦温。

几天后，孟知祥先听说了李嗣源已下诏削去他的官爵，而后又得知剑门关失守，顿时心惊肉跳，直说："这姓董的果然要害死我了！"

剑门关一失，后果不堪设想，孟知祥紧急调兵去救，于是就出现了前文提到的，正在遂州作战的赵廷隐受命分兵北上之事。当时正值冬季，天寒地冻，赵廷隐的兵已经打了两个月的仗，一听说还要北上，多数人都畏惧艰苦，互相观望，不愿挪窝。赵廷隐也是个煽情高手，他声泪俱下地向众军士说道："现在北方军声势浩大，大家如果不竭尽全力破敌，我们的老婆孩子就要被别人强占了！"前蜀灭亡还没几年，沦为亡国奴的惨状还历历在目，事关切身利益，军士们顿时打了一个激灵，马上重振精神，直奔剑州。

除了赵廷隐一部，孟知祥还派出了自己最亲近的将领——牙内都指挥使李肇带着五千精兵北上增援，并告诫他："你要加快速度急行军，只要我们先占据剑州，朝廷军队就拿我们没有办法了！"

孟知祥说的这个情况，王思同当然也知道，所以攻克剑门关两天后，他便命王弘贽抢先攻下了剑州。孟知祥的计划眼看就要泡汤，形势却在当天突然逆转，其速度之快，以至于剑州一度陷落的消息都没来得及通知给孟知祥。

其间的变数，便是隶属西川的牙内指挥使庞福诚和昭信指挥使谢锽。他二人本来也是奉孟知祥之命，带着一千多人前来帮衬董璋的，但董璋既不愿听从孟知祥的建议，也不给西川军什么好脸色，把庞、谢二人打发到剑州东南的来苏村。

庞福诚和谢锽深感无奈，但两人以大局为重，也没多说什么，默认此行没他们多少用武之地。然而剑门关失守的消息忽然传来，情况紧急，他俩一合计，一致认为："如果再让中央军进一步得到剑州，两川危矣！"

话不多说，二将带着手上为数不多的士卒，走捷径火速朝西北方向奔去。没想到刚抵达剑州，就发现一万多中央军已占领北山，他们还是来晚了一步。

当时天色已晚，庞福诚和谢锽着急了："我军这点儿人根本挡不住对方，要是等到天明，我们只有死路一条啊！"其实庞、谢二人完全可以乘着夜色逃离，但他们对形势的认知非常清醒：剑州一失，最终又能逃到哪里去呢？与其束手就擒，不如置之死地而后生！

当晚，庞福诚带着数百精兵登上了北山，悄悄逼近至中央军的营寨背后，突然喊杀起来，而谢锽则率剩余军士，手拿弓弩短兵，从正面向对方发起进攻。这一手倒是有点儿当年李存勖奇袭夹寨的意思。就这么一通威吓，中央军不明虚实，顿时大乱，纷纷丢下营寨四散逃命。眼看谢锽紧追不舍，王弘贽只好在剑州烧了一把大火，紧急掠取粮食、物资后，马上退回剑门关，一连十天半月都没再出来！

董璋此时已率军从阆州赶来，进抵剑州东南的木马寨，又分出三千兵马，由另一位前蜀老将王晖带领，与西川李肇部五千人会师，分别屯守剑州的南山。再加上赵廷隐的部队，如此一来，剑州局势就算稳住了。

孟知祥得报，很是夸赞了庞福诚和谢锽一番，随后又忍不住窃喜："我开始以为王思同和王弘贽他们攻克剑门关后，一定会再攻取剑州并且严防死守，或者是杀奔东川大本营梓州，那样董璋必定从阆州逃回，这样我军就失去了东川的支援，自然会解除对遂州的包围，真是牵一发而动全身！如果真的那样，我们将面临内外交困的局面，两川形势可谓危险万分！可现在对方竟然在焚毁剑州以后，就屯留剑门关停止推进了，大功告成离我不远了！"

孟知祥的目光清醒犀利，把局势看得明明白白，可惜唐军中却没有如他这般见识深刻的人物。

直到十二月初三，讨伐蜀军的唐军主帅石敬瑭才慢悠悠地带着主力抵达剑门关，此时距王思同攻破剑门关已足有二十天，战机稍纵即逝，石敬瑭已错过太多了。

十二月初六，石敬瑭决定变被动为主动，率大军出了剑门关，进抵剑州北山。两川联军集结多时，早已在此严阵以待，其中陈兵于剑州牙城后山的赵廷隐部最为打眼，也最先成为石敬瑭的目标。

就在石敬瑭的长矛步军冲上山坡即将杀到赵廷隐所在时，两翼忽见军旗招展，战鼓雷鸣，藏在林间的川军伏兵夹道而出。唐军被打了一个措手不及，仓皇退走，跌落山谷者不计其数，遭俘斩百余人。

步军出师不利，石敬瑭只好再派骑兵从平地对付由李肇、王晖驻守的石桥。然而桥对面的李肇早就设下几排弩手，只待唐军骑兵冲来就一通乱射。箭雨如织，唐军根本过不了桥。

这应该是石敬瑭首次独当一面带着数万大军作战，要论单兵作战，石敬瑭是员勇将，但要论统率三军，石驸马似乎还差点儿火候，尤其缺乏作为一名大将应有的坚韧。一天下来，两场皆输，石敬瑭撑到傍晚就坚持不下去了，准备趁着天没全黑就收兵，让大伙儿回家吃饭。

石敬瑭不想玩儿了，但你问过人家川军了吗？

赵廷隐早就在石敬瑭的归途埋伏下五百弩手。见石敬瑭撤退，赵廷隐、李肇马上带兵偷偷跟在后面，直至进入埋伏圈。霎时伏兵尽出，唐军前方矢如雨下，后方又有追兵，石敬瑭在连串损兵折将后，艰难地回到了剑门关。实在打不过，还是躲着吧！

鉴于兴师动众却多日无功，石敬瑭有心为自己开脱，顾左右而言他地派人向朝廷哭诉："蜀道艰险狭窄，本来行军就非常困难，加上要为大军转运粮饷，使得关中百姓困苦不堪，很多人都逃窜躲藏到山谷中当起了盗贼，这该如何是好？"

石敬瑭把皮球踢给了老岳父李嗣源，李嗣源便又把球传到了力主伐蜀的安重诲那儿。安重诲只好请命亲往前线督战，然而他的行动意外加重了民生困苦的问题。原来，"朝廷二号人物亲自出马"的消息一经传开，西方藩镇纷纷一改执行不力的旧弊，将钱粮布草等物资源源不断地运往利州。这个过程中，有更多的运输人畜或倒毙，或逃匿于山谷间。从统计数据来看，每运粮一石，前线竟只能得到一斗，足见损耗巨大，效率低下。

后唐此次伐蜀之战，其部署和选将都存在很大问题。石敬瑭之前并未积极策应王思同，主要原因其实是他根本就不愿意西征！此时，他趁着安重诲不在李嗣源身旁，加大力度上疏岳父，挑明不可继续伐蜀的主张。

形势比人强，李嗣源开始动摇了。他再次向孟知祥示好，将此前戍守在夔州的西川士卒一千五百人放还西川。既然皇帝偷偷给了一个台阶，孟知祥也就坡下驴，上疏表示感谢，顺便给天子拜了个年。

长兴二年（931年）正月十一日，经过几个月的围困，遂州孤立无援，余粮耗尽，终于被李仁罕攻破。一代猛将夏鲁奇没做过多抵抗，以自刎明志。孟知祥让李仁罕砍下夏鲁奇的首级，送到剑州，鼓舞前线将士。

正月十四日，石敬瑭再次率军抵达剑州北山，与两川联军对峙。

与去年不同，石敬瑭已彻底下定决心要休战，所以这次出兵更多是一次象征性的行动。所以，当夏鲁奇的首级出现在前线，让唐军中的两个夏氏子顿时崩溃，痛哭着请求石敬瑭允许他们前往敌营取回父亲的人头埋葬时，石敬瑭竟然是这么回答的："孟知祥是忠厚长者，一定会让你们的父亲全尸入土，总比你们拿回来，让他老人家身首异处好吧！"随后，消极怠战的石敬瑭同赵廷隐再打了一仗，小有失利，便再次退守剑门关。

他倒是说对了一件事，夏鲁奇后来确实被孟知祥好生安葬了。

接着，东西两川开始瓜分战果。西川军攻下了武信军治所遂州，于是东川军便将打下来的合州、昌州等地让给了西川。至此，孟知祥的西川势力全取武信军五州（遂、合、昌、泸、渝）。

与此同时，凤翔节度使朱弘昭、宣徽使孟汉琼等人见风使舵，他们看出安重诲即将失势，于是和石敬瑭一起打他的小报告，让李嗣源以一纸诏书叫回刚刚到达凤翔的安重诲，准备给伐蜀之战收尾。

二月初一，征蜀主帅石敬瑭以遂州、阆州全部沦陷，加上粮运无法跟进为由，焚烧营寨，从剑门关北返。

赵廷隐和李肇马上将这一消息传至成都。孟知祥见信狂喜，但面上不表，还童心大发，藏起书信，假作深沉地询问头号谋士赵季良："北军日渐推进，我们该怎么办？"

赵季良却非常镇定地说："他们到不了绵州的，一定回师。之所以这么说，是因为我军以逸待劳，而朝廷大军却是孤悬于千里之外，深入敌境，粮食吃完以后，能不走吗？"孟知祥哈哈大笑，这才把书信掏出来，分享这个好消息。

两川联军乘机追击石敬瑭大军。利州昭武军节度使李彦琦不愿重蹈李仁矩和夏鲁奇的结局，只得抛弃城池，跟随中央军逃走。二月初六，联军进入利州。因赵廷隐在这次抵御中央军、收复剑门关的行动中功劳居多，孟知祥便命他担任昭武军留后。

不过赵廷隐留了个心眼，悄悄派人征询孟知祥："董璋为人多诈，我们可以和他同祸患，必不可共安乐，他以后必然是您的大患。我打算趁他到剑州劳军时把他解决掉，您就可以兼并两川兵众，得志于天下！"

赵廷隐本来以为这个主意会得到孟知祥的赞同，但后者并未答应。董璋在赵廷隐军中留宿一晚，次日安然离去。眼见错过除掉此人的大好时机，赵廷隐叹息着说："不听我的，灾祸没完啊。"

其实，孟知祥非常清楚，联军之所以能打败朝廷，主要还是依靠蜀地天险，并非因为自身实力足够强大。现在刚得小胜，要急着铲除盟友兼并两川，还是为时尚早了。大饼要一口一口地吞，才不至于噎着。

二月十二日，已成为遂州武信军留后的李仁罕接到新任务，孟知祥任命他为峡路行营招收讨伐使，率水军向东攻略三峡，完结张武老将军没能完成的任务。

在袁彦超的辅佐下，李仁罕带起水军来也非常顺手，沿江诸战势如破竹，先后攻下了忠州（今重庆忠县）、万州（今重庆万州）、云安监等地，最后于三月初四攻陷此行的最终目标夔州。就此，孟知祥全取巴蜀地区的东面门户夔州宁江军。

后唐这次声势浩大、征用人力物力无数的伐蜀之战，以东西两川联军大胜而告终。而孟知祥和董璋两人也成了中国古代史上，少数在剑门关失守后仍能保全的割据者。

表面上，这场战争的输家只有李嗣源一个，实际上，真正的赢家却也只有一人。

董璋除了占领保宁军二州之外，还一度攻下武定军辖内的蓬州和隶属山南东道的开州（今重庆开州）、通州、渠州，但由于开、通二州又被唐军收复，所以董璋只到手四州。

而孟知祥得到了遂州武信军、利州昭武军、夔州宁江军、黔州武泰军这四镇十四州的地盘，而且正好在地缘上一南一北包夹了李仁罕的二镇。

如此一盘点，明眼人都看得明白：董璋叫嚣得再凶也不过尔尔，而闷声发大财的孟知祥才是最大的得利者。

三川归一

长兴二年闰五月，李嗣源派人杀死安重诲，并下达诏令，把导致中央和地方交恶、掀起战争的罪责，全部推到了这位相随多年的老伙计身上，还一并诛杀了安重诲的两个儿子。

随后，李嗣源本着息事宁人的想法，让洛阳的西川进奏官苏愿和东川将领刘澄各回藩镇，宣布安重诲专权恣肆、擅自出兵，已被朝廷处死，算是既给这次征蜀之战定了个性，又向两川示好。

当年十一月，苏愿回到成都，孟知祥通过他得知自己在洛阳做官的外甥、侄子等家人都安然无恙，方才释怀。所谓伸手不打笑脸人，既然当今天子慈眉善目地给了台阶下，孟知祥也不介意陪他多演几场戏，于是派人告诉董璋：自己想上表谢罪，反正就是道个歉而已，你来不来？

原本伐蜀之战过后，董璋就对孟知祥占了更多地盘感到不满，这下闻听孟知祥的打算，更是勃然大怒："那姓孟的亲戚都活得好好的，当然应该归附朝廷，可我在朝的儿孙都下了黄泉，家族被灭，还有什么可请他宽恕的？你告诉孟知祥，诏书都在苏愿肚子里，刘澄哪里能知道，别以为我不知道！"

从此，东川与西川又暗暗恢复到先前的敌对状态。

孟知祥想要派人入朝致谢，但东川宛若一块巨大的拦路石，正好横亘在西川和剑门关之间，使者根本没有办法北上。既如此，考虑西川已经掌握了宁江军，孟知祥便与赵季良商量，准备让使者走三峡水路出川入朝。

然而已经升为掌书记的李昊认为不妥："您没有和东川商量，就先单独派人行动，到时候不守盟约的责任，就会归到我们头上。"孟知祥从善如流，于是再派两批使者前往东川劝说，两次都遭到拒绝。

当初，赵廷隐刚从利州回到成都时，就曾劝孟知祥出兵攻取山南、秦凤地区，被孟知祥以师老兵疲为由拒绝了。现在，赵季良和诸将商议之后，准备派利州昭武军都监高彦俦向东北进取洋州武定军辖内的壁州（今四川通江），但李昊仍然反对："中央把苏愿派回来，我们还没有谢恩，反而派兵侵略朝廷的地盘，这在道义上说不过去。您如果不在意自家在北方的祖坟和亲戚们，不如索性出兵直取山南和洋州，哪里还需要盯着个小小壁州！"

连着两件事，李昊都与自己唱反调，赵季良十分不悦。既然李昊执意要求与董璋搞好关系，那就亲自去劝董璋吧！于是他把李昊打发去了梓州。李昊摩拳擦掌，已经准备好极力向董璋论述利害。然而董璋一看到李昊，立即破口大骂，都没给李昊张嘴的机会。就这样，董璋第四次拒绝了西川的说和。

李昊碰了硬钉子，明悟了，再也不劝孟知祥忍让，回到成都还进言道："董璋根本听不进去人话了，而且还有图谋西川的歹念，您可必须严加戒备！"

李昊没说错，董璋确实已经开始着手准备把矛头指向孟知祥了。

长兴三年（932年）四月，董璋在梓州召集诸将，也不迂回遮掩什么了，直接袭取西川的心脏——成都。只有老将王晖劝阻："正值盛夏，加上师出无名，直接去攻打剑南第一大城，我军很难成功。"然而其他将领们都认为一定能够取胜，更助长了董璋独断专行的气焰。

孟知祥得到消息后，马上派马军主将潘仁嗣带着三千骑兵前往两川交界的汉州（今四川广汉）戒备。

董璋率大军进入西川境内，很快攻破了汉州东的白杨林镇，俘虏守将武弘礼，一时声势浩大，把孟知祥给吓着了。赵季良却非常从容地分析道："董璋其人作战勇猛，如果他坚守城池，倒是很难攻克。但他没有恩德，下层士卒也和他不是一条心，如今董璋不好好守住自己的老巢，反而钻出来在野外作战，必然很容易被我军生擒。董璋用兵，所有精锐部队都安在前锋一线，我军应该用弱军引诱他，把强劲部队埋伏在后面，虽然开始会有小小挫折，但最后一定能够取得大胜！董璋素有威名，现在他突然发难，若无孟公则难以镇住人心，您应该亲自出战抵御东川，振奋我军的斗志！"

赵季良的话句句在理，赵廷隐附议道："董璋轻率无谋，兴兵一定失败，我来帮助大帅生擒此贼！"

一文一武两位骨干都如此有信心，孟知祥的不安情绪很快被打消。四月二十九日，赵廷隐被任命为此战西川军主帅，准备率领三万人迎敌。

董璋虽然无谋，但也不是完全不动脑子，为了加大胜算，他还特地耍了一点花招。五月初一，就在赵廷隐先行辞别孟知祥时，董璋的兴兵檄文也到了，同时还附带了指名写给赵季良、赵廷隐的信。这些信件里写的，全是二赵与董璋暗地里达成协议，请他来进攻西川的内容。

这种低级的伎俩，孟知祥心里自然有数，为表信任，他特地把信件交给了辞行的赵廷隐。赵廷隐直接把信扔到地上，嗤道："不过是施行反间计罢了，这厮想要大帅杀死赵副使和我而已！"说完便向孟知祥郑重拜别，随即启程。孟知祥看着他远远离去的背影，忽而欣慰地叹道："事情一定能够成功！"

赵廷隐早就想除掉董璋，当初被孟知祥拦住了，现在可没人拦他。

类似的信，当时镇守利州的李肇也收到了。李肇并不识字，看在眼里就是满纸鬼画符，但他心里门儿清："这是董璋要教我叛变罢了。"不过李肇多了一个心眼儿，他虽然留下了董璋的使节，却并没有南下，只是按兵不动，观望局面，也算是给自己留一条后路。

董璋带着两万大军深入汉州，在赤水和潘仁嗣干了一仗。潘仁嗣寡不敌众，遭遇大败，只带着十几名骑兵突围而出。然而由于身受十几处创伤，潘仁嗣最后还是体力不支，落马倒在血泊之中，被东川军俘获。董璋随即攻陷汉州，继而南下。

事态紧急，孟知祥必须亲自出手了。五月初二，赵季良和高敬柔二人留守成都，孟知祥自率八千兵马，朝汉州方向赶去。他最后停在濛江（今青衣江）以南的弥牟镇（今四川成都弥牟镇），董璋就在前方不远处。赵廷隐也已在弥牟镇北布下了战阵。

五月初三清晨，赵廷隐率军向北悄悄推进到濛江上的鸡踪桥，借着天色未明，小挫了东川军。通过了鸡踪桥后，赵廷隐领兵摆开阵势。与此同时，西川的义胜、定远两军主帅张公铎也在桥对岸列阵。

孟知祥得到俘虏，决定回收再利用一把，又让他们穿上锦袍，带着信件回东川大营，试图再次劝董璋收手，不过还是被拒绝了。

据说孟知祥在提笔写规劝信时，他才刚落笔写了几画，忽然就懊恼地皱起眉头。原来在写称呼时，孟知祥一个笔误，竟把董璋的"董"字写成了"重"字，感到有些晦气。一旁的西川节度判官季镐抬头一看，察觉出他神色的凝重，略一揣摩，立即就懂了他的心思，特意带着诸将前去道喜。

孟知祥很是疑惑："仗都没开打，你们怎么就祝贺上了？"季镐解释道："大帅一开始无意间写了个'重'字，'董'少了个部首，岂不是预示董璋要掉脑袋？这是必胜的征兆啊！"众人哈哈大笑，气氛顿时热烈。

随着太阳升起，天气很快变热，孟知祥没有忘记为他卖命的是什么人，抽出空当巡视诸军，安抚慰问将士们。西川三军上下深受感动，没有一个为酷暑抱怨的。

反观董璋这边，和赵廷隐打了一仗后，他觉得西川军士气正高、不宜纠缠，于是退往武侯庙驻军。时间久了，东川大帐下的一些骁勇兵卒变得非常不耐烦，群起鼓噪："太阳正当午，要把我们大家放在大太阳底下干晒到什么时候？为什么不赶紧决战？"在庙里休息的董璋一时半会儿也没了脾气，只得上马，宣布向西川军发起冲击。

不承想，刚一交战，东川军一员大将——右厢马步都指挥使张守进就向西川军投降了，顺便还透露给对方一个消息："董璋的部队都在这里了，没有后继援军，孟公应该马上反击！"

孟知祥登上高冢督战三军，却发现情况并没有随着张守进投降而有所好转。西川军把守鸡踪桥的两位将领就被对方阵斩，而赵廷隐大军发起的三次冲锋全部失利，就连牙内副都指挥使侯弘实的部队也有所后退。如此看来，东川军不愧是虎狼之师。

身处中军的孟知祥闻讯有些发慌，连忙举起马鞭，遥遥指向后阵。其实赵廷隐没来得及告诉孟知祥，他此前遭遇的不利，其实含有演戏示弱的成分，为的就是麻痹对手，让东川军放下警惕。现在效果已经达到，就看后续表现了！

等候多时的张公铎望见指示，知道他的表演时间到了，立即跃马扬鞭，率军高声呼喊着冲过鸡踪桥杀入战场，有如神兵天降。不愧是凝聚了西川全军希望的一场冲击，张公铎一举杀翻了敌军数千人，董璋之子牙内副指挥使董光演等八十多名东川高级将领全部被俘！

董璋捶胸不已，带着哭腔一声长叹："亲军都死光了，我还能依靠谁？"而后带着仅剩的几个骑兵逃去。主帅一逃，士卒不是跟着溃逃，就是投降。战后一统计，最后投降孟知祥者多达七千余人。先前被东川军俘虏的潘仁嗣也失而复得，孟知祥见他遍体鳞伤，心里非常不是滋味，于是亲自为他敷药。

此时，孟知祥率军继续追击，到五侯津，又得到了董璋手下最重要的大将元瑰的归降。入汉州后，由于西川军争相抢夺东川的军资，场面混乱，竟使董璋得以趁乱脱身，多活了一些时间。赵廷隐追到赤水时，又接受了三千东川军的投降。

接下来就可以名正言顺地接收东川了。孟知祥让李昊撰写文告，用来安抚东川民众，同时再修书一封给董璋，质问他背盟的原因。之后，孟知祥返回成都，让赵廷隐继续攻打梓州。

董璋带着几个人狼狈进入梓州，乘坐小轿回衙，老将王晖一看到他，语气难掩斥责之意："大帅带着数万大军出征西川，现在回来的还没十个人，算是怎么回事？"董璋只是哭泣流泪，没有脸面应答了。

所谓墙倒众人推。董璋一回到私宅，刚端上饭碗，就见他的侄子——牙内都虞候董延浩，还有王晖，两人带着三百兵丁冲杀进来。董璋拉着妻儿登上牙城（其中一个儿子董光嗣已经顶不住压力自杀了），跌跌撞撞跑到北门城楼，看见指挥使潘稠在此，忙把他当作救命稻草，命他镇压叛乱。

董璋平素无恩无德、劳师丧众，到了这样的时候，谁还会为他卖命呢？潘稠不但没有领命，反而带着十数人登上城头，一刀砍下了董璋的脑袋。随即，王晖带着董璋父子的首级开城迎接赵廷隐入城。这意味着东川以及保宁军辖内等地（梓、绵、龙、剑、普、果、阆、蓬、渠九州）从此尽入孟知祥之手，而此时距离赵廷隐离开成都只有短短不到四天，堪称神速。

李肇听说董璋速亡，立即杀死先前留下的东川使者，向西川表明态度，可谓求生欲满满。

而另一帮人则是本想有所作为，却来不及施展拳脚的。王思同上任山南西道节度使（治梁州兴元府，今陕西汉中）以来，没少关注两川形势，日夜盼望着报剑州之仇。他手下应是有专属情报网的，很快便探得董璋攻打孟知祥的消息，于是立即报告给朝廷。

枢密使范延光也向李嗣源建议："如果两川落到同一个人手里，放任他安抚民众、守卫险要，那就更难攻取了，最好趁他们内斗，早下手为好！"然而几天后董璋便迅速败亡，孟知祥称霸蜀川已成定局。

后唐朝廷为了让孟知祥不再生事，只好继续安抚他；孟知祥也担心手下来自东川的三万士卒思归叛变，也需要朝廷的威望来震慑这些人，于是再次正式称藩，名义上回归中央，两方各取所需，大体上相安无事。

长兴四年（933 年）二月十七日，李嗣源彻底打消了实控蜀地的打算，顺水推舟封孟知祥为蜀王。八月初一，担任此次册礼使的工部尚书卢文纪、礼部郎中吕琦抵达成都，为孟知祥举行册封大礼。这天，孟知祥穿上衮服，戴上冠冕，面朝东北方接受册封，正式成为蜀中新王。

当年十一月二十六日，李嗣源去世，时年六十七岁，史称后唐明宗。应顺元年（934 年），只有二十岁的李从厚即位。孟知祥得知朝廷变故，对左右说："宋王李从厚年轻软弱，当权者又尽是一些小人，我们可以坐看他们生乱了。"

李嗣源去世后，孟知祥再无忌惮，两个月后即位于成都，国号为蜀，不久改年号为明德，这便是十国之一的后蜀。当年孟知祥已有六十一岁，实在谈不上年轻了。

孟知祥的预判一向比较精准，这一次又猜中了局势的发展。后唐不久便陷入大乱，潞王李从珂因不满权臣压制，在凤翔兴兵。混乱期间，后唐派山南西道节度使张虔钊和武定军节度使孙汉韶前去讨伐，两人竟然一齐向后蜀投降，孟知祥派张知业前去接应，不费吹灰之力就拿下两镇。

之后，后蜀又趁着后唐自顾不暇，得到了阶州、成州、文州等地。孟知祥晚年运气如有神助，轻而易举就得到了山南地区！至此，孟知祥全取中晚唐以来传统意义上的三川地区（剑南西川、剑南东川、山南西道）。

可惜孟知祥一年前便患了风疾，身体大不如前。他隐忍了大半辈子，却只当了半年多的皇帝，便于明德元年（934 年）七月二十六日夜去世，史称后蜀高祖。年仅十六岁的太子孟仁赞更名孟昶（chǎng），在父亲的灵柩前即位。直到他在位三十多年后，蜀中才风云再起。

北风南侵：后唐契丹战史

无处安放的心

让我们将视线转回中原王朝的舞台，把时间线也稍稍向前移一些。

李嗣源即位以来，后唐大体上与契丹相安无事。他当皇帝后没几个月，契丹皇帝耶律阿保机就去世了。虽说一朝天子一朝臣，但卢文进与新任天子耶律德光的关系还算不错，然而卢文进并未因此放松，反而更加战战兢兢，原因无他——太后述律平的眼里容不了沙。

应该说，述律平是对以卢文进、王郁为代表的撺掇丈夫南下的整个汉奸群体都心存不满，因为在她看来，契丹完全可以自给自足。阿保机去世后，述律平便展开了清算，把不少她看不顺眼的将领都杀了，美其名曰"代她下去陪先帝说说话"。

显然，卢文进不愿意下去，于是硬着头皮抱着试试看的心态向中原示好。

卢文进当然心虚，毕竟他恶心了河朔这么多年，人家不把他生吞活剥就不错了。好在卢龙节度使赵德钧把这一消息上报给朝廷后，李嗣源马上拍板同意了，道理很简单——就算看不上卢文进这个人，也犯不着和他手里掌握的地盘和资源过不去，不拿白不拿。

天成元年十月二十四日，卢文进携手下思念故土的一众将士杀死了平州的契丹守将，而后率十余万部众、八千车帐及无数牛羊向幽州进发，队伍首尾绵延达七十里。范阳人卢文进终于回家了，还被李嗣源封了个滑州节度使。这位大汉奸就此回头上岸，没再造什么孽了。后来契丹南下，卢文进怕被寻仇，辗转去了南唐，最终在江南去世，足迹也算踏遍了大半个中国。

但平州并没有攥在后唐手里太久，天成三年（928年）正月，平州再度被契丹攻陷，从此中原政权再也没有占据过它，直到北宋末年张觉叛金归宋，那已经是快两百年后的事了。

不过，即使卢文进离开了契丹，契丹人也没有停止骚扰后唐边境，且变本加厉。李嗣源当然不会视若无睹，于是在天成二年让宋州节度使王晏球北上，率军驻守在满城（今河北满城），担任北面行营副招讨使。朝廷在幽州和易州也驻扎了不少军队，将高级将领频繁调动，一切都是为了应付契丹的屡屡南侵。

这些动作虽然幅度大了些，但原本也是挺正常的军务往来，但偏偏某个人心虚不已，视之为朝廷要拿自己开刀的征兆。此人不仅寝食难安，而且处处提防官军，闹得双方都不太愉快。这个心里有鬼的人，就是八年前从义父王处直手中夺权的义武军节度使王都。

王都因父夺位，李存勖是默许了的，他上任以来，除了老巢定州，易、祁二州刺史以下的地方官吏都由他亲自委任，所有田赋捐税都自行留用，分毫不上缴中央。此外，在李嗣源清洗魏博牙兵的过程中，一批逃兵跑到了定州，王都竟私自收容了这伙人，成为社会的不安定因素。如此种种，就让有心整顿藩镇专政的李嗣源、安重诲君臣非常不满。

虽然李嗣源上位后，加王都为中书令以示安抚，但王都作为前任皇帝李存勖的亲家，身份仍然敏感，加上李嗣源对他软禁义父的做法也非常鄙夷，所以双方关系十分恶劣，双方谁见谁都是二饼碰八万——斜不对眼。

王都担心，倘若哪天朝廷突然下令让他移镇，他还真的无力抵抗。他的心腹谋士劝他准备好后路，于是他打算向幽州的卢龙节度使赵德钧请求联姻，但对方早已让义子赵延寿娶了李嗣源的女儿，哪里还看得上王都。

此路不通，于是王都又另寻他路，探知镇州的成德节度使王建立和安重诲不和。王建立正好与他同姓，于是他派人请求与王建立结为兄弟，一起暗中谋划恢复河朔藩镇世袭旧制之事。然而王建立是什么来头？他可是李嗣源的铁杆嫡系，当年还是他奉命保护的李氏家小，现如今再怎么与同僚不和，也不至于与叛臣一起造反吧！王建立心中觉得十分好笑，但他面上假装答应了王都，实际上把证据都奏报给李嗣源，让朝廷做好准备。

王都还不嫌事多，又派密使将蜡丸书信分别送给青州平卢军节度使霍彦威、徐州武宁军节度使房知温、潞州昭义军节度使毛璋，以及剑南西川节度使孟知祥、剑南东川节度使董璋这五位藩帅，然而没有一个响应他的。可惜了堂堂义武军的清白名声，自唐德宗设立它以来，它一直都效忠于朝廷，现如今却沦为四处挑拨离间的代名词，实在可悲。

戍守满城的北面行营副招讨使王晏球距定州非常近，同样也接到了王都的示好，被攀了家门儿。然而这位王晏球不是别人，正是当年后梁的骑兵名将杜晏球，只不过在后唐恢复了原来的姓氏。虽然都姓王，但王晏球明摆着不乐意叙这个同宗之谊，何况王都本姓刘，更是八竿子打不着的关系，王晏球丝毫不给面子地拒绝了他。王都试图用金钱收买王晏球的部下暗杀上级，东窗事发后，王晏球再不留情面，也把王都谋反的罪证上奏给朝廷。李嗣源得报，马上命令宣徽使张延朗和王晏球、赵德钧等人一起商议讨伐事宜。

帽子戏法

天成三年四月二十五日，李嗣源下诏，削去王都的所有官爵。二十七日，后唐以王晏球为北面行营招讨使，沧州节度使安审通为副招讨使兼行营马军主将，郑州防御使张虔钊为行营都监，齐州防御使孙璋为行营都虞候，征调各战区数万兵马，正式吹响讨伐王都的号角。另外，李嗣源还派亲信刘遂清担当新任易州刺史，又以亲信范延光接替王建立担任行营水陆转运使，全面阻截王都。

四月二十七日当天，王晏球南下进攻定州，一举攻陷北关城。王都忧惧万分，竟向契丹求援！这条歧路，当年他的义父王处直就差点儿去走，却被他阻挠了，如今他自己倒是走了上去。

耶律德光得到王都的厚礼，当即发兵支援，领军的大将乃是奚王秃馁，也算是李嗣源的老熟人了。五月初，秃馁率骑兵万人，自东北方向长驱直入河朔，杀进定州协防。劲敌来袭，王晏球大军只得稍稍后退，准备撤往定州城西六十里的曲阳。

王都和秃馁一见唐军后撤，马上出城尾随追击。契丹的马快，王晏球见逃不远，索性放缓了撤退速度，在曲阳以东的嘉山严阵以待。

王晏球自率中军，命将士用短兵杀敌，并告诫他们："回头者，斩立决！"秃馁、王都联军果然朝着携短兵的中军冲来。危急时刻，唐军两大猛将——符彦卿（即河东名将李存审第四子）、高行周各自率左右龙武军从两翼杀出，反将契丹军包抄。这场嘉山之战，唐军将士奋力挥剑、舞动铁树，一时势不可当，秃馁大败而逃，和王都带着剩余两千骑逃回定州。

风水轮流转，这回轮到王晏球追击了。唐军再次追到定州城下，拿下了西关城。不过定州城高大坚固，一时无法强攻，王晏球索性扩建西关城，把这里改造成司令部，命义武军三州百姓把税赋都运往此处，准备长期围困定州。

秃馁出师不利，派人请求契丹增兵，于是耶律德光再派惕隐耶律涅里衮和都统查剌率兵南下。这位耶律涅里衮就是当年被李存勖生擒过的契丹四皇子耶律牙里果，他和秃馁一样，都想报当年之仇。

耶律牙里果带的人数量不及秃馁，只有七千人，但攻势非常迅猛，王晏球得报，马上亲自率大军北上望都，另外让张延朗带着部分兵力退守定州西南的新乐，以免契丹军更加深入。不想张延朗竟怯战，到了新乐也没停下来，本人直接退到了成德军的治所镇州，反而命令赵州刺史朱建丰留守新乐，后者仅带着少数兵力整修城池。

按照王晏球的想法，唐军沿着望都、定州、新乐三点一线布兵，既能在望都阻拦敌军，也可以随时从南北两边向定州靠拢。但他失算了，耶律牙里果的骑军并没有走望都，而是暗度陈仓，绕其他路子进了定州，并在夜间攻破新乐，杀死了朱建丰。

五月二十一日，王晏球南下，张延朗北上，两军在行唐会师，并于次日抵达曲阳。

王都刚刚攻破新乐，打算乘余威击破唐军，于是孤注一掷，投入定州所有兵力，会同契丹骑兵九千人，合计一万多人杀往曲阳！

五月二十三日，两军在曲阳城南相遇，一场血战在所难免。王晏球召集诸将，勉励全军道："王都轻佻浮躁，又狂妄自大，我们一战就能把他生擒。今天正是诸位报效国家的时候，一律不许使用弓箭，仍然改用短兵攻击。我还是那句话——敢回头的，直接斩首！"说完，王晏球便率骑兵先行出击。唐军将士奋勇上阵，直杀得契丹军丢盔弃甲、尸横遍野，场面非常惨烈。

此战后，契丹军损失一大半，耶律牙里果连忙向北逃难，在逃亡过程中又遭遇了卢龙节度使赵德钧的迎头痛击，数千人几乎被全歼，连带被抢了六百匹战马。而王都和秃馁则靠着几十名骑兵拼死护卫，侥幸免于一死，逃回定州城内。

曲阳大捷以后，王晏球仍然非常清醒，认为定州守备森严，不宜急攻。但以朝内宣徽使朱弘昭和军中都监张虔钊为代表的官员们急于立功，都主张乘胜攻城，还对外宣称主将怯懦，李嗣源只好下令敦促王晏球出击。

六月二十二日，王晏球不得已发动了攻城战。接连打了几天，唐军伤亡三千人。更严重的是，到了七月，副帅安审通被城中飞石所伤，不治而亡。冒进的后果如此苦涩，王晏球被猪队友们闹得气不打一处来。

就在这时，契丹惕隐耶律牙里果带着五千兵马卷土重来，迫近定州。尽管耶律德光派来的军队规模一次比一次小，但王晏球仍不敢小觑。

七月十九日，两军于定州以北的唐河交战。王晏球第三次大破契丹军，追至满城，再斩两千人，获千匹马。契丹军继续北逃，二十一日，王晏球又在易水追上了他们。当时大雨连绵，河水猛涨，契丹人躲得过唐军击杀，也躲不过落水溺亡，又折损了许多。

剩余契丹军继续向北逃窜，道路泥泞不堪，这批残兵败将人困马乏，好不容易在八月初进入卢龙军境内。卢龙节度使赵德钧当然不会放过大好机会，派遣牙将武从谏率军阻击，并分别派军驻守险要关卡，最后生擒契丹主帅耶律牙里果和查刺。算上多年前的沙河之战，牙里果这是"二进宫"了。

还有零星契丹士卒，误打误撞地逃进附近村落。当地百姓多年来饱受契丹人侵扰之苦，早就对其恨之入骨，纷纷抄起木棍追打，以至于最后能逃回契丹本国境内的契丹残兵，居然不过几十人。

后唐建国以后，与契丹的第一次正面大规模交手，以后者全军覆没的结局收场。就为了支援小小一个定州，耶律德光赔上了万把人，还搭进去了一个弟弟，真是亏大了。自此以后，沮丧的契丹人安分了好一段时间，暂时不敢轻易侵犯后唐边塞了。

很快，赵德钧就向朝廷献上了契丹俘虏六百多人。在朝诸将都请求全数杀死他们，李嗣源却说："这些人都是契丹军中的骁将，全部都杀了的话，契丹人就不再投鼠忌器，绝望之下什么事都可能干出来。不如留着一些，还能减轻边境灾患。"

最后，耶律牙里果、查剌等五十余名契丹的中高层军将得到了赦免，留下充当不掌兵权的亲卫，但除他们以外，其他六百余人全部被杀。几年后，为表交好诚意，李嗣源又同意将另一员契丹降将还给北方。至于契丹皇弟耶律牙里果，则要等到后唐灭亡才得以回国。

接连击败契丹军固然是喜事，但王都这个人尚未除掉，李嗣源不敢懈怠，又派侄子李从敏继任已故安审通的副帅之职，同时催促王晏球攻城。

又来催，之前的教训还不够吗？王晏球心中苦闷，决定索性一次交代个明白，省得时不时被人叨扰。

年末某日，王晏球邀朝廷使者一起骑马，绕着定州城巡视一圈，指着城墙说："城池如此高大险峻，就算里面的守军不出击，放任让我们攀登，也不是用云梯和冲车就能办到的。白白损失我军的精锐，却不会给叛军造成一点儿损失，何苦这样攻城呢？不如继续采集三州赋税，爱民养兵，耐心等待，敌军一定先从内部崩溃！"使者将王晏球的话回报给朝廷，李嗣源见有理有据，也就同意了。

定州城内，王都仍然负隅顽抗，还掏出一张他自认为无懈可击的底牌。

当初李存勖曾经从河北带了一个孩子回宫中抚养，小名"得得"，这个男孩长大后被李存勖认作义子，赐名李继陶，李嗣源即位后将其遣散回河北。王都早先特地将李继陶接到定州，称其为太子，现在又让他穿上黄袍，坐在城头。王都对王晏球喊道："你好好看看这是谁，这是庄宗皇帝之子，已经即位了！你深受先帝厚恩，难道一点儿也不顾念旧情？"

王晏球冷笑："事到如今，你搞这些小动作还有什么意思？我现在给你两条路，要么全军出城决战，要么自行束手投降，除此以外，别的免谈！"

事实上，别说王晏球看不上李继陶，就是王都手下守卫定州的将士也知道这李继陶是什么来路，冒牌货而已，还端着个高高在上的架子，蒙谁呢？很快，定州人心开始涣散。

天成四年正月底，王都和秃馁几个月以来第一次尝试突围，打算逃走，被王晏球打退回去。二月初三，定州都指挥使马让能打开了城西的曲阳门，迎接唐军入城。王都领兵巷战一番，不敌败退，无奈之下逃回府衙放起大火，成为后唐以来第一位自焚身死的造反首领。

契丹军两千人均被俘虏，同时，王都的兄弟子侄和秃馁父子被押到南方。李嗣源毫不心慈手软，统统送上闹市斩首。至于李继陶和魏博牙兵数百人，他也一个没留。

王晏球回朝献俘，李嗣源盛赞了他的功劳，但王晏球并不居功，只对长期劳烦朝廷运送物资感到过意不去，十分谦逊。他这个人爱兵如子，在定州城下时，每天用自己的财物慰劳将士，从开始围城到拿下定州，他对待军士一直彬彬有礼，从没杀过一个士卒，全军上下无不敬仰。时人公认他有名将之风。

至此，继李存勖接连攻取卢龙成德、李嗣源根除魏博牙兵之后，唐末以来割据数十年的义武王氏终于消亡。大唐王朝始终未能除去的河朔割据之患，在五代中期得到了解决。

继承者们

所谓好了伤疤忘了疼，接下来的几年，契丹仍不时侵扰中原。不过后唐北方的卢龙节度使赵德钧、大同节度使张敬达二将着力加强工事，防卫甚严，所以契丹军队在边境几乎占不到什么便宜，只尝了两次甜头。

第一次在长兴二年年初，契丹皇太弟耶律李胡来势汹汹，竟然越过云州，深入代北境内，一度攻陷了寰州（今山西朔州东）！

第二次，则是由于一项人事调动，导致山后地区起了一把火。

长兴三年十一月，李嗣源命爱婿石敬瑭北上太原，担任北京留守兼河东节度使，同时总领大同（治云州，今山西大同）、振武（治朔州，今山西朔州）、彰国（治应州，今山西应县）、威塞（治新州，今河北涿鹿）这四镇的兵马，以更好抵御契丹。

这项任命一出，马上引起大同军下辖的蔚州刺史张彦超的强烈不满。张彦超本来也是李嗣源的义子，却因故与石敬瑭长期不和。现在姓石的竟成了自己上级的上级，那他张彦超以后的日子还好过吗？既然胳膊拧不过大腿，张彦超索性携蔚州城军民投降于契丹，没少给这一地区带来麻烦。当时李嗣源把战略重心放在西北的党项上，为了息事宁人，也没怎么料理张彦超。

长兴四年，李嗣源去世，后唐进入多事之秋。李嗣源的晚辈们竞相抢登历史舞台，你方唱罢我登场。次年，继位者李从厚就被他的义兄李从珂推翻。四月，李从珂进入洛阳即位，成为后唐王朝又一异姓皇帝（李存勖原姓朱邪，李嗣源原姓无载，李从珂原姓王）。

李从珂作为李嗣源最年长的养子，本来和妹夫石敬瑭的关系还是不错的，二人在太原时经常结伴游玩。后来，二人凭借身份和武勇，成为李嗣源手下最得力的两大干将，在梁晋争霸战争中屡立战功。然而时过境迁，这两个人开始暗中较劲，嫌隙渐生，关系也没以前那么融洽了。

先前李从珂造反的原因之一，就是李从厚君臣要把他从凤翔移镇到河东，顺便把石敬瑭从河东移到成德。现在李从珂已经做上了皇帝，自然是不用去太原了，那么他该如何处置南下入朝、身在洛阳的石敬瑭呢？是永绝后患，还是纵虎归山？李从珂必须面对这个残酷的问题。

石敬瑭自己也心知肚明，当下绝不能轻易开口要求回镇，忧虑之下，竟生了一场大病，身形迅速消瘦。石敬瑭的妻子魏国公主李氏，还有丈母娘曹太后，两人均十分不忍，向李从珂说情，毕竟怎么说，大家也是亲人啊。

李从珂的嫡系手下们献计献策，大都劝说把石敬瑭羁留在洛阳，只有韩昭胤和李专美认为，先帝李嗣源的另一位女婿——宣武节度使赵延寿就在汴梁，离洛阳实在太近了，如果扣留石敬瑭，就会引起赵延寿的疑惧，到时候就不能收场了。

李从珂觉得二人说得在理，加上探望石敬瑭时看到对方确实衰弱，便卸下戒心，说了一堆漂亮话给公众听："石郎不但是我的内亲，而且从小就和我同甘共苦。如今我做了天子，不依靠石郎，还能依靠谁啊？"于是让石敬瑭继续当他的河东节度使兼蕃汉马步总管，放他回了太原。

要说石敬瑭，他当然是有野心的，只不过一开始只是想效仿孟知祥，割据河东一地，再怎么样也不会比李从珂篡夺帝位更出格——毕竟皇帝连火都可以放，那节度使点盏灯又怎么了？

如今李从珂放虎归山，石敬瑭马上振作精神，开始谋划保全自己。

石敬瑭一边对外宣称自己体弱多病，无法带兵，以免朝廷猜忌，一边时刻暗中窥探朝中动向。当时李从珂也喜欢探访咨询朝外之事，常常和几位文臣谈论到深夜，石敬瑭有两个儿子在朝中任职，自然能够得到不少内幕消息。但这还不够，石敬瑭又打起了丈母娘曹太后的主意，贿赂老太太的左右侍从，让他们暗中探察李从珂的一举一动。如此一来，李从珂这边一有什么风吹草动，石敬瑭都能及时知晓。

时值边境多事，契丹军频繁南下，朝廷的禁军精兵常常北上驻防。卢龙节度使赵德钧乘机以边患为由，请求朝廷继续增兵运粮，日夜相继，借此充实自身的实力。石敬瑭效仿赵德钧，同样也这么干。

　　李从珂对此深信不疑，仅在清泰二年（935 年）六月就下诏令成德军运送了五万匹丝绢前往太原总管府，用来变卖现钱以购买军粮，还征发了镇、冀二州的民夫和一千五百辆车，把粮食运往代州（今山西代县），同时要求魏博开市购买军粮。

　　李从珂从河北大输血给河东，但相关措施过于粗暴，石敬瑭等人又催促得紧急，加之夏季洪旱灾害频发，导致大量河北百姓流离失所，民怨载道，成为又一场大乱的预兆。

　　不过此时又发生了一件事，令李从珂对石敬瑭再度产生了警惕。石敬瑭北驻忻州时，朝廷派人赐给军士夏季军衣，使者抵达后，竟然听到有士卒聚众朝石敬瑭大呼"万岁"。石敬瑭也很恐慌，这真是跳进黄河都洗不清了。为了避嫌，他听从幕僚段希尧的建议，杀死为首的闹事者李晖等三十六人示众。但无论他如何极力撇清干系，此事都已经戳到李从珂的逆鳞了。

　　李从珂马上采取了预防措施，于当年七月任命自己的小舅子刘延皓为魏博节度使坐镇河北。同时，为削弱石敬瑭的兵权，李从珂起用徐州武宁军节度使张敬达，命他再度北上，率军驻守代州，担任蕃汉马步副总管，充当石敬瑭的副手，可以过问大同等四镇军务。

　　石敬瑭非常识趣，很快于十月从代州回了老巢太原。李从珂顺势改任张敬达为晋州建雄军节度使（治晋州，今山西临汾），不再隶属石敬瑭下辖。

　　清泰三年（936 年）正月十三日，这一天是李从珂的生日。已被李从珂改封为晋国长公主的石敬瑭之妻李氏从太原入朝，给皇兄祝寿。这天宴席上，李氏祝贺完毕后打算告辞北返，哪想到醉醺醺的李从珂突然来了劲："妹妹怎么不多留些日子啊，回去忙着跟石郎一同造反，是也不是？"李氏听到这话，脸都白了，一刻都不敢在洛阳多待，回去就把这事告诉了石敬瑭，夫妻俩都越发恐惧。而李从珂酒醒之后，也恨不得给自己几个大耳刮子。

　　祝寿事件之后，石敬瑭加快了节奏，把他在洛阳等地的资产全都运往晋阳，虽然对外声称是弥补军需不足，但其心志，早已到了路人皆知的地步。

李从珂当然全看在眼里。某夜，在和亲近大臣谈话时，李从珂看似从容地问道："石敬瑭是朕的至亲，没有什么可猜疑的，然而坊间流言不断，万一将来与他失和，怎么办为好呢？"众人均一声不吭。

退出来以后，先着急的是户部侍郎兼端明殿学士李崧，他把同兼学士的给事中吕琦拉到一边，说："我们深受天子厚恩，怎么可以和别人一样坐观成败，你有什么办法吗？"

吕琦心中其实早有成算："河东若有异图，一定会勾结契丹作为外援。契丹太后因为她的长子在中国，屡次请求和亲，只不过由于我们没同意释放查剌等人，这才没能谈成。现在，如果真的把查剌放归，与契丹议和，每年再送给他们价值十多万缗的财物，契丹一定会高兴地答应下来。如果能成，即便河东蠢蠢欲动，也无能为力了。"

吕琦提及的那位太后长子，其实就是耶律阿保机的长子东丹王耶律倍，当年由于不被母亲支持，才让弟弟耶律德光当上皇帝，因而南投后唐，曾被李嗣源先后赐名为东丹慕华、李赞华。

李崧对此非常赞同，于是二人一起去找负责财政的宰相张延朗商量可行性，张延朗听完以后，表示乐于操办这件事："按照两位学士的计划，与契丹议和，不但可以制约河东，还能节省戍边费用十分之九，没有比这更好的办法了。如果圣上答应下来，这事就包在我身上了！"

对于吕琦和李崧的提议，李从珂起初非常满意，还大大称赞了二人的忠心。吕、李二人也成竹在胸，私下拟好了写给契丹的国书，就等皇帝一声令下。

铁骑复来

其实吕琦的办法，可以视为七十年后宋、辽缔结的"澶渊之盟"的前身，而且此时中原的形势也比后来要强得多。可惜，这个计划竟因遭到一人从中作梗，不得不被搁置，直接导致往后数十年乃至数百年的历史走向了歧途。而这根误国殃民的"搅屎棍"，就是李从珂起兵时就关系密切的亲信——枢密直学士薛文遇。

薛文遇从李从珂那儿听说这个计策后，反应特别大："陛下以天子之尊，委屈自己讨好蛮夷，难道一点儿也不觉得耻辱吗？而且，万一蛮夷照着汉唐旧例，要求娶个公主回去，陛下又该如何拒绝？"接着，薛文遇不忘卖弄才学，朗诵起了中唐诗人戎昱《昭君诗》中的那句"安危托妇人"。

用现代的话来说，这个薛文遇就是个"愤青"，一番说辞满是书生意气，罔顾大局，空谈气节。然而李从珂竟然也头脑发热，想想确实舍不得女儿，就在心里改变了主意。

次日，吕琦和李崧接到皇帝的召见，没想到皇帝忽然翻脸，对着两人就是一顿劈头盖脸的痛骂。李从珂怒斥道："你们这些人通古晓今，应以辅佐人主创造太平为己任，怎么现在给我出了这么一个馊主意？朕只有一个乳臭未干的小女儿，你们是想要把她抛弃到荒野大漠里去吗？而且，你们居然还想把国家养兵的财力物力输送到胡虏那里，到底有何居心？"

两位大臣汗流浃背，既不敢辩解，也不敢提醒皇帝前一天他还很赞成这个建议，只是不停地叩头求饶："我们的本意只是殚精竭虑报效国家，并非替胡虏谋求利益，请陛下明察啊！"

吕琦体弱，渐渐没了力气，叩拜速度稍稍慢了下来，李从珂又大喝道："吕琦，你倔强傲慢，还有没有把我看作你们的人主？"吕琦无奈，认命地说道："陛下，我们谋事不够周全，您尽管治罪吧，再多叩头也没什么用！"

直到怒气稍稍化解，李从珂才让他们停下叩拜，赏赐每人一杯酒，打发他们出了宫。随后，吕琦被李从珂疏远，改任御史中丞，不得再入禁中议事。如此一来，群臣再不敢提通好契丹一事了。

至于被李从珂惦记上了的石敬瑭，则不断试探圣意，多次上疏朝廷，声称体弱多病，自愿请求解除兵柄，调任到其他较为清闲的藩镇。李从珂和宰执们商议后，决定让石敬瑭移镇到郓州天平军去。

李崧、吕琦以及枢密使房暠极力劝阻，认为千万不能把石敬瑭的话当真，然而李从珂犹豫不决，拖了很久。当时，枢密院主要由薛文遇和刘延朗掌权，房暠见自己的话皇帝听不进去，于是有心避事，甚至在开会时趴着睡觉。

五月初二晚上，李从珂找人商量河东局势，李崧不在宫中值班，只叫来薛文遇一人。薛文遇口若悬河，道："古语有云，'当道筑室，三年不成。'关于这件事应该由陛下自行决定，左右大臣们都在为自己身家做打算，怎么会尽心竭力，直言不讳呢？在我来看，河东石敬瑭移镇也反，不移镇也反，只在朝夕之间，不如先下手为强，把他解决掉！"

李从珂想起先前曾有术士说，今年会得到贤人辅佐，提出奇策，以安定天下。听完薛文遇的话，李从珂已经把他当作那个应运之人了，高兴地说："爱卿的话正合朕的心意，无论成功还是失败，朕都决定去施行了！"于是写下手谕，交给翰林学士院，命他们草拟人事调动命令。

术士预言的贤人，可能确有其人，没准指的就是吕琦呢，但李从珂能否慧眼识珠、取信采纳，那又是另一回事了。

朝廷很快宣布了新任命，调任石敬瑭为天平节度使，改由李从珂的铁杆亲信——侍卫马军都指挥使宋审虔担任河东节度使。诏书一经颁布，文武群臣听到石敬瑭的名字，相顾失色。

到五月初六，李从珂把石敬瑭的另一个重要职位——蕃汉马步总管也撤掉了，原副总管张敬达转正，并催促石敬瑭赶紧前往郓州。

石敬瑭本来只是客气一下，没想到李从珂会当真。惊惧不已的石敬瑭在亲信刘知远、桑维翰的鼓动下，索性起兵造反了。理由也很冠冕堂皇：李从珂只是先帝养子，并不合适继位，请把皇位传给李嗣源的亲子许王李从益。这一招可谓直击李从珂的要害！

李从珂震怒，一把撕碎了石敬瑭的表章，当即削去其所有官爵，并调兵遣将，组建太原四面行营，着令讨伐河东：

——晋州节度使张敬达为兵马都部署，定州节度使杨光远为兵马副都部署；

——潞州节度使高行周、易州刺史符彦卿分别为左、右排阵使；

——河阳节度使张彦琪为马步军都指挥使，邢州节度使安审琦为马军都指挥使，陕州节度使相里金为步军都指挥使；等等。

这个阵容集齐了后唐一时名将，可谓非常豪华，总领步骑三万人，后又补充到六万人，号称十几万。

六月十九日，张敬达率领数万大军抵达晋阳城南的晋安乡，就地安营扎寨。晋阳城是河东几代人的根基所在，城高墙厚，所以张敬达准备建造长围，用消耗战磨死石敬瑭。

其间，也有一些中央军将领，比如安审信、安元信、安重荣、张万迪等人，或因家族根本就在太原，或因受石敬瑭引诱，最终叛入晋阳。这些人没来得及带走的亲戚，都遭到朝廷的大肆报复，包括石敬瑭的几个儿子和弟弟，均死于非命。

李从珂的小舅子刘延皓在天雄军任上胡作非为，魏州的禁军将领张令昭趁着军中啧有烦言，发动兵变响应石敬瑭，同样被残酷镇压。

而石敬瑭发现单靠晋阳孤城无法同后唐大军对抗后，果然试图抓住契丹作为救命稻草。石敬瑭命掌书记桑维翰撰写了向耶律德光称臣的奏章，派人走小道送达契丹。

在信件中，石敬瑭特地强调，只要契丹发兵救自己于水火，石敬瑭可以把小他十岁的耶律德光认作爹，同时承诺事成之后，把卢龙一道以及雁门关以北诸州县一并割让给契丹！

石敬瑭的亲信刘知远一度不赞成这么做，在他看来，称臣就够了，认爹未免也太掉价了，而且只要赠予大量金银绸缎，足以招诱契丹人发兵，不必割让土地，否则遗祸无穷！

其实，李嗣源和耶律德光以同辈相称，石敬瑭是前者的女婿，叫耶律德光一声父亲，在辈分上也说得过去，关于这一点，刘知远竟无法反驳。

至于石敬瑭大胆提出割让幽云十六州，主要是因为现在卢龙军其实并不在石敬瑭的掌控之内，而是赵德钧的地盘；雁门以北之地也是基于同理。石敬瑭开出一张空头支票，不过是为了缓解河东的燃眉之急，至于以后能不能兑现，那还得另说，现在只能走一步看一步了。

耶律德光收到来自石敬瑭的称臣表，大喜过望，还特地编了个梦话说给一向不太赞同南侵的母亲述律平听："孩儿最近做梦，梦到石敬瑭派遣使者从南边来，现在果然来了，这是天意啊！"说服了母亲之后，耶律德光马上给石敬瑭回信，答应等到秋高马肥的仲秋时节就出动契丹全军来救他。

与此同时，刘知远被石敬瑭委任为马步都指挥使，把投奔到晋阳的降兵都收归到他手下，虽然人员鱼龙混杂，但刘知远执法森严、不徇私情，抚恤军民一视同仁，所以晋阳城内也算同心勠力。

再看张敬达这边，围了两个月的城，也没发动急攻，基本上没太大进展。石敬瑭亲自登城视察，冒着飞石流矢慰劳将士，刘知远对他说："我看张敬达这些人建筑高垒深沟，是想打持久战，没有其他好的策略，所以不足为虑！希望大帅保重身体，留在后方专注对外事务，可以多派一些使者前往各方。至于守城之事，十分容易，我一个人就可以应付，不必劳烦您了！"石敬瑭深受感动，握住这位多年老下属的双手不断安抚勉励。

此时，吕琦已经重新被李从珂任命为端明殿学士，代表天子前往晋安寨劳军。由于此前有王晏球的功绩作为榜样，诸将对围城战的前景还是非常有信心，唐军行营的二把手杨光远特地对吕琦说："请吕公顺便奏报皇上，让他好好放心，不要为此事日夜操劳。叛军如果没有外援，那么用不了多少天就能平定。如果他勾结了契丹，我军就放其入境，然后一举剿灭他们！"

虽然杨光远的豪言壮语很是振奋人心，但李从珂仍不敢掉以轻心，一听说契丹将要在秋天南下支援石敬瑭，就加紧督促张敬达，催他急攻晋阳。

张敬达得令，可谓使出了浑身解数，开始攻打太原城，什么投石机、五龙桥、云梯之类的器械都用上了。偏偏这段时间天公不作美，每当他们要建筑什么工事时，工程总会遭到狂风骤雨的破坏，就连之前的围城长墙也被雨水浸泡冲坏。城内的刘知远见状，一度派出三千步卒、三十队骑兵乘机破坏长围，不过被高行周击败。虽如此，晋阳城到底还是没能被张敬达打下来。

同样，晋阳城里的情况也好不到哪儿去，粮食储备开始告急。眼看晋阳城即将被攻破，石敬瑭心急如焚。如此关键时刻，石敬瑭日思夜想的铁蹄声，终于从代北之地传来。

契丹皇帝耶律德光亲率五万骑兵，号称三十万大军南下，旌旗招展，遮天蔽日，队伍连绵不断，长达五十余里。代州刺史张朗登城自守，不敢贸然出击。契丹军队经过城下时，根本不理会他，直接穿过代州南的扬武谷南下。继这之后，契丹大军又无视忻州刺史丁审琦的防御，直奔晋阳而来。

九月十五日，耶律德光抵达晋阳地界，在汾水北端的虎北口列阵，并派人通知石敬瑭："我打算在今天破贼，如何？"石敬瑭连忙派人答复："南军兵力雄厚，不可轻视，请等到明天再商议开战事宜，那也不迟。"

岂料耶律德光求战心切，石敬瑭派去的人还没抵达契丹军营，契丹军就已经和唐军两大猛将高行周、符彦卿所部交起手来。石敬瑭只好及时策应，让刘知远出城加入战斗，不过仍敌不过唐军骑兵。

当时，张敬达、杨光远、张彦琪、安审琦等唐军几位大将正率步军在城西北山下列阵。耶律德光心生一计，派出不穿铠甲的轻骑三千人向北山发起猛攻。唐军见契丹军单薄，都以为容易对付，于是奋起迎击，争相驱赶，一直追到汾水的弯曲之处。

眼见这支契丹骑兵涉水而去，张敬达等人不肯见好就收，于是继续追赶，完全忽略了自己已深入敌境。这时，契丹惕隐耶律洼设下的伏兵从东北方涌出，将这支唐军拦腰截成两段。正所谓"打蛇打七寸"，唐军一时首尾不能相顾，被拦在北面的部队遭到契丹军围歼！

张敬达慌忙下令鸣金收兵，契丹军则索性放开手脚，趁乱全军出击，猛击后撤的唐军，再次大败对手。刘知远俘虏了千余唐军，最后一个活口都没留。傍晚时分，张敬达回到晋安寨清点，虽然骑军获得保全，但步军竟然损失了近万人之多，这是一次真正意义上的惨败。

这天晚上，再无围城之危的石敬瑭出了晋阳北门，前往拜见他的新主子兼新任父亲耶律德光。二人相见，场面非常和谐，堪称父慈子孝，耶律德光握住石敬瑭的手，直呼相见恨晚。石敬瑭有个疑问仍然不解："皇上远道而来，人困马乏，仓促之间同唐军决战，却取得大胜，这其中有什么奥秘吗？"

耶律德光微笑着说道："起初，我军从北面而来，以为唐军一定会切断雁门的交通要道，并在险要之间设下伏兵，那样我就不能顺利南下了。但派人侦察的结果，竟然是防卫空虚，我军这才得以长驱直入。由此料定，大事可成！两军既然已经相遇，我军士气锐不可当，而对方沮丧低落，如果不乘机发起急攻，一旦对峙旷日持久，那胜负就难说了。这就是我能速战取胜之道，不能简单用谁劳谁逸的道理来估量了。"听完这话，石敬瑭更加佩服耶律德光。

大战次日，石敬瑭率军和耶律德光军会师，在晋安寨南方建立营地，东西长达一百余里，纵深五十里，反向包围了唐军。其间密布着系有铃铛的绳索，还有军犬四处巡逻，唐军根本踏不过半步。

此时张敬达手下虽然还有五万大军和万匹战马，但他们面对契丹联军的五万人却束手无策，只能四面张顾，不知所措。耶律德光把大帐从虎北口移到晋安寨东南的柳林，派出斥候游骑向南穿过石会关，沿途竟看不到一个后唐士卒。

九月十八日，张敬达派出的使者历经艰险，终于回到洛阳，向李从珂通报了前线的大败。而自此以后，晋安寨和朝廷就再无音讯相通了。

不能说的秘密

李从珂大惧，决定再派大军北上支援晋安寨。援军共四路，从东南西北四个方向并举：

——太行以东的新任天雄军节度使范延光，率魏博军队两万人，走邢州青山道奔赴榆次；

——在朝的侍卫步军都指挥使符彦饶（符彦卿的二哥），统领洛阳步骑，北渡黄河，进驻河阳策应；

——耀州（今陕西耀县）防御使潘环，集结河中以西各镇兵马渡过黄河，再从晋州、绛州之间的两乳岭穿过慈州、隰州地界北上；

——卢龙节度使、东北面招讨使赵德钧，率幽州军走飞狐道（今河北涞源县南）越过太行山，负责包抄契丹军的后路。

为保万全，李从珂又听从张延朗等人的建议，于九月二十一日下诏御驾亲征。然而，李从珂依靠兵变上位的恶果在此时显现：侍卫军中的一众骄兵悍将均不愿意为他出征。即使有被委任为河阳大军都监的刘延朗在，侍卫军主帅符彦饶也害怕手下兵变，不敢用军法约束士卒。李从珂担心自己因骄兵得天下，又因骄兵失天下，所以带着三万大军抵达河阳（治孟州，今河南孟州）之后，不敢使唤军队，本人也不愿意继续北上了。

宰相卢文纪本就庸碌无为，此时便迎合圣意道："国家的根本，大半在河南。契丹骑兵来去如风，必然不能久留。而晋安寨防御坚固，况且已经派出范延光、潘环、赵德钧三路增援。河阳是天下要津，陛下应该留在这里安抚南北。可以暂且派近臣督战，如果还不能解围，再北上进发也不晚。"

而另一位宰相张延朗只顾着争权夺利，打算借机解除枢密使赵延寿的职权，便应和卢文纪，并拉上翰林学士和凝建议："赵延寿的父亲赵德钧正好南下赴难，他是最好的人选。"

另外，泽州刺史刘遂凝（刘鄩之子）已经与石敬瑭暗中勾结，也试图阻止李从珂北上，便上表建议圣驾不可越过太行山。

于是，就在这几个谗臣贼子的怂恿下，李从珂做出了一个日后让他后悔不已的决定：进驻怀州（今河南沁阳），暂缓亲征，顺便分出两万人由赵延寿率领，北上潞州。

同时，李从珂还小心翼翼地挑出了一些护驾骑军，交给比较信得过的忠厚老将康思立率领，命他担任北面行营马军都指挥使，前往晋安寨以南的团柏谷（今山西祁县东南）声援张敬达的大军。

其实早在怀州的时候，李从珂因忧心晋安寨的形势，经常向群臣询问对策。吏部侍郎龙敏曾给皇帝出了个奇策：立耶律倍为契丹国主，趁着契丹空虚，由天雄、卢龙二镇分兵护送他回国，从幽州直扑契丹王城西楼，同时再向天下宣示这则消息，那么耶律德光必然心生后顾之忧，不再久留，到时候再挑选精兵攻击他，不怕解不了围！

起初李从珂也认为此计可以一试，无奈重臣们觉得龙敏的计策太过大胆，担心这么做不能成功。加上当时还风传另一件事，说正是耶律倍暗地里给契丹写了密信，请求声讨篡位的李从珂，所以耶律德光才会南下。有了这一层原因，龙敏的方案最终没有通过。

十月，李从珂又听从张延朗的意见，下诏搜刮战马，征募百姓当兵，规定每七户人家出一名兵丁，还得自备武器铠甲，称为"义军"，集结起来后由陈州刺史郎万金训练技能。但最终也只得到了两千匹马和五千余人，无异于杯水车薪，而且这支"义军"的军事素养一时也难以提升，只苦了民间百姓。

无计可施的挫败感涌上了李从珂的心头。他从早到晚借酒浇愁，喝得烂醉如泥，悲从中来时，就放声高歌。群臣中有人劝皇帝北行，但李从珂的心态已经彻底崩塌，再无斗志，甚至胡言乱语道："你们不要再提石郎这个人，我的心胆已经掉在地上了！"

遥想当年，李从珂也是父亲麾下意气风发的一员猛将，无论缠斗后梁还是恶战契丹，都是所向无前。如今他却在内乱中堕落至此，而且对手还是甘为人子的石敬瑭，实在可悲可叹。

有道是"屋漏偏逢连夜雨，船迟又遇打头风"。李从珂君臣已是焦头烂额，偏偏还有人借公谋私，以达到自己不可告人的目的。此人正是从李存勖时代起，镇守幽州长达十余年的卢龙节度使赵德钧。

起初，赵德钧并没有依照李从珂规定的路线进发，而是请求朝廷允许自己从幽州直接南下，走土门井陉一道，越过太行山支援晋安寨。李从珂没有多想，爽快同意了。

赵德钧带着三千锐骑南下，利用自己东北面行营招讨使的身份，接连要求两位名义上的下属——戍守易州的行营马军都指挥使刘在明（此时义武军节度使杨光远身在晋安寨），以及镇州成德军节度使兼行营招讨副使董温琪——各率军队加入，与自己同行。

之后，赵德钧以兵力仍然不足为由，又上疏表示需要与泽潞方面军会合，第二次改变行军路线——这回不走井陉了，直接南下，改走吴儿谷（位于今河北涉县与山西黎城之间）通过太行山，于十月十八日抵达乱柳（今山西沁县东南）。

十一月，李从珂任命赵德钧为诸道行营都统，赵延寿为河东道南面行营招讨使，赵氏父子很快在西汤（今山西沁县西北西汤乡）相遇，两支大军顺理成章地合兵一处，这也意味着此时赵德钧已经握有后唐帝国一大半的战力。可赵德钧的胃口还不止于此。

天雄军节度使范延光率先察觉到赵德钧的异动。当时，范延光正领命率魏博军队两万人，驻扎在乱柳东北方的辽州（今山西左权），同样接到了赵德钧合兵的请求。范延光不明所以，但理智尚在，遂以部队已经深入敌境，不便向南会师为由，拒绝了他。

由于吕琦曾在幽州做过幕僚，李从珂便让他代表朝廷，再次北上劳军，顺便催促赵德钧进军。赵德钧一边向吕琦表效为国死战的忠心，一边却逗留不进，暗示朝廷务必让他兼并范延光部。经李从珂不停下令催促，赵德钧才稍稍北上抵达团柏谷，顺便兼并了在此的康思立部。而之后一个多月，无论李从珂怎么催促，赵德钧都没有任何行动了。

晋安寨就在团柏谷百里之外，赵德钧却也不肯谋求通讯，反而屡次上表，请朝廷给赵延寿一个成德节度使当，理由是幽州无主孤弱，需要有人去守镇州，便于南北相连接应。

这番说辞，当真无赖至极，之前正是他要求把镇州成德军节度使董温琪带走的，这会儿说什么幽州无主？

李从珂强压怒气，回复赵德钧："你儿子也正在作战，哪里有空去镇州呢？待战事平定以后，可以按你说的办。"然而赵德钧越发得寸进尺，仍不肯松口，继续请求封授。

这下李从珂忍无可忍了："赵氏父子一定要坚持得到镇州，究竟是什么意思？如果能够击退胡虏，即便要取我而代之，我也心甘情愿了。但有人要是敢用贼寇胁迫君主，只怕谁也不能有好下场！"

这话可谓直击要害，令赵德钧非常不悦。赵德钧某个念头的滋生，也许起于契丹南下，也许起于兵发幽州，也许起于父子合兵，甚至可能起于李从珂篡位，无论如何，他此时确实看上了李从珂屁股底下的皇位，再也不藏着掖着自己的狼子野心了！

随即，赵德钧修书一封，秘密派人带上丰厚的金银财帛送给耶律德光，表明自己的来意："如果您立我为皇帝，我就可以用手中兵马向南踏平洛阳，再和契丹约为兄弟之邦。至于石敬瑭，我可以允许他永镇河东！"

但赵德钧晚了一步。早在清泰三年十一月十二日，耶律德光便已命人在柳林筑起高坛，立了石敬瑭为大晋皇帝！同时，石敬瑭答应割让幽（今北京）、蓟（今天津蓟州区）、瀛（今河北河间）、莫（今河北任丘）、涿（今河北涿州）、檀（今北京密云）、顺（今北京顺义）、新（今河北涿鹿）、妫（今河北怀来）、儒（今北京延庆）、武（今河北宣化）、云（今山西大同）、应（今山西应县）、寰（今山西朔州东）、朔（今山西朔州）、蔚（今河北蔚县）这十六州给契丹，并承诺每年向契丹进贡绸缎三十万匹。十一月十四日，石敬瑭改元为天福。这就是五代后晋政权的诞生。

虽然早在耶律阿保机时代，契丹就已经深入云中地区，并占据了平州、营州等幽蓟门户。说是割让幽云十六州，很大程度上也可视为将契丹的军事占领合法化。当然，这绝不仅仅是一个单纯的土地问题。

从战略意义上看，中原政权一旦失去这片土地，契丹便能够以幽州、云州为重要根据地经略北方，或窥伺代北之地，或随时长驱直入河北，使中原直面随时遭受铁骑蹂躏的威胁。

但此时耶律德光还没想得那么深远，毕竟眼下能否赢取战争还是个未知数：晋安寨未下，范延光部在东，赵德钧军在南，何况还要提防北方断其后路，只要一着不慎，就会被包了饺子，形势还是十分严峻的。所以，虽耶律德光本人到了柳林，但契丹军的辎重和老弱还都留在虎北口，每天到了傍晚都要做好随时跑路的准备。

也就是在这个关键时候，唐军主帅赵德钧发来了交好的信号。对耶律德光来说，石敬瑭开出的条件固然非常优厚，但就是因为太美好，反而像梦幻泡影，难以企及；反观赵德钧的允诺，更切合实际，虽然馅饼不大，但触手可及。经过多方面考虑，耶律德光表露出把宝改押到赵德钧身上的意愿。

一旦耶律德光变卦，就意味着石敬瑭只能当半个月的皇帝就得下台了！

红莲的葬礼

毕竟"事不关己，高高挂起"，像允许石敬瑭永镇河东这种话，耶律德光并不在乎其真假。但石敬瑭在乎。可要说赵德钧真能有这种好心，怕是谁也不会信的。于是，石敬瑭派出桑维翰前往柳林觐见耶律德光。

桑维翰见到这位契丹皇帝后，先晓之以理："大契丹国发动义师，前来救援我主于孤弱、危难之间，仅一战就导致唐军瓦解，退守晋安寨，现在对方已是粮尽援绝、力量枯竭。赵德钧父子不忠于唐朝，自然也不会对契丹守信，只不过是畏惧您的强大。加上他素来心怀异志，所以按兵不动以窥测事态变化，并不是什么肯为国效命之人。这样的人有什么可怕的呢？您怎么能够因为相信他的虚妄言辞，贪图毫末小利，反而丢弃即将完成的大业呢？如果我主得以统治天下，一定会竭尽中国的财富奉献给您，哪里是赵德钧给的那点儿小便宜能比的呢？"

桑维翰说得满腔愤慨，但同为卖国，无非大汉奸鄙薄小汉奸罢了。

耶律德光想的仍是稳中求胜，用更稳妥的方式来为契丹谋取利益，对桑维翰说："你可曾见过捕捉老鼠的人？虽然是只老鼠，如果不防备，尚且还会被它咬伤了手，何况是一支大军啊！"

"可现在我们已经扼住了老鼠的喉咙，它岂能再咬人？"桑维翰施展辩术，试图说服对方。可对方辩友耶律德光已经有点儿不耐烦了："并不是说我要反悔之前的约定，实在是用兵权谋，不得不这么做。"

所谓盟约，大多是拿来撕毁的，何况契丹从耶律阿保机时代开始，就有不少先例。桑维翰明白如今道理是说不通了，只能动之以情，于是说："您以信义救人于水火，四海之人全都知道了，怎么能够一会儿这样，一会儿那样，以致大义有始无终呢？臣实在是为皇帝感到难过啊！"说完，桑维翰干脆跪在帐前，从早晨一直哭到太阳落山，无时无刻地争辩申诉。

桑维翰没来得及像春秋时期的申包胥那样一连哭上个七天七夜，耶律德光很快就被这份执着感动了（也有可能是被烦到了），最后同意继续支持石敬瑭。为表明态度，耶律德光指着帐前的一块大石头说："告诉你家大人，我已经答应了石郎，就不会再改变心意，除非这块石头烂了！"

在桑维翰的执着努力之下，石敬瑭的不利局势暂时得到扭转。与此同时，后唐朝廷也有一个人在殚精竭虑、献计献策，这个人就是龙敏。

针对当下赵德钧抗命的现实，龙敏向皇亲李懿提出了建议："我正是燕地之人，知道赵德钧这个人胆怯无谋，只不过在守城方面稍有长处而已，何况他现在已有二心，怎么能够依靠呢？其实，我这里有个比较疯狂的计划，只怕朝廷不肯实施——现在陛下身边的随驾扈从还有一万多人，战马近五千匹，希望能够从中挑选精骑一千人，由我和郎万金率领，从介休山路出发，只求有一半人马能够趁着入夜冲进晋安寨，则大功告成。张敬达等人现在身陷重围，无法得到朝廷的信息，如果他们能够知道大军近在团柏谷，即使铜墙铁壁，也必然能够冲破！"

然而，当李懿把这个办法上报给李从珂时，只得到了对方意志消沉的回复："龙敏可谓壮志凌云，可惜为时已晚啊。"发于行伍的李从珂内心清楚，理论上龙敏的办法并非不可一试，只不过他现在既要担忧骄兵，又要提防赵德钧，实在是寸步难行。

晋安寨已被包围了四个多月，高行周和符彦卿多次率领骑兵试图冲破契丹军的围困，还曾打死过对方一员大将，但终因寡不敌众，仍然不能取胜。张敬达也曾试图开凿一条粮道，但被契丹军轻易切断。

营中粮草吃尽，将士们只好削下木屑、淘洗马粪中的草筋来饲养战马，马儿们忍受不住饥饿，互相啃咬，连尾巴和颈鬃都被啃光了；一有马匹饿死，唐军就分而食之，作为军粮。日复一日，援军的消息始终没有传进晋安寨。

情势窘迫至此，晋安寨中有人开始动摇，杨光远等一干高层将领都有投降契丹的意思，尤其是安审琦，早年他就直接在凤翔归降于李从珂，此时要投降契丹，也显得更加轻车熟路。

唐军主帅张敬达虽然指战能力一般，但在军中素有"张生铁"之称，是个不折不扣的铁汉子，他拒绝了下属们的请愿："我深受明宗和今上的厚恩，担当大帅打了败仗，罪责已经很大，何况投降敌人呢？我相信朝廷援军一定会赶到的，再等等吧。如果真到了山穷水尽的地步，那就请各位砍下我的脑袋，再拿去邀功请赏也不迟！"

听完这话，杨光远当场就有了杀人的心思，对着安审琦使眼色，示意他立即动手，可安审琦不忍加不敢，迟疑未动。

一旁的高行周察觉了杨光远的歹意，之后常常带着精骑尾随护卫张敬达，却换来了张敬达的不理解："高行周经常跟在我后面，这是什么意思啊？"见自己的好心被当作驴肝肺，高行周气苦，也懒得再保护他了。

按照惯例，诸将每天早晨都要聚集到主帅的营帐中开会。闰十一月初九这天，杨光远和安审琦看准高行周、符彦卿等人都没到达的空当，趁张敬达不备，砍下了他的头颅。也许糊涂的张敬达到死都没想清楚，背后究竟是谁要加害于他。

木已成舟，诸将无人再有异议，随杨光远携大军出降了契丹。当时晋安寨中尚存有战马近五千匹，铠甲武器五万件，全被耶律德光运回了契丹。至于后唐的降将军卒，则被悉数转手给石敬瑭。不久之后，忻州刺史丁审琦也投降于契丹，代州刺史张朗虽然仍在坚守，但已无关大局。

耶律德光接受投降后，还不忘嘲弄一番这些素有威名的唐军将领："你们真是一群坏小子，不用盐巴和酪浆，也能吃下万匹战马！"杨光远等人闻言，脸上青一阵白一阵。

此外，对于忠义不渝的张敬达，耶律德光倒是给予了很大的尊重，命人收葬其尸并祭奠，还对自己的部属以及降将们说："你们为人臣子，应该以张敬达为榜样啊。"这话颇有些得了便宜还卖乖，也不知是讽刺谁。

得知晋安寨全军投敌的消息，团柏谷大营中的老将康思立悲愤交加，竟导致旧疾复发，死在了军中。或许应该为康老将军庆幸，因为接下来发生的事情更令人气绝。

十二日，耶律德光派高谟翰担任前锋，带上降兵一起南下进抵团柏谷。赵德钧果然色厉内荏，一经交战便带上儿子赵延寿率先逃跑。主帅临阵脱逃这样的事，对一支大军的消极影响是层层扩大的。首先是符彦饶、张彦琪、刘延朗、刘在明、董温琪等唐军将领，只要是双脚没伤没病的，统统跟着跑了。紧接着，后唐大军彻底崩溃，仅因相互践踏而死的士卒就数以万计。

两天之后，刘延朗、刘在明逃回怀州，李从珂才知道石敬瑭即位、杨光远投降、赵德钧溃败等一连串噩耗。群臣议论后认为："如今范延光的魏博天雄军仍然完好，契丹人对太行山以东地区心存忌惮，一定不敢南下，皇帝应该前往魏州避祸。"

先前宣布讨伐石敬瑭的同时，为了交好范延光，李从珂还特地让长子李重美娶了范氏之女，如今自己有难，投奔范延光确实是一条路子，只是这位亲家的忠诚度尚不明确。李从珂叫来平时和范延光关系很好的李崧，打算询问前往魏州的可行性。

薛文遇没有接到通知，但照常跟着李崧进了屋。李从珂一见到他，顿时想起正是此人连续两次出馊点子搅和了自己的大事，不由得怒从心生，脸色大变。李崧暗暗踩了薛文遇一脚，后者这才反应过来，匆匆退去。

李从珂又怒又悔："我看到这个狗东西，就气得浑身发颤，刚才几乎就要拔出刀来结果了他！"

李崧连忙劝慰皇帝："薛文遇是个小人，见识浅薄贻害国家，您要是杀了他，反而让我们更显得丢人啊。"

皇帝的怒火暂且平息下来，不过此后，史书上再无薛文遇其人相关记载。

李崧并不赞同东行魏州，而是建议南返。李从珂只好从怀州回到河阳，另作打算。他命令诸将把守河阳的南北二城，拱卫通往洛阳的河桥。张延朗再次提出请求，建议皇帝前往滑州，以便呼应魏博声势，但李从珂仍然不能打定主意。

且说赵德钧、赵延寿父子自团柏谷南逃，奔往潞州。高行周本是李从珂任命的潞州昭义军节度使，现在奉新主子石敬瑭之命，返回潞州准备迎接契丹后晋联军。一到本镇，高行周就看到了城头的赵德钧父子，于是相劝："我跟北平郡王您也是老乡，不妨直言相告一句，城里连一斗粟米都没有，拿什么守呢？不如快快迎接圣驾吧！"

于是，待耶律德光与石敬瑭一到潞州，赵德钧父子便舍弃了最后的尊严，在马前拜见石敬瑭。赵德钧还觍着脸套近乎道："别后可还好吗？"石敬瑭心中冷笑，压根不看他们一眼。

还是耶律德光打破了沉默："你在幽州设置的'银鞍契丹直'现在何处？"所谓"银鞍契丹直"便是一些由契丹降人组成的部队，赵德钧南下时，所率本部三千骑兵正是他们。耶律德光没有忘记这些叛徒，下令全部杀死。

过去屡败契丹，如今沦为国贼，赵德钧和儿子赵延寿一同被带到契丹，迎来了他们的最终归宿。一见到契丹太后述律平，赵德钧连忙把随身的珠宝、田宅契约都献出来讨好对方，回应他的却是老太太的一连串"灵魂发问"。

"你最近为什么要去太原啊？"

"回太后，是奉唐主的命令。"

述律平指向天："你向我儿请求扶持你做天子，为什么要说瞎话？"她又指向自己的心，"可不能欺骗自己的本心啊！"

不待赵德钧辩解，述律平继续指责道："我儿将要出发前，我还劝过他，如果赵大王率军北进榆关，就赶紧回师，不必救援太原。你既然想做天子，为什么不先把我儿击退了，再慢慢谋取呢？你作为人臣，既辜负了自己的君主，不肯进攻敌人，又想趁国家危难之际谋求利益，你做了这些事情，还有什么脸面苟活在人世间？"

赵德钧低着头沉默不语，不敢顶嘴是真，不占理也是真。

述律平仍不打算放过他，明知故问道："你的财宝器物都在这里了，但你的田宅呢？"

"在幽州。"

"幽州现在是属于谁的？"

"当然属于太后。"

"既然属于我，那还用得着你来献？"

述律平的无情奚落堪比利剑，直朝着赵德钧的心房狠狠扎去。羞愧、悔恨齐齐涌上心头，赵德钧从此吃不下饭，睡不好觉，一年后郁郁而终。赵延寿则活了下来，并在不久的将来接手了养父的汉奸大业，且有过之而无不及。

石敬瑭打算从潞州南下时，耶律德光却停步了，举杯对自己的干儿子说："我远道而来履行协约，如今大事已成，若再向南进军，必然引起河南地区的更大恐慌。我现在让高谟翰率五千人护卫你前往河阳，想带多少人过河，由你自己决定。我暂时留在这里等你消息，若有紧急情况，我就下太行山相救；如果能安定洛阳，我就回北方去了。"说完，耶律德光握着石敬瑭的手，哭泣良久。这一别，也是两人的诀别。

耶律德光这次没南下洛阳，但十年后，他将以胜利者的身份进入汴梁。

符彦饶、张彦琪等败军之将也相继逃到李从珂所在的河阳，告诫皇帝不可久留。于是李从珂返回洛阳，留刘在明与河阳节度使苌从简守卫河阳南城，并切断河桥。回到家后，李从珂立即派人杀死耶律倍出气。之后，仅仅过了两天，石敬瑭到达了河阳，而苌从简和刘在明立即投降，还把渡河舟楫都准备好了。

李从珂忙派自己最信任的宋审虔、符彦饶、张彦琪、刘延朗几人带领千余骑兵前往洛阳东北的白马阪，准备做殊死一搏，但当场又有五十多名骑兵投奔了北军，诸将纷纷认为此地不可战。

李从珂仍打算召集诸将再次进攻河阳，但发现将校们已纷纷向石敬瑭驰送降书，准备迎接新主子，人心彻底散了。

之前，为了阻止李从珂向西逃奔，石敬瑭还派出一千契丹骑兵把守渑池（今河南渑池）。于是有民间父老劝李从珂："听说之前中原有难，大唐皇帝们多巡幸蜀中以图进取，陛下何不投奔西川？"显然，这些老百姓消息闭塞，没留意过近期巴蜀新闻。李从珂干巴巴地回答："本朝两川节度使用的都是文臣，所以玄宗、僖宗皇帝能够入蜀避难。如今孟氏已经称帝了，我又能到哪里去呢……"于是大哭着进宫，准备后事。

后唐清泰三年闰十二月二十六日，李从珂带着传国玉玺，与曹太后、刘皇后、雍王李重美以及最亲近的将领宋审虔登上了洛阳皇城北面的玄武楼，放了一把大火，用自焚的方式终结了全家的性命。

在这之前，先帝李嗣源的宠妃王淑妃不愿一同殉国，她拉着曹太后让对方暂避一下，认为等姑爷石敬瑭进城，一定能够得到厚待。但曹老太太活了一辈子，经历的起起落落多了，倒是看得开了："我家子孙妇女都到了这步田地，哪里还有脸苟活于世呢？"于是跟着去了。

就这样，后唐帝国在玄武楼冲天而起的火光中灭亡了。另外，从秦始皇时代起就流传于世的传国玉玺，也一并在这场混乱中离奇消失，再也没有出现在世人眼前……

山岳崩颓：后晋契丹战史

十万横磨剑

虽然石敬瑭做上了皇帝，但后晋的统治并不稳定，他从李从珂手上抢来的河山，也不过是一个烂摊子。

国内不少藩镇都持观望态度，并不主动臣服，加上国库空虚、民生贫困，石敬瑭只得听从桑维翰的建议，对契丹人卑躬屈膝，对各藩镇以诚相待，才得以有机会整顿军队、劝课农桑，让凋敝不堪的经济得到些许恢复。

然而自打有了石敬瑭这个典范，不少阴谋家纷纷开始效仿，想要依靠抱上契丹人这条大粗腿，复制石敬瑭的成功模式，成为天下共主。

按照公历计算，石敬瑭在位满打满算也只有五年半。在这短短几年里，范延光、李金全、安重荣、安从进等藩镇节度使纷纷发难挑战石敬瑭的地位，前后相继，往来不绝，甚至到石敬瑭去世时，安从进之乱都还没被平定。

尤其是成德节度使安重荣，他还喊出了一句在五代中后期历史上非常有标志意义的口号："天子，兵强马壮者当为之，宁有种耶？"

其间，为了平定魏博的范延光，石敬瑭在天福三年（938 年）以漕运跟不上，以致洛阳物资紧缺为由，正式把首都迁到了开封，此后五代到北宋，中原政权的首都一直都是开封。

由于石敬瑭信守承诺，果真将幽云十六州割让给了契丹，且侍奉契丹人小心翼翼、非常恭敬，耶律德光对他非常满意，从而拒绝了范延光、安重荣等人的示好。每逢上表，石敬瑭必自称为臣，称呼耶律德光为"父皇帝"；每当契丹使者前来，石敬瑭都要特地在别殿接受诏书；送往契丹的珍宝络绎不绝，不光耶律德光，就连契丹的太后、皇子、亲王、重臣等也得到了馈赠。

虽然礼数周到，但石敬瑭也有自己的小心思。事实上，每年输送过去的金银绸缎，只不过是几个县的田租赋税，后晋往往借口说民间疲乏，并没有满额送到。耶律德光倒是不太在意，反而多次劝止石敬瑭继续称臣，只让他写信时自称"儿皇帝",像家人一样就可以了。

朝野上下自然有很多人为此感到羞耻,但为了来之不易的粗安,石敬瑭做到了忍让。牺牲一点儿个人面子,避免战争带来的巨大灾难,这笔生意起码是不亏的。

为了贯彻桑维翰的息战养民之策,石敬瑭在应付此起彼伏的叛乱的同时,也藏起了收复幽云十六州的心思。天福三年,原刘守光的家将——契丹南京(即幽州)留守赵思温曾请求内附,被石敬瑭一口拒绝了。天福六年,朔州振武军节度副使赵崇诛杀契丹任命的节度使,然后请求归附后晋,同样没有得到石敬瑭的支持,以致朔州再度被契丹攻陷。

石敬瑭非常清楚,一旦接受了他们,自己必将陷入与契丹开战的泥淖。

天福七年(942年)六月,石敬瑭在邺都(原魏州,今河北大名)病逝,终年五十一岁,史称后晋高祖。之后,他的养子兼侄子——时年二十九岁的石重贵继承了皇位。

有一种说法是,石重贵并非石敬瑭去世前钦定的接班人,而是年幼的石重睿,但侍卫亲军都虞候景延广和宰相冯道商议后,以国宜有长君为由,在皇帝去世后,改立了石重贵。

由于宰相冯道一向为公不为私、为政低调,所以拥立的首功就算在了更有上进心的景延广头上,后者被石重贵升任为禁军一把手——侍卫亲军都指挥使,并加同平章事相职,酬赏定策之功。

不过,在提拔亲信时,石重贵并未按照石敬瑭的遗诏,让开国功臣河东节度使刘知远入朝辅政,并由此与刘知远生了嫌隙,为后事埋下了伏笔。

这还不止。石重贵刚接班,就在外交上摊上大事儿了。如今新帝即位,以桑维翰和李崧为代表的后晋重臣们都建议继续向契丹奉表称臣,顺便报告先帝去世的消息。唯独有一个人不同意,这人便是景延广。

新晋功臣景延广个人仕途迈了一大步,连带着也想把国家地位拉扯一大步,当即主张只写信,不上表;只称孙,不称臣!他的话一出,朝堂立即炸锅了：虽然当年耶律德光确实说了让石敬瑭只用家人礼，但不管人家是不是真客气，石敬瑭到死还是自觉称臣的，如今不经宗主国同意，擅自取消称臣，未免也太不拿契丹当一回事了吧！

时为宰相的李崧发言："陛下委屈自己侍奉胡虏，是为了江山社稷和平，有什么可耻的？陛下如果按景延广说的做，他日必将被迫披甲戴胄同契丹开战，到那时候后悔，可就为时已晚了！"

景延广仍然固执己见，而冯道、赵莹、和凝等几位宰相又持着模棱两可的态度。最后，石重贵一咬牙，决定采纳景延广的建议，宣布称臣契丹的日子一去不复返！

耶律德光收到后晋的"通知"而非"上表"后，勃然大怒，派来使者责难，顺便质问石重贵为何不先禀报就自行即位。景延广认为这点儿小事用不着皇帝出面，于是自行用傲慢的措辞回复了契丹，以致耶律德光的脸色越发难看。

这个时候，赵德钧的养子赵延寿出场了。投奔契丹之后，赵延寿凭着出色的颜值和良好的表现，已被契丹任命为卢龙节度使镇守幽州，继承了赵德钧的家业，也从来没有忘记养父的凤愿。如今瞧见契丹后晋交恶，赵帅哥觉得自己在中原称帝的机会来了，赶紧煽风点火，不停劝说耶律德光南征后晋，终于得到了对方的默许。

契丹即将南侵的消息传来以后，石重贵便于天福八年（943年）二月初从邺都回到了汴梁。不过，虽然两国关系开始紧张，但双方之间的使节来往仍然很频繁，还没到必须开打的地步。

景延广显然是个"强硬派"头面，眼见战争一触即发，他还决定推波助澜，请石重贵抓捕并处死在晋国境内从商的契丹人，没收他们的财货。负责后晋契丹两国贸易的回图使乔荣也被抓捕了，但景延广没有杀他，而是让他当自己的传话筒。

乔荣获释辞别时，景延广再次出言不逊，对他说："回去告诉你的主子，先帝高祖是北朝扶持拥立的，所以向你们称臣上表。但现在的皇帝是中原自己立的，之所以还向北朝降低身份，是不敢忘记先朝盟约的缘故。作为大国称孙已经够了，没有继续称臣的道理，不要给脸不要脸！北朝皇帝切莫轻信赵延寿小人的诱骗，轻慢欺侮中原，我朝兵马如何，是你亲眼看到的！"

最后，景延广火上浇油，代石重贵作了一个总结："老爷子如果动怒前来挑战，孙儿自有十万横磨剑，足以对付您老人家了。将来一旦被孙儿击败，为天下人所取笑，可不要后悔啊！"

乔荣到底是经商的，深知合同的重要性，由于害怕自己获罪，就想取得景延广的手迹作为证据，于是说："大人说的话太多了，小的怕忘记，还是请您都写下来吧。"什么话都敢说的景延广，自然不怕多写一遍，让属吏写下他的原话，交给乔荣。

耶律德光自然看到了这份宣战书，怒火中烧，终于下定决心要攻打晋国。

偏偏这一年，后晋国家多难，连续在春夏都遭遇了旱灾，秋冬时节又逢水灾，加上蝗虫四起，肆虐整个华北华中地区，导致数十万百姓饿死，流亡逃荒者不计其数。朝廷同样也没有余粮，于是上到藩镇留守，下到各级将领，纷纷向朝廷献出粮食马匹、金银布帛，以助石重贵渡过难关。

即便如此，朝廷仍不断派出使臣，向民间强征粮食，甚至有些贫民直接因此送了命。石敬瑭在位时，好不容易将国民生活水平勉强提至小康，而今只消一年，又回到了后唐末年时的惨况，且有过之而无不及……

如此劣势之下，景延广却要横挑强邻，引发前人不愿轻启的战端！

二次对决

此时桑维翰已经复相，他屡次请求石重贵改用谦卑的语气向契丹道歉，可是全都被景延广拦了回去。景延广因有拥立首功，所受帝王恩宠超过群臣，加上他如今还掌管了侍卫亲军，所以大臣们也不敢与他争论。

远在太原的刘知远听说后，预料景延广必将招来祸端，但同样慑于强权而不敢进言，只是以防备契丹为由，设置兴捷、武节等十余军。当初石重贵不让他入朝辅政，他早就心生怨恨，因而此时面对朝中风云，他无意掺和，只打算袖手旁观。

相较于刘知远的隐忍韬晦，另一位藩帅可就要张扬跋扈得多，这个人就是杨光远。早在石敬瑭时代，凭着晋安寨率军投降以及平定范延光之功，杨光远就做上了天雄军节度使，只不过朝廷随即分割魏博，又接连把杨光远调往洛阳，掌地位较轻的平卢军，所以杨光远对石敬瑭和桑维翰非常不满。

早先石敬瑭也不是没拉拢过这位功臣，还让杨家最小的儿子杨承祚做了驸马，把自己的长女长安公主嫁给他，希望以此平息杨光远的愤懑。可惜这位公主命薄，很快就去世了，所以石敬瑭的示好并没有阻止杨光远暗地里豢养私兵数千，还暗中与契丹交好。不过那时耶律德光与石敬瑭的交情正浓，轮不上杨光远插话，所以杨光远也没怎么蹦跶。

但偏偏，朝廷新贵景延广眼里不容沙，一边挑衅契丹人，一边又把邪火发到了杨光远的头上，这就点着了炸药桶，把人给刺激大发了。

事情的起因也很简单：石敬瑭曾将三百匹骏马借给杨光远——当然，名义上是出借，实际上是赠予，并没打算要回来，但景延广却以此为把柄，声称奉当今皇帝之命要讨回这批马。杨光远大怒："这是先帝赐给我的马，为什么要还回去？这是要怀疑我了啊！"于是暗中召唤时任单州刺史的小儿子杨承祚奔回青州，准备起事。

朝廷得知此事，一边着手安抚杨光远，派人送去玉带宝马，另一边则继续防备杨光远与契丹联合。石重贵派出侍卫步军都指挥使郭谨进驻郓州，意在防卫黄河要津；随后，又派左领军卫将军蔡行遇增兵郓州，沿黄河岸分置巡检使二十六人；与此同时，还下诏命令河阳节度使符彦卿、宋州节度使高行周、贝州节度使王令温、同州节度使李承福、陈州防御使梁汉璋、亳州刺史李尊、怀州刺史薛怀让等将帅入京，商讨应对契丹事宜。

天福八年十二月初，杨光远动手了。他派遣骑兵冲进下辖的淄州（今山东淄博）、登州（今山东蓬莱），劫持刺史翟进宗、张万迪，将二人抓回青州。

张万迪乖乖听命，但翟进宗不肯屈从于杨光远，因此被杀。此时石重贵的平叛军队尚未集结完毕，只能施展权宜之计，下诏让杨承祚继任登州刺史，试图多争取一些时间。

杨光远得了便宜，更加骄横。正好这年冬季河南地区饿死了两万多人，杨光远把这一情况也通报给了契丹，认为石重贵辜负厚恩违背盟约，境内又遭遇严重饥荒，公家和民间都困苦穷竭，契丹若趁此时攻打，可以一举夺取晋室天下！

此时，耶律德光已在赵延寿的撺掇下起意南征，得到杨光远的通报后更是坚定了想法。他决定凑齐山后和卢龙兵众五万人，由赵延寿统领，命他全权经略中原。实际上，这支军队全由中原政权割出地盘上的人马组成，统帅也是中原政权旧日将领，耶律德光可谓用中国之将率中国之兵以攻中国！

耶律德光还对赵延寿承诺："如果能够得到中原，一定立你做皇帝！"甚至还指着赵延寿对境内的晋国人说："这就是你们的主子！"赵延寿信以为真，更加尽心竭力为契丹办事，谋划南征的策略。

杨光远反了的消息传到开封，朝野震惊，一位大臣戏谑挖苦道："杨光远妄图成事，我可是不信的！这姓杨的素来患有秃疮，他老婆又跛脚，试问自古以来，哪有秃头天子和跛脚皇后啊？"这个说法把君臣上下都逗乐了。

不过谈笑归谈笑，战备不能松懈。十二月十二日，朝廷派使者前往魏州以南的南乐县和德清军驻地（澶州治所已由顿丘迁往黄河以南）筑城，加强河北要塞的防备。

天福九年（944年）的新年注定不能太平。正月初二，河东上报契丹进犯雁门关，河北恒州（原镇州）、邢州、沧州等地也纷纷奏来契丹入寇的急报。

耶律德光打算兵分三路，达到南侵后晋、与杨光远会合的目的。其中，中路以及东路军有了瀛莫地区做跳板，契丹前锋大将赵延寿、赵延照（即赵思温之子）得以轻易深入河朔，率五万大军杀向贝州（今河北清河）。

由于贝州南临永济渠，位居水陆交通要道，后晋一向在此存储大量粮食草料，足以供应大军数年的用度，以防备契丹入侵。

贝州永清军是从魏博军分置出来的。先前永清军节度使王令温入朝议事，所以朝廷把抵御契丹的重任交给了前复州防御使吴峦。

吴峦上任贝州，恰遇大寒天气，便积极给那些受冻的将士供给冬衣。而他本人平时廉洁节俭，身无余财，自己的衣服甚至是用旧的帐幕做成的，众人深受感动。吴峦竭诚待人，没有一点儿官架子，大家都很敬畏这位文士出身的新首长，个个斗志满满。

而吴峦之所以被选中，还因为他善于防守，曾创下死守云州，让耶律德光无可奈何了半年的佳绩，最后还是石敬瑭召回他，契丹才得以顺利接收十六州之一的云州。

吴峦果然没有让人失望，即便赵延寿大军将城池包围，沿着四周陈列攻城器械，也没能难倒吴峦，贝州接连两天不动如山。第三天时，契丹军营内突然骚动起来，原来竟是耶律德光率领奚族、渤海族等士兵亲自出马了——继云州之战后，耶律德光将再一次与吴峦对决！

吴峦人狠话不多，组织将士在夹城里向外投掷柴草，再扔上火炬，直接将契丹的器械尽数烧光。在丢下一堆烧焦的尸体后，耶律德光乘兴而来，悻悻而归。

本来按这个节奏，加上厚实的军需支撑，吴峦要守住贝州是绰绰有余的，但所谓明枪易躲，暗箭难防，人心更是防不胜防。

贝州原来有个叫邵珂的军校，为人凶悍傲慢，被节度使王令温免职。邵珂的儿子犯了杀人罪，他通过行贿包庇了下来，又担心东窗事发，一直心怀异志。正是这个邵珂当了内鬼，把贝州粮储殷实的情况通报给了契丹。其后，邵珂又假意为国尽忠，得到了吴峦的信任，被交予了守卫贝州城南门的重任。

耶律德光退去以后，当天再度合围贝州，邵珂瞅准时机大开南门，纵敌入城！吴峦当时还在东门御敌，惊闻邵珂投敌，眼见城中已然大乱，自知一切无可挽回，不由得悲愤长叹："是我识人不明，误国至此啊！"

之后，吴峦飞奔回府衙投井自尽。时人听说此事，无不哀叹惋惜。

契丹攻占贝州后便展开报复，屠杀万人，罹难者也包括王令温的家属。

至于那位奸佞小人邵珂，虽然后事无载，但据说不久之后他的儿子就被王令温的弟弟挖心割肉，为吴峦和贝州军民出了口恶气。

戚城扬威

正月初六，贝州陷落，契丹进而抵达邺都一带。石重贵大惊，决定御驾亲征。

就在贝州沦陷的第二天，晋廷也已安排好了这次北上抵御契丹的主要将领阵容。主帅（北面行营都部署）由宋州节度使高行周担任，骑兵统领（马军左右厢排阵使）由河阳节度使符彦卿、右神武统军皇甫遇担任，步兵统领（步军左右厢排阵使）由陕州节度使王周、右羽林统军潘环担任。

从人选上看，石重贵这回派出的大将个个经验丰富、实力过硬，还是相当可靠的。高行周和符彦卿自不必说。皇甫遇早在后唐征讨两川时，已是军中的行营左军都指挥使，也是军中闻名的猛将。王周乃魏博银枪效节军出身，曾担任平定范延光、安重荣的步军主将。潘环则曾率步军跟着王晏球平定了王都，是个打起仗来不要命的主儿，浑身上下满是作战留下的疤痕。

然而，这套班子的运作却十分不畅。原因无他：主将的名头虽然挂在高行周身上，却有另一个人高高在上地掣制着他们，那就是担任此次御营使的景延广。正月初九，李敬周留守开封，高行周率前军先行出发，然而出了首都之后，一路调兵遣将和行军方略都出自景延广，宰相在内的重臣们无人敢言。景延广颐指气使，羞辱诸将，甚至有时候石重贵都拿他没办法。也只有景延广自己还没有意识到，从这时候开始，皇帝对他已经渐生不满了。

西路的河东方面倒是传来了好消息：刘知远率吐谷浑都督白承福，以两万人之众在秀容谷（忻州治所，今山西忻州）大败穿过代州南下的契丹伟王，即耶律德光的叔叔耶律安端，斩首敌军三千人。耶律安端只得带着残兵败将，通过忻州东北的鸦鸣谷，向东直奔出了太行山，与侄子耶律德光会合。

正月十二日，石重贵正式离开汴梁，北上御敌，于三天后抵达黄河南岸的澶州（今河南濮阳，原德胜南城）。石重贵派张彦泽等将领率三千人保住了黎阳（今河南浚县），但与此同时，邺都留守张从恩派人来报，耶律德光已率四万大军兵临邺都的州治元城，赵延寿部也已攻陷了南乐，情况非常不乐观。个别心理素质不过关的后晋节度使，比如邢州节度使安叔千，已经开始暗通耶律德光。

与景延广的一味挑衅不同，石重贵还是尽量试图与耶律德光讲和的，再度派使者孟守忠前往契丹军中，请求重归于好。耶律德光的回应则根本不留余地："除非割让黄河以北，并派桑维翰和景延广来跟我和谈，否则免谈！"

东路方面的形势同样不太好，博州刺史周儒惧怕契丹势大，竟然献出城池投降了。不止如此，这个周儒还与杨光远互通使者，准备把契丹军队从马家渡（今山东茌平东南）引渡过黄河。

驻扎在郓州汶阳（今山东汶上）的郭谨得报，派出蔡行遇带着几百骑兵迎敌，却遭遇了芦苇荡中的伏兵。与敌交锋数次后，蔡将军的部众散尽，他本人则身受重创，无法骑行，被俘后躺在大畚箕里，被拖到对方营帐中。

此时郓州的实际主事人乃是天平军节度副使兼郓州知州颜衎（kàn）。颜衎忙派人向长官景延广（景延广在朝中遥领天平军节度使）急奏警告："契丹人如果得以渡过黄河，与杨光远联合，河南就危险了！"这话说得很委婉，事实上，一旦契丹军过河，历史必将重演——石重贵、景延广都要重蹈后梁被李存勖渡河灭亡的覆辙了！

景延广再傻，也不至于分不清这点利害，何况郓州还是他的地盘。在他的建议下，二月初一，石重贵分别派出前陕州节度使石敬赟（yūn）进驻濮州以北的麻家口、前邓州节度使何重建进驻杨刘、护圣都指挥使白再荣进驻马家口、西京洛阳留守安彦威进驻河阳，要他们死守住黄河沿岸各重要据点，严防契丹大军过河。

次日，石重贵又派出在平定李金全时崭露头角的后起之秀——时任侍卫马军都指挥使李守贞，带着北面行营骑军副将皇甫遇、陈州防御使梁汉璋、怀州刺史薛怀让，率一万人马，沿着黄河水陆并进，向东支援。

果不其然，李守贞等人在二月初五抵达马家口东岸时，周儒已经带着契丹军渡过了黄河，正有一万多契丹步兵在修筑堡垒，并在外围设下骑兵戒备，还有数万人驻扎在西岸，正用数千艘船只来渡运过河。

等契丹人全部过河完毕再与其争战，那是傻子宋襄公才会做的蠢事。

摸清情况后，李守贞毫不犹豫地选择了率军半渡而击！契丹堡垒外围的这股防守骑兵很快被突如其来的晋军冲散，正在建设中的营垒由于失去了庇护，也很快落入晋军之手。溃不成军的契丹骑兵们慌不择路，忘了自己骑的是普通马而不是白龙马，一窝蜂地渡河，数千人白白淹死在黄河里。

契丹这支过河大军的统帅是耶律德光的堂弟耶律麻答。眼见晋军来犯，耶律麻答就在对岸带人一起鼓噪助威，但在目睹东岸将士们的惨况后，他也无心呐喊了，号啕大哭着离开了这个伤心之地。

战后统计，除了死在河里的那数千水鬼，李守贞所部共生擒契丹头目七十八人、部众五百人、战马八百匹！故而，自马家口之战后，契丹再也不敢向东渡河了。至于杨光远的死活，让他自己听天由命吧。

就在西路刘知远、东路李守贞分别取得秀容、马家口两场大捷的同时，晋军中路大军在河北的驱敌行动却触了礁。景延广停驻在澶州，迟迟不肯指挥进军。契丹人高声放话："景延广叫嚣来战，如今爷爷们来了，为何不出战？"之后左等右等仍不见他来战，索性不再理会，突然向南发起急袭。

二月初三，先锋指挥使石公霸在南乐以南的戚城（今河南濮阳北）与契丹人突然相遇，被敌军包围。高行周和符彦卿当时正在一处林间休整，惊闻自家弟兄被困，马上督军前往支援。

实际上，在此之前，景延广不知出于什么样的心思，严令晋军诸将分地而守，不得相互救援。但见死不救显然并不符合高、符二人十几年来的行事作风，于是这对黄金搭档当即违背军令，前去支援石公霸。哪承想，契丹军又来了数万之众，把他二人也团团包围。如此一来，契丹人不仅围住了一个石公霸，还额外堵了两位名将，眼前的肥肉实在是格外鲜美。

厮杀之余，高行周让人冲出重围去向本部告急。然而如此紧要关头，景延广却仍然拎不清轻重缓急，他有意让二人吃吃苦头，便刻意延宕一阵后才慢悠悠地把消息告诉了石重贵。

景延广最早出自后梁阵营，所以他不清楚，这符彦卿和当今天子的交情，可是打从石重贵小时候就建立起来的。石重贵幼年丧父，对他来说，年长他十六岁的符彦卿可谓如兄如父。景延广虽然时下是石重贵跟前的红人，但要论起君臣情谊的深厚程度，他跟符彦卿是没得比的。

石重贵闻讯眼睛都红了，但事急从权，他暂未发作，而是立即动身出发，为了旧友，更是为了国家，他决定亲率大军救援三将！

那边厢，戚城杀机正浓，契丹人不愿放过生擒两位中原名将的绝佳机会，多次发起对高行周、符彦卿的围堵扑杀。彼时，高行周正勉强招架，忽见晋军一位少年小将匆匆赶到，左右张弓，射杀数名契丹人，执槊横刺，击垮敌阵后不由分说一顿乱杀，引领着高行周杀出了重围。随后，符彦卿也带着几百骑兵及时赶到，击退了这股敌军。这位少年英雄不是别人，正是随父出征的高行周之子高怀德，时年刚满十八岁。

契丹军如潮退去，又如潮复来，高行周、符彦卿、石公霸等晋军将士怒目圆睁，高呼战吼，接连击退敌军多次冲锋，还射杀了对方一名外号"金头王"的上将。然而诸将固然勇猛，也逐渐疲于应付，放眼望去，晋军死伤众多。

及至此时，石重贵率大军终于赶到，契丹军不敢恋战，马上退去，三位将领死里逃生。

事后，天子登上戚城古台，亲自摆酒慰劳三将。席间，众人纷纷哭诉景延广贻误军机，指责他不肯支援，若不是御驾及时赶到，恐怕几人都要交代在戚城了。经过此事，石重贵对景延广的印象越发恶劣了。

起初，契丹得到博州以后，耶律德光尚且还会摆出仁义姿态，出台安抚政策笼络人心。但之后，契丹军接连在戚城之战、马家口之战遭遇不利，耶律德光也懒得再塑造形象了，一怒之下推翻既定的怀柔政策，下令大肆屠杀俘虏民众，将被俘的晋军军士统统烧死。

当然，如此暴虐的行径，必然引起后晋军民的切齿仇恨和极力反抗。

破虏伐叛

大胜过后，石重贵在其他战线积极组织反击，先任命西北的定难军节度使（治夏州，即著名的统万城，今陕西靖边白城子）李彝殷为契丹西南面招讨使，授意他统兵四万，从麟州渡过黄河，侵扰契丹境内作为牵制。

其后，石重贵再命河东节度使刘知远东出井陉，会合恒州顺国军（即原镇州成德军）节度使杜重威（为避讳石重贵，名字已改为杜威）、义武军节度使马全节，以断绝契丹人退路。但刘知远意欲拥兵自重，行至乐平（今山西昔阳）就逗留不进，连太行山都没出。

与此同时，由于契丹军不能渡河，杨光远的日子也不那么好过了。他计划直接打过黄河，与契丹军会师。杨光远兵出青州，不再去西边的晋军据点碰钉子，而是向北出击，把黄河南岸的棣州（今山东惠民，属天平军下辖）作为攻略目标。杨光远来到城下，写信劝降刺史李琼。

但李琼从梁晋争霸时期起就跟着石敬瑭，甚至还有过救驾之功，可以说是石家的铁杆嫡系，当然不会轻易投降。收到杨光远的劝降信后，他转手就把这封信上交给朝廷，以明心志。杨光远踌躇一番，既不敢打，又不敢留，最后只得烧掉营帐，退回青州。

而耶律德光这边，他痛定思痛，吸取戚城、马家口失利的教训，决定暂不主动发起进攻，而是假装要从邺都撤离，诱使晋军主力北上，届时埋伏在戚城以北顿丘的伏兵尽出，一举歼灭对方。

邺都留守张从恩是军中出了名的无胆之人，只是凭借外戚身份（石重贵的发妻是他侄女）得以镇守重地。一见契丹军队有动静，他便屡屡派人传话，奏报敌军已经撤离。消息传来，包括石重贵在内的晋军上下一时失去了理智，血脉偾张，全都想要追击上去报仇雪恨，却不知契丹的一张大网已朝他们张开！

然而，仿佛上天有意庇佑，接连下了十多天的大雨，晋军不得不取消了追击。反观在顿丘一带设伏的契丹将士，白白泡在水里许多天，最后无功而返，连人带马困顿疲乏至极，实在是倒霉到家了。

既然计划赶不上变化，那就主动出击吧。此时一心想做中原皇帝的赵延寿比他主子还要急迫，对耶律德光说："晋军沿河驻防，畏惧王师英勇无敌，所以不敢尾随。我们不妨发起进击，直逼澶州城下，四面进攻。到时候若能夺取他们的浮桥，便可一战全歼晋军，天下可定！"耶律德光别无他法，就接受了这个提议。

三月初一，耶律德光亲率加耶律麻答、耶律安端两路军队的十数万人马，向南进逼至澶州北方。赵延寿和赵延照率数万骑兵负责攻打澶州以西，耶律德光则率另外数万精骑猛攻澶州以东。晋军将士登上城墙眺望，眼前的契丹大军来势汹汹，一望无际！

高行周率先锋部队冲到戚城和澶州之间的铁丘，同契丹军展开一场血战，从午间激战到傍晚，互有胜负。之后，耶律德光掉转马头，准备与晋军主力一决胜负，但此时石重贵也毫不示弱，已从澶州南城通过浮桥，抵达澶州北城，摆下偃月阵，坐镇中军严阵以待。

耶律德光见数万晋军旗帜鲜明、阵列严整、气势凌人，顿时有了一种上当的感觉："杨光远之前说晋军兵马已饿死大半，可今天来看，为什么还如此雄壮？"

契丹大军从东西方向朝着石重贵所在战阵杀来，但晋军纹丝不动，犹如铜墙铁壁。晋军万箭齐发，遮天蔽日，契丹骑兵吃不消，只得稍稍后退。

就在这时，有一名晋军降卒（一说此人是多年前那位游泳健将马破龙）

向契丹人献策：其实晋军东阵的人数比较少，沿岸的城寨还不够坚固，可以重点攻打此处薄弱的部分，夺取浮桥。耶律德光相信了他的话，便再命令部队向东南进击，晋军东阵一时寡不敌众，不得不后退。

是时，左千牛卫上将军药元福与另一位将领慕容邺见形势紧急，各自带领两百骑兵，跃出战阵奋战。药元福左右奔驰冲击，举棰朝契丹人的头上砸去，虽然因为坐骑中箭先后换了两匹马，但仍所向披靡，一连杀死数十人，遏制住了契丹军的攻势。石重贵在澶州城上看到了药元福英勇奋战的雄姿，召见他说："你奋不顾身作战，即便是古代的忠烈之士也不过如此啊！"并赐给他名马。

契丹军小作调整，再度来攻，恰好此时有一千多名夹马营军士在河堤处修筑水寨，堤上露出了军旗顶端，契丹军误以为有晋军伏兵将出，于是也不继续追击了，连忙撤军。

没过多久，契丹军又一次发起猛攻，晋军小有不利。李守贞的弟弟——晋军猛将李守超凭借高超的武艺，带着几百骑兵手执短兵杀入契丹军，最终击退对方，复制了药元福和慕容邺的传奇。

及至残阳如血，晋军和契丹军两方人马均有不小耗损，放眼一望，倒在战场上的军士不计其数，而折断的箭杆与残破的箭头散落得到处都是，足足堆积了数寸之厚。这天晚上，损失惨重的契丹军鸣金收兵，连夜向北撤了三十里。

三月初三，有契丹小校偷取了耶律德光的坐骑，南来投奔晋军，声称契丹军已经北返。景延广怀疑其中有诈，依然紧闭营寨，严令各军不得冒进。士大夫们听说以后无不耻笑："以前要和契丹绝交的时候，景延广的言辞何其英勇啊！现在契丹军已经被我军大败，他怎么反倒反成这样了呢？"

耶律德光留下赵延照守贝州，从澶州兵分两路北撤，一路取道沧州、德州，一路取道深州、冀州。因晋军闭守不出，契丹军沿途大肆焚烧劫掠而无人能阻，方圆千里之内人畜财物几乎都被抢光。

耶律麻答部撤军时，还顺便攻克了德州（今山东陵县），生擒刺史尹居璠。直到四月初，后晋缘河巡检使之一的梁进带着民间义军起事，这才收复了德州。

三月十九日，义武军节度使马全节趁契丹军北返，兵发定州入侵敌境，攻克了泰州（今河北保定清苑），也算小有所得。

四月初八，石重贵留高行周和王周镇守澶州，自己动身返回开封。而他回家后的第一件事，就是针对景延广近期一系列不良表现做清算。此时景延广已被举朝上下所厌恶，石重贵也反感他的桀骜不驯，担心会难以控制，宰相桑维翰便见缝插针地提出，要追究景延广支援戚城不力之罪。景延广就此离开朝廷，被派往洛阳做西京留守，他的侍卫马步军都指挥使一职改由高行周继任。

景延广被剥夺了实权，来到洛阳以后整日郁郁不得志。他亲眼见识了契丹的强盛，这才明白后晋的处境何等不易，继而开始忧虑国破家亡，终日沉溺酒色。即便他人已不在朝中，但他先前种下的恶果将一直影响着后晋……

石重贵接下来要做的，则是继续打扫门户，清理杨光远。

经马家口之战，李守贞已升任侍卫马步军都虞候，相当于侍卫司的二把手，同时遥领兖州泰宁军。天福九年五月初七，李守贞奉石重贵之命，担任青州行营都部署，由符彦卿担任他的副手，率步骑两万人前往青州，讨伐杨光远。

此外，石重贵又派遣潘环、张彦泽等将增兵屯驻澶州，防备契丹军随时南下。果不其然，契丹人还没有舍弃杨光远这个盟友，贝州赵延照部再度派出一支劲旅东下支援，但被齐州防御使薛可言击退。五月十六日，邺都留守张从恩建议乘势收复贝州，会合杜重威部共三万人北上。此时契丹军只占据贝州一城，赵延照也不敢久留，放弃贝州，一边纵火劫掠，一边仓皇北逃，撤至自家地界瀛州、莫州一带，然后依托河道筑造防御工事。至此，后晋境内再无杨光远的契丹外援。

六月初一，晋军攻克淄州，斩杀杨光远任命的刺史刘翰，随即进抵青州。杨光远的兵力并不多，只能依托城池据守。

据说，李守贞与杨光远素来不和，所以石重贵特意让他担任平叛主帅，李守贞欣然领命，对青州志在必得。二人龃龉的原因不详，但有一点很明确，那就是当年杨光远跟着张敬达围攻太原时，李守贞正是守城将领。后来张敬达兵败，退保晋安寨。现如今，李守贞又在青州城四周筑起长围，看样子是要杨光远重温一下身处晋安寨时的压迫感。

李守贞这一围就是大半年，青州城中再无余粮，大半军民皆被饿死。杨光远盼星星盼月亮，始终没等到契丹援军，又气又悲，只得面朝北方叩头哀号："皇帝啊皇帝，你可把我杨光远害苦了啊！"其实当时耶律德光正在组织第二轮南侵，只是杨光远身陷围城，消息不通罢了。

如此山穷水尽，杨光远却仍然执迷不悟，他偏执地声称自己乃天命加身，一定能当皇帝，拒绝了儿子们的投降建议。而做儿子的为了活命，只能对不起老父亲了。十二月十九日，杨光远的长子杨承勋联合三子杨承祚，杀死了劝说父亲造反的一干亲信僚属邱涛等人，挟持父亲返回私宅，大开城门迎晋军入城，向李守贞投降。

起初，鉴于杨光远也曾是后晋开国功臣之一，石重贵打算免其一死，并授予杨光远的三个儿子一官半职。但朝中大臣纷纷表示反对，认为杨光远罪大恶极，不可不杀。之后石重贵的手腕，便足见其厚黑本色了——既然杨氏诸子有功，又不能光明正大地处死杨光远，那就让李守贞见机行事吧！

李守贞心领神会，何况针对的是老仇人呢。

闰十二月初五，李守贞进入青州城内不久，杨光远便不明不白地病死了。至于真正的死因，大概是被李守贞派人勒死的。

替天子解决了一桩心患后，李守贞满载而归，不但得到了杨光远的珍奇财宝、美姬良驹，连杨光远在开封的宅邸也被石重贵赏赐给了他。由此，李守贞一跃成为天子跟前恩宠最盛的武将。

早在这年秋季七月初一，石重贵登上崇元殿，宣布大赦天下，改天福九年为开运元年，历史正式进入开运时代。然而当天还发生了另外一件不祥的事：中使还没宣读完诏书，天上便降下一场大雷雨，使得朝会不得不匆匆结束。这场雷电劈死了开封城民达数百人之多，连皇城南边明德门上石龙的脑袋都被击落了。石，正是皇家之姓，一些有识之士都将其视为大凶之兆……

斗勇斗智

开运元年（944年）八月起，石重贵接受桑维翰的建议，下诏设置北面行营，命令诸将防备契丹。经过不断调整，至开运元年十一月，除了委任两位平级主帅——河东节度使刘知远为都统，恒州节度使杜重威为都招讨使之外，李守贞仍在主责青州战事，另有十五位大将先后身兼行营军职：

——邺都留守马全节为副招讨使；

——河中节度使安审琦为马步军都指挥使；

——西京留守景延广为马步军都排阵使；

——郓州节度使张从恩为马步军都监；

——徐州节度使赵在礼为马步军都虞候（后升为副都统）；

——晋州节度使安叔千为马步军左厢排阵使；

——前兖州节度使安审信为马步军右厢排阵使；

——河阳节度使符彦卿为马军左厢都指挥使；

——滑州节度使皇甫遇为马军右厢都指挥使；

——右神武统军张彦泽为马军左厢排阵使；

——澶州节度使何重建为马军右厢排阵使；

——沧州节度使王廷胤为步军左厢都指挥使；

——陕州节度使宋彦筠为步军右厢都指挥使；

——前金州节度使田武为步军左厢排阵使（后为步军右厢都指挥使）；

——右龙武统军潘环为步军右厢排阵使。

如此豪华的阵容，它的出炉离不开一个人的辛苦操持，这个人就是宰相桑维翰。桑维翰在扳倒景延广以后，又兼任枢密使，重新独掌大权，如日中天，朝中内外无不畏服其胆略，节度使们也乖乖听命于他。

后晋这边，石重贵在任命将帅的制书中，将这些将领比作廉颇、李牧、卫青、霍去病等千古名将，满怀壮志和期待；而契丹那边，赔了杨光远又折兵的耶律德光重整旗鼓，准备卷土重来，要在孙子那儿讨回脸面。

开运元年闰十二月初一，耶律德光在幽州东北的温榆河集结大军并进行检阅，随即派赵延寿担任前锋先行南下，再次南伐后晋。很快，契丹军直扑恒州（今河北正定），又分兵攻占了顺国军辖内的鼓城、藁城、元氏、高邑、昭庆、宁晋、蒲泽、栾城、柏乡九个县城，前锋兵临邢州（今河北邢台）！

恒州危在旦夕，节度使杜重威连忙向朝廷告急。石重贵本想再次御驾亲征，但不凑巧的是，他生病了，于是让张从恩、马全节、安审琦等将领会合诸道兵马，前往邢州抵御，同时让赵在礼从徐州北上，驻防邺都。

很快，晋廷得知契丹皇帝耶律德光也已抵达河北，在元氏安营扎寨，距邢州近在咫尺。出于对这一回契丹大军兵力强盛的担忧，如果将主力全部放在邢州一带，恐遭全灭，届时河南将无兵可守，所以朝廷再度下令稍稍后撤。

然而撤退的命令一下达，正如之前曾发生过的那样，晋军营内再度产生恐慌，畏敌情绪迅速蔓延，全军还没开打便自乱阵脚，军士个个丢盔弃甲，四处逃命，所过之处烧杀劫掠，等退到相州时，已到不能整军的地步。这哪里还像是一支保国安民的军队？石重贵先前的期望，几乎要被现实碾压成了碎片。

开运二年（945 年）正月初一，石重贵疾病未愈，此时他既无心也无力接受群臣的春节朝贺，只是下令前线诸将急忙回守黄河沿线据点：命马全节返回邺都，赵在礼进驻澶州；此外又派遣张彦泽进驻北岸的黎阳，景延广进驻滑州对岸的胡梁渡，全力把好这道天险。

正月初三，滑州节度使皇甫遇奉命北上，马全节再次从邺都奔赴相州，与张从恩会合，准备增援邢州。然而一时间契丹军无人可挡，大肆劫掠安阳河以北的邢、洺、磁三州地区，个别部队甚至侵入邺都一带。

不能再任契丹人放肆了！

正月十五，原本是元宵佳节，但张从恩、马全节、安审琦、皇甫遇等晋军将领毫无喜色，反而忧心忡忡，面带肃杀。他们肩负着保家卫国的重任，如今统领数万大军在相州集结，列阵于州城北方的安阳河南岸。

皇甫遇率数千骑兵，先行向北侦察契丹军行踪，一同前往的还有个肤色黝黑、满脸麻子、胡须浓密的吐谷浑族壮汉。此人时任濮州刺史，是刘知远的同母异父弟弟慕容彦超，因外貌富有特色，加上不知何故曾冒姓阎氏，所以得了个"阎昆仑"的外号。

两人渡过安阳河，向北推进至邺县（今河北临漳邺镇），准备继续渡过漳水时，数万契丹军突然冲出，将这支晋军逼迫退至邺县东面的榆林店。

契丹军仍源源不断地涌来，皇甫遇和慕容彦超一致认为，如果再继续后退，必然全军覆没一个不剩，不如就地列阵，决一死战。于是二人率军与契丹大军从中午血战到下午两点，在巨大人数劣势下，竟然凭借以一当十的魄力，你来我往百余回合，双方损失都非常惨烈。

激战中，皇甫遇的坐骑中箭倒毙，只好进行步战，所幸他的仆从杜知敏及时将自己的马让给了他，皇甫遇得以乘马再战，直至战况有所缓和。

然而不久之后，契丹军又增兵入阵，皇甫遇想要寻找杜知敏时，发现他已经被契丹人擒获，便道："知敏在危难之际把马让给我，是真义士，绝对不能抛弃他！"于是皇甫遇和慕容彦超即跃马提枪，冲入敌阵，总算把杜知敏救了回来。

但及至此时，二人望着黑压压的敌军，已有了必死之心："看来我们是没办法退走了，只能以死报国！"

太阳逐渐落下，眼见前军未返，安阳河旁的其他晋军将领渐渐察觉了不对。安审琦认为："皇甫太师迟迟没有音讯，一定是被敌军包围了！"话音未落，就见一员骑兵飞奔而来，报告二将遇险的消息。安审琦闻讯准备动身北上救援，张从恩却拦住了他："这话不可轻信，如果敌虏真的蜂拥而至，气势如虹，即便我们全军而出，恐怕也不足以抵挡，您去了又有什么用呢？"

安审琦对张从恩这种患得患失的态度非常不满，直接拿话顶了回去："成败在天，即便失利，我和他们一起战死也就罢了！如果敌军没有继续向南进犯，我们却在这里坐观成败，眼睁睁看着皇甫太师他们被俘，这样又有什么脸面去见天子！"随即头也不回地率军北渡安阳河，杀往榆林店。

安审琦去得还算及时，契丹军远远望见尘土飞扬，以为晋军大批援军将至，不敢恋战，撤军北返。安审琦得以救出身受数处创伤的皇甫遇和慕容彦超，回到了相州，军中无人不感佩，连连赞叹："这三个人都是猛将啊！"

而契丹军这边，在经历了一天的艰苦血战后，他们被安审琦的援军吓得不轻，一边北撤，一边高呼："晋军全军而来了！"就连已抵达洺州境内邯郸的耶律德光也被惊动，不敢留宿，连夜动身，于次日清晨逃到了定州鼓城（今河北晋州）才停歇。

契丹军怕了，可晋军将领张从恩更怕，一回到相州，当晚他就力主后撤："契丹这次可谓倾国而来，我军人数太少了，城里的粮食也支撑不了十天，万一出了奸细向对方走漏我军虚实，敌人再把我们包围的话，我等难逃一死！不如撤往黎阳仓就食，同时在南面依靠黄河严阵以待，方能万无一失！"

显然，他这是又准备打退堂鼓了。诸将闻言，纷纷各抒己见，一时间七嘴八舌，到底没讨论出个所以然来。令人吃惊的是，张从恩竟然索性连招呼也不打，擅自率本部开溜了！不得已，各军纷纷跟随南撤，结果再次上演了之前从邢州撤退的混乱场面。

只有符彦卿的八弟——时任相州知州符彦伦选择留下来，而且他对当前局面的认知非常清醒。张从恩撤退时，只留了五百人把守安阳河桥，就算加上城内守军，恐怕也不到千人，还不够给契丹人塞牙缝的。符彦伦便对手下将佐说："今天晚上如此混乱，人心惶惶，只靠五百个筋疲力尽的军卒，怎么可能守住河桥？"于是干脆下令撤除河桥的防御，让军士们进城守备。

第二天晨雾散去后，相州城上的人远远望去，只见数万契丹军在安阳河北岸列阵。这支部队的主将是赵延寿，不过他本人尚未抵达战场。符彦伦马上命令守军纷纷扬起旌旗，擂鼓呐喊。契丹军不敢妄动，只好等待上司到来。

不一会儿，赵延寿与契丹惕隐耶律朔古来到战场。空荡荡的安阳桥和金鼓喧阗的相州城，一静一动，对比鲜明，反而让心思复杂的赵延寿产生疑虑。

赵延寿率军小心翼翼地过了安阳河，但不在相州停留，而是选择绕过此地，继续向南。行至汤阴时，赵延寿得知张彦泽已奉命来援，加上马全节等人也正进驻黎阳，于是不敢进军，而是再度返回相州城下列阵，摆出一副要攻城的架势。

城内大惊，一旦契丹军发起进攻，相州守备空虚的实况很快就会暴露！

符彦伦不愧出自五代第一将门，淡定抚慰道："大家不要惊慌，这只不过是敌虏将要逃跑，虚张声势而已！"随后，他派出五百精兵出城在城北列阵，张弓搭箭，准备迎战。赵延寿见势，果然退兵离去。

符彦伦的名声虽然不及他的哥哥符彦卿响亮，此后也没留下什么值得一提的事迹，但光凭这一出精彩的空城计，以数百之众吓走数万契丹大军，也足以青史留名了。

疯狂的骆驼

前线屡屡告急，石重贵再也等不及了，病情稍有好转，他便起身重新投入战事，道："北虏未平，这哪里是我睡觉的时候！正该全力一战，解救万民，如果再有丝毫迟疑，黄河以北就要沦为敌境了！"

正好北面行营副招讨使马全节也认为："根据降卒所言，现今契丹军的人数并不算多，应该趁着他们各部回乡之际，大举反攻，直取幽州！"这还是后晋立国以来，第一次有人提出把收复幽州当作战争目标。

石重贵赞同此议，遂征调全国军队，准备开战，于开运二年正月二十五日下诏，宣布亲征！

二月十一日，在戚城举行大阅兵后，石重贵让马全节、张彦泽等人先行出发。由于先前作战不力，张从恩被改派留守开封，其行营都监一职则由先后立下大功的大红人李守贞继任。

此次，石重贵重新安排的北面行营主要将职名单如下：

——马步军都招讨使杜重威；

——马步军副招讨使马全节；

——马步军都监李守贞；

——马步军都虞候安审琦；

——马步军左右厢都排阵使符彦卿；

——马步军左厢排阵使皇甫遇；

——马步军右厢排阵使王周；

——马军左右厢都指挥使梁汉璋；

——马军左厢都排阵使张彦泽；

——马军右厢副排阵使药元福；

——步军左右厢都指挥使李殷；

——步军左右厢排阵使潘环。

至于本该出现的都统刘知远，他的名字为什么不在这份名单上呢？

原因无他，石重贵已经确信刘知远不会出力，已经不对他抱什么指望了。何况刘知远本人也很不看好北伐，公然唱衰："中原疲敝困乏，保全自己都不够，朝廷竟然还主动去挑衅强敌，即便此战打赢了，后患也难免，更何况不能取胜呢？"

当时，耶律德光已经回到幽州境内，由赵延寿率余下部队北返。义武军辖内的祁州（今河北无极）刺史沈斌发现契丹军用弱旅驱赶牛羊经过城下，认为是个出击的机会，于是派兵出城。

没想到，这正中了赵延寿的诡计。一队契丹精兵在门户大开之际突然出现，迅速夺取了城门。赵延寿知道城中没有多余的兵力，猛攻州城，并劝降沈斌："沈君是我的老朋友，择祸莫若轻，为什么不早点投降呢？"

沈斌闻言，立即露出鄙夷的神色，丝毫不给对方留面子："赵侍中（赵延寿在后唐时的任职）父子身陷胡虏，怎么忍心带领犬羊摧残祖国呢？为何你不感到惭愧羞耻，反而面露骄傲？我沈斌就算是弓矢折尽，也宁可为国家献身，断然不会效仿你的行径！"

次日，祁州完全陷落，沈斌自尽身死。从贝州到祁州，前有吴峦，后有沈斌，谁说泱泱华夏只见卢文进、赵延寿，却没有义士忠臣？

二月十九日，北面行营招讨使杜重威（同时他还是石敬瑭的妹夫、石重贵的姑父）接到命令，不敢再做缩头乌龟了，从恒州出发，与马全节所率大军于三月初九在定州会合。

其后数日，晋军气势如虹，连连得手。晋军于十四日攻打之前被契丹夺回的泰州，泰州刺史晋廷谦马上率两千人投降；十八日，收复满城，生擒契丹酋长没刺所部两千人；十九日，收复遂城（今河北保定徐水），距幽州只有两百余里了。

仗着人多，杜姑父难得扬眉吐气一回，但他没开心多久，就从降兵处得知一个让他心惊胆战的消息。耶律德光本来已经走到了古北口（今北京密云东北），听说晋军攻陷了自家地盘泰州，一怒之下，马上率领八万骑兵再次掉头南下，估计明天晚上就到！

也有史料记载，说耶律德光的人马并非八万，而是只有五万，当然，这仍然不是一个小数目，但晋军好歹也有数万大军，并非完全不可匹敌。但杜重威心生胆怯，下令晋军从遂城拔营开溜。单从这点来看，他和张从恩一样，都是无甚胆略的外戚。

三月二十四日，晋军撤至阳城（今河北顺平）时，契丹的先头部队也已追到，晋军列阵奋力击败对方，并向北追击十余里，将契丹人逼得渡过白沟河而逃。

然而耶律德光并不准备善罢甘休，下令继续追击，契丹军四面合围，如泰山压顶一般袭来，晋军且战且退，一天只能行进十余里，人困马乏。

三月二十七日，又饿又渴的晋军再也支撑不住了，在阳城以南四十里的白团卫村停下来，就地埋下拒马，安营扎寨，准备休整。契丹军随后追到，将晋军团团包围，还另外分兵切断了晋军的粮运通道。

晋军这才发现，白团卫村并无水源，只得挖井取水。然而祸不单行，当天晚上，暴烈的东北风突然刮来，这股邪风吹塌了房屋，摧折了树木，就连刚刚挖出水的井也崩坍了。军士们没有办法，只好取来湿泥土，用布包裹，绞出水汁来解渴。

困苦的一夜过去，天色渐亮，没想到黑风不但没有停歇，反而更猛烈了。晋营身陷重围，人马俱疲，像极了当年晋安寨里的情景，难道历史要再一次重演了吗？

耶律德光闲闲坐在奚车内，眼中全是势在必得的光彩。他向全军宣告："晋军就剩这些人了，必当把他们全部擒获，离直取大梁便不远了！"

随着一声令下，契丹骑兵中的精锐部队——铁鹞军下了马直奔晋军大营，拔去拒马突入营寨，用短兵袭击晋军，又顺风纵火扬起烟尘，助长声势。

听闻寨外契丹人的喧哗叫阵，晋军诸将都闻到了死亡的味道，再也按捺不住，不少人纷纷请求出战，愤怒呼道："都招讨使为什么还不出兵，让我们的兵在这里白白枉死？"

然而冰冻三尺非一日之寒，杜重威畏敌如虎，这毛病也不是就这几天才沾上的。在此之前，杜重威还真没打过几次硬仗，几乎都是靠裙带关系和部属出色才立下军功，竟一路做到行营主帅。所以，杜重威并没同意马上出战，而是犹犹豫豫地说："不如等待风势稍微缓和以后，再看能不能战……"

话音未落，担任都监的李守贞马上提出异议："敌众我寡，但是风沙这么大，谁也看不清对方人数，只有死战方能取得一线生机，这场黑风正好帮了我们的忙！如果等到风停了，我们必死无疑！"

言毕，李守贞也不再顾忌杜重威，当即高呼："诸军一起杀敌！"

似乎是为了故意激他，李守贞还给杜重威留了一句话："大帅您擅长守卫，就好好留守大营吧，我率中军与敌决一死战去了！"而后自己出了营。

负责统领马军的梁汉璋与张彦泽等人召集诸将商议，大家一致认为李守贞说得有道理，但也只是同意一部分："不是不可以趁风大击敌，但胡虏现在正处于顺风，我军应该等到风势回转时再出动。"

眼看诸将都退出大营等待风向变化，只有药元福留下来对张彦泽等人说："现在军中饥渴至极，如果硬要等到风向变了再行动，那我们早成了俘虏。敌军认为我军不能逆风而战，那我们更应该出其不意发动攻击，这正是用兵的奇策啊！"张彦泽深表赞同。

此时，一直没出声的符彦卿突然开口，一锤定音："与其束手就擒，不如以身殉国！"于是拉上张彦泽、药元福和皇甫遇几位猛将，追上李守贞，一同率领精兵自营寨西门而出，迎合东北风势，向契丹军发起冲击。

有了表率带头的力量，杜重威在内的其他将领也不甘居人后，纷纷率军跟上，契丹军小有后退。

关于下一步动作，符彦卿等人询问最力主出战的都监李守贞："现在我们是要跟契丹人打游击呢，还是一往无前，直到取胜为止呢？"李守贞斩钉截铁地回答："事已至此，没法再回头了！我军只有长驱直入，不胜不还！"

一听这话，符彦卿的心定了，他大胆地率一万兵马绕到敌军背后，准备协同前军对契丹人发起夹攻。

这场大风越刮越猛，飞沙走石遮天蔽日，但对渴望生存下去的晋军来说，只有死战，别无他途。晋军怀破釜沉舟之志，而契丹军骄傲轻敌，很快被晋军打得丢盔弃甲，抱头鼠窜。

顷刻间，契丹军兵败如山倒，李守贞乘势下令出击痛打仇敌。药元福命人将拒马全部撤除，全军出击。契丹铁鹞军慌乱逃跑，连马都来不及骑上去，只有挨打逃命的份。

前有李守贞，后有符彦卿，数万契丹军不堪夹击，被穷追猛打了二十余里，向北跑到阳城东南的水边，才得以稍微重整。

此时，晋军中有人突然高声发令："贼军心胆俱裂，不能再让他们有机会休整！"

此话一出，就连李守贞也惊了。倒不是这主意有问题，落水狗当然该多踩几脚，不然不足以解气。不同寻常的是，此等豪言壮语，竟然是出自杜重威之口。看来，一只绵羊在一群狮子的助威下，也是能硬气几分的。

既然连最胆怯的人都出声了，晋军当然要鼓起余勇，猛追穷寇。

契丹人又纷纷渡水逃去。逃了十几里地后，耶律德光嫌乘坐的奚车速度太慢，自己又太显眼，干脆放弃了车马，骑上一头不知道从哪儿找来的骆驼逃命。但骆驼的速度又能比马快到哪儿去呢，何况耶律德光身后的追兵已经杀红了眼，被追上是迟早的事。但就在这一幕的最高潮，追兵忽然停了下来。

原因无他，还是杜重威。诸将纷纷请求继续追击，但杜都招讨使却说："遇上贼人不死，已经够幸运了，还想向他们讨回行囊衣裳吗？"（另有一说，杜重威的后半句是"还想讨回被偷走的孩子吗？"）让大家见好就收，还要啥自行车啊。瞧，绵羊到底还是一只绵羊。

杜重威不愿追击，诸将未必肯服。此时李守贞又进行了一番理性陈述："这两天来，全军人马都非常干渴，现在虽然喝上了水，但身子很重，追也难以追上，不如保全大军回师，这才是万全之策。"大家想想确实如此，于是一齐收兵，返回定州。

四月十六日，石重贵自澶州回朝，虽然没有收复幽燕，但能够狠狠打击契丹的嚣张气焰，足矣。

耶律德光逃过一劫，狼狈不堪地回了幽州。为了出气，他亲自杖责了参战的酋长和将领们，足足打了几百下。赵延寿倒是免于责罚，但也只能在一旁瑟瑟发抖，不敢言语。

白团卫村之战后，老对手符彦卿的存在给契丹人留下了一个挥之不去的心理阴影，以至于战马在生病不肯喝水吃草的时候，契丹人都会忍不住唾骂几句："该死，这儿有符彦卿吗？"

群峦始倾

可惜白团卫村大捷并没有成为后晋强盛的起点，国势反而在此之后每况愈下。

首先是石重贵的心态发生了巨大变化。大胜过后，石重贵竟以为从此天下太平了，比过去更加骄奢淫逸，让各地藩镇进奉珍宝奇玩，全部缴纳到皇帝的私人内库中。这还不止，石重贵大肆扩建宫室，其装饰之精美，近代所出无与伦比。石重贵还安置了一座织锦楼，叫来数百工人专门负责织造地毯，花了整整一年才完成。

对于伶人们的赏赐，石重贵也一点儿不输当年的唐庄宗李存勖。桑维翰曾经劝谏："过去陛下亲自率军抵御北虏，给受伤将士们的赏赐也不过是几端布帛；现在这些优伶只要有一句话一声笑，就能得到一束丝绸上万钱币，乃至锦袍银带。如果让将士们看见这些，他们怎能不抱怨呢？肯定会说'我们冒着敌人的刀锋剑刃断筋折骨，竟然还不如人家逗乐的功劳来得大吗'。这样下去，军队必然解体，到时候陛下要靠谁来保卫社稷呢？"石重贵充耳不闻。

其次，后晋帝国的一大痼疾——外戚乱国问题越发严重。刚走个张从恩，又来了杜重威。杜重威依仗着自己是皇室贵戚，在恒州顺国军任上不仅不守法度，还经常借着边境设防的名义搜刮境内官民的钱财布帛，用来充实自己的腰包。甚至一听说哪家大户有了珍宝或者美女骏马，杜重威统统都要掠夺走，如果强抢不成，就随便给对方扣个罪名，杀人抄家。

别看杜重威陷害同胞颇有一套，在面临契丹犯境时却是加倍地畏敌如虎。契丹人也看出了他的外厉内荏，经常进犯恒州，而杜重威往往只是把城门一关，躲在城垛后伸长脖颈，睁大双眼，等待敌军退去。

长此以往，契丹人更加肆无忌惮，哪怕有时只有骑兵寥寥数人，也照样敢在恒州城下驱逐成百上千的汉人北返。免了通行证，契丹人成为顺国军境内的常客，掳掠屠杀无数，杜重威却无视城外民众的呼救，不肯发一兵一卒，其无情冷漠，实在是令人发指！方圆千里，白骨遍野，只剩荒无人烟的寂寥村落……

杜重威一边畏惧契丹强横，一边因自己治下民不聊生担心被朝中人诟病，于是接连上表请求入朝为官。石重贵一时没同意，他竟然毫无顾忌地擅自回了朝，以致朝野大惊。

竟然有人如此嚣张跋扈，桑维翰看不下去了，对皇帝进言："杜威多次违背朝廷命令，如今竟然擅自离镇。此人平时就经常倚仗自己是国家勋戚为非作歹，朝廷也常常对他包容，但一等到战事频繁，他就毫无为国守土之心。臣以为，应该趁这个机会罢免了他，免得以后生出祸患！"

石重贵听他这么说，脸色很不好看，桑维翰察言观色，赶紧后退一步说："如果陛下不忍心废黜他，那就最好授予他一个离京比较近的小藩，不要委派他节制雄藩大镇了。"

然而石重贵却一心认为桑维翰管得太多了，这个国家姓石又不姓桑，他为杜姑父开脱道："杜威是朕的至亲，一定不会有二心，此次前来，只不过是我姑妈（指宋国长公主石氏）想要见他而已，先生不要再多疑了！"

见多说无益，桑维翰从此不再议论国事，声称足疾，请求辞相。

开运二年五月底，已回到汴梁的杜重威声称，自己向朝廷献出四千步骑包括铠甲武器，另外还呈献十几万斛粟米、二十万束草料。不过呢，这些东西都还留在恒州。其实，即便真有如此大量的物资，恐怕也都是杜重威抢掠来的，恰是他斑斑劣迹的一个见证。

石重贵却不在乎这些，将姑父献出的步骑归到奉国、护圣两支禁军中。狡黠的杜重威趁机提出一个请求，想让这些军士仍然作为自己的卫队。同时，他又让妻子宋国长公主说情，希望担任广晋府天雄军节度使（邺都之名被取消，改回了广晋府）。石重贵全部应允了。

而后没过几个月，杜重威的私心便暴露了。

石重贵提拔杜重威的时候，也把长期任杜重威行营副手的原邺都留守马全节调去了恒州。马全节倒是当时难得的良将，其廉洁安民的作风正好和杜重威的贪残暴虐形成鲜明反差，可惜他上任没几天就去世了。之后，定州义武军节度使王周领命南下，接领顺国军，和节度副使王钦祚一同管理军务。由于顺国军的军粮紧缺，石重贵让王钦祚在民间收购粮食。王钦祚想起此前杜重威进献的十余万斛粮食还在恒州，于是就把它们都收起来，登记在册奏报朝廷。没想到杜重威得知此事后竟勃然大怒，上表声称："臣有什么罪过，王钦祚竟然敢抄没我的粮食？"

这就很值得说道一下了。当初明明是杜重威口口声声说这些粮食是暂时寄放于恒州，实则已经交给朝廷了，这会儿怎么又成了他的个人私产了？但石重贵没有同姑父争辩，反而把王钦祚召回朝廷，并厚赏杜重威以表抚慰。

就这样，杜重威相当于实际上什么都没进献，却凭着移花接木大法，平白得了朝廷的军饷赞助，谋取了一个重镇的节度使之职，而朝廷一旦要动用他"献出"的粮食，他就倒打一耙，厉声叫嚣！这等国蠹民贼，石重贵不但不约束一二，反而对自家亲戚百依百顺，纵容无度。

在朝内，石重贵还重用另一位外戚，即冯皇后的哥哥冯玉。就在冯玉拜相以后不久，真正忧心国势的桑维翰反而被石重贵罢相，改任开封尹。

有人对冯玉说："桑公本是开国元勋，就算不让他担任宰相，也应该给他一个大镇节度使之职，怎么能让他只当开封尹，处理一些细碎事务呢？"冯玉却冷笑道："担心他谋反罢了。就算他一介书生不会反，也会教唆别人造反！"

不同于桑维翰的刚正直谏，冯玉这个人非常会拍马屁，所以深得皇帝的信任。一次冯玉卧病在家，石重贵甚至还嘱咐其他宰相说："刺史以上的官员任免，要等冯玉病好以后才发布。"而冯玉也乘机挟势弄权，开门广收来自各地的贿赂，晋国的朝政也日渐败坏。

另一方面，后晋与契丹的关系持续交恶。其实石重贵即位以来，契丹连年入侵，不光中原军队疲于奔命、边疆民不聊生，契丹一方同样饱受战争的摧残，大量军民和牲畜因故而死，民众也早就受够了战争磋磨，厌战情绪日益高涨。

太后述律平一向反对轻易交战，她曾很有技巧地向耶律德光发问："让汉人来当契丹的君主，可以吗？"耶律德光当然不予认同。于是述律平反问："既然如此，那你为什么执意要当汉人的皇帝？"

耶律德光的回答倒是让人难以反驳："姓石那小子辜负深恩，天理难容！"犹记当年为了支援石敬瑭，耶律德光还不得不编个梦话哄骗母亲，如今儿子为了找回面子，无论如何都不肯再听母亲的话了。

述律平非常无奈，语重心长地说："即便你现在得到了汉地，也没办法久留，万一稍有差池，悔之晚矣！"

回过头来，她又表达了对怂恿征战的赵延寿等将领的不满："汉人又何曾睡过好觉呢？自古以来，只听说过汉人找胡人求和，没听说过胡人主动和亲的，如果汉人们能回心转意，我们又为什么要吝惜与他们和好？"

这些年间，后晋国内蝗灾不断，活不下去的饥民们纷纷落草山林，一时黄河南北盗贼蜂起，官府也没有太多余力去平定。为此，石重贵也曾听取桑维翰的建议，屡次派人出使契丹请求重归于好，可惜耶律德光的胃口实在太大，虽然改口不要整个河北了，却又提出割让顺国、义武二镇的要求，这是后晋断然不能接受的！

其实据耶律德光后来口述，如果石重贵再放低姿态派人来求和一次，他几乎就要同意了。归根到底，还是一个面子的问题。在耶律德光看来，对方多求和几次才能显出足够诚意，自己太快答应了岂不是有损身价？既然石重贵不愿意再主动了，那这仗就继续打下去吧！

开运三年（946年）六月，义武军急奏契丹军队压境，后晋以李守贞担任北面行营都部署，率领皇甫遇、张彦泽、李殷、王彦超等将领北上定州，又从潞州调运十三万斛粮食到恒州，为大战做准备。

八月，李守贞越过位于今河北固安境内的故燕长城，与一千多名契丹骑兵展开遭遇战，辗转战斗四十里，最终阵斩其首领解里，其余敌军中有不少被驱逐到河里淹死，重演了一次马家口之战。到九月，张彦泽接连在定州、泰州两战击败契丹，斩首两千级，生擒敌将二人，还把对方耳朵上的两对金耳环剥了下来献给朝廷。同时，河东方面也传来捷报：三万契丹军南侵，被刘知远在扬武谷大败，斩首七千级！

就在这段时间，接连收到捷报的晋廷又得到了一份天降大礼——幽州来人通报，大汉奸赵延寿突然转性，决定要痛改前非，归附祖国的怀抱了！李崧和冯玉两位宰相闻知消息，认为是前些年的劝降信起到了作用，非常兴奋，当即让魏州的杜重威代表朝廷给赵延寿去信传达态度，向他承诺：只要愿意回来，一定给予优厚的赏赐和待遇！

为了让赵延寿体会到诚意，后晋还特意派出一位叫赵行实的将领充当信使。此人不但是赵家旧将，而且颇为巧合的是，他的名字和赵延寿养父赵德钧的原名一模一样，可以说，朝廷非常有心了。

很快，赵延寿的回复到了："我多年来久居异国，万分思念祖国，希望朝廷能派遣大军接应，我好脱身南下！"措辞非常诚恳，据说让朝中重臣们都很感动，于是再派赵行实秘密北上，负责把日期约定下来。

好事成双，契丹瀛州刺史刘延祚也抛来了橄榄枝，向后晋表示愿意携城归顺，同时还透露了瀛州的情况："城内的契丹守军不满千人，正适合朝廷派军偷袭。另外，今年秋天北方多雨，瓦桥关以北土地上都是积水，耶律德光已经回到老巢，即便知道南方有变，路途遥远，加上大水阻隔，想支援也来不及了！"

毗邻瀛州的后晋乐寿（今河北献县，当时属深州下辖）监军王峦得到刘延祚的蜡丸，把这一消息告知杜重威，俩人一合计，多次上表朝廷，请求乘这个机会收复瀛、莫二州，夺取契丹这块深入河朔地区的突出部。深州刺史慕容迁同样不想放过立功的机会，更能来事儿，见缝插针献上了一幅《瀛莫图》。

李崧和冯玉深信不疑，建议朝廷发兵，迎接赵延寿和刘延祚回国。

而近期的战事也使石重贵信心倍增，认为胜利在望，不日昭告天下："专发大军，往平黠虏。先取瀛莫，安定关南；次复幽燕，荡平塞北！"

这是中原第一次由朝廷公开地提出收复幽燕的口号，此后三百年间，这个口号还会被提起无数次。

但后晋君臣浑然不知，他们早已坠入契丹的陷阱。这次，契丹决定避实就虚，以智取胜，准备一开始就把晋军主力引诱到北方，再行歼灭，赵延寿、刘延祚就是上好的鱼饵，可惜，晋廷中竟然无人识破诡计。

开运三年十月十四日，石重贵定下了此次北征的行营阵容。排在首位的元帅，即都招讨使，仍为杜重威。由于未设副招讨使，兵马都监李守贞顺理成章成为事实上的副帅。

其余的主要将领，也多是老面孔了：

——左右厢都指挥使安审琦；

——马军左厢都指挥使符彦卿（没能成行）；

——马军右厢都指挥使皇甫遇；

——马军都排阵使梁汉璋；

——步军左厢都指挥使宋彦筠；

——步军右厢都指挥使王饶；

——先锋都指挥使薛怀让。

为了激励三军，石重贵甚至还开出很高的赏格："生擒胡虏君主的，任命为上等藩镇节度使，赏钱一万缗、绢一万匹、银一万两！"如此看来，耶律爷爷早就不被孙子放在眼里了。

依大多数人所见，李守贞虽然也贪财，甚至为此与桑维翰闹过不和，但论战功和能力，哪样都要超出杜重威一大截。所以在李崧、冯玉同石重贵商定完主帅人选后，另一位宰相赵莹忍不住指出，此安排不妥。

一向没什么存在感的赵莹突然说了大实话，看得出来也是急了："杜威是皇亲国戚，又贵为将帅，可此人欲壑难填，常常心怀不满，怎能再授予他大权！如果一定要对北方用兵，不如只委任李守贞一人为好！"

赵莹能够替代桑维翰担任中书令，本就是冯玉一党认为他好操控才推上位的，自然说话没什么分量，在冯玉心里起不了波澜。至于从后晋立国起就担任宰相的李崧，他向来精明，偏偏在这个节骨眼上犯了马虎。所以，赵莹的话被二人当成了耳旁风。

非但如此，就连李守贞本人竟然也不在意。

这段时间，李守贞作为侍卫司一把手，常常出征在外，以至于石重贵的另一位多年心腹——侍卫马军都指挥使李彦韬钻了空子，因着近水楼台成了皇帝跟前的红人，受宠程度并不亚于李守贞。甚至李守贞在外的一举一动，李彦韬都要专门去打听。这就让李守贞对李彦韬非常不满，连带着迁怒于朝廷，逐渐怀恨在心。

而李守贞对杜重威的看法却大为改观。每当他风尘仆仆地率军经过魏州广晋府时，杜重威都会非常热情地招待他，赠送数以万计的金银铠甲。一来二去，昔日在战场上表现互异的两个人，竟然也开始臭味相投。

石重贵曾慰劳入朝的李守贞，赞赏道："听说爱卿常常把自己的钱财赏给将士们啊。"李守贞倒非常谦逊，回答说："这些都是杜威对国家的一片忠心，臣怎能掠美呢？陛下他日如果要用兵，臣愿意和杜威通力合作，为您肃清大漠！"

多么和谐的办公室氛围啊，石老板非常满意，越发觉得李守贞和杜重威都很贤明。

很快，石重贵又给李守贞添了"权知幽州行府事"一项使职，钦定由他主持将来的幽州事务。天子还特地在内殿开设私宴，为李守贞饯行，教坊的乐工献上祝词："天子不须忧北寇，守贞面上管幽州！"李守贞听了，也越发骄傲，一出宫门就拿这话向人炫耀。

十月下旬，晋军各部人马在杜重威的魏州会师后，一起北上。但大雨从六月一直下到了十月，仍然没有要停的迹象，晋军无论部队行军还是粮食运输都变得非常困难。杜重威乘机以此为由，屡次让妻子宋国长公主入奏天子，声称深入敌境，必须要派足兵力，请陛下增兵！石重贵对这次北伐志在必得，悉数答应杜重威的请求，几乎把皇宫禁军全数送到前线，以至于大内空虚，只留了千余禁军，就连值班都分不出几个人手了。

祸根就此埋下。

魂断中渡桥

开运三年十一月十二日，杜重威、李守贞率军抵达瀛州（今河北河间）城下。

依照先前的约定，瀛州刺史刘延祚应该出来接应晋军了，但此地只是城门洞开，寂静无声。

莫非是敌人的空城计？

杜重威等人不敢继续前进。不多久，探子来报，戍守在瀛州的契丹守将高谟翰得知晋军北来之后，已经撤出城池了。

原来是虚惊一场，杜重威摸摸心口：小样，要跑也不通知一声，可吓死本帅了！

梁汉璋领杜重威之命，率两千骑兵北上追击，当他抵达瀛州西北的南阳务（今河北肃宁东北）时追上了契丹军的身影。梁汉璋一向有平定契丹的雄心壮志，然而在此等待他的，并非刘延祚声称的一支孤军，而是契丹北院大王耶律洼和高谟翰统领的五千精骑！

晋军自然寡不敌众，惨遭围歼，梁汉璋本人战死，成为后晋契丹战争中级别最高的晋军阵亡将领。

噩耗传回，杜重威等人不敢在瀛州地界久留，火速南撤。

撤至武强时，晋军又听说耶律德光正率数万大军自易州、定州方向通过，直扑恒州，于是一边唾骂赵延寿和刘延祚这两个贼子，一边准备从冀州、贝州南下回防。

虽然都是军中著名的绣花枕头，不过公平地说，杜重威比起张从恩还是要稍好一些，至少不会抛弃手下人。更何况还有李守贞等强将在，如无意外，杜元帅是能够把这数万大军平安带回河南，再次依赖黄河天险，把这几年来同契丹人斡旋的桥段重演一遍。

然而，事态却发生了转变。当时正在恒州协防的张彦泽率军前来与杜重威会师，并且声称契丹已暴露弱点，是可以击破的。于是，杜重威等人改变行军方向，向西前往恒州。

十一月二十七日，杜重威率军来到滹（hū）沱河，恒州就在河对岸。如果要快速赶往目的地，则必须通过这里的中渡桥，可是不巧，契丹人已经把这座桥占据了。

光凭这一点，我们还不能断定张彦泽当时就已经暗通契丹，成了内鬼。不如说，张彦泽一开始的表现还是相当清白的。张彦泽被杜重威任命为先锋，非常生猛，率领骑兵一举杀退敌军，试图夺回中渡桥的控制权。契丹人不敌，索性烧毁一段中渡桥，以阻止他们过河。两军夹着滹沱河对峙。

此时耶律德光也已来到恒州，眼见河对岸乌压压一大片晋军，加上夺桥不利，让他不禁回想起在阳城时的情景。如果晋军乘胜渡河，与恒州城内王周的部队相呼应，那就大事不好了！

耶律德光很是慌张，契丹诸将也纷纷认同撤军，就连一向为了当皇帝而吆喝得最起劲的赵延寿也力劝求稳。

唯独一人站出，怒斥众将道："臣以为，陛下如果贪图享乐安逸的话，好好守卫国土就够了。既然决定了要开疆拓土，出师远征，焉能有不烦忧困惑的时候？如果我军半途而废，正好会让敌军得利，到时候南京（指幽州）陷落，国无宁日！而且我军骑兵对阵敌军步兵，何愁不能取胜？汉人行动迟缓，我军若能采用老办法，派轻骑断绝他们的粮道，事情必然成功！"

这位敢于直言者，乃是契丹北院大王耶律图鲁窘，其父就是在晋安寨战死的耶律敌鲁古。而且这人的辈分之高，说出来简直让人膝软——"肃祖子治畜之孙"，推算下来，那就是与耶律德光爷爷同辈，比契丹开国皇帝阿保机还大。老人家都这么说了，又句句在理，耶律德光不敢顶撞，也不再轻易提起"放弃"二字了。

彻底让耶律德光决心留下的，还是晋军的动向。对方并没有乘胜追击，反而就在河对岸安营扎寨，大有打持久战的态势。本来契丹军就担心晋军要速战速决，如今遂了心愿，没有理由自乱阵脚。

晋军为何突然停顿不战，地球人都知道，仍然是怯敌主帅杜重威之意。然而与在白团卫村时大有不同，包括李守贞在内，其他晋军将领这几天里竟然也忙着笑脸逢迎，饮酒作乐，把军务丢到了一边，仿佛他们是来参加冬令营一般。

眼见大伙儿如此轻敌，有人着急了。磁州刺史兼北面行营转运使李谷认为，现在最该做的事情就是过河，而不是在军营里花天酒地。于是他向军中两位大将杜重威和李守贞提议道："现在我们大军距离恒州近在咫尺，敌我双方烟火都能互相望见，如果制作大量用三根木条捆绑而成的三股木支架，将它们放到河里，铺上柴草，再用土填平，这不就是现成的一座便桥吗。到时，我军再秘密联络恒州守军，相约以火堆为信号，趁着黑夜渡过河去，里应外合杀进敌营，一定能够击退对方！"

晋军诸将都认为有理，仍旧只有杜重威不同意这个方案。在杜重威看来，这李谷算是什么东西，也配来教他这个第一上将做事？区区一个转运使，做好自己的本职工作就够了！于是把李谷打发回南方，到河阳地区督运军粮去了。

他无法知道，就是这个李谷，现在虽然身份低微，未来却将成为大周名相，以智略过人闻名，实有大才。

撵走一个李谷，杜重威更加肆无忌惮。

反观耶律德光，表面上按兵不动，实际上采纳了耶律图鲁窘之策。随军而来的契丹三皇子耶律天德主动请缨，要为父亲执行这一任务，耶律德光大喜，暗中派他带着将领萧翰、刘晏僧等人，沿着西山多走些路，通过其他渡口。这五千奇兵迅速绕到了晋军背后，开始切断对方的粮道和退路。晋军的一些砍柴士卒被契丹游骑生擒，侥幸能逃回来的，无不异口同声强调契丹人神出鬼没，闹得军心惶惶。耶律天德等人甚至深入到赵州境内的栾城下，城中守军根本想不到契丹人竟然从天而降，被打个措手不及，全部投降了。

此外，契丹人常年与中原军队交手，也学了不少中原人的震慑手段。譬如当年河东对付梁军使出的伎俩，如今契丹也重现了出来，每俘获老百姓，就给他们脸上刺下"奉敕不杀"四字，再放他们逃跑。从南方来的运粮队看到逃难者，无不吓得魂飞魄散，弃车而逃，本该运往晋军前线的物资，就这样落入契丹军之手。

后晋前脚运粮，契丹后脚截获，负责督粮的主事人李谷急得不行，干脆直接给最高领导石重贵写了一封密奏："如今形势危急，陛下应该在高行周和符彦卿的保护下亲自前往滑州，另派军前往澶州、孟州这些渡口，防备契丹过河！"

十二月初三，石重贵才得知杜重威大军已退守中渡桥以南。当天，李谷的信件也到了，但同时送到的还有杜重威的接连上表，内容无非就是请求朝廷增兵。

事实证明，石重贵实在太天真，从未质疑过杜重威的无理要求，反倒一而再，再而三地予以满足。他认死理：姑父是自己人，断然是不会害他的。

朝廷再从禁军守卫中拣选出数百人奔赴中渡桥，同时紧急征调河北、河南及河东地区的粮草五十万斛运往前线，以致民间大扰。

等到又一次填补上杜重威的需求，中渡桥与朝廷之间的联系也彻底被契丹人切断，石重贵最不愿看到的晋安寨老戏码还是再次上演了。

到这会儿，石重贵才想起李谷，但也只是部分采纳他的建议。其实天子本来确实是准备再次御驾亲征的，但被李彦韬劝阻了，毕竟禁军已经全数出动，开封已如空城，兵力捉襟见肘，君臣实在没什么底气。

人可以不去，黄河还是要防的。十二月初六这天，石重贵任命高行周和符彦卿为北面正、副都部署，一起驻守澶州，另派景延广驻守河阳，做好迎战的准备。

石重贵急了吗？似乎也不是真急。桑维翰见都城人人自危，心里不是滋味，想要面圣商议，然而石重贵泡在御花园里摆弄猎鹰，拒绝与他谈话。

桑维翰彻底失望，退出来后，给亲友们做了一个总结："晋朝这是要完！"

其实，后晋本来还有最后一个转机。虽然面临腹背受敌的局面，但大军并未受到太大的损失，加上恒州以北的定州、易州都仍姓石，如果各军能够统一协作发起突击，还是可以夺回战争主动权的。

中渡桥大营内，隶属侍卫司步军系统的奉国都指挥使王清忍无可忍，向杜重威进言："大军离恒州只有五里，我们究竟是为什么要守在中渡桥？我军营垒孤悬，粮食将尽，必然自己溃败！我请求率两千步兵充当先锋，夺取桥梁，杀出一条血路，到时您率各军紧随其后，进入恒州，必然无忧！"

无所事事吃喝玩乐一星期，杜重威再不同意出击，似乎也说不过去了。王清、宋彦筠二人领命夺桥（先前已被焚毁了一段，仍需搭建便桥），与契丹负责守桥的将领赵延寿、耶律朔古展开血战。

王清，字去瑕，时年五十三岁。他其实是一位比张彦泽还要生猛的硬汉，当年第一个打上襄阳城，最后逼得山南东道节度使安从进举家自焚身死的人里就有他。便桥刚刚搭好，王清就身先士卒冲杀直前，打得赵延寿等人连连后退，毫无还手之力。而宋彦筠就没有那么卖力了，遭遇小挫，竟然从河里游回了南岸，直呼"好险"！

契丹军不擅步战，晋军很快控制了中渡桥，杀到滹沱河北岸。王清来不及擦去脸上的血污，立即列阵御敌，等待援军赶到。但这支孤军不管怎么求援，杜重威就是迟迟不肯发兵。

王清很快就意识到，杜重威怕是另有所谋："上将手握重兵，却坐观我们在危难之间受困，不肯来救，此人必定怀有二心！"

"吾辈当以死报国耳！"这是王清留在史籍中的最后一句话。

两千晋军将士视死如归，没有一人怯战后退，与敌激战至暮色时分。然而，契丹不断增兵，赵延寿、高彦温二将率步骑猛攻，这支晋军力不能支，全部壮烈殉国。就在王清等人战死之处，契丹人还故意建了座京观，南岸各军见到，士气大减。

而就在北岸激战的同时，耶律德光继续分兵绕到晋军后方，两天后已将南岸的晋营团团包围。

时机转瞬即逝，天予不取，必受其咎！

但这个机会，却是杜重威早就准备主动放弃的。他早就打算好要投降了，目标是当上第二个石敬瑭。参与这一密谋的，除了刚逃回的游泳健将宋彦筠，还有李守贞，而杜李二人恰是石重贵最为看重的将领。

耶律德光见到杜重威的信使，喜出望外。为了稳住对方以防变卦，耶律德光当即表示要厚赏杜重威，许诺道："赵延寿的威望还是太浅薄了，恐怕还不够资格当中原皇帝。如果你真能投降，我就让你做天子！"

这种低级骗术，不管别人信不信，反正杜重威是信了。

接下来，他便急于摆平眼下的一些拦路石，那就是那些尚不知情的其他晋军将领。

十二月初十，杜重威召集晋军所有高级将领前来大帐，拿出了降表，提出要让他们署名。其中个别将领愤愤不平，想要抗争，但经旁人提醒，发现帐外早已埋伏下全副武装的军士。看来若是不肯签字，杜阎王爷就会在生死簿上把自己安排了！诸将无人敢言，只好唯唯诺诺。当天，杜重威就派人前往契丹大营正式代表晋军递交了降表。

之后，数万后晋军士也接到命令，来到营外列阵。众人以为终于到了同契丹人一决雌雄的时候，个个慷慨激昂，欢呼雀跃。不料他们等来的却是杜重威的通知："现在粮食吃光了，走投无路，只有和大家一起寻求出路了！"而万万想不到的是，这条出路会是最屈辱的一条——还未正面决战，便屈膝投降死敌！数万晋军就这样被迫扔下武器，原野上的哭声震天动地。

杜重威和李守贞却还恬不知耻地宣称："天子无德，听信任用奸臣，却百般猜忌我们！"

听听，石重贵听信任用奸臣——论谁是大奸大恶之臣，不就正是杜重威和李守贞吗？

晋军士卒悲愤交加，无不对这二人咬牙切齿。

很快，杜重威收到了耶律德光的礼物，那是一件帝王才能穿的赭黄袍。同时他得封太傅，配合得力的李守贞也被封为司徒。非常讽刺的是，为了配合耶律德光的这场大戏，亲自送来袍子的契丹代表正是赵延寿。这样一来，杜重威百分之一百二十地相信，自己很快就能做上这江山的主人了。

望着骄矜之意溢于言表的杜重威，赵延寿心里暗自发笑：呵呵，就让你再得意一阵子吧。

其实赵延寿自己又何尝不是耶律德光的一枚棋子呢？杨光远、杜重威、赵延寿，哪一个不是为了野心献出尊严成为傀儡，被耶律德光玩弄于股掌之间而不觉？

耶律德光坚信，一招鲜，吃遍天。当然，历史也总是警示后人：世上没有百试不爽的灵丹妙药，一成不变容易反受其害。不久的将来，这位契丹天子终将聪明反被聪明误。

就在之前，定州义武军节度使李殷、邢州安国军留后方太这二人听闻中渡桥之变，率先一枪不开降了契丹。讽刺的是，其中之一的李殷在北行之前，还信誓旦旦地向石重贵表示必能破敌。

只能说，石重贵看人的眼光实在太差。

杜重威与耶律德光合军后，来到恒州城下，劝降镇守此地多时的顺国军节度使王周。眼见大势已去，王周放声大哭："我深受国家厚恩，不能死战敌虏，反而要投降，哪里有脸南下去见天子和大臣们呢？"于是痛饮一番，向旁人取来刀刃，准备抹了脖子完事。但由于被家人死命拉住，王周只好屈辱地携恒州出降了。

整个河朔地区，真正做到宁死不降的人，只有义武军下辖的易州刺史郭璘。耶律德光和郭璘也是老相识了，过去契丹军从易州经过，往往占不到什么便宜，一般都得绕着走，所以耶律德光曾指着易州感叹："统一天下有多难我都不怕，唯独被他一人阻挡！"

但如今，易州以南的州县纷纷投降，以至于人心彻底散了。契丹官员耿崇美来到易州城下，好生敦劝，于是城内军民纷纷出降。郭璘纵然不愿降敌，也制止不住溃势，最终为耿崇美所杀。

郭璘的精神固然可贵，但大厦将倾，独木难支矣！

耶律德光接收后晋大军后，将其中的两万匹战马都驱赶回国，以致中原军队在此后一段不短的时间内都相当缺马。

这还不止。耶律德光察觉晋军士卒并非真心投降，为免生变，他索性狠下心来，打算让契丹骑兵将这些已手无寸铁的兵士驱赶到河里活活淹死。关键时刻，倒是赵延寿出来救了局，他说屠杀会激发其余晋国军民的反抗，这才制止了即将发生的暴行。后来耶律德光南下，又一次萌生屠杀这数万降卒的念头，仍然是赵延寿挡了下来，理由是需要兵力守土。

但赵延寿两次阻止杀戮，并非他大发善心，其实只是为了保住自己未来能当中原皇帝的资本罢了。不过就客观结果来看，赵延寿一生臭名昭著，竟也稀罕地积了两回德。

接下来，耶律德光就要打进开封去。大概是存了些故意羞辱人的心思，他提出让皇甫遇来担当先锋——皇甫遇早年可没少让他吃苦头。然而皇甫遇虽然是个降将，但他起初并未参与杜重威的奸谋，而后又稀里糊涂地跟着投了降，本就心里窝囊，现在又让他去干这个遭人唾骂的差事，更难以忍受，便连连推辞。

耶律德光看着昔日挥斥方遒的皇甫遇，如今在他面前已是敢怒不敢言，只是笑笑，没多说什么。不过，他到底小瞧了皇甫遇的决心。

皇甫遇退下后，对随从（可能就有那位让马的义士杜知敏）说："我皇甫遇身为将相，战败偷生已经很过分了，哪里还忍心对付故主呢？"

之后，皇甫遇随军南下到达赵州境内的平棘县，但整个行程中他一直寝食难安。他已经扛不住巨大的心理压力，痛苦地哀叹道："我已经几天没有吃饭了，事到如今，还有什么脸面继续南行呢？"遂刎颈自杀。时人都认为他非常忠义，后汉初建时，还追赠皇甫遇为中书令。

虽然死了一个皇甫遇，但比他乐意为契丹效劳的大有人在。张彦泽欣然接受了南下开路先锋的委任，带着两千骑兵，还有耶律德光派来督军的都监耶律解里，直取开封。

这支先锋部队如入无人之境，而投靠了新主子的张彦泽更是卖力非常，日夜兼程飞奔驰骋，在夜间轻易渡过了滑州白马津。

十二月十六日当天，石重贵总算知道了杜重威投降、张彦泽抵达滑州的消息，忙召李崧、冯玉、李彦韬等人入宫议事，准备抱刘知远这条大腿，召他前来救驾。事实上，就算刘知远得到命令立即起兵勤王，时间上也来不及，毕竟太原距离开封实在是太远了，更何况刘知远压根就不太热心呢。

次日清晨，张彦泽从封丘门斩关而入，李彦韬率领城中仅有的五百禁军迎敌，根本无法阻挡前来的精兵。

大梦初醒的石重贵自知末日已到，便效仿前朝末帝李从珂，在宫中点起大火，自己提着一把剑驱赶十几名后宫女眷，要她们和自己一同赴火殉国。但是亲将薛超死死抱住了他，没让他得逞，大火也很快被扑灭。昔日威风八面的大晋天子，如今只能灰败地枯坐御花园，与后妃们相对哭泣。

翰林学士范质接到了最后一桩来自天子的任务——草拟皇帝和皇太后的降表。在降表中，原后唐公主、石敬瑭的遗孀李太后，甚至不得不卑微地自称

"儿媳妇李氏"。

张彦泽纵容士卒大肆劫掠皇都，无恶不作。桑维翰死在了他的手里，楚国夫人丁氏也被他强行掳走。他的作为已到人神共愤的程度，耶律德光入城后，为了维持秩序和安抚人心，不得不先拿他开刀问斩，向民众谢罪。

高行周和符彦卿两位名将经历了后唐、后晋两次巨变，也习惯了改朝换代，坦然来到耶律德光的牙帐投降。看着眼前曾给契丹人带来巨大心理阴影的符彦卿，耶律德光故意追问他在阳城之战的表现。符彦卿不卑不亢地回答："我当时只知道为晋帝尽心竭力，如今是生是死，全在你一句话！"德光笑了笑，便让他退下了。

不过，耶律德光此时最想抓住拷问的人，既不是石重贵，也不是符彦卿，而是另有其人。他刚到相州时就派出人手前往河阳，抓捕引起后晋契丹连年大战的罪魁祸首——景延广。景延广自知无处可逃，索性自发前往封丘，向耶律德光投降。

耶律德光怒斥道："导致两国二主不和，全都是你干的好事！你说的十万横磨剑，如今在哪里？"

景延广不愿承担罪责，竟然当场耍起无赖。耶律德光冷笑一声，早就料到对方不会认账，便让乔荣带着当初的宣战书一并登场：人证物证俱在，看你还有什么不服？

景大人当年意气风发，足足用了十件事来惹怒契丹，现在每承认一件，耶律德光就丢给他一支筹码。等丢到了第八支筹码时，惭愤交集的景延广已经抬不起头来，只好把脸伏在地上，请求一死。

就这样，景延广被耶律德光扣押了起来，准备送回本国。可以想象，以景延广的罪人身份，一旦到了北方，将会遭遇何等非人待遇。如今他已连活下去的勇气都不复拥有了。一天夜里，景延广趁守卫松懈，想法子勒紧了自己的咽喉，窒息而死，也算便宜他了。

开运四年（947 年）大年初一，石重贵与李太后等皇族在接受了最后一次群臣的新春祝贺后，来到开封北面的封丘门迎接耶律德光，后晋就此亡国。

耶律德光看在石敬瑭的分上，没有太为难这个干孙子，给他封了一个带有羞辱性质的"负义侯"，准备将石氏一族迁往遥远的黄龙府（今吉林农安）。

正月十七日，耶律德光派发三百骑兵，押送着后晋天子石重贵、皇太后李氏、天子生母安太妃、冯皇后、皇弟石重睿、皇子石延煦、石延宝、中书令赵莹、枢密使冯玉、侍卫马军都指挥使李彦韬等重臣（李崧得到礼遇，被留了下来），以及后宫人员共一百余人北上，等待他们的，是天寒地冻的雪国。

近一百八十年后，金军南下，攻破汴梁，俘虏北宋徽钦二帝、皇族后妃以及公卿朝臣三千余人北去。如此高度相似的结局，要是说后晋灭亡是靖康之变的一次预演，也未尝不可。

北迁路上，石重贵一行可谓充分体会了人情冷暖与世态炎凉。由于食物供给缺乏，有时候连天子、太后都得不到一点儿食物充饥，而沿途那些旧日官员，几乎没人有胆敢于前来迎接拜见。

疾风知劲草，板荡识诚臣。只有李谷在路边迎接拜谒，为天子一行洗尘。"做臣子的无能，有负陛下重托！"李谷将家财全部献给了石重贵，二人相对而泣。而事实上，李谷又有什么对不起晋朝的呢？

待一路向北来到了中渡桥，昔日的晋军大营尚在，石重贵看到后悲愤叹道："苍天啊！我家有什么对不起你的，杜重威此贼竟破我家国！"然后大哭着离开了这个伤心之地。

后来，石重贵一家又被迁到建州（今辽宁朝阳）。契丹人待他还算不错，分配了五十余顷面积的农田，从此石皇帝不得不自耕自足，体味民间疾苦了。辽景宗保宁六年（974年，也是北宋开宝七年），在北国生活了二十七年的石重贵病死他乡，终年六十一岁，反而是五代诸帝中最晚去世的皇帝。

而李太后在北方没几年便染病去世了。这位一生历经大起大落，有着公主、皇后、太后三重身份的女子临终前仰天大哭，望着南方戟手诅咒杜重威与李茂贞二人道："人死后，若无知觉就罢了，如果有，我就是做鬼也不会放过你们！"事实上，由于消息闭塞，她不知道这两个卖国贼早就死于非命了……

关西烽火：后汉平叛战争

蠢蠢欲动

述律平终究没有等到儿子回来，耶律德光也没有成为最终的赢家。

入主开封后不久，耶律德光便身穿汉人衣着，当上了皇帝，还改国号为大辽，这也就是辽朝的由来。同时，耶律德光还改元为"大同"，以表自己成为华夷共主，创造天下大同的愿望。

但好景不长，由于契丹人来到中原地区后，仍然改不了"打草谷"的掳掠习性，而且广纳贿赂、纵酒作乐、残杀百姓，很快激起各地藩镇、军民的反抗，起义活动一时风起云涌，连绵不绝。耶律德光惊闻巨变，连连感叹："我不知中国之人难制如此！"

眼见统治中原的美梦已濒破灭，加上当年的暑气来得特别早，久居严寒之地的契丹人无法忍受，耶律德光只得于三月从开封北返，临行前还带走了原后晋的文武百官、宫女宦官数千人，以及不计其数的府库财宝。途经相州，耶律德光又在此地制造了臭名昭著的相州大屠杀，十余万军民被害，其行径令人发指。

也许是老天爷再也看不下去了，四月，耶律德光突发热病，行至栾城北方的一片树林时暴然身亡，此时距他在开封称帝仅有八十二天。

天气渐热，为使尸身不腐，契丹官员们只能剖开其腹部，填进了好几斗盐才算完事。因此，汉人们无不嘲谑耶律德光为"帝羓"（皇帝肉脯之意），还把那片树林称为"杀胡林"。南宋中兴四大家之一的范成大（他曾出使金国并在对方朝堂上慷慨陈词）亦有诗曰：

阴山碛中射生虏，马逐箭飞如脱兔。

割鲜大嚼饱何求，荐食中原天震怒。

太乙灵旗方北指，挈眷逃归莫南顾。

猖狂若到杀胡林，郎主犹耙何况汝！

辽太宗耶律德光死后，赵延寿乘乱争权，事败后被耶律倍之子耶律阮软禁至死，结束了他可耻的一生。耶律阮则在恒州自立，即为辽世宗。他回国后，不可避免地又要同祖母述律平以及三叔耶律李胡进行皇位争夺战。虽然耶律阮最终获胜，但此后数年内，辽朝内部频繁爆发叛乱，无暇南顾中原之事。

而值此大乱之际，趁着群龙无首一举脱颖而出的人，正是原后晋的河东节度使刘知远。

刘知远经营太原多年，在石重贵与耶律德光交战时拒绝施以援手，同时继续扩充自身军备，打造了一支五万人的步骑精兵。契丹灭晋后，刘知远又与耶律德光周旋了几个回合，表面上默许了契丹的统治，实则保持观望态度。

耶律德光本以为，刘知远既然也是石敬瑭昔日的老下属，那么和杨光远、杜重威该是一路人，于是故技重施，要收他当儿子，还赐予了表示尊贵的木柺。哪承想，人压根看不上跟他攀亲道故。要知道，当年石敬瑭奉表求救时，最反对认爹的人就是刘知远。

刘知远得知耶律德光大失民心、无法久留中原以后，便立即着手与苏逢吉、杨邠、郭威、史弘肇等一众心腹文武密谋自立门户，紧锣密鼓地于开运四年二月十五日在晋阳称帝。

严格来说，此时的刘知远还没有更改国号，还算是后晋皇帝。而且为了表示对老上司石敬瑭的敬意，刘知远干脆抹掉石重贵的时代烙印，特地改称这年为天福十二年。

契丹人退出中原以后，刘知远已经获得部分藩镇的支持，遂得以在当年的六月十一日进入汴梁，几天后改国号为汉，这便是五代继后唐、后晋之后，第三个由沙陀族人建立的政权。

值得一提的是，沙陀在当时已高度汉化，除了长相，在文化上和汉人并无什么差异，也没有像后来元朝、清朝那样对异族采取高压政策，老百姓对他们的接受度也比较高。

与此同时，后蜀的发展也颇为引人瞩目。原后晋雄武军节度使何重建拒绝服从契丹统治，杀死辽使，携秦、阶、成三州之地归附后蜀。随后，在何重建与蜀军的合击下，镇守凤州（今陕西凤县）的后晋皇亲石奉頵（yūn）无力防守，只得出降。就这样，后蜀乘着中原大乱，夺得陇山以西及秦岭以南大片地盘，疆域已恢复到与前蜀极盛时一般大。

且说被耶律德光带走的后晋文武百官一行，他们被押送至恒州后，复又听说中原有了主心骨，立即决定起事，驱逐了贪婪残暴的耶律麻答，重新回归朝廷，恒州顺国军也被后汉改回镇州成德军。而经刘知远安抚，原后晋的大多数藩镇节度使都乖乖地表示臣服，如原宋州节度使高行周直接入朝，郓州李守贞也奉表归附，同意移镇河中护国军。而明着不肯服从后汉朝廷移镇命令的，只有导致后晋灭亡的最大罪人——天雄军节度使杜重威。

杜重威此时非常忧虑。契丹人未能如约立他为帝不说，连他的靠山耶律德光本人也北返身死，反而是与自己长期不和的刘知远乘乱当上了皇帝。一系列变故接踵而至，让人喘不过气。杜重威投敌卖国走到今天，更是时时感到心虚不安。但他还是不肯挪窝，甚至还请来一些留在北方的契丹军队帮忙驻守魏州。

刘知远正烦心找不到由头来对付这些旧日藩帅，如今杜重威拒绝移镇，真是瞌睡来了送枕头——来得正是时候。杜重威给自己递了这么个口实，刘知远当然不会放过，立即派出高行周和慕容彦超领军北上，兵临魏州城下。起初，因二将不和，后汉军迟迟不能攻下魏州，刘知远只好亲自出马，逼迫杜重威出降，最终取得了后汉朝廷第一场讨伐叛镇战事的胜利。

出于安定人心的考虑，杜重威投降来到开封后，刘知远并没有把他怎么样，只是听从郭威的建议，杀死杜氏牙将百余人，又没收其家产，把这些不义之财全部赏赐给了有功将士。之后，后汉又封杜重威为太傅、中书令、楚国公等，当然，这一连串官爵不过是些虚名，并不能掩盖他已成为待宰羔羊的事实。在开封城内出行时，杜重威没少遭到百姓唾骂，被人们以碎石和瓦片投掷，十分凄惨，但睚眦必报的刘知远并不会因此就轻饶了他。

第二年，即乾祐元年（948 年）的正月末，刘知远痛失长子刘承训，被打击得一病不起。弥留之际，刘知远把年轻的次子刘承祐（不久更名刘承翰，以免年号犯讳）托付给了宰相苏逢吉、枢密使杨邠、枢密副使郭威、侍卫马步军都指挥使史弘肇四位顾命大臣，同时还不忘留下一句话："严防杜重威！"之后便撒手人寰，时年五十四岁，史称后汉高祖。

苏逢吉等人心领意会，几天后就以先帝名义下达斩杀杜重威父子的命令。杜氏父子被行刑后，对其恨入骨髓的百姓无不拍手称快，扑上去争啖其肉，片刻工夫，后晋头号罪人杜重威的尸身就只剩下一把骨架。

当然，这些都是后话。

当前，除了杜重威，还有两位正在首鼠两端、暗中观望的旧日藩帅需要刘知远清理：一位是担心刘知远不能包容自己的晋昌军节度使（治京兆府，即今陕西西安）赵匡赞，另一位是凤翔节度使（今陕西凤翔）侯益，这两人都是耶律德光还在时任命的节度使。

赵匡赞正是赵延寿的儿子，由于祖父和父亲干了不少缺德事儿，他当然忧惧刘知远会来个政治清算。思前想后，赵匡赞决定仿效何重建，投靠后蜀，请求蜀军经秦岭迎接自己。

后汉天福十二年（947 年）十二月，不愿错过天降馅饼的蜀帝孟昶先礼后兵，一手派出雄武军都押牙吴崇恽，由他带着枢密使王处回的亲笔书信，游说侯益投降；另一手任命原后唐降将、山南西道节度使张虔钊为主帅，从散关出击，又任命原后晋降将、秦州雄武军节度使何重建为副帅，以宣徽使韩保贞为都虞候，加上老将庞福诚，越过陇山以攻陇州，两路一共五万人夹击凤翔。同时，为了支援率先投诚的赵匡赞，孟昶还另派奉銮肃卫都虞候李廷珪带兵两万，通过子午谷北行，前往长安。

三路大军，七万人马，这还是孟昶继承父亲孟知祥的皇位十几年以来规模最大的一次出征。各军从成都出发时，旌旗招展，延绵数十里。

听闻赵匡赞投蜀，更重要的是蜀军大举北上，侯益也不再犹豫了，决定归附后蜀。吴崇恽带着凤翔的名籍粮账返回后，侯益便联合赵匡赞一同向成都上表，正式请新主子出兵，平定关中！

刘知远顿生头疼：刚刚才平定了杜重威，又蹦出了赵匡赞和侯益，两人接连叛国，好不安生。正好回鹘贡路被党项阻隔，于是刘知远以接应回鹘使团为由，准备派出亲信将领王景崇和齐藏珍率领数千禁军前往迎战，顺便经略关西，寻机拿下。

然而世事难料，事态忽然来了一个一百八十度大转弯。赵匡赞听从了父亲的老幕僚李恕的忠言，经再三考虑，认为相较于中原大国，后蜀的体量还是太小，能真正庇护自己的可能性微乎其微，最终反悔，选择回归后汉。他也不等朝廷回复，直接用实际行动表态，丢下长安，直奔开封而去。

凤翔的侯益得知这个消息，大惊失色——现在他赵匡赞倒是想要弃暗投明了，可蜀军都已经让他招来了，光留自己一个在这儿不是人，这不是在坑老子吗？于是侯益也迅速改变立场，向后汉朝廷示好，还请求在下个月入朝，为天子祝寿。

就这样，本来已向后蜀称臣的赵匡赞和侯益临阵变卦，莫名其妙地又变回了汉臣。于是，王景崇率部出发前，深思远虑的刘知远在卧室单独召见了他，并叮嘱道："赵匡赞和侯益的真实想法，我们还不能够确认。你们到了关中，如果他二人已经启程入朝，那就不再追究。如果他们仍在逗留观望，你们就见机行事！"

王景崇前往关中后不久，刘知远便去世了。即便晋昌、凤翔二镇现已真心归顺，蜀军也已进入这八百里秦川，汉蜀两军发生冲突已不可避免。单靠手头这几千人来抵挡数万蜀军，显然是不现实的，王景崇进入无主的长安城后，马上征调各道兵马以及原先赵匡赞没有带走的一千多名牙兵来御敌。

出于对这些牙兵会逃跑的担忧，王景崇和齐藏珍想要在他们的脸上刺字，但不敢过于声张，只稍微放出一点儿风声试探。很快，竟真有人主动前来，请求让他第一个刺字作为表率，好统御其余士卒。

此人就是魏博牙兵出身的军校赵思绾，同时也是赵匡赞部曲的首领。眼见领头的都同意这么做了，王景崇大为欣喜，齐藏珍却不这么看，悄悄劝说："赵思绾凶悍暴戾，我看是个难以制服的主儿，不如杀了他！"

然而王景崇此时感谢赵思绾还来不及呢，怎么会杀了他。于是他没把齐藏珍的话放在心上，留永兴军节度副使安友规驻守长安，自己率军击敌去了。他绝对想不到，自己的一念之差，未来将会给长安城带去多么深重的灾难。

负责接收长安的蜀军将领李廷珪听说赵匡赞反水，立即心道不好，不能再继续蹚这趟浑水了，马上撤军南返。没想到他的反应还是慢了一步，被王景崇急行军追上，在子午谷遭拦腰横击。李廷珪惨遭大败，没法沿原路返回，只能沿着秦岭向西投奔友军而去。

李廷珪本来接了一桩美差，没想到半途生变，已是非常倒霉。然而祸不单行，他逃往凤翔后，没承想又吃了侯益的闭门羹。

且说侯益这一边，后蜀派了张虔钊去接应他。这个张虔钊在后唐时期担任过凤翔节度使，在后蜀朝廷看来是个再合适不过的人选。可张虔钊领兵出了散关又快速抵达宝鸡后，对于接下来的仗该怎么打，手下诸将意见不一，张虔钊便迟迟做不了决定，一直按兵不动，以致白白浪费了时间。

正月二十六日晚上，李廷珪败还、赵匡赞和侯益双双叛蜀的消息传来，犹如晴天霹雳，击中了张虔钊本就胆小脆弱的内心。这下蜀军诸将也不再继续争论了，意见高度一致——逃！

王景崇已经得到了增援，率领凤翔、陇州、邠州、泾州、鄜州、坊州六地兵马杀来，在散关再次痛击丧失斗志的蜀军，俘虏将卒四百余人。张虔钊退回蜀国境内的兴州（今陕西略阳）后，这位常败将军也许是对自己这几十年来，从后唐到后蜀，在军事上全无佳绩的表现非常懊悔，竟然一气之下暴病而亡。

在中路、东路两支部队都失利的情况下，西路的韩保贞和庞福诚也不敢在陇州久留，只得退回陇右，带上何重建一起回了成都。

可以说后蜀这次北伐是偷鸡不成反蚀把米，虎头蛇尾地仓促结束了，但孟昶依然相信，机会还是会有的。

造反有理

击退蜀军后，王景崇顺利接管凤翔府，派遣禁军把守各个城门，同时也被朝廷任命为凤翔巡检使。但王景崇面前还有一个问题亟待解决，让他犯了老大难，那就是如何处置侯益。

当初王景崇奉刘知远之命，查探赵匡赞与侯益是否有心归顺，如今赵匡赞已一路狂奔进了开封，自然无须再管，但眼前的侯益，却好像没有要离镇的意思。于是有人劝王景崇行便宜之权，找个机会做掉侯益。

然而，王景崇犹豫了。在他看来，自己手执生杀大权确实不假，但那是先帝和自己私下里的秘密谈话，再无第三个人知晓内容，如今刘知远已经命归西天，死无对证，如果自己贸然动手，也许反而引新帝群臣生疑。

侯益到底是老兵油子，在乱世里摸爬滚打几十年，何等人精，很快察觉王景崇的异样，于是让下属程渥前去说情。这个程渥与王景崇是同乡，一见面就自来熟地直说："您如今已是显贵，也应该懂得知足了，何必要怀着祸害他人之心呢。何况侯益亲戚爪牙人多势众，一旦动起手来，对您可没什么好处啊！"

本来奉先皇遗命办事，合该理直气壮，如今却束手束脚的，王景崇本来就一肚子憋屈，听完程渥这番带有威胁意味的言语，顿时怒上心头。这人要是不理智起来，往往有些口无遮拦。王景崇朝着程渥高声骂道："你给我滚！不必再给人做说客了，我要灭他全家！"

侯益得到这个回复，吓得冷汗直流，都顾不上和家人打声招呼，直接带着几十个亲信直奔开封而去。小皇帝见到侯益，故意问他："为何要招致蜀军进入关中？"侯益并没有慌乱，机智地给出了一个答案："臣这是想要诱敌深入，全歼敌军！"一句话把刘承祐逗乐了，没再追究他。

王景崇得知消息，懊悔不已，痛骂自己一张破嘴惹了祸。他这才发现自己处境微妙：虽然打了两场胜仗，但本来要解决的潜在敌人却一个个跑去了开封，现在只留自己还在凤翔，任人在背后谈论是非！

事实正如他所想，侯益可没少在背后编派他。侯益来到汴梁后，大肆贿赂权贵，于是重臣们在天子面前纷纷称赞他，不久刘承祐就让他担任了开封尹。而对于和自己交恶的王景崇，侯益则疯狂地去诋毁，控诉他在地方上横行霸道。在抹黑对方一事上，侯益不留一点儿余地，也导致朝廷对王景崇的印象开始变差。

王景崇听说侯益当上了开封尹，就知道事态有变，深感不安，对朝廷的态度也由失望转向怨恨。

正巧，刘承祐派特使王益来征调赵匡赞的牙兵前往朝廷，让王景崇觉得有机可乘。王景崇决定把水搅浑，让朝廷无力专心对付自己，于是挑唆同样对入朝感到很不安的赵思绾，两个人都下定了决心。

牙兵队伍离开凤翔前往开封，途中，赵思绾特意对另一位部将常彦卿说："小太尉（指赵匡赞）已经落到他们手里，我们要是去了开封，必然落得死在一起的结局，你觉得该怎么办？"常彦卿心领神会，说道："随机应变，不必多说了！"确认过眼神，一个阴谋就此定了下来。

乾祐元年三月二十四日，赵思绾一行抵达刚被更名为永兴军的原晋昌军，节度副使安友规与巡检使乔守温出城迎接王益，在郊外客亭设宴款待。席间，赵思绾上前请求接走城中家属前往指定住宿地点。这个请求本身是合乎情理的，加上牙兵们的武器铠甲都已被没收，所以安友规等人没多想就同意了。

赵思绾等人久经沙场，动起手来十分利落。一行人来到西门，趁人不备，以迅雷之势杀死守城士卒，攻入衙门和府库，夺取了武器和盔甲，一举占据了长安城。安友规等人闻讯后纷纷逃跑，赵思绾则在十天之内迅速组织起了一支四千多人的部众，疏浚城壕、修缮城楼、置备守城器械。

王景崇得知赵思绾起事成功，立马来了底气，一边对外宣称要讨伐赵思绾，一边示意凤翔官民向朝廷上表，推举他来主持军府事务。就这样，极富戏剧性地，王景崇从一个平叛者变成了叛乱者。

朝廷当然不愿见到藩镇难制的事发生，于是调邠州静难军节度使王守恩为永兴军节度使，调陕州保义军节度使赵晖为凤翔节度使，至于王景崇，就暂时让他去王守恩的邠州做个留后。意思也很明白：你王景崇那点儿心思，朝廷一清二楚，就歇了借赵思绾发难给自己谋利的心思吧！

王景崇和赵思绾的动作，也全被另一个人看在眼里，此人此时也已经走到了造反的边缘。

杜重威被杀以后，李守贞越发自危起来。作为当年极力促使晋军投降的二号战犯，他害怕自己哪天被清算，愁得睡不好觉，终于萌生了反叛的念头。

李守贞盘点自己的优势：昔日曾立下马家口、青州、阳城等多次战功，作为一代上将，威望尚存，再加上他平时对士卒们不错，还算慷慨好施，所以自认在军界的支持度并不低。再反观新建的后汉朝廷：刘知远死后，主少国疑，而执掌大权的原刘知远亲信都是一些后进晚生。

这样一对比，李守贞便对朝廷有了轻视之意，开始夜以继日地招纳亡命之徒，豢养敢死勇士，同时整治河中府（今山西永济）城防，修缮盔甲武器。

此外，还有个叫总伦的和尚故弄玄虚。李守贞的儿子李崇训娶了符彦卿之女，总伦就说，符氏有大富大贵的面相，日后将母仪天下。李守贞就爱吃这一套，说："我的儿媳都能当皇后的话，那我的儿子一定就是天子，至于我这个当爹的能成就什么，更不用多说了！"于是下定决心伺机叛乱。

坦白来说，这个预言确实说得有些含糊，未必就没有另外一种可能性，只是当时李守贞等人并没有往那方面想。

为了寻求潜在的盟友，李守贞还派人带着蜡丸经小路多方走动，试图勾结各地藩镇、契丹、后蜀、南唐等国内外势力。虽然契丹自顾不暇，蜡丸也多次被截，但这些拉拢还是小有成效的。某些藩帅，比如鄜州保大军留后王饶就暗地里与河中有密切联系，定难军节度使李彝殷也差点儿出兵帮忙。

现如今，永兴军、凤翔府两大重镇皆不听从朝命，赵思绾甚至还送来了天子御衣。李守贞大喜过望，觉得天命归己，时机已到，于是自称秦王。

秦王这个名号，在唐五代的地位实在太过显眼。除了那些得到赐姓自称李氏的家伙（比如李茂贞、李从荣），之前货真价实的李氏秦王，只有唐太宗李世民一人。李守贞自立为王后，下设丞相、枢密使、国师等官职，授赵思绾为晋昌军节度使，授王景崇为凤翔节度使，俨然以准天子的派头自居。

李秦王出手不凡，一起兵就派悍将王继勋占领了潼关。

乾祐元年三月二十八日，邠宁节度使王守恩、泾原节度使史匡威、同州节度使张彦威、华州节度使扈彦珂四人联名上报：护国军节度使李守贞与永兴赵思绾、凤翔王景崇组团叛乱，三镇之叛爆发！

各藩镇里，距离河中最近的是与之隔河相望的同州。镇守此地的匡国军节度使张彦威是刘承祐的岳父，深得朝廷信赖，他早就察觉了李守贞的不对劲。有赖于他多次奏请朝廷严加防范，朝廷派出了滑州马军都指挥使罗金山率部协防，同州这才没有在李守贞起兵后被攻下。

李守贞没能得意太久，仅仅数天后，后汉陕州都监王玉赶走王继勋，收复了潼关。

朝中，侍卫马步军都指挥使史弘肇觉得李守贞不值一提，必然难成气候。但枢密副使郭威认为，李守贞的身旁有众多英雄豪杰相助，不可小觑。

规模如此大的联合叛乱，到底引起了朝廷的高度重视。四月初，刘承祐下诏设西南面行营，一连任命了三位主帅：澶州镇宁军节度使郭从义为永兴军一行兵马都部署（后升为永兴军节度使、行营都部署），负责对付赵思绾；陕州保义军节度使白文珂为河中府一行都部署，负责对付李守贞；未能上任的凤翔节度使赵晖为凤翔府一行都部署，负责对付王景崇。

蜀帝孟昶再一次看到了战机，选择与王景崇冰释前嫌，派人劝他速速归附蜀国。王景崇这回学乖了，知道仅凭借一己之力，肯定无法抵挡汉军，必须得傍大腿，而且多多益善。于是他做起墙头草，既接受李守贞册封的官爵，又派人前往成都，表示愿意投降。

孟昶大喜，以凤翔在岐山之南，改凤翔为岐阳军，任王景崇为岐阳节度使并加同平章事。至于王景崇到底准备跟哪一家姓，用他前老板刘知远的那句话来说，见机便宜行事呗！

接下来的四个月，后汉朝廷的平叛战事并不太顺利。

首先，将领们死的死，老的老。

在六月攻打赵思绾时，西面行营的三号人物——任都虞候的侍卫步军都指挥使尚洪迁竟然伤重而死，是后汉这次军事行动中级别最高的战死将领。

而河中方面的主帅白文珂当时已是七十三岁高龄，稍有不慎，老人家就得马革裹尸而还了。而这位本该在家中颐养天年的老将，确实也不是平叛的料，并没有什么破敌良策。

其次，战事旷日持久。

朝廷不断地朝战场投入各地藩镇军队，但前线各位将领均不肯主动出击，迁延不进。比如昭义节度使常思已进驻潼关，白文珂已进驻张彦威的地盘同州，赵晖也暂时进驻长安以西的咸阳，但是各军的积极性不佳，迟迟没有推进。

诸军之中，只有行营主将郭从义与都监王峻所部迫近长安。然而更要命的是，这一正一副的关系非常不好，势同水火。在尚洪迁死后，二人更把精力放在了互相推卸责任上，对峙观望，谁也不肯先出战。

就这样，眼看战事都拖到入秋了，后汉的执政大臣们也只能面面相觑：这仗还能打下去吗？

王牌对王牌

朝廷执政经过商议，决定派遣一位有能力也有时间的重臣前往河中督战。后汉君臣一致认为，顾命大臣中，有勇有谋的郭威可以胜任。

乾祐元年八月初六，刚升枢密使、加同平章事的郭威被任命为西面军前招慰安抚使，河中、永兴、凤翔诸行营将士全部都要听从他的号令。

此前，朝廷任命白文珂与常思两个老头负责平叛，坊间都对此感到担忧，认为他们不是李守贞这个名将的对手。现在，郭威挂帅的消息一出，朝野内外人情大悦。

这个郭威是什么人？古典名著《水浒传》中"鲁提辖拳打镇关西"的故事，读者们想必耳熟能详，而郭威早年在潞州时曾怒杀恶屠户，恰是这段故事的历史原型。但不同于那些只会诉诸武力的莽汉，郭威天资聪颖，爱好学习并广泛阅读，尤其喜欢写作，这些都是在五代军人中难得一见的闪光点。

郭威年轻时，在军中向义兄李琼讨教《阃外春秋》，通过仔细研读这部历代战争史，他也精熟了兵法。之后历经的三十多年军旅与官场生涯，又把郭威从当年那个冲动易怒的毛头小子，锤炼成了老谋深算的政客，在刘知远称帝晋阳、南下开封的过程中，郭威可谓是居功至伟。

爱学习确实是郭威的一大优点。就在出征河中府前，他还出人意料地拜访了老太师冯道，向这位从政数十年的政坛常青树请教起军事上的取胜之道。

冯道在五代乱世中立足，不执着忠于一姓王朝，而把为天下苍生做实事放在首位，本是有大智慧之人。不过他老人家在后汉并无实权，故而起初以不在其位不谋其政为由，不愿多说。

经郭威屡次恳请，冯道才反问了一句："郭相公可懂得赌博之事？"

郭威早年的家境并不富裕，也没少赌，甚至他的养子郭荣为了贴补家用，年纪轻轻就前往江陵经商，专门贩卖茶货。如今听冯道这么一问，郭威以为对方是在嘲讽自己，脸色马上变得不好看了。

却听冯道又说："相公此行，也好比是参加一场赌局啊。对于赌者来说，身上钱多底气就足，能够取胜；身上缺钱便会胆怯，往往亏输。李守贞在晋朝时，掌管禁军多年，自恃沙场老将，能得军心依附，所以才有胆子谋反作乱。希望相公到了前线，不要吝惜钱财，广施恩爱，赏罚分明，使得军心凝聚于朝廷，那么李守贞也就不足为虑了！"

听冯道一番指点迷津，郭威这才豁然开朗，赶紧谢过老太师，像个乖巧的学生一般恭敬退下。

郭威来到前线后，诸将不敢再磨洋工了，纷纷进言商讨进攻方略。多数人认为，目前河中府较为难啃，应该先挑软柿子捏，不如先行夺取长安和凤翔二地。

就在郭威犹豫不决时，华州镇国军节度使扈彦珂提出了不同意见："如今三个叛镇联合，推举李守贞为盟主，河中若亡，其他两个反贼自然也随之败亡。如果我军舍近求远，先攻打西线，万一赵思绾和王景崇挡在前面，而李守贞在我们背后夹击，届时腹背受敌，那就陷入险境了！"

这道理看似浅显，实则深刻，虽然李守贞难打，但如果汉军因此就避开，显露畏惧，势必招来更大的麻烦。郭威认为扈彦珂说得对，于是下令全军重点进攻河中李守贞。

其中，郭威自河中东面的陕州进取，白文珂与新任侍卫步军都指挥使刘词从河中西北面的同州出击，加上常思从河中西南方向的潼关发兵，三路人马从三个方向一起夹击李守贞。

郭威也谨遵冯道的教诲，无论军职大小，对军中士卒皆示爱抚，和他们同甘共苦。士兵们只要稍微立了些许功劳，郭威毫不吝啬，直接赏赐（反正这钱都是朝廷出）；士兵们不幸受伤的，郭威必定经常亲自前往看望。而不管是贤明之士还是不肖之人，只要有所建策，郭威一概和颜悦色地听从，甚至有人公开反对自己的决策，郭威也并不发怒，对犯了小错的人也不予追究。

上哪儿找这么好的主帅啊！汉军上下无不深受感动，对郭威感恩戴德，打起仗来也更加卖力了。

　　而李守贞还在盲目自大。在他眼里，后汉禁军大多数都是自己的老部下，受过自己不少恩惠。他非常自信，认为这群骄兵悍将一向不满汉廷的严刑峻法，只要一到河中，他们必定倒戈前来，到时自己将重演李从珂在凤翔上位的一幕，坐上皇帝宝座不再是梦想！

　　然而，这注定只是李守贞的一厢情愿。

　　据说当年平定杨光远之后，贪财吝啬的李守贞给手下的赏赐，竟然只不过是些变质茶叶、染木、姜药。军士们敢怒不敢言，就把这些东西用布包好形如人头，挂在树上，直呼这是李守贞的脑袋！加上这些将士仍然记得中渡桥屈降的情形，李守贞的叛臣行径历历在目，真不知道他是哪儿来的自信。

　　再说，禁军将士们新近又得了郭威的恩惠，更不会惦记李守贞了，哪儿有什么李秦王，不过是一个祸国殃民的反贼而已！

　　八月二十三日，郭威领军抵达河中城的西郊，汉军旌旗飘扬，战鼓齐鸣，这雄壮的声势一下就把李守贞吓得不轻。

　　与此同时，白文珂也在刘词的协助下，攻克了黄河西岸的河中西城，控制了蒲津浮桥，安营扎寨于河西；另一路的常思也抵达了河中城南。

　　说起来，常思和郭威的关系非同一般。郭威年轻时孤苦无依，正是寄住在常思家中，以叔父称呼，没少得到他的关照。所以也有说法认为，郭威最早姓常，随母改嫁以后才姓郭。如今二人一起平叛，人们都以为会出一段常思、郭威父子同心其利断金的佳话。不料郭威竟丝毫不留情面，直接撤掉常老爷子的副将职位，让他回潞州去，不用负责战事了。正因为是亲人，所以郭威再了解不过，常思资质平平、带兵无方，实在不是打仗的料，与其让他坏事，不如请回家歇着。由此，史称郭威有识人之明。

　　之后，诸将卷起袖管这就要跟李守贞开打，但又被郭威拦住了。这就有意思了。河中城是他郭威决定要打的，现在又喊不打，这葫芦里装的什么药？郭威不疾不徐道："李守贞是前朝老将，骁勇善战屡建战功，而且对待士卒也算爱护，不能轻视。何况河中城紧靠黄河，城防坚固，要打下来并不容易。

如果我军仰面进攻，这和带着大家赴汤蹈火有什么分别？勇气有旺盛也有衰竭，进攻分轻重缓急，时机也讲究适宜或不宜，事情有先有后！"

理是这么个理，但实践起来就是另一回事。郭威不仅说得出理，他还给得出具体的行动方案："不如先建筑起长墙围困河中城，让敌军上天无路，入地无门。我军只要厉兵秣马，在城外安享送来的粮食，做到温饱有余就够了。等到城中粮食吃完，钱财用完，我们再一边用云梯冲车迫近城池，一边写信招降他们，对方必然什么都顾不上，各自逃命，不过一群乌合之众！至于赵思绾和王景崇，只要分兵牵制住就无忧虑。李守贞过去害怕先帝，所以不敢嚣张，如今见我们自从太原崛起以来还没有立过什么大功劳，所以轻视我军，我们正应该以静制动！"

其实通读五代史就会发现，就郭威这个围城打法，并没有什么创意。之前朱温使过，康怀贞使过，王晏球使过，李仁罕使过，高行周使过，就连李守贞本人打杨光远时，也是如法炮制。

消耗战的成功率虽然不低，但翻车的案例也不是没有，成功与否，还得看具体怎么操作。此外，这种战术在短期内收效甚微。当然，这种打法更为保险，郭威未必不担心将士阵前倒戈。

三天后，汉军征发各州民夫两万多人，由白文珂带着他们挖掘沟堑，建筑连城。不过郭威为了减少汉军伤亡，特意嘱咐网开一面，把城南空了出来，在其他三个方向围困河中城。

同时，郭威下令偃旗息鼓，只在黄河沿岸数十里设置烽火台传递军情，派步卒轮流守卫，又派水军船队停泊在岸边巡逻。如此一来，暗中进出的人几乎全部被抓。

九月初，凤翔传来一个坏消息，对侯益而言简直是天大的噩耗，虽然他早已对此有了心理准备。

王景崇为了泄愤，杀死侯氏一家老小七十余口，其子侯仁矩、侯仁宝等不在凤翔得以幸免。讽刺的是，相较侯益牺牲全家换自己一命的自私，侯家有位善良的乳母却不惜牺牲亲子的性命，庇护下了尚在襁褓的侯益之孙，并最终带着这个婴孩逃回汴梁。这棵独苗侯延广最后也成了北宋的一时良将。

后蜀也如约向王景崇派来数万援军，就驻扎在散关，这个情报被汉军凤翔都部署赵晖探知。

随即，九月十四日，汉军兵马都监李彦从领命抵御蜀军。但他带的人马并不算多，只有数千人，见蜀军势众，有人心生退却之意。一行人中，猛将药元福率先冲出，严令回头者当斩，带着本部数百骑兵杀向蜀军。士气高昂的汉军大破蜀军，杀伤对方三千人，蜀军丢盔弃甲，再次败退。

据说，此战有个叫赵弘殷的中层军校尤其生猛。此人在左眼被蜀军箭矢射中的情况下，不顾伤痛，奋勇杀敌，大有当年夏侯元让的风采，虽然严重挂彩，但给上司们留下了深刻的印象。而这位赵弘殷的两个儿子，将会是五代十国史下半段的男主角。当然，这是后话了。

此时，王景崇为了接应这批蜀军，难得大胆一回，率军出了凤翔城，没想到友军败得太快，在法门寺西边正遇上回师的李彦从。王景崇仓皇应战，在付出两千多人战死的代价后，终于得以逃回城内。

最惨绝人寰的悲剧，发生在永兴军战场。在吸取了强攻不胜的教训后，郭从义充分领会到郭威的围而不打精神，也在长安城周边建立长墙，阻止赵思绾分兵支援河中城，时间一长，城中自然也开始缺粮。

然而城中赵思绾选择的应对方式，让长安城陷入了地狱。赵思绾发觉粮食紧缺，几乎没有多想，就让手下掳掠来城中的妇女和孩童，每天按数量分发给军营以充军粮！尤其每逢犒军开宴时，丧心病狂的赵思绾竟如屠宰猪羊一般，动辄杀死几百人当作食材！

赵思绾待在长安城里肆无忌惮，什么事都干得出来，甚至养成了一个恐怖的癖好：食用人的肝胆。这个魔头曾经挖出活人的肝，并当着受害者的面切成丝，等到切完时，对方还没有死。据统计，赵思绾占据长安期间，按照这种方式吃下了六十六份人肝，此等禽兽作为，实在令人发指！

这厮还喜用人胆当作下酒菜，甚至大发狂言："只要吃了一千颗人胆，老子的胆气就天下无敌了！"

地狱空荡荡，恶魔在人间。

在这暗黑无光的板荡乱世里，亟需有人站出来匡扶正义，铲除邪恶。后来成为一代贤君的郭威，正是这么想的。

破晓时分

乾祐元年十月初，王景崇和赵思绾各自派出一个儿子前往蜀国成都，请求孟昶出兵相救。

前两次出兵全都惨败，据此后蜀宰相毋昭裔坚请求孟昶不要再插手北方事务，劝谏道："老臣曾目睹唐庄宗李存勖贪心不足，想要吞并前蜀王氏，而蜀主王衍也一意孤行，要向北出征。两家朝廷群臣无不纷纷劝谏，可两个皇帝都不肯听取，结果如何？还不是国破家亡了。陛下应该把他们当作前车之鉴，引以为戒！"

可孟昶偏不信这个邪，他觉得父亲孟知祥当年能做到的，自己一定也能行。于是他命山南西道节度使安思谦领兵北上，作为支援凤翔的主力，再命已是秦州雄武军节度使的韩保贞东出陇山，从陇州汧阳（今陕西千阳，当时后蜀已占领陇州）出击，牵制汉军。

求人不如求己，王景崇一送走儿子，再次率军从凤翔西门出击，想要给汉军一点儿颜色看看。然而现实总是残酷的，王景崇被赵晖一战击破，还被顺势夺走了凤翔的西关城，只得退守大城。接着，赵晖在周边挖掘长壕，同样采取了围的办法。王景崇紧闭城门，无论赵晖怎么挑战，也不敢应战。

这天，王景崇得到消息，他望眼欲穿的蜀国援军终于到来了。虽然只有一千人，但王景崇知道这只是先头部队。看到那面在终南山上迎风飘扬的蜀国大旗，他终于来了底气，忙派数千兵马出城，迎接友军。

王景崇的心情本该是非常愉悦的，如果这支部队确实是蜀军的话。

数千岐军满面春风地奔向友军，直到冲至来人面前，才猛然发现，这些蜀军竟全是汉军假扮的！还想逃？赵晖好不容易引蛇出洞，先问过他答不答应！霎时伏兵尽出，数千岐军遭全歼，目睹一切的王景崇怕了，再不敢轻率出城。

十月二十一日，待确定真正的蜀军来到散关，王景崇这才小心翼翼地派人前往接应。当时，汉军就驻扎在渭水以东的宝鸡，而不惧箭矢飞石的蜀国猛将申贵领命，率两千人奔赴宝鸡对岸、渭水西南的模壁（今陕西宝鸡西南），在竹林之间设下伏兵。次日，申贵用几百人挑衅汉军，果然把他们引到竹林击败，蜀军乘胜追击，攻破了宝鸡寨，迫使汉军弃营而去。

这实在是太难得了，蜀军总算打了一场像样的仗，可喜可贺。然而这两千人不敢在宝鸡久留，很快撤离，于是汉军再度占领了宝鸡……等到蜀军主帅安思谦出了散关，进驻渭水岸边时，汉军已经增兵五千人来守卫宝鸡。

安思谦乃孟昶的亲信，算是搞特务出身的。十几年来，杀李仁罕、杀张知业、废赵廷隐……在帮皇帝集权的这些脏活上，安思谦都没少出力，可谓炮制阴谋的一把好手。但唯独有一点，他从没带兵打过仗，是一个内斗内行、外战外行的人。显然，安思谦怯场了，不敢与汉军硬碰硬，对诸将搪塞说："我军的粮食太少而敌军太多，还是再做打算的好！"然后马上撤回了山南西道。

就这样，王景崇翘首以待多时的援军，莫名其妙地再次消失了。

此时河中城内，李守贞多次组织起敢死队，试图冲破包围，但全都被汉军挫败。眼见城中粮食渐少，饿殍渐多，李守贞对前景越发忧心焦虑，于是召见询问已被封为国师的总伦和尚。

事已至此，为了保命，总伦不可能承认他的预言有了差池，只得将错就错，继续蛊惑李守贞："大王命中注定要成为天子，这个事实不是人力所能改变的。只是如今遇到了灾星，等到磨难消失，哪怕只剩单人匹马，那就是大王崛起之日！"李守贞对此深信不疑。

李守贞已成瓮中之鳖，仍然整日迷信僧人术师之言，对马全义等忠义之士的建议却置若罔闻。当然，为防城中有变，李守贞偶尔也会给手下人打气。

一次宴席上，李守贞张弓搭箭，瞄准了墙上悬挂的一幅《舐掌虎图》，对诸将说："如果我命中有非常的福分，这一箭就能射中老虎的舌头！"果然一发命中虎舌，左右纷纷道贺，李守贞也越发自负。

郭威把河中城围得水泄不通，但还是有两条漏网之鱼逃过了盘查，改名换姓，走小路前往南唐请求支援。这两个年轻人，一个是李守贞的幕僚舒元，一个是他的道友——嵩山道士杨讷。为掩藏身份，二人各自改称朱元、李平。

二人跋山涉水，于当年十一月来到南唐首都金陵府（今江苏南京），向唐帝李璟说明了来意。李璟本就因去年后晋灭亡时未能及时发兵北取中原一事抱憾，现在北方又有大战发生，没理由不趁乱分一杯羹啊。于是，李璟命原后晋降将李金全为主将，让他带兵支援李守贞。

李金全已经当过一次南唐北伐主帅了，只不过当时刘知远已入主开封，北伐未能成行。他从中原投奔江南，对两边的情况都算了解，在他看来，以南唐的实力，尚不足以和北朝叫板。不然的话，当年接应自己时，唐军也不会被晋军大败了，所以李金全对北征一事非常不感冒。

傍晚，唐军驻在沂州（今山东临沂）境内，正休整吃饭时，斥候突然来报："有几百老弱汉军在山涧北面出现，我军要不要袭击他们？"李金全眉头一皱，察觉此事并不简单，下令道："谁要是敢提过涧，斩！"

李金全的直觉没有错。到了晚上，果然汉军伏兵四起，战鼓声传出十几里之远。李金全嗤笑，向手下反问道："你们看，刚才可以和他们交战吗？"南唐军本就毫无斗志，加上去河中城的路途过于遥远，所以经此一吓，本次行动也就到此为止了。

十一月二十一日，唐军退守海州，唐帝李璟不再考虑给予李守贞任何实质性支援一事。而"朱元"和"李平"也就此留在江南，在未来南唐的历史上，他们也将起到举足轻重的作用。

而蜀帝孟昶正被王景崇的求救信扰得心烦，于是在十二月，再派安思谦和韩保贞出兵。

这已经是赵匡赞、侯益投诚事件以来，孟昶第四次向关中发兵了。所谓再而衰，三而竭，蜀军的斗志早已被这么多次翻山越岭和一连串败仗消磨得差不多了，尤其是在蜀中养尊处优惯了的安思谦，更是对打仗充满反感。

十二月初八，蜀军才刚从兴元府（今陕西汉中）抵达凤州（今陕西凤县），就连散关都还没出，安思谦就来了个狮子大张嘴，向孟昶请求先运来四十万斛粮食，否则自己出不了国境。孟昶被安思谦的消极怠工态度惊到，连呼："看安思谦这意思，他怎肯为朕进取关中？"但不满归不满，孟昶仍然命令兴州、兴元府地区调集数万斛粮食，运往前线。

十二月十四日，安思谦部进抵散关，派出高彦俦、申贵二将向汉军发起突袭，攻克了对方在箭筈岭的据点安都寨（今陕西千阳南）。几天后，安思谦本人也在宝鸡西南玉女潭打了一场胜仗，进驻模壁。与此同时，西路的韩保贞也进驻陇州，眼看就要对汉军形成合围之势。

赵晖连忙向河中求救，郭威得报，准备亲自出马对付蜀军。可出人意料的是，郭威带兵刚刚走到华州，安思谦和韩保贞就双双撤军了！

韩保贞是紧随安思谦的步调一起撤的，但安思谦的退兵理由就比较离谱，竟然仍说是军粮吃完了！刚运来数万斛粮食，怎么会忽然就吃完了，这个问题恐怕只有安思谦才能解答。总而言之，孟昶也看出来了，安思谦就是不愿意卖力打这个仗。安思谦退到凤州后上表请罪，但他清楚，自己是孟昶的亲信，孟昶并不会对他怎么样。

安思谦暂且被饶过这一回，但他死性不改，日后又变本加厉地恃宠而骄。几年后，专横跋扈的安思谦及其三个任性妄为的儿子，全都被忍无可忍的孟昶送上了西天。

当前，由于安思谦和韩保贞再次撤军，继南唐之后，后蜀也停止了对关西三叛的支援。

李守贞的精锐部队由周光逊、王继勋、聂知遇几位悍将率领，全部集结在河中城西，密切留意着汉军的破绽。此前郭威分兵支援赵晖，出发之前就特意告诫白文珂和刘词二人："河中贼人若不能突围，必将被我军擒获，但万一让他们冲出包围，那么我军就没有办法继续留在这里了。成败关键，就在于此！贼军精锐全都在城西，现在我一离开，他们必然会乘机发起突围，你们务必要谨慎防备，一定！"果不其然，得知郭威分兵离开河中后，李守贞就打算动手了。

李守贞极为重视这次行动，精心布置了一番。不知道他听从了谁的意见，派人假扮成酒贩子，前往附近村落。一听说有地方可以赊账，还能免费送酒，不少汉军士兵欣然前往，经常喝得大醉而归。

乾祐二年（949 年）正月初四夜间，河中将领王继勋、聂知遇带着一千多名精兵沿黄河南下，准备向后汉军营发起突袭。如李守贞所愿，汉军斥候已烂醉如泥，王继勋得以在墙壁上挖出便于攀登的坑洞，越过堤岸冲进汉营，一面纵火一面呼喊，导致睡意正酣的汉军营内一片混乱，狼狈不堪。

有道是"沧海横流，方显英雄本色"。这次交战中，汉军行营马步都虞候刘词脱颖而出。

刘词是个什么样的人呢？当年后晋平定安从进时，刘词与王清一同率先爬上城头。如今老战友已在中渡桥逝去，刘词还健在。刘词从军三十多年，不知从几时起养成了一个习惯，那就是无论是战是闲，他都常常身穿铠甲，日日枕戈而眠。有人对此感到不解，刘词只说："老夫就是靠这些取得富贵，怎可忘掉它们一天？而且人一旦懈怠起来，积习难改，到有战事发生时，又拿什么去报效国家呢？"这个人把忠君爱国思想刻入骨血，几年后，他的意志也将直接影响到历史进程。

河中搞突袭的这一晚，兵不解甲的刘词自然也是汉军中最快起身的人。全军慌乱时，只有刘词神色自若，安抚将士说："不过是小偷小摸而已，不要大惊小怪！"然后脱掉身上的甲胄，亲自横执长枪指挥士卒，与敌展开肉搏战。

当时，王继勋这一行人全部身披黄色纸甲，在火光照耀之下，很容易被

220

辨别出来，然而汉军士卒大多仍处于惊慌状态，缺乏斗志。客省使阎晋卿（他是刘知远父子的亲信）非常着急，来到月城一侧，遇到禁军将校李韬，向他请求帮助。

别看李韬只是个小队长，此人善用长矛，是个话不多的狠角色。"岂有太平无事时食君之禄，有急难时却不拼命的道理？"撂下这句话后，李韬便挥动长矛亲自冲锋，还带动了军中十几个不怕死的将卒。

李韬运气不错，直接遇上了此次夜袭的主要负责人王继勋。王继勋素有悍将威名，一向勇武绝伦，常常使用三件武器——铁鞭、铁槊、铁杖，为此得了个外号叫"王三铁"。而这一次，王继勋用的是一把铁槊，径直刺向李韬。

这是一场矛与槊的对决。李韬眼疾手快，侧身闪过铁槊，抬臂猛刺，一枪洞穿了王三铁的胸膛！见到主将受伤落马，河中军忙捎带上他夺路而逃，李韬一众紧随追击，又连续杀了几十人。本来有一千多河中军参与夜袭，经此一战，直接报销了七百人。

正月初四，夜袭战打响，到初五，郭威已经回到营地了。军营里一片狼藉，刘词主动来到郭威马前请求降罪。郭威连忙下马，扶起比他年长十三岁的刘词，笑着劝勉道："您何罪之有，我最担心的就是会发生这种事，如果不是老哥奋力死战，我军差点儿就要被贼人耻笑了！至于李守贞，他已经技穷了！"

重赏完刘词等有功将领，郭威就要整肃军纪了。针对很多人喝酒误事，导致大营差点儿失守的情况，他严令："除了正式出席犒赏宴会以外，将士们一律不得私下饮酒！"

军令下达后，郭威的爱将李审却带头违令，在某天早晨偷偷喝了点儿酒，可还是被郭威发现了。郭大帅简直恨铁不成钢，勃然大怒："你身为我的帐下爱将，竟然最先违逆命令，今天我如果不处置你，如何号令三军？"言毕，郭威挥泪斩李审，后汉军纪终得以整顿。

河中骁将王继勋身受重伤，但好在大难不死。至于李守贞心里受的伤，短期内是很难痊愈了，以致他再也不敢轻易突围。几个月后，河中城内粮食已绝，军民饿死了十分之五六。

乾祐二年四月三十日，李守贞兽困则噬，突然发起最后的猛攻。五千余名河中军携带着梯子和造桥器械，兵分五路进攻汉军长围的西北角。汉军行营都监吴虔裕得到郭威的指示，马上带着五千护圣军，拦腰横击这批不速之客，杀伤一大半河中军，并缴获了对方的全部器具。

五月初三，李守贞再次出兵，仍被打败，将领魏延朗、郑宾等人被汉军俘获。初九，河东名将周德威之子——护国军节度副使周光逊（在河中地位仅次于李守贞）放弃了河西寨，带着王继勋、聂知遇等骨干将领，率一千五百余人投降汉军。此后，李守贞的将佐士卒不断来降。

不多时，又有个叫卢怀忠的将领，趁着入夜翻过城墙，把城内情况一五一十地告诉了郭威。五月十七日，郭威一声令下，全军从各方位向河中城发起了总攻。

就在河中之战进行到最后阶段时，长安城的赵思绾也终于撑不下去了，派人向郭从义投降。郭从义和王峻一商量，决定先行安抚，以免此贼狗急跳墙。于是，郭从义承诺授赵思绾华州节度使之位，甚至连他的同党常彦卿也可以给个虢州刺史当当，朝廷还很配合地送来了委任状，催促二人上任。

其实赵思绾也是在行缓兵之计，他正打算挖地道逃奔蜀国，于是假借投降拖住了郭从义的脚步，暗地里则忙着敛财，迟迟不肯动身。但这个计划很快就被赵思绾的一个部将告发了。郭从义按照郭威的指示，决定马上动手，永绝后患。

七月十一日，郭从义和王峻进入长安城，来到府衙，请赵思绾前来参加饯别会。赵思绾和常彦卿无法拒绝，只得硬着头皮前往，就在这场鸿门宴上，二人连同其党羽牙兵三百余人被当场拿下。

知道死期将至，赵思绾倒是关心起自己的死法来，当得知自己要被施以钉杀之刑时，突然高声呼叫道："求你帮我转告郭公，我就是死也无法抵偿罪过，但钉杀丑相是壮士引以为耻的，希望稍加宽容一些！"出人意料地，郭从义竟然答应了他，将赵思绾、常彦卿等五百人一并拉到大街上，全数斩首。

赵思绾临刑时，市井百姓争相朝这个魔头投掷瓦砾石块，差役拦也拦不住。就在赵思绾占据长安前，城内原有十多万人口，到郭从义入城时，仅仅过去了近一年半，竟然就只剩一万多人口了！这个数据令人瞠目结舌，其中有不少人都是被赵思绾充作了军粮，而他自己仅仅掉个脑袋就痛快地去了，实在是太便宜他了！

永兴之乱，平。

两天后，汉军小校辅超攀上云梯，带人破坏了河中北门的城楼，外城因而陷落，李守贞率领余部退守内城。当汉军诸将请求发起猛攻时，又被郭威阻止了："麻雀无处可逃时尚且会啄人，何况是一支军队呢？把池子里的水慢慢舀干了，再抓鱼就好办了，何必这么性急呢？"

七月二十一日，不愿成为郭威俎上鱼肉的李守贞在府衙点燃了准备好的大堆柴草，携妻儿自焚而死。随后，汉军在灰烬中找到李守贞的尸体，砍下了他的脑袋，而包括总伦和尚在内的其余乱党，也一并被押到汴梁，全部处以极刑。

遥想开运年间，还是后晋上将的李守贞也曾意气风发，破房平叛。可惜一步错，步步错，竟得到今日下场。

在李守贞家中，郭威查获了不少朝廷重臣和地方藩镇的通信，内容竟然都比较大逆不道。郭威准备把这些信件上交给朝廷，但被随军的秘书郎王溥劝阻了。

这位年轻人的主张是："魑魅魍魉，趁着黑夜争相而出，等到太阳出来，它们自然而然就消散了。希望郭公把这些信全部烧掉，用来安抚那些反复无常的家伙！"郭威认为有理，就按王溥说的办了。

王溥没有明说，郭威也心照不宣的一点，那就是收买人心这种事，可遇不可求。就烧掉通敌书信这一招而言，光武帝刘秀用过，魏武帝曹操也用过。

至于李守贞的那位儿媳妇符氏，她不愿跟着丈夫李崇训一起送死，躲了起来。汉军冲入李氏府衙中时，这位妇人端坐在正厅上，怒斥来人："我乃魏国公符彦卿之女，郭公与我父有兄弟交情，尔等休要对我无礼！"军士们不敢迫近，生怕踩雷。郭威听说以后，认为故交生了一个奇女子，将符氏送回了父亲符彦卿家。符氏感念恩德，特地拜郭威为义父。

不过符氏的母亲认为亲家造反灭亡，女儿免于一死已是万幸，想让她削发为尼。但非常有主见的符氏很不情愿，直说："死生有命，这是天意，何必轻率毁掉我的容颜呢？"郭威之子郭荣听说此事，也觉得这位义妹实在不凡。后来，郭荣的原配刘氏死难，郭荣便续娶了符氏。

再后来，郭荣继郭威之位，成为一代明君周世宗，而符氏便是贤良淑德的符皇后，堪称一对典范伉俪。这样一看，总伦和尚当初媚上的预言竟然真的应验了，只可惜李守贞父子白白高兴一场，连命都丢了！

河中之乱，平。

郭威平定河中后，因传闻契丹即将南下，只得先行班师，再北上坐镇大名府。如此一来，最不经打的王景崇，反倒成为三个叛首中坚持到最后的那一个。乾祐二年十二月（950年1月），赵晖向凤翔发起总攻。走投无路的王景崇走了李守贞的老路，举家自焚而死。大乱起于王景崇，终于王景崇。

凤翔之乱，平。

后汉乾祐年间这场规模巨大的叛乱至此结束，历时一年九个月。

毫无疑问，经此一役，声望日隆的郭威成为这场平叛战争的最大赢家。战争期间，郭威明着招揽了不少能人加入帐下，也暗中考察了有哪些人可以为己所用，文臣如王溥、李谷、鱼崇谅，武人如袁彦、王审琦、贺惟忠，尽入郭威法眼。

而这些人里，还有一个尚且默默无闻的小卒，名叫赵匡胤。

第三章

分久必合（950年—979年）

拨云睹日：后周高平之战

明君，决心

平定三镇叛乱后，后汉朝廷的局势并没有变好，反倒陷入了党争和倾轧，越发不可收拾，文臣与武将、君主与朝臣之间的矛盾日益错综复杂。最终，急于揽权的年轻皇帝刘承祐听从身边群小之言，发动宫变，一举杀死了杨邠、史弘肇、王章几位重臣及其家属和党羽。

此时，郭威和王峻坐镇大名府抵御契丹，两人虽然远离京城，但皇帝刺杀他们的阴谋败露，激起了郭威的自保之心，郭威决定起兵南下。于是，朝廷索性杀死二人留在开封的全部家属，这其中也包括了郭威养子郭荣的妻小。郭威无须再忍，遂以清君侧为由，从魏州南下直抵开封城北方的刘子陂，与朝廷军队对决。

乾祐三年十一月二十一日，慕容彦超（刘知远的同母异父弟弟）所领南军被郭威大败，后汉诸将纷纷投降北军，汉隐帝刘承祐也在乱军中被杀，郭威入主开封。已经积攒大量人望的郭威一气呵成，随后北上澶州制造了一场兵变，再度南下，逼迫李太后让他监国，同时派亲信王峻、王殷囚杀了后汉最有威胁的几位宗室。

乾祐四年（951 年）正月初五，郭威在开封称帝，易号为周，改元广顺，后周政权就此建立。

回过头看，如果从刘知远进入汴梁开始算，后汉仅存在了两年半，甚至在被取缔之前，还存在一段皇帝虚位的真空期，是五代中最短命的一个政权。

刘知远的弟弟、原后汉河东节度使刘崇，本就图谋割据，原以为郭威要立其子刘赟为帝，才没南下。结果不听人劝，被郭威结结实实忽悠了一把，最后不仅儿子的命丢了，就连自家政权也被篡了，好不悔恨！

故而广顺元年（951 年）正月十六日，在郭威改朝换代十来天后，刘崇也在晋阳（今山西太原）自立为帝，国号和年号上全盘继承了后汉。

本质上，刘崇建立的是一个延续后汉统治的政权，如同后来的南宋之于北宋。不过，史家为了区分它和刘知远建立的后汉，特称其为北汉（《续资治通鉴长编》），或称东汉（《九国志》），同时这也是十国之中，独一个处于中原北方的政权。

郭威的上台算是五代时期百姓来之不易的福气。这位新君一即位，就平定了不听使唤的兖州节度使慕容彦超，狠狠打压了军阀的嚣张气焰，使得地方上的割据现象转弱。虽然在位时间只有短短数年，但经郭威广开言路，从谏如流，时刻关心民间疾苦，废除或调整了不少苛捐杂税，国力得到大幅增强，逐步扭转了自后唐末年以来中原连年动荡不安的局面。

显德元年（954 年）正月十七日，在为继承人清除完一切障碍后，郭威病逝，时年五十一岁，史称后周太祖。由于郭威的几个亲儿子在后汉末年的政治风暴中悉数罹难，这个皇位只能传给他的养子郭荣——五代诸帝中，最有作为的一代明君周世宗。

郭荣原本是郭威发妻柴氏的侄子，几岁起就过继给郭威带大。即便郭威后来一度有了自己的孩子，也将郭荣视如己出，信任有加。所以郭荣对姑父的感情，比对亲爹柴守礼还亲。

有些说法认为，郭荣在当上皇帝以后，就改了姓氏叫回"柴荣"。实际上，终周世宗一生，没有改过第二次姓氏。无论是站在感情还是法统的角度，他都不愿，也不曾想过这么做。至于"柴荣""柴世宗"之类的称呼，都是在北宋以后开始流传的，加上《水浒传》里还有个皇裔出身的"小旋风"柴进，以至于后周皇室姓柴的印象在人们心里越发深刻。

听说郭威去世，最高兴的是北汉皇帝刘崇。

立国之初，刘崇就效法石敬瑭，傍上了契丹这条大腿，与辽国结为父子之国，自称为侄皇帝。在郭威时期，北汉契丹联军相继对后周境内的隰州、晋州、潞州等地发起侵扰，由于周军守土有方，刘崇占不到丁点便宜，反而使得只有十一州地盘（包括新置的隆州）的北汉越发穷困。

内要供养军队，外要侍奉契丹（每年进献十万缗钱），北汉财政越发捉襟见肘。为了节约开支，甚至北汉祭祀祖庙的规模也只能如同寻常人家。至于刘崇手下的官员们，宰相月薪只有一百缗钱（十万文钱），各辖区节度使更惨淡，只有三十缗钱（三万文钱），只有唐末官员薪水的一成，甚至半成。

北汉境内，土瘠民贫，加上赋税繁重，以致民不聊生，不少百姓被迫逃往后周，刘崇不得不停止征战。

如今后周新丧，再看看没什么存在感的继任者郭荣，刘崇发现自己差点儿忘了有这么一号人。刘崇认为，这是上天助他完成复仇大业的良机，于是马上请求契丹再次发兵支援，意欲趁郭荣还没坐稳位子，一举颠覆后周政权！

爱凑热闹的辽国很快派来一万骑兵，交由大将耶律敌禄统领，浩浩荡荡南下太原。据说这位耶律敌禄还有个汉名叫杨衮，当然，他和民间小说《杨家将》中那位火山王八竿子打不着，不过，火山王之子杨继业的原型此时倒确实在北汉。

一个月后，刘崇亲率三万大军，命手下最得力的两位大将白从晖、张元徽为汉军主帅和前锋，会合耶律敌禄的一万人，从团柏谷南下杀向潞州。

汉军来到潞州西北的梁侯驿，后周将领穆令均奉潞州昭义军节度使李筠之命，带着步骑两千人在此迎敌，李筠本人则率大军屯驻在靠后的太平驿。

出乎李筠意料，两军一交战，汉军张元徽的三千人便迅速溃败。更让李筠始料未及的是，当昭义军马上追击时，汉军伏兵突然杀出，杀伤一千余名周军，穆令均则当场战死。李筠心道不好，大意了！没想到北汉如今竟有这等谋略，李筠不敢再战，退回潞州据守。

听闻北汉契丹联军南下，汴梁大惊。三十四岁的郭荣是朝堂上最愤怒的那个人，他无法容忍敌国趁着父亲新丧，整这么一出来恶心自己，当即决定御驾亲征，击退来敌。

此言一出，群臣纷纷劝谏："刘崇自从晋州之败后，国土渐小，士气沮丧，不可能这么快就敢再来。陛下即位不久，人心容易动摇，不宜轻举妄动，派将领北上抵抗，这就足够了！"

郭荣想不到有这么多人反对自己，如果连这件事都无法做主，以后还怎么当家？于是继续争辩："刘崇一向有所企图，我国新丧，他幸灾乐祸，又轻视年轻的朕刚登极，必定亲自前来，朕不能不去！"

大臣们仍然苦劝不休，让郭荣有点儿生气，一句话脱口而出："昔日唐太宗能平定天下，哪次不是亲自出征的，朕又怎能苟且偷安？"

"不知道陛下比得上唐太宗吗？"老宰相冯道突然出声道。此时，他是反对亲征大臣中的代表。

郭荣不想纠缠这个话题，另说道："我军实力强大，对付刘崇，自然好比大山压鸡蛋！"

"不知道陛下能不能成为大山？"冯道再问。

年轻皇帝的脸色已经黑如锅底。别说是郭荣，就连其他大臣都有点儿蒙了，平时处事一贯圆滑的冯道，今天为何如此强硬？

几十年前，冯道还是一个小参军，也曾像今天这样直言劝谏止战，差点儿被燕王刘守光杀死。之后，冯道改变了说话的艺术，一举成为政坛不倒翁。

其实从后唐到后周，冯道一连侍奉十代君王，看似随波逐流，但他为官的本心，并非备位充数。也许是感到自己时日无多，为国亦为民，冯道不希望郭荣重蹈李从厚、李从珂等人的覆辙，所以要力争一下。

一个多月后，冯道去世。那时，这场战争的结局已经揭晓，知道结果的冯道应该会很欣慰。

不过当前，一干大臣里，支持并鼓励皇帝的，只有当年的秘书郎、此时的帝国宰相——时年只有三十三岁的王溥。王溥是在先帝临终前被任命为宰相的，在确认王溥拜相后，郭威才肯放心地闭上眼，足见他有多么受器重。

整个朝野，支持御驾亲征的，竟然只有一对年轻的皇帝和宰相。

不过这已经足够了，郭荣懒得搭理冯道他们，下定决心亲征！

三月初三，穆令均战死的军报传至开封。郭荣随即下诏，连发数道命令：

——命魏州天雄军节度使符彦卿、澶州镇宁军节度使郭崇领兵，经磁州的固镇（今河北武安固镇）穿过太行山，支援潞州；

——命河中护国军节度使王彦超、陕州保义军节度使韩通领兵，经晋州（今山西临汾）东行夹击汉军；

——命在朝的宣徽使向训、侍卫马军都指挥使樊爱能、侍卫步军都指挥使何徽先行奔赴泽州。

此外，同时前往泽州的地方将领，另有滑州义成军节度使白重赞、郑州防御使史彦超、西京都巡检使符彦能（符彦卿五弟）等人，率军充为先锋；河阳三城节度使刘词的部队则作为后军。

三月初九，郭荣留枢密使郑仁诲为东京留守，两天后启程北上，于十六日抵达黄河北岸的怀州。

郭荣心急如焚，想要日夜兼程北上，然而通事舍人郑好谦却来了一句："贼寇气焰正盛，我军应该稳健持重，才能挫败他们。"

郭荣冷哼一声，看来这些人还没体会到他的决心有多大，发作道："好你个郑好谦，从哪里学来的这些话！最好交代，究竟是谁指使你这么说的？说了你还能活命，否则就没命了！"

郑好谦连忙求饶，如实供出背后的控鹤都指挥使赵晁。没想到禁军的武将也会串通文臣一起来阻挠，郭荣恼怒，下令将赵晁和郑好谦一起打入怀州大牢。一招杀鸡儆猴，终于阻断了反对的声音。

三月十八日，郭荣抵达泽州，就在州城东北留宿下来。与此同时，刘崇并没有想到郭荣会亲自前来，所以绕过了潞州，抵达泽州以北的高平城（今山西高平)。

当晚，天空中出现了一颗巨大的流星，飞行数丈，坠于高平。

世人皆惊：帝星乎？将星乎？

高平上空的龙虎

周军北上，汉军南下，两军相遇只是时间问题。

次日，后周前锋部队即与北汉军相接，展开交战。北汉小有后退，郭荣不愿放过对方，下令全军追击。

汉军并没有跑多远。高平城以南的巴公原被选为这次决战的地点，刘崇正率中军在此列阵。北汉中军两翼，耶律敌禄部在西，张元徽部在东，方阵严整有序。

郭荣意气风发，在汉军对面列下方阵：

——义成军节度使白重赞、侍卫马步军都虞候李重进居西；

——侍卫马军都指挥使樊爱能、侍卫步军都指挥使何徽居东；

——此战的先锋都指挥使史彦超与都监向训居中。

至于郭荣本人，他在殿前军的护卫下，披甲骑马，在后方督战。

殿前军从后晋时期开始小有规模，渐成系统，尤其是殿前都指挥使，这个军职是郭威时代新设的。第一任都指挥使正是郭荣的表哥李重进，现在的第二任都指挥使张永德，则是郭荣的妹夫。总之，这是一支比侍卫军还亲的军队，当时郭威增添殿前都指挥使一职，就有因侍卫司兵权太重而对其采取制衡的意味。

此时，由于通知得比较晚，以及郭荣的行军速度太快，所以刘词的河阳军尚未赶到。周军人数在两万上下，在数量上少于北汉的四万人，加上战场上猛烈刮起的东北风，导致后周一些军士开始害怕起来。

要说反应最大的还是刘崇，一看到对面来的人这么少，顿时心生悔意，叹道："唉，我只用汉家军队就可以破敌，早知道就不请外援了！今天咱们不但要打他个落花流水，更要让那群契丹人开开眼界，对我们心悦诚服！"他确实是这么想的，同时汉军诸将也全都这么看。

但耶律敌禄从前方查探完退下来后，告诫刘崇："这是劲敌，不可妄动！"

但刘崇当时骄傲得胡子都翘上天了，并不以为然，还递给对方几句话："敌我优劣已经很明显了，时机不可失，请您不要再多说了。也不麻烦您动刀子了，安静看我军破敌就行！"

耶律敌禄见自己好心相劝，对方却无意听取，哪里是请人帮忙的态度！他当下就甩了脸子，怒气冲冲地退到一处山丘上。

而后，原本刮得正响的东北风，忽然转成了南风。

北汉的枢密副使王延嗣想要迎合皇帝，让司天监李义禀告刘崇："现在可以开战了！"只有枢密直学士王得中发觉不妙，牵住刘崇的马劝阻："李义该斩！风向这么吹，哪里是在帮助我军！"

然而刘崇最不喜欢有人扫兴，当场扬起马鞭就要朝王得中打去："我意已决，老书呆子休要胡言，惑乱军心！再乱嚷嚷，不怕我先砍了你的头！"遂命令张元徽率东军一千骑兵发起进攻。

张元徽是久负盛名的一员将领，早在后晋时期就跟着刘知远大败过契丹，北汉建立后，被刘崇委任最重要的侍卫马步军都指挥使一职。而且张元徽为人忠厚，轻财好施，非常得人心，是北汉为数不多的明星级将领，军士们自然也乐意跟着他卖命。

张元徽对上的，正是周军樊爱能与何徽所在方阵。但张元徽恐怕做梦都想不到，汉军的进展过于顺利了。能有多顺利呢？几乎没怎么打，他们就生擒了一名对方的监军使，而樊爱能和何徽二人直接带着数千骑兵就逃跑了！

后周东军方阵瞬间崩溃，一千多名步军甚至丢掉铠甲和武器，高呼万岁，直接投降了北汉！

在皇帝御驾亲征的情况下，还能发生如此大规模的阵前倒戈，这么恶劣的事件，在五代十国的历史上还是头一遭，偏偏就被郭荣遇上了！

不管当时郭荣心里是怎么想的，有没有后悔过自己的决定，但眼下情势危急，如果连郭荣自己都退却的话，势必引起更大的溃败，后果不堪设想。郭荣马上带着殿前军赶到前线，迅速补上了原东军的缺口，冲锋督战。

此时，一位名叫赵匡胤的禁军将校挺身而出，对同僚们说："主上陷入如此危难境地，我等怎能不拼死杀敌！"又向殿前军最高长官张永德建议："敌军士气过于骄横，我军只要奋战就能够将其击破！大人您的部下有许多擅长左手射箭的士卒，就请您带着他们冲上高地，增强左翼，我则率军从右翼出击！国家安危，在此一举！"

张永德不敢迟疑，与赵匡胤各率两千人杀入战阵。战场上早已不分官职大小，两位将领身先士卒，众人在他们的带动下无不以一当百，浴血奋战。

内殿直马仁瑀是殿前军中射术最为精湛的将领，平时也没少得到郭荣赐下的锦袍、银带一类的重赏。混战之中，他高声喊道："主上受辱，做臣子的就该拼死！让皇上陷于敌境，还要我们这些人有何用？"继而张弓搭箭，一连射杀汉军数十人。不愧是神射手！周军士气大振。

此时，殿前右番行首马全义也在奋力厮杀，他原是李守贞部将，在河中之战投奔了郭威。他也比较担心皇帝的安危，冲到郭荣面前说："敌人声势到此为止，马上就要被我军拿下！希望陛下按辔不动，在这里安心看我等破敌！"然后带着数百骑兵冲入敌阵，纵横驰骋。

另外，一代名将高行周（已在两年前去世）之子高怀德，此时正在前锋部队充任都虞候；史彦超与向训的中军，也没一个做了逃兵；白重赞与李重进的西军也悉数向郭荣靠拢，与北汉中军展开苦战。

刘崇一接到周军投降的喜报，便重赏张元徽。得知郭荣已冲到阵前，便又命张元徽乘胜进击。关键时刻，张元徽的战马或因体力不支，突然跌倒，他自己也随之摔落在地。周军将士眼明手快，一个手起刀落，竟将这位猛将当场阵斩！十几名汉军士卒见状，血战一番，才把张元徽的无头尸身夺回。但张元徽被杀引起的负面连锁效应已无法挽回，汉军士气如洪水泄闸般流失。

此时，南风刮得更加猛烈了，周军顺风如虎添翼，而汉军则兵败如山倒。北汉士兵偶然抬头，发现后周军队的上空竟出现了如龙似虎的翻腾云气，有如神迹降临！

此时郭荣见到周军士气如虹，索性把马全义的话丢到一边，直接玩了把大的，只带着五十个卫士就冲向了刘崇的牙帐！

北汉中军大帐内乐声不断，刘崇正在与周围众人痛饮，似乎是提前开了庆功宴。当急促的马蹄声渐近，刘崇这才如梦初醒——前线大败，郭荣都已经杀到他面前了！

终于意识到大势已去的北汉皇帝被吓得魂飞天外，一边死命狂奔，一边亲自高举红旗，鸣金收兵。但这无法阻止汉军的溃败，大型踩踏事故四处上演。与此同时，耶律敌禄的辽军全程看完了这场大戏，但出于对周军的畏惧，以及更多对刘崇的不满，于是也像樊爱能和何徽那样不告而别，直接撤了。

经高平巴公原一战，刘崇的三万人被周军杀得只剩下一万余人，实惨。

不过刘崇很快就会明白一个道理：当你遇到倒霉的事情，千万不要沮丧，一定得打起精神来，你要相信，更倒霉的还在后头。

樊爱能和何徽二人所部七十余名将官带着数千兵马向南奔驰，他们手中的弓箭刀剑并没有被用来杀敌，反而对准了南来的周军辎重部队。这伙兵变军大肆劫掠，逼得负责运送物资的宰相李谷躲到山谷中。之后，郭荣接连派出使臣和军校前往制止暴行，樊爱能和何徽拒不从命，甚至杀死了几名使者。

这时，河阳节度使刘词率领部队总算赶了过来，他最先碰到的就是这股逃兵。樊爱能和何徽欺他不知实情，扬言大军已经战败，劝阻刘词北上。

这也太看不起刘词了。哪怕大军真是败了，忠诚可靠的刘词也不会自顾逃命。刘词不愿同流合污，便继续领兵往北，终于在日暮时分抵达了战场。

当时刘崇正带着剩余的万把人，守在一条山涧对岸列阵，而郭荣的部队同样损失不少，所以双方对峙良久。关键时刻，刘词赶到了，周军合兵发起总攻，冲破了刘崇的防线，再一次大败汉军！汉军尸体堆满了整个山谷，剩余七千人全数向后周投降。混战中，那位怂恿出战的北汉枢密副使王延嗣被杀。

多亏了忠勇老将刘词，他的抵达对此战的胜负起到了关键作用。近两年后，刘词病逝，谥曰忠惠。宋人编写的《十七史百将传》一书，只有两位五代名将位列其中，其一是以智谋闻名的梁将刘郭，另一位便是刘词了。

刘词去世前依然心系国家，把手下的几位幕僚推荐给了郭荣。这些晚辈多是后来北宋的重要人物，有王仁赡、楚昭辅等人，而其中最重要的一位，名叫赵普。

大胜当晚，郭荣在野外留宿，为了立威，他果断下令杀死北汉降卒三千人，其中就包括了那一千多名向北汉投降、高呼万岁的后周步卒，一个不留。至于樊爱能和何徽，两人的脸皮堪比太原城墙厚，一听说周军大捷，又直接率军赶回会合。

数日后，郭荣带领大军进抵潞州。

皇帝躺在行宫大帐的床上，心潮起伏。这几天，有一件事他在心中斟酌了许久，那就是要不要处置樊爱能与何徽等人。诚然，这些将领为大周立下了不少战功，比如樊爱能在郭威南下时有功，何徽在晋州之战中成功抵御了北汉。可如今害得自己险些成为刘崇阶下囚的，也是他们！

说起来，这也是五代中期以来的积弊。李从厚、李从珂、石重贵、刘承祐……这些前代君主的败亡苦果，何尝不是武将和军队拒绝卖命才酿成的呢？

恰遇张永德过来了，郭荣便就此事询问他的意见："前几天那场大战，樊爱能和何徽这七十多人不听从命令，朕想要以军法处置他们，但这些人多是国家元勋，你怎么看？"

张永德反问道："陛下是想要固守国境，还是开疆拓土？"不等皇帝回答，他又继续慷慨陈述道："如果陛下一定要开拓疆域，威加海内，那就正应该严惩这些人！在我看来，樊爱能等人从未建立大功，侥幸登上将帅高位，如今望见敌人就率先逃跑，就是一死也不能抵消其罪责。如果军法不能严格执行，即使有勇猛将帅和百万大军，又怎能为陛下所用？"

郭荣拍榻而起，他一把将枕头掷到地上，朗声道："知我者，张永德也！"

第二天郭荣即下令逮捕了樊爱能、何徽及其所部军使以上七十多名将官，当场斥责："你们都是历朝老将，并非不能打仗。如今望风而逃，没有别的原因，只不过是想要把朕当作奇货珍宝，卖给刘崇罢了！"

随着一声令下，这七十多颗人头瞬时落地。

有罚就有赏，新立威望的郭荣也要趁这个机会去培植自己的嫡系亲信。除了让几位重要武将改领更高级别的大镇，涨了薪俸以外，那些有突出表现的将校也一并升迁，如马仁瑀被升为控鹤弓箭直指挥使，马全义被升为殿前散员指挥使，赵匡胤更是被升为殿前散员都虞候。

除此以外，还有一长串人员升迁名单，包括韩令坤、石守信、王审琦、高怀德、韩重赟、李继勋、慕容延钊等人，未来这些人都将在史书上留下响亮的名字。

这也是后周军界的一次大洗牌，共有七十多名立功将官得到升迁，以填补各处空缺，甚至有不少人从毫无资历的普通一兵，被直接升为军、厢级的指挥使。郭荣一高兴，顺便把战前给他添堵的赵晁和郑好谦也放了出来。

从此以后，朝廷不再对违反军纪的现象纵容姑息，骄兵悍将开始畏惧军法。同时，正因为郭荣不拘一格，按照军功大小提拔人才，增强了广大将士的参战积极性，中原军队的面貌为之一新。此后二十多年间天下无敌的雄师铁军，其精神基础就是在此时打下的。也正因如此，后世往往把高平之战视为五代时期中原政权扭转乾坤、转弱为强的一大标志性事件。

止于所当止

河东地区正上演着一出《人在囧途》，男一号正是北汉皇帝刘崇。

在巴公原交战时，郭荣并非无脑对阵，而是事先悄悄派出了一支小分队，由前泽州刺史李彦崇率领，扼守高平西北的江猪岭，以防刘崇从此进入雕窠岭（今山西长子西南）一带逃走。如无意外，后来经历了全军覆没的刘崇行至此处时，必定会被周军生擒。

偏偏之前樊爱能和何徽临阵脱逃，这桩恶性事件造成的又一个负面效应，就是让扼守江猪岭的李彦崇误以为大军已败，考虑到刘崇回头第一个要对付的就是自己，他不敢久留，连忙撤退。于是，无人守卫的江猪岭成了刘崇的逃生通道。事后郭荣大为不满，贬了李彦崇的官。

此时的刘崇早已脱下显眼的赭黄袍。这位一国之君改穿粗麻布衣服，头戴斗笠，乘着一匹契丹人赠予的黄骝马，带着仅剩的一百余人疯狂逃命。不料夜幕降临后，一行人迷路了，个个像没头苍蝇似的在这片大山里七弯八拐，就是走不出去。

刘崇干脆抓来一位村民，要他充当返回晋阳的向导，但这位老乡不太能分得清晋阳和晋州，就带着刘崇一行朝晋州方向走去。走了一百多里路，刘崇才发现不对劲——这家伙怎么把自己带到晋州境内了？一怒之下，刘崇杀死了这位无辜的百姓，又另寻一条道，继续夺命狂奔，不分昼夜地向北逃窜。

终于，刘崇好不容易逃到了北汉国内的沁州（今山西沁源）地界，此时他只剩下三五个随从了。沁州刺史李廷诲得到消息，连忙给老皇帝送去衣食。但刘崇还是觉得不放心，继续向晋阳逃去，途中每到一处，地方官都会奉上食物。然而他每每准备拿起筷子，就听闻周军的风声，于是又仓皇逃走，如此折腾了好多次。

年老力衰的刘崇趴在马背上日夜奔逃，又累又饿，差一点儿就撑不住了，终于抵达晋阳城下。当时已经是深夜，留守的北汉皇子刘钧得报，连忙带人开城门，迎回了奄奄一息的老爹。

大难不死，刘崇对那匹和自己同生共死的契丹黄骝马非常感激，特意为它修建了装饰金银的马厩，并按三品官的俸禄换取食料来饲养，赐号"自在将军"！

要这么看，虽然高平之战耶律敌禄一枪未发，但辽军仍然算是帮了刘崇一次，用一匹宝马捡回了他一条命。

显德元年三月二十八日，郭荣决定趁士气高涨，继续率军北上，给北汉一点颜色看看。符彦卿被委任为此次行动的主帅，很快进抵晋阳城下。北汉诸州县望风而降，周军相继拿下孟县、汾州、辽州、宪州、岚州、石州、沁州、忻州等地，甚至代州刺史郑处谦直接杀死了驻此的辽军，也向后周投降。

五月初三，郭荣抵达晋阳，军旗环绕城池长达四十里。起初，郭荣派遣符彦卿等人来晋阳，只不过是想要通过一展军威，吓唬吓唬刘崇，出出恶气，并没有一举灭国的打算。

可没想到北汉境内的老乡们太过热情，纷纷拿出食物进献，迎接南来的周军，哭诉汉国境内的赋税差役非常沉重，难以负担，表示愿意供给军用物资来帮助周军攻打晋阳！

民心所向，激起了郭荣的雄心壮志，他决定攻打晋阳。虽然包括符彦卿在内，诸将都认为这不可行，但郭荣不为所动，继续往前线增兵。时间一长，十数万大军都挤在晋阳城下，由于粮食短缺，难免发生军队士卒剽掠民间的事件，老百姓顿时大失所望，开始逃到山上筑城自守。

郭荣不允许这种事情发生，马上派人飞马传旨，严禁剽掠，安抚北汉境内百姓，规定只征收本年的租税，捐献粮食的百姓可以依照数量多少，得到等级不同的官职。同时，征调本国境内河东、河北地区的民众向前线运粮，仍旧是让李谷负责核算军需。

此时辽朝在位的皇帝是耶律德光之子耶律璟。刘崇向他求救后，他连忙派南院大王耶律挞烈率领一万余骑兵南下支援。辽军很快抵达忻州、代州一带。

符彦卿领命北上，偕同郭从义、向训、白重赞、史彦超几位将领，率万余骑兵攻打这支契丹部队，进抵忻州。两军旗鼓相当，契丹军只得先行退守忻州北方的忻口。

之后，契丹游骑不时来到忻州城下挑衅，符彦卿为了能在晋阳以北解决掉这批劲敌，以免对方深入作妖，向郭荣提出了增援，于是李筠和张永德奉命率三千人马北上。

五月二十三日，符彦卿集结大军严阵以待，猛将史彦超担任先锋，向辽军发起攻击。

战事一开始顺风顺水，史彦超带着两千人与辽军相遇，与此同时，李筠也已率部绕到辽军侧后方，两路前后夹击，一举歼灭对方两千人，辽军慌忙撤走。然而史彦超杀得兴起，自恃骁勇，越发深入敌境，与大军越来越远，最后连李筠也赶不上他了。不知不觉中，史彦超身边竟只剩二十几个骑兵了！等他意识到情况不妙，辽军已经回过头来，准备收下送上门来的便宜。史彦超寡不敌众，为自己的轻率付出了惨痛的代价，经数个回合，当场战死。辽军乘胜杀回，李筠也仅以身免。

符彦卿等人只得退回忻州，不久南撤。

与此同时，对晋阳的围攻仍在热火朝天地进行着，周军距城三百步，足足围了三层。据说刚升职不久的赵匡胤尤为卖力，率军在晋阳一处城门放了大火，但被守军击退，他自己的左臂也中了一箭。郭荣目睹全程，不愿失去人才，阻止了赵匡胤裹伤再战。

晋阳城池久攻不下，后周士卒疲惫不堪，加上正值雨季，不少人还染上了疾病，郭荣动了撤退的心思，恰在此时，又传来了忻口战事不利、史彦超战死的消息。良将殇逝，前功尽弃，种种不顺令郭荣扼腕叹息，为此郁闷得一连几天吃不下饭。

接下来，究竟还要不要与契丹再决高下，指望重现高平之战的奇迹？经过一番心理斗争，郭荣最终甩掉了这个可怕的念头，决定见好就收。

六月初一，郭荣下令班师回朝，并不得不将带不走的数十万斛粮食烧毁，在两天后启程南返。

临行前，深谋远虑的药元福特意提醒皇帝道："进军容易，撤军难啊。"

郭荣一点就通，笑了笑，把殿后要务交给了这位值得信赖的老将："那就都交给您来负责了！"

果然，一看周军要撤，晋阳城门久违地开启了，北汉不怕死地出动了一支部队前来尾随追击，试图占些便宜。然而令这些汉军始料未及的是，药元福所率几百骑兵正在前方等待着他们，另外，还有更为显眼的、混杂其间的步卒们，他们身着鲜红的铠甲，人手配备一支长枪——没错，这些人正是周军中的精锐枪兵。结果毫无悬念，这股北汉追兵被全歼。

此前后周在新占的北汉州县任命的官吏，这时也纷纷逃走。两国疆土又恢复了原样。

而刘崇先后经历了高平惨败和太原被围，忧愤成疾，最终一病不起，在这年冬天驾鹤西去。北汉皇帝换成了刘钧，这位年轻人只比郭荣小五岁，一即位就沿袭旧例，认辽国皇帝当爹，成为五代又一位自称"儿皇帝"的君主。而刘钧显然没有什么争霸天下的豪情，只敢搞点儿小动作，恶心一下中原。

威震江淮：后周三征南唐

三十年计划

高平之战后，周世宗郭荣已有一统天下、结束唐末黄巢之乱以来分崩离析局面的雄心壮志。他还道出了自己的伟大理想：以十年开拓天下，以十年养百姓，以十年致太平！

要完成第一个目标，建设军队是重中之重。经过高平之战，郭荣总算体会到五代军队几十年来的积弊深重，为此他感慨道："军队在于精锐而不在于量多，如今用一百个农夫也未必能供养一个战士，又为什么要榨取百姓的血汗，来养这么多无用的东西呢？而且老幼参半，强弱不分，待遇没有区别，拿什么激励众人？"

可见，如果要打造一支强军，光是培植属于自己的亲信将领，那还远远不够，必须大力提高军队战士的整体素质。于是郭荣下令，在禁军中采取优胜劣汰措施，将精壮能战者升为上军，而将那些年老羸弱者驱逐出去。

当时天下藩镇中有大量骁勇战士，郭荣也下令，把这些壮士全部招募到京城来，再经过一番拣选，组成殿前诸班，剩下的人员又让侍卫司各军长官来挑选，继续淘汰老弱。

经过这次大规模整军，以禁军为主的后周军队越发兵强马壮，史称"兵甲之盛，近代无比"，顺便还节省了一大笔养兵的费用。

而被郭荣委任主持组建殿前诸班的人，正是当时已经升为殿前军二把手——殿前都虞候的赵匡胤。可以说，殿前诸班之于赵匡胤，正好比后来的小站之于袁世凯，黄埔之于蒋中正。得益于这层关系，赵匡胤在军中积累了相当威望，收获了大把人脉，这也成为他未来帝业的起点。

在军队改革以外，郭荣在政治和经济上还做了很多工作，比如治贪反腐、清剿盗贼、废除杂税、予民耕田、兴修水利、疏浚漕运、扩建开封等等。总之，这些措施的展开大为减轻了百姓负担，国家收入也随之增加。尤其是水上运路的畅通，不但有力促进了经济发展，而且也有利于军用物资的运输。

这里还有必要说一下，五代末年佛寺泛滥，僧尼众多，大量罪犯盗贼以及逃避兵役、徭役者藏匿其中。而且这些寺院正处于一种畸形的滋生状态，出现了与国家争夺土地资源、人力资源的现象，已经成为任何一位有一统天下之心的君主都必须面对的一大障碍。

为此，郭荣不惜顶着佛教徒们的咒骂，掀起一场大型灭佛运动，在国内废除十之八九的寺院，强制要求大量僧尼还俗，同时毁坏了不少铜制佛像用来铸造货币，充盈国库，同时促进商业经济的发展。所以佛教史上，显德毁佛事件被纳入"三武一宗之厄"，其中"一宗"即指代郭荣。

也曾有人就灭佛措施过重一事，搬出佛教的因果祸福论来劝告皇帝。郭荣本非佛教信徒，他是这么回答的："你们不必为此事忧虑，佛用善道来教化众生，只要立志一心向善，就算是敬奉佛祖了，那些铜像又岂能是真佛呢？而且朕听说，佛祖的宗旨在于造福他人，即便是眼睛和头颅都可以施舍出去，如果朕的身体可以用来普济苍生，朕也在所不惜！"

所以，司马光在《资治通鉴》中专门评价周世宗不仅是一代明君，更是难得的仁君，也就不奇怪了。

当时，不少大臣仍旧安于现状，甚至提出偃武修文、以德服众的主张。相比之下，王朴的《平边策》见解独到，一下子脱颖而出。该文章全面论述了一统宇内和治国安邦的方略，深得郭荣之心。纵观天下，当时除了北方的辽国和北汉以外，南方尚有南唐、后蜀、南汉、吴越、南平、武平、漳泉等割据政权，后周实际上处于这些势力的包围之中。《平边策》的核心在于八字：先南后北，先易后难。其中，王朴为郭荣规划了详细的攻略顺序：先是攻取南唐，接着平定后蜀、南汉等国，继而北上收复幽燕，把北汉放在最后解决。从郭荣到赵匡胤再到赵光义，虽然后周、北宋的三代帝王在具体执行上因时制宜，有所调整，不过大体上还是遵循了王朴这个路线。从此，王朴成为郭荣的左膀右臂，也是他一生中最重要的战友。

不过，对南方下手前，郭荣还需加强国防。只有把守好自家几处大门，才能阻止居心不良的邻居们乘虚而入。

当时，契丹凭借瀛莫二州的地利，常常越过深州、冀州一带的胡卢河（今滏阳河），南侵河北腹地，百姓苦不堪言。于是在显德二年（955年）正月，郭荣命令王彦超和韩通北上疏通胡卢河，并筑城于李晏口（今河北深州东南），留熟悉契丹内情的猛将张藏英率军驻守。此外，西、南两方另有郭崇和符彦卿两位名将坐镇成德军和天雄军。此后数年间，契丹不敢轻易来犯，只要胆敢踏入周境，必定没有好果子吃。

之后不久，又有大批在后晋灭亡时陷入蜀境的秦、凤地区百姓因不满后蜀统治，归附后周并乞求出兵。郭荣遂听从王溥的举荐，于四月派遣王景、向训、昝居润等人领兵出征。王景一行不负厚望，在黄花谷等地大败蜀军，七个月内接连攻下秦州、成州、阶州、凤州，最终收复了陇右地区。一时蜀地大震，孟昶急忙在剑门关和夔州两大门户征兵屯粮，生怕周军乘胜进取成都。

如此一来，北线、西线相继取得重大进展，后周短期内再无后顾之忧。

假金方用真金镀

接下来，郭荣总算可以全力对付土地肥沃、物产丰富的数千里南国了。

脱胎于南吴政权的南唐，这些年来趁火打劫，频频发动对邻国的战争，但几乎一无所得。先是陷入对闽国王氏、吴越钱氏作战的泥潭，继而趁马氏内乱接收楚国，很快又被驱逐，还为南汉刘氏所败，可谓白白劳民伤财。由此，南唐国力大损，府库也早已空虚。有鉴于此，损人不利己、专为他人作嫁衣的唐帝李璟追悔莫及，表示自己终生不再用兵。

然而生性温和柔顺、喜欢听人阿谀奉承的李璟并没有痛改前非，仍旧重用一群奸邪之徒。南唐朝野，以冯延巳、冯延鲁、陈觉、魏岑、查文徽为首的"五鬼"势力，在元老功臣宋齐丘的庇护下专权恣肆，党争日益白热化，把南唐整个政坛搞得乌烟瘴气。

所谓好了伤疤忘了痛，当中原李守贞、慕容彦超等人叛乱时，李璟扭头又忘了自己永不再战的承诺，争着要去掺和一脚，发兵声援助威。这还不止，南唐又频繁派遣使者通过海路联络契丹和北汉，约定一起图谋中原，好处大家分，还常常被北国抓到现行。

如此种种，已经引起了中原政权的极大不满，只不过当时国家初定，郭威父子一时无心和南唐算账。现在，郭荣对南方虎视眈眈，醉生梦死的南唐君臣仍未意识到危机将至，在边防方面也极不上心。

从前一到冬天枯水时节，淮河水位就会下降，为此南吴、南唐都要发兵驻守河岸沿线，监视北方军队的动向，称为"把浅"。然而，李璟听从寿州（今安徽寿县）监军吴廷绍之言，认为边疆无事，把这项例行戒备活动视为白白浪费军资粮食之举，决定终止这个看似无意义的旧例。

坐镇寿州的清淮军节度使刘仁赡是南唐国内为数不多的明白人，他多次上表劝谏，却得不到任何支持，眼睁睁看着延续了几十年的"把浅"被撤。所谓不见棺材不掉泪，李璟很快就会知道，这个决策起到的效果，将不亚于自毁长城。

显德二年十一月初一，探得淮河防守空虚后，郭荣打响了征伐南唐的战争，任命宰相李谷为主帅（淮南道前军行营都部署），许州忠武军节度使王彦超为副帅，率领侍卫马军都指挥使韩令坤等十二位大将南下，很快抵达颖水汇入淮水之处——正阳口（今安徽颖上东南）。

李谷感触颇深。二十九年前，他的好友韩熙载因家族落难，被迫南下，二人道别之地就在正阳口。当时，一番痛饮后，韩熙载对李谷说："南国若用我为相，必将长驱直入平定中原！"李谷知道韩熙载是个豁达的人，只是笑笑："中原若用我为相，拿下南方，便好比轻取囊中之物！"如今近三十年过去，李谷终于出将入相，兵临淮水，不知长江对岸的老朋友是否还安好。

比起平步青云的李谷，韩熙载的运气就差了不少。虽然他文采斐然，多有造诣，在江左被视为"风流之冠"，但始终没有得到太多重用。当初契丹南下，时任知制诰的韩熙载就主张趁中原大乱的时机北伐；此时南唐抵御后周，韩熙载也提出了不少实用的建议，却全被李璟无视，可谓怀才不遇。韩熙载晚年，眼见江河日下，也耻于再当南唐宰相，遂自隐大才，纵情声色，空留后世一幅《夜宴图》……

中原已经几十年没有打过淮河的主意了，如今后周突然大举南下，整个江淮为之大震！反而只有直面周军的刘仁赡仍旧神情自若，军备和往常并没有什么分别，淮南一带军民这才稍稍安定。

李璟不敢轻慢，急命禁军头号大将——神武统军兼侍卫诸军都指挥使刘彦贞担任主帅，率军两万人增援寿州。同时派江州奉化军节度使皇甫晖、常州团练使姚凤充任应援使和应援都监，带着各自的本部，一共三万人进驻定远

（今安徽定远），以防周军继续深入。

李谷早已召集人手架设浮桥，横渡过了淮河，来到寿州地界。从本年十二月到次年正月，王彦超、白延遇等后周将领发挥出色，接连在寿州城下、山口镇（今安徽寿县东）、上窑（今安徽淮南上窑镇）等地打了几场胜仗，每次都击败数以千计的南唐军。

显德三年（956年）正月初六，郭荣下诏亲征淮南，命向训、王朴分别担任东京正副留守，曹州彰信军节度使韩通临时担任侍卫司点检，守备京城。同时，侍卫司实际上的一把手李重进奉命先赴正阳打前站，河阳三城节度使白重赞也领命率三千亲兵进驻颍上。

寿州是历史上著名的水陆枢纽和战略要地，只有打下寿州，后周才能保持淮河南北的交通顺畅，才能安全地沿着淮河顺流而下。不过寿州北靠淮河，东临淝水，又依托横亘东西的八公山脉，是一片山水相连的军事重镇，加上有善守的刘仁赡坐镇，李谷虽然在外围有几次小胜，但始终打不下来。

与此同时，刘彦贞的两万援军也已抵达寿州西南的来远镇，即东正阳一带，离李谷只有两百里地。刘彦贞来得慢不是没有缘由的，很快他就亮出了王牌，派出两百艘战舰奔赴正阳，摆出要攻击浮桥的态势！

李谷马上做出了判断：前面得以小胜唐军，主要是由于对方撤去了淮河守备，这才挨了周军的几下闷棍，现在人家已经缓过劲来，还动用了舰队，来势汹汹！

这回李谷是真怕了，再无往日大将风范，他深知周军在水战方面略显不足，于是马上召集诸将商议："我军不擅水战，倘若贼寇截断浮桥，到时我们就会腹背受敌，无法全军而还了！不如先行撤至正阳，等候陛下到来，再做打算。"无人反对，于是全军撤回西正阳。

才刚抵达圉镇（今河南开封杞县西南），郭荣就得知了李谷的计划，大为不满。在他的字典里，不到迫不得已这一步，就没有退这个字！当年北汉气若游丝时尚且敢开门追击周军，何况当前精神饱满的唐军呢？如今李谷这么一退，对方必然前来追击，稍有不慎，全盘皆输！

郭荣忙派遣中使前去制止，然而已没了传话的必要。中使赶到时，李谷早已烧毁寿州城下的辎重，退到了西正阳。而且周军撤退时非常慌乱，阵形不复严整，大量物资散落，还有几百个淮北民夫没来得及渡河就被南唐俘虏了。

李谷的表现实在大失水准，郭荣火冒三丈，就差暴跳如雷了。一到陈州（今河南淮阳），郭荣就让李重进带着精锐火速南下，并对大表哥千叮咛万嘱咐："一旦遇到唐军，不要犹豫，全力攻击！"

但更为令人气恼的还在后头。依旧是郭荣信赖有加的李谷，他不但擅自撤军，还本着爱护皇帝陛下的原则，建议郭荣也不要前行："敌军舰队正在淮河中央行进，我军的弩砲无法击中对方，如果浮桥陷落，军心一定有所动摇，势必全军撤退！如今淮河水位每天都在上涨，陛下如果亲临前线，万一粮道断绝，危险就难以预测了！希望陛下暂且留驻在陈颍一带，等李重进到了，臣就和他一块儿商量怎么保全浮桥。"

而最让郭荣难以接受的，还是李谷的最后一句话："即令我军今春撤退，只要厉兵秣马等待时机，冬天还能再来，足以让敌军疲惫不堪了。到时再发动攻击，也不算晚。"

臣子不懂君王心，君王有苦无处言。

南唐军主帅刘彦贞出身将门，其父是曾自比韩信的南吴名将刘信，其兄长是执掌皇城宫禁的刘彦英。刘彦贞本人虽然擅长骑射，在军中有"刘一箭"的美称，但领兵方面资质平平，没有什么过人的才能谋略。但这并不妨碍刘彦贞有强烈的上进心。他在各地担任节度使时，搜刮聚敛了巨额财富，专门用来贿赂朝中要政。为此，"五鬼"之一的魏岑干脆睁眼吹大牛，把刘彦贞比作当世的韩、彭、龚、黄（西汉的名将韩信、彭越以及名臣龚遂、黄霸）！

所以后周来犯，李璟第一个想到起用的，就是这位刘彦贞了。

果不其然，遗传了老爹高度自信的刘彦贞一听说李谷退兵，立即心生轻敌之意，马上领兵冲向正阳。其他将领如武彦晖、张延翰、咸师朗等人，也都是些有勇无谋的斗将，乐得跟在刘彦贞后面，纷纷高呼："追杀上去，就能大获全胜！"一时唐军旌旗、辎重延绵数百里，好不壮观。

寿州城内，刘仁赡和池州刺史张全约非常清醒，马上派人劝阻："刘公大军尚未到来而敌军先跑了，这正是畏惧您的声威啊（先给刘彦贞一颗甜枣吃），何必一定要速战速决呢？万一失利，可就大事不好了！"

刘彦贞不明白二人的用心良苦，偏偏他入朝以前，正是在这寿州做了九年的清淮军节度使，算起来还是刘仁赡的前辈，所以不但驳回了对方的意见，还反过来威胁道："我才是主帅，你们这些人懂什么？再敢妨碍我的大事，斩！"

遥望这支军队朝正阳而去，刘仁赡摇了摇头，对张全约叹道："要是遇敌，此行必败。"他虽然能预见结局，但无力阻拦，只能继续做好自己该做的事，在城头增加兵力做好战备。

刘彦贞匆匆追上周军，甚至顾不上让士卒吃过早饭，就带着他们直奔浮桥。此时李重进部也已抵达西正阳，听闻唐军到了附近，也顾不上吃早饭了，火速带人踏上浮桥渡过淮河寻求决战——打完才好吃饭！

李重进并不知道，此战还是刘彦贞的军事处子秀，那位仁兄之前从来没有打过仗。所以李重进过了淮河，看到的尽是些让人一时摸不着头脑的东西。比如唐军阵前摆放了很多铁索相连、安置利刃的拒马，以及装满铁蒺藜的布袋，看样子是专门对付骑兵用的。就连立于阵前的士卒手里，也持有雕刻着各类猛兽的盾牌，事后听说，刘彦贞管这玩意儿叫"捷马牌"。

刘彦贞这么布置，兴许是打算先唬住周军，再发动攻击打过河去。然而这些举措不但没唬住李重进，还给他逗乐了。仿照《孔乙己》里的话说，那就是"引得诸将都哄笑起来，周军上下很快充满了快活的空气"。大周军队南征北战，见过怯战的，可就是没见过这么心虚的！

李重进随即无情下令发起冲锋，王彦超、韩令坤、赵弘殷等将紧随其后，锐不可当，杀得饿着肚子的唐军哭爹喊娘，到死也没能饱腹。

正阳一战，李重进部追击三十余里，唐军几乎全军覆没，尸横遍野。据统计，共有一万多名唐军被杀，主将刘彦贞遭阵斩，咸师朗等数十名唐将被生擒，剩余残部被张全约及时带回了寿州。周军获俘虏三千人，缴盔甲武器三十万件、战马五百匹。战后，李重进将三千名俘兵交给时任行营步军主帅赵晁处置。老赵更狠，当晚全杀了，一个不留。

几十年来，江淮一带几无战事，正阳惨败的消息传开后，周军吃人不吐骨头的形象造成了南唐举国惊恐。淮水上的唐军舰队连忙掉头撤走，皇甫晖和姚凤的接应部队不得已从定远撤军，而滁州刺史王绍颜更是一绝，直接弃城逃跑。

另一个人的王业

正阳之战三天后，显德三年正月二十日，后周皇帝大驾抵达西正阳。郭荣免去了李谷的主帅之位，仍给他预留了一个寿州长官的位置，继任的新主帅正是立下大功的李重进。

正月二十二日，郭荣来到寿州城下，在淝水以北扎下大营，让人将正阳浮桥移到更近的下蔡（今安徽凤台），同时亲自督领诸军，征发宋州、亳州、陈州、颍州、徐州、宿州、许州、蔡州等地的民夫数十万人，将寿州团团围住发起总攻，昼夜不息。

二月初三，下蔡浮桥转移完成，郭荣亲自前往视察。郭荣是个非常注重细节的人，何况军国大事本来就马虎不得。由于桥梁附近的道路修得不尽人意，负责人康俨被当场处决，给众人敲响了警钟。

同时郭荣积极联系各方势力，意欲对南唐起到牵制的作用。

名义上称臣中原、实际割据武平军（治朗州，今湖南常德）的军阀王进逵被任命为南面行营都统，奉命攻打南唐鄂州（今湖北武汉）。武平军在二月底攻下了鄂州长山寨（今湖北通城南），生擒唐将陈泽等人，但由于爆发内部火并，王进逵本人也被杀，这一路的战果也就到此为止了。

荆州江陵府（今湖北江陵）的南平王高保融领命，派遣指挥使魏璘率军三千出夏口（今武汉汉口），作为策应。不但如此，高保融还派亲将陆扶前往金陵，劝唐帝李璟内附中原，高保融侍奉大国的姿态可谓非常到位。

李璟赶紧下令鄂州坚壁清野，此时武昌军节度使是南唐名将何敬洙，他决心在城外积极抗敌，所以周军没能捡到什么便宜。

长期称臣中原的吴越（国都即今浙江杭州）国王钱弘俶（chù）接到任务，兵分两路，在二月底进攻南唐的常州与宣州，起初进展比较顺利。后来南唐将领柴克宏在战舰上设伏，加上吴越军将帅不和，导致吴越军在常州之战被南唐大败而还，损失万人，力主出兵的吴越宰相吴程仅以身免。进攻宣州（今安徽宣城）的路彦铢一路得知败报，随即撤军。

南唐再派水陆援军一万人，驻扎在淮河南岸的涂山（今安徽怀远东南）之下，打算伺机而动，并联合皇甫晖部对周军形成夹击。郭荣闻讯，把打援的任务交给了殿前都虞候赵匡胤。

赵匡胤部没用一天就来到了涂山以西，他在涡河入淮河的涡口（今安徽怀远东北十五里）一带设下伏兵后，亲自率领一百名骑兵冲击唐军大营。刚一交战，赵匡胤假装败退，引唐军轻敌来追，在涡口拦截并痛击这一万多追兵，阵斩唐军都监何延锡、静江军使李铎等人，缴获了五十多艘战舰。

而寿州方面，由于此处非常难啃，郭荣决定凭借人数优势，采取"攻城打援"混搭"中心开花"的战术，在重点攻打寿州、消耗南唐援军的同时，又向四处发兵，扫荡江淮地区。

二月初五，深入淮南的步军先锋副都指挥使司超传来捷报，他已会合侍卫奉国第五军都指挥使解晖，在盛唐（今安徽六安）击败南唐军三千余人，生擒唐军都监高弼、果毅指挥使许万等人，缴获战舰四十多艘。

三月初三，司超再率军数万，迫近光州（今河南潢川），南唐光州刺史张绍弃城逃回金陵，都监张承翰放弃抵抗，降于司超。

三月初四，铁骑右厢第二军都指挥使王审琦会合司超，协助周将郭令图攻陷舒州（今安徽潜山），南唐舒州刺史周弘祚（吴国名将周本之子）投水殉国。同日，南唐蕲（qí）州将领李福杀死知州王承隽，携城降周。

为开辟战场，扩大战果，郭荣又交给赵匡胤一个新任务，命他攻取拱卫唐都金陵的江北重镇——滁州。

滁州城外西北方有一处关隘，名唤清流关，地势险要，两边都是悬崖峭壁，只有一条小道从中间通过，正可谓一夫当关，万夫莫开，是兵家必争之地，后来的朱元璋、李自成、张献忠等人都曾在此大战朝廷军队。所以皇甫晖和姚凤的三万人马（号称十五万）连滁州也不进了，直接扼守在清流关。

赵匡胤率军倍道兼行，赶到清流关。由于在地形上处于劣势，周军初战不利，就连右金吾卫将军、先锋兵马都监萧处仁也死在唐军的弓弩之下。

强攻既然不行，就得巧取了。赵匡胤通过寻访附近的村民，很快得知有一条小道可以绕过山背，转到清流关之后。

事不宜迟，赵匡胤连夜率军翻越群山，终于在第二天清晨来到西涧。（对，就是"春潮带雨晚来急，野渡无人舟自横"的这个西涧。）周军片刻不停，又直接渡过西涧，抵达清流关背后，打了对方一个出其不意。

清流关内的唐军无不大惊失色，在一片混乱中且战且退。撤至滁州的皇甫晖想要砍断护城河桥，坚守城池，可赵匡胤速度太快，竟然已经带着军队涉水而过，来到城下了！

皇甫晖虽然在后世名声不显，但在当时也是一位风云人物。几十年前，皇甫晖尚是一介无名小卒，因为赌博亏输，发起贝州兵变，引起了一系列连锁反应，竟直接导致一代雄主李存勖众叛亲离，身死国破。也就是前些年契丹灭晋，皇甫晖才投奔南唐，要知道当年他闹得天下大乱时，赵匡胤还没出娘胎呢！

如今被晚辈欺压至此，皇甫晖表示非常不服，一时血气上涌，高声喊道："大家各为其主罢了，何必苦苦相逼？希望容我列阵，再决胜负！"赵匡胤只是笑笑，算是答应了下来。

急于找回点儿面子的皇甫晖果然整顿军队，出城再战。可赵匡胤并不打算给他耀武扬威的机会，他抱紧了马脖子，率军径直冲进唐军阵中，一边大呼："我只取皇甫晖一人，其他人不是我的对手！"一边一剑挥砍下去，正中皇甫晖的头部，将其击倒在地，直接擒获。同时成为俘虏的，还有唐军都监姚凤。此战，周军歼灭唐军一万五千人。

皇甫晖久经沙场，怎么会这么容易就被一招制服？其实当时还发生了一个小插曲，导致他的注意力被分散了：他的儿子皇甫继勋也在场，却很没骨气地想要临阵脱逃。看看自家不成器的儿子，再看看人家赵匡胤，那差距不是一般的大，皇甫晖气不打一处来，拿起武器就要打儿子，结果不但没拦住这个孬包，反而让自己被活捉了。

不过皇甫晖也是个硬汉，被抬到郭荣面前时，他不卑不亢地说道："我皇甫晖原来是一介贝州戍卒，在北方南方都位列将相，虽然酿成唐庄宗之祸，但保卫家国大小数十战，也算未尝败绩。当年抵御契丹时，我从未见到过像现在这般精锐的军队！今天被俘，再正常不过了。"得老辈人如此盛赞，郭荣很是欣慰。

之后，皇甫晖拒绝医治，几天后伤重而死。滁州百姓对他有所感恩，每天都会敲响钟声，表示纪念。

赵匡胤就此夺下滁州。对他而言，无论从哪一方面来看，滁州的意义都是十分巨大的。此外，滁州战役也是赵匡胤独立指挥的第一场大胜仗，近百年后，宋仁宗皇祐年间，朝廷还特意在滁州建置"端命殿"以示纪念。

赵匡胤镇守滁州期间，还有这样一桩轶事。一天深夜，赵匡胤的父亲，即时任侍卫马军副都指挥使赵弘殷来到城下，请求开门放行。当时赵弘殷已染疾在身，其状可怜，但赵匡胤没有徇私，而是在城头上拒绝道："父子虽然是至亲之情，但是城门开合是国家大事，孩儿不敢奉命！"直到第二天，赵匡胤才准许父亲进城。

攻下滁州后，宰相范质把刘词的幕僚赵普推荐给了赵匡胤，赵普便开始在赵匡胤身边做事，刚开始担任军事判官。一笔写不出两个"赵"字，赵弘殷父子也挺关照赵普，把他视为家人，而赵弘殷卧病滁州期间，正是赵普守护在身边，日夜悉心照顾。后来赵匡胤也渐渐发觉了赵普在军政上的不凡之处，从此把他当作最重要的臂膀。

蚕食进行时

滁州这个金陵锁钥一丢，最慌乱的那个人，自然是长江对岸的唐帝李璟。

李璟忙派人给郭荣送信："大唐皇帝敬奉书信于大周皇帝，请求休战讲和，愿意把您视作兄长侍奉，每年贡献奇货珍宝来资助军费。"事实上，李璟比郭荣还大了五岁，但面子丢就丢吧，总比皇位丢了好。

二月十一日，郭荣接到书信后只是笑笑，并不理会，扭头就命令前邓州武胜军节度使侯章、右卫大将军王璨二人负责攻打寿州西北的水寨，将此处的堤坝破坏，将护城河的水引入淝水。

同时，得知南唐东都——扬州江都府没有守备，郭荣又在二月十六日派遣韩令坤、白延遇、刘重进（即曾效力契丹的刘晏僧）、赵晁等将向东奔袭扬州。同时，郭荣告诫韩令坤等人，不得残害百姓，对李氏在扬州的皇家陵寝，也需要派人与李氏族属一起守护。

由于迟迟未得到回复，忧惧亡国的李璟终于派出翰林学士钟谟、文理院学士李德明两位近臣前往寿州，代表自己奉表称臣。为表诚意，李璟甚至愿意改名为"李景"来避讳后周祖先，又向郭荣献上黄袍玉带、药物茗茶、金器千两、银器五千两、绸缎两千匹、牛五百头、酒两千斛，可谓下了血本。

郭荣知道钟李二人都是南唐国中的能言善辩之士，此次前来是打算游说自己退兵的，于是带着全副武装的军士接见他们，并开门见山地说："你们的国主从未遣使与我国交好，反而漂洋过海勾结契丹，舍弃华夏侍奉蛮夷，礼仪都去哪里了？朕并非战国末年的六国那群任由秦国摆布的痴汉，岂能是你们动动口舌，就能改变主意的人？告诉李璟，马上亲自前来给朕认罪，即可无事。否则的话，朕打算亲临金陵，借用一下你们的府库来犒劳军队，你们可不要后悔！"

钟谟和李德明瑟瑟发抖，接过郭荣的赏赐，不敢多说一句话。几天过后，李璟派往契丹请求支援的信使也被静安军使（治所即李晏口）何继筠截获，再落口实。

二月二十二日，韩令坤一行抵达扬州城下，先锋都指挥使白延遇领命，带着数百骑兵冲入城中，而老百姓还浑然不觉。等到韩令坤等人进城安抚百姓，南唐的东都副留守冯延鲁才后知后觉，情急之下剃光头发披上僧服，想要假扮成僧侣躲进佛寺，但还是被搜出来，在韩令坤面前成了笑料。

唐军在扬州的主官——东都屯营使贾崇得知周军进城，反应更激烈，本着"自己守护不了的东西，别人也休想得到"的卑鄙心理，直接放了一把大火，焚毁了官邸和大片民舍，乘乱逃出扬州，直奔金陵。这位贾崇素来有"贾尉迟"（唐朝名将尉迟敬德）的威名，如今看来，倒无疑是个"假尉迟"。

占领扬州后，韩令坤安抚了市民，又派刘重进向东进逼。南唐泰州（今江苏泰州）刺史方讷弃城，泰州不战而降。数日后，扬州西北的天长（今安徽天长）制置使耿谦也投降了，周军由此得到二十几万斛军粮。

此时寿州正是金鼓连天，郭荣为激励军心，亲自抱着巨石运送到船上，供周军从淝水中流砲击寿州。同时，周军又耗费数十万竿大竹子，制造了成百上千艘竹筏，盖上木屋，将这类水上堡垒称为"竹龙"，载着士兵来攻城。

周军已经把各式各样的器械和方法都用上了，可刘仁赡人如其字（守惠），实在太能守了，寿州始终固若金汤。一连几个月，数十万人竟然都没能把它打下来，创造了古代军事史上的一个神话。

但其实这对交战双方来说，都是万分痛苦的煎熬，不光郭荣恼火，势单力孤的刘仁赡同样头疼。于是，后者打算实施一次斩首行动，从而彻底解决问题。等了好几天，唐军总算抓住了机会——郭荣再度亲临城下，就坐在比较近的一处大帐中！刘仁赡躲在暗处，张弓搭箭，奋力射去！

接近了！这支冷箭正中郭荣……御座几尺远的地上。

左右大惊，忙让皇帝暂避锋芒，要是天子有什么三长两短，那可不是道个歉撤个军就能完事儿的。没想到郭荣丝毫不慌："一箭射杀一天子，天下宁复有天子乎？"接着更是做了一件挑衅意味十足的事——让人把自己的座位搬到之前那支箭的位置上，主动充当靶子，叫众人看得满头冷汗。

"猿臂善射"的刘仁赡也不客气，立即再发一箭！第二支箭应声落下，距郭荣只有几步之远，但仍然没中！郭荣仰天大笑，转身离开。

刘仁赡气恼地扔掉了弓箭，长叹一声："天不佑唐！但我世受国恩，死在旗鼓之下，才是我的本分！"

郭荣派出中使招降刘仁赡，晓之以理："朕知道你的忠义之心，然而百姓有何罪过？"刘仁赡没有回应。

与此同时，赵匡胤在寿州也一度与死神擦肩而过。当时，他正乘船在护城河中作战，寿州城上不断用连弩射来椽子一般粗的箭矢。虽然赵匡胤的船只用牛皮包裹上了，但唐军仍然发现了可乘之机。千钧一发之际，牙将张琼挺身而出，替赵匡胤挡了一箭，顿时疼得昏死过去！

回到营中，张琼大腿中的那支箭插得实在太深，军医无法轻易取出箭头。张琼索性喝下一大碗酒壮胆，让人敲碎了骨头，方便取箭！一时血流如注，张琼的脸上汗珠如豆，可神色仍然和往常一样淡然。古有关公刮骨疗伤，今有张琼碎骨取箭，张琼从此被赵匡胤记住，后来得到了重用。

周军势如破竹，短时间内接连攻下南唐江北诸州县，唐都金陵已经直接暴露在兵锋之下，让李璟如坐针毡，不得不再派官员前往寿州求和乞降。

三月初一，南唐宰相孙晟与礼部尚书王崇质二人奉命向郭荣郑重表示：李璟愿意削去皇帝之号，奉后周为正朔，只希望后周退兵。同时又献上黄金千两、白银十万两、绸缎两千匹，但郭荣仍不为所动。

孙晟本来自北方，他的老上司不是别人，正是当年王彦章的手下败将朱守殷。在朱守殷叛乱被李嗣源平定后，阴谋的始作俑者孙晟投奔南方，又得到吴国权臣徐知诰（也就是后来南唐开国皇帝李昪）的重用。

来之前，孙晟非常清楚此行意味着什么，无论谁担任使臣，都必将出卖南唐的利益，但是倘若不能遂后周的意，也肯定难逃一死。孙晟思前想后，不忍辜负先帝大恩，所以没有推辞，毅然北上。

果然，郭荣另提了自己的要求。几天后，周军特意护送孙晟一行来到寿州城下，他现在必须劝降刘仁赡。

刘仁赡身着戎装，在城头见到孙晟后遥遥行礼。然而孙晟的表现十分出人意料。这位年轻时连话都说不利索的文士，当着后周诸将的面，向刘仁赡下达了一道命令："您深受国家厚恩，不可开门迎接贼寇！"

郭荣听到后，脸都被气成了猪肝色，但孙晟仍旧义正词严道："我身为国家宰相，怎么能教节度使投降敌国呢？"郭荣总算领教到了南唐国士口舌的厉害，虽然非常生气，但还是放了孙晟一马。

李璟仍在不断向郭荣示好，先是送去了一百五十名从周军叛逃南唐的原后蜀降兵，然后又表示愿意割让淮河沿线的寿州、光州、濠州（今安徽凤阳）、泗州（今江苏盱眙淮河北岸）、楚州（今江苏淮安）、海州这六州，并且每年进献金银丝绸百万。

然而，当时且不说光州一地，半个淮南地区都已经被后周拿下了。要是按照李璟开出的条件，后周还得吐出先前已经占领的滁州、舒州、蕲州、和州、扬州、泰州等地，谁会愿意做这亏本买卖？何况郭荣原本的目标就是取得整个江北，自然不会同意。

李德明表示愿意劝说朝廷割让江北，得以被放回金陵，不过他这一去，就再没能回来见郭荣一面。当然，并不是李德明畏惧了周人，回了家就出尔反尔。实际上他回到金陵后，还盛赞了郭荣的威德和周军的强大，但他没有留意到老主子的脸色越来越差。在李璟看来，他还坐在这皇位上呢，李德明就私下承诺割地，这胳膊肘是不是已经拐到后周那边儿去了？

宋齐丘与"五鬼"一党原本便与李德明交恶，此时更是刻意大肆宣扬：他李德明这是赤裸裸地卖主求荣！而李璟几番自贬身价，都未能换来和平，本来就窝着一口气，如今有了个发泄口，立即就下令将"唐奸"李德明斩首。使者斩了，自然同时就意味着，后周和南唐的交涉正式谈崩了。

就在这时，唐军击败了吴越国来犯，常州和宣州的危机宣告解除，南线无虞。

常州大捷之前，唐军将领柴克宏虽然是吴国名将柴再用之子，但在众人眼中却一向是不务正业、整日花天酒地的纨绔。这一次，柴克宏用成绩证明了自己并非刘彦贞这种虚有其名的绣花枕头。

如此一看，大唐还是有将才的呀！李璟心中的小火苗又燃烧起来，他怀着殷殷希望，提拔柴克宏为江州奉化军节度使，而柴克宏本人也主动请缨支援寿州，一脸志在必得。只可惜，柴克宏人才刚走到泰兴（今江苏泰州泰兴）就突然病逝……不得不说，酗酒伤身哪！

既然谈判无法继续，李璟也不再迟疑，决定发起反攻，任命皇弟齐王李景达为诸道兵马元帅，枢密使陈觉为监军，并起复曾灭马楚（虽然不久又被楚人驱逐）的大将边镐为应援都军使，率军两万人，从瓜步（今江苏六合南长江渡口）渡江北上；又命在常州之战有功的右卫将军陆孟俊率万余人自常州北上。两路人马一东一西，意在收复被周军攻陷的扬州、泰州、滁州等地。

同时，李璟还派鸿胪卿潘承祐前往南方闽地的建州、泉州一带招兵买马。潘承祐本是闽国大臣，知道哪些人才可用，于是推荐了许文稹、陈德诚、郑彦华、林仁肇等闽人将领北上支援。

刚开始，陆孟俊这一路携常州大胜之势，逼走泰州的周军，一举收复泰州，随即向西进攻扬州，已经抵达西北的蜀冈。江北都是平地，只有蜀冈西接滁州群山，扬州城内的韩令坤见唐军卷土重来，怕是要断了自己的退路，便想马上率军撤离，暂避锋芒。

郭荣自然不许韩令坤做第二个李谷，急令张永德率军东行，同时让赵匡胤从滁州出发，带着近两千人进驻扬州以西的六合（今江苏六合），声援扬州。

一到六合，赵匡胤便下了个让韩令坤哭笑不得的死命令："扬州士卒如果有过六合的，断了他的脚！"

这哪里是在威慑士兵，分明是在挤兑死党嘛（赵匡胤和韩令坤早年间就是朋友）。韩令坤无奈，只好下定决心固守扬州，联合张永德击败了这一万敌军，并擒杀唐军大将陆孟俊。随后，韩令坤与张永德二将又接连击败了楚州、泗州、涟州方向来的唐军。

扬州解围后，赵匡胤的事儿还是不少，眼前就有个大麻烦——南唐齐王李景达的两万人正在六合三十里外扎营。不过，李景达虽然名义上是唐军的主帅，可军中实权却掌握在"五鬼"之一的监军陈觉手里。之前韩熙载认为这非常不妥，曾上疏劝谏："论信任，没人能超过亲王，论重要，没人能超过元帅，设置监军做什么？"但李璟没有接受。比起兄弟，他更信赖那些近臣。此时两军遥遥相望，只因陈觉畏首畏尾，唐军也就观望不进。

周军诸将都看出对方怯懦，纷纷请求出击。赵匡胤理智地劝阻道："对方立下营寨固守不动，这是畏惧我军、只求自保的表现。然而我军不满两千，如果直接发动攻击，人数上的劣势就暴露在对方眼底下了。不如静待对方出动，再迎头痛击，一定能够击败他们！"

不出所料，数日之后，唐军果然朝着六合逼近。赵匡胤部早已做了充分准备，奋勇冲杀，大破李景达部，俘杀唐军五千人。剩余的一万数千名唐军一股脑逃到江边，争先恐后地抢上渡船，又淹死不少。经过这场六合之战，南唐又损失了大量的精锐，还是以如此丢脸的方式。

此次交战期间，周军这边但凡出现不肯奋力杀敌的将士，赵匡胤便借督战之机，提剑朝对方的皮笠砍去。次日检阅全军，数十人的皮笠上出现了这种剑痕，赵匡胤下令将他们全部斩杀。如此一番整肃，从此部下再没有敢不搏命杀敌的。

这年的四月酷热无比，寿州地区连着下了十几天的大雨，周军营寨水深高达数尺，同时淮、淝二水暴涨，导致先前的砲船、竹龙全部漂到离寿州较近的南岸，被唐军焚烧殆尽。周军伤亡惨重，粮草也出现紧缺。

眼见李德明没有如期返回，郭荣立即意识到，逼迫南唐进行和平交割土地已经不现实了。他与众人商讨是否撤军，有人乘机建议沿着淮河东下，把濠州作为下一个目标。郭荣不想就此放弃，便同意东行，于是一边对外宣称寿州已被周军攻下，一边向濠州地界行进。

不久之后，涡口上的浮桥也建成了，郭荣遂于四月底从濠州前往涡口，并升涡口为镇淮军，派兵驻守此地，既能保护浮桥，同时也能轻易切断寿州和濠州的联系，便于对两地各个击破。

郭荣想要亲自前往扬州，但遭到范质、王溥苦劝哭谏，这两位宰相认为，现在大军疲劳，粮食也不充足，实在不是进一步征讨的良机。郭荣也不想成为第二个苻坚，于是在五月初七留下李重进、李继勋等人继续攻打寿州，自己先行返回汴梁休整。

周世宗的第一次亲征淮南到此结束。

紫金山下

郭荣一回家，南唐马上如同打了鸡血一般，大举开展未完的收复事业。

先是在六月，南唐援军林仁肇部分出一支偏师与刘仁赡里应外合，趁驻扎城南的侍卫步军都指挥使李继勋不备，发起奇袭。此战消灭周军数量竟达数万之多，且焚毁了大量洞屋、云梯之类的攻城器械，是后周南征以来的最大惨败，给周军的心理上带来了不小打击！

郭荣留在濠州、庐州（今安徽合肥）的两位行营主将——刘重进、武行德还算比较得力，接连击破了淮河沿线的唐军来犯，但周军将要面临的更大危机，却不是来自唐军。

一开始，江淮百姓苦于南唐朝廷的暴政，纷纷向周军献上牛酒慰劳。然而随着时间的推移，老百姓发现周军和南唐其实是一丘之貉，甚至有过之而无不及!

原来，周军某些人老毛病复发，不守军纪，大肆劫掠，欺压民众，完全把老百姓视为草芥。尤其是当时负责攻打扬州的两位将领白延遇和赵晁，专行横暴之事，甚至纵容军队强抢他人妻女。当年两人在北汉时也曾这么干，但因为有郭荣制止，不得以收手了，如今郭荣远在开封，山高皇帝远的，所以这些人以为可以为所欲为了。

百姓大失所望，对周军深恶痛绝，只好聚集在山林湖泽之间，建立堡寨，拼合硬纸当铠甲，用农具充当武器，自己保卫家园，号称"白甲军"。白甲军凭借地利，多次击败周军。周军疲于应付，苦不堪言。

在这一背景下，昔日李守贞的两个余党朱元、李平根据形势提出用兵方略，让李璟再生信心，派他们统兵收复江北诸州。二人不负重托，朱元先是攻陷了舒州，逼走后周任命的刺史郭令图，再收复了和州（今安徽和县）；李平则收复了蕲州（今湖北蕲春）。李璟大喜过望，命朱元为舒州团练使，李平为蕲州刺史。

留守扬州的后周淮南节度使向训见势不妙，请求带着扬州兵力西撤，集中攻打寿州，再图后举，郭荣也只好接受了这个现实。难能可贵的是，向训先前上任扬州时就曾杀死一批不法士卒来整顿军纪，现在撤离时也是纪律严明，秋毫无犯，百姓非常感动，甚至还有人特意为这批周军送去粮食。

没过多久，南唐乘势一连收复了滁州、光州以及东都扬州，先前后周在江北取得的战果几乎丧尽，真可谓是一夜回到开战前。

江北各部周军纷纷向寿州靠拢，南唐诸将吸取了江淮百姓击敌的经验，请求占据险要阻击。然而南唐开国谋臣宋齐丘现在只是个迂腐而昏聩的老朽，面对行之有效的战术，他竟然说："此举只会加深两国的怨恨，不如放他们走，以德报怨，战争就会休止。"

李璟已被一时胜利冲昏了头脑，竟然听取了宋齐丘的建议放虎归山，下令诸将各守各的，不得擅自出击。这样一来，后周散落在江北的军队得以顺利撤回寿州，对寿州的攻势也更为猛烈了。至于刘仁赡什么心情，各位可以想象。

同时，李景达的五万大军也已抵达濠州，遥遥声援寿州，但军政大事仍然由监军陈觉决定。

李氏兄弟的性格迥异，如果说李璟的性子温吞如水，那么李景达就是刚烈似火。但如今这般烈性的李景达却被摁着头当一个挂名司令，不能过问军务，只能做些签字的工作，无论他如何心头火起，表面上也只能憋屈地受着。连亲王都如此，其他人就更加不敢反对陈觉了，因此唐军良久不展开决战，白白坐失战机。

皇帝昏庸，宰辅失道，摊上这样的上司，只能说南唐诸将是生不逢时了。

直到八月，经李璟指示，南唐军才有所动作，派出林仁肇、郭廷谓二将分别率领水陆两路，增援寿州。

当时张永德正屯驻在下蔡，林仁肇率水军经过此处之前，在船上堆满了干柴，准备借着风势烧毁这里的浮桥。当时的后周还没有像样的船队，唐军的巨舰极具威胁性，周军见到后，一时不知所措。

可惜，林仁肇这天出门没看黄历，风向突然转变，大火烧向了自己人。张永德见机出战，大败唐军。林仁肇落荒而逃，张永德即行追击，朝着对方射击，没想到林仁肇本领高超，竟然连着多次都用武器挡开了箭矢！张永德啧啧称奇，见好就收，要是被反杀，就得不偿失了。

到了十月，林仁肇再一次率水军来犯下蔡。面对唐军巨舰，可不能每次都指望对手乌龙。张永德打算智取，派了一个水性好的士卒潜入水底，偷偷游到唐军的船下，用铁链把这些船全都串联起来。

准备工作做好后，底气十足的张永德纵兵突袭，林仁肇这才发现船只已动弹不得，唐军将士一片慌乱。要想不挨揍，此时必须跳船，因此除开战死的之外，唐军还有大量不习水性的士卒溺死，林仁肇仅以身免。

张永德大喜，解下身上的金带，赏赐给那位不知名的游水健将。为进一步阻绝南唐舰队的威胁，张永德还在浮桥十余步开外的水面上拉起了一条粗大的铁链，又在链子上固定了许多巨木，林仁肇对此束手无策。

与此同时，李重进指挥诸将接连击破了南唐陆军的援攻。打从正阳之战以来，这位不世出的猛将就给南唐人留下了挥之不去的心理阴影。李重进皮肤黝黑，于是在唐人的想象里便是一副目露凶光的狰狞形象，还在江淮之间风传一个"黑大王"的名号，据说专治小儿夜啼。

李重进和张永德二人，一个是侍卫司首长，一个是殿前军首长；一个是皇帝的表哥，一个是皇帝的妹夫，两人功绩相当，同掌重兵，却不知从何时开始互相看不顺眼，最后闹了不愉快。

这种情况，非常类似当年夹寨之战前周德威和李嗣昭之间的关系，但李张二人交恶的问题却要严重得多。当时，李重进和张永德的矛盾在军中已经公开化了，每次宴请将佐，张永德都要说几句李重进的坏话，要是喝醉了，甚至还会说李重进打算谋反的胡话，可把旁人吓得不轻。演化至后来，张永德不知道受了什么刺激，竟然还派亲信向郭荣报告这个胆大的猜想。郭荣只是一笑而过，并不当真。

消息传到李重进耳中，"黑大王"脸色更黑了，当即从寿州单骑前往下蔡，来到张永德帐中，正好遇上对方在办宴席。不速之客的到来使宴会的气氛顿时变得紧张起来。场中各人均向李重进投去意味不明的眼神，李重进面不改色，从容入席。

张永德以为对方是来找麻烦的，却见李重进端起一杯酒，致意道："我和您有幸成为国家的肺腑将臣，正应同心勠力，一起好好辅佐朝廷，为何相互猜疑如此之深呢？"

没想到李重进竟是这般光明坦荡，张永德意外之余，也忽然释怀了。

二人冰释前嫌，军心随之安定下来。一场潜在的危机，因为李重进的识大体，迅速得到了化解。

唐帝李璟也听说了后周二将不和的传闻，不知是听从了谁的主意，派人给李重进送去蜡丸，内藏的书信写满了毁谤周朝和策反离间的话语，还用高官厚禄来进行引诱。却不想，这封信直接害死了南唐宰相孙晟。

当初周唐交战，李璟派出孙晟等人向郭荣求和乞降。哪怕在寿州城下时孙晟摆了郭荣一道，郭荣依然待他们非常优厚，一起带回了开封。后来郭荣时常询问南唐的情况，孙晟每每只说："唐主畏服大周天子神武，别无二心。"无非就是想让郭荣对李璟存个好印象，打消用兵江南的心思。

然而，李璟亲手打碎了孙晟此前的一切努力。那封离间信被李重进上交给了朝廷，郭荣勃然大怒，认为之前孙晟所说都是瞎扯淡，把他叫来对质。孙晟已怀必死之志，言辞激昂，只求一死，拒绝应答南唐虚实。临死前，孙晟神色自若，穿上朝服手持笏板，向南叩拜，留下最后一句话："臣，谨以死报国！"显德三年十一月十七日，孙晟及其随从一百多人被赐死。

到了显德四年（957年）正月，此时寿州已经被周军围攻了整整一年多，城中的粮食已经见底，刘仁赡忙向援军求助。在李璟的催促下，濠州的李景达和陈觉这才派出北面行营招讨使朱元、西面行营应援使许文稹、应援都军使边镐等大将，沿着淮河逆流西上，进驻寿州以东的八公山一带。

这八公山还有一个好听的别名，叫紫金山。相传西汉时期，那位发明了豆腐的淮南王刘安曾与八位宾客在山上炼丹，最后就埋金于此。

唐军援兵在紫金山上扎下二十多个大营，形同一串珍珠，与寿州城内日夜烽火相应，同时开始修筑连绵数十里的甬道，用以为寿州补充粮草物资。正当这条甬道即将连通寿州时，李重进突然发起猛攻，大破唐军，杀伤五千人，顺便夺取了两个营寨。

寿州城中的情况越发危急，刘仁赡思虑再三，准备率军出城与周军决一死战。但要取得这场胜利，必须得到援军的帮助，所以刘仁赡请求李景达出兵接应，同时让大将边镐来代替自己守城。但是李景达（其实是陈觉）没有同意这个计划，刘仁赡因此忧愤至极，终于病倒。

主心骨一倒，城内就有人感到绝望，想要投敌，偏偏那人还是刘仁赡的小儿子刘崇谏。显然刘公子的划船功夫不到家，在淮河上被巡逻兵抓了回来。大家知道刘仁赡治军严，心说刘公子这回难免被训，得接受一次疾风骤雨般的爱国教育，可能还得加上一顿板子才好服众。但没想到清淮军节度使刘仁赡做出的惩治铁血无情："听我命令，把他拉出去腰斩了！"刘崇谏闻言瘫倒在地，众人也大惊失色，寿州监军周廷构甚至跪在军门前痛哭哀求，刘仁赡依然不为所动。

周廷构只得向刘仁赡的夫人求情，做亲娘的总不会眼睁睁看着儿子去死吧？没想到刘夫人竟含泪回复："妾身不是不爱崇谏，然而军法不容私情，名节不能有亏，如果宽恕了他，刘氏一门就成了不忠之家，我们夫妇俩还有什么脸再见将士们呢？"刘夫人非但不肯说情，还催促行刑人赶紧动手，并着手准备给儿子办理丧事。

刘氏夫妇大义灭亲之事传开，寿州将士无不震惊感动。

得知寿州战况，郭荣表示想要再次亲征。然而群臣多认为，南唐这一次的援军很强大，而周军师老兵疲，不宜再行交战。一时之间，反战派的声音十分高亢。

几年下来，郭荣的行事作风日渐沉稳，已不复高平战前那般孤行己见，而是愿意虚心听取更多人的意见。宰相们的建议至关重要，而让郭荣能打定最终主意的人，却是之前表现得不太好的李谷。

几个月前，李谷回了开封，不久后却不幸患上风疾，不得不卧病在家。但郭荣仍旧看重他，每有军国大事，都要派专人前往李府咨询，这次也不例外。李谷立即上疏，表示大力支持亲征："寿州危在旦夕，随时都会陷落，如果陛下能够再次亲征，军中将士必然奋勇争先，拼死厮杀！如此一来，南唐援军震惊恐慌，守军也没了希望，我军定能将其攻下！"

郭荣闻言大喜，下定决心再征淮南，于是安排王朴留守开封，三司使张美、侍卫马步都虞候韩通负责宫城和都城的护卫工作，然后立即动身，于二月十七日率军从汴梁出发南下。

这段时间，周军的水军终于建成，成为另一张制敌王牌，大大增强了将士的信心。之前淮南之战，大江上横行无忌的南唐舰队深深刺激了郭荣。他回到开封后，立即总结了经验教训，认识到后周水军是个软肋，远非南唐水军的对手，所以在南方尤其是水战上总吃亏，实在是一件憾事。

为了补足短板，接下来的几个月里，郭荣广募工匠，在开封城西的汴水侧畔开凿水池（即后来北宋金明池的前身），制造了几百艘战舰，同时让南唐降兵教导周军研习水战。到二征淮南前，后周已经有了一支在实力上几乎胜过南唐的舰队。

对周军而言，获得了强大水军的加持，恐怕不能只用"如虎添翼"来形容，简直就是脱胎换骨！后周右骁卫大将军王环率水军数千人，乘巨舰从颍水进淮水，一路顺流而下，威风堂堂，南唐军队见到这一场面，无不怵然失色。

三月初二夜晚，郭荣从下蔡渡过淮河，抵达寿州城下，后周士气大振，预备向唐军发动袭击。凌晨时分，郭荣身着铠甲，披上战袍，亲自率军来到紫金山南，命殿前都点检张永德、殿前都指挥使赵匡胤（二人均已晋升）开路，目标是南唐紫金山大营的先锋寨。

张永德和赵匡胤登上西侧一处山冈，正好可以俯瞰对方虚实。紫金山下尚存唐军十八座大营，戒备森严，二人相视一笑，决定智取。张永德挑选精兵，携带强弓劲弩埋伏在山冈旁，赵匡胤负责率军向最近的那座营寨发起攻击，假装不胜而退，唐军果然倾巢而出。就在这时，张永德的伏兵从山冈急速冲下，占领了防守空虚的第一处大营。唐军斗志涣散，争先破门逃窜，使得周军不费吹灰之力就拿下了第二处营寨。

首战告捷，斩首唐军三千级，同时切断了紫金山和寿州之间的甬道，致唐军首尾各寨无法相互支援。为了截断唐军的水上退路，郭荣又命时任虎捷左厢都指挥使的赵晁率数千水军东下，前往涡口的镇淮军驻地。

经历一连串战败，南唐诸将非但不能同心协力，反而出现了裂痕。

由于陈觉架空李景达，拿着鸡毛当令箭，在濠州一通胡乱遥控，令紫金山下的朱元非常不满，因此后者常常违逆军令。陈觉与朱元素来不和，干脆屡次上表李璟，拿朱元的降人身份说事，请求皇帝下了他的兵权。

李璟又一次听信了陈觉的谗言，让武昌军节度使杨守忠取代朱元担任北面行营招讨使一职。陈觉便假借李景达之命，想要召朱元前往濠州，趁机夺其兵权。

朱元得知此事后，既愤怒又委屈，自出兵以来，他无一日不为击败周军殚精竭虑，没想到换来的却是帝王猜忌。

朱元当时只有三十五岁，他在南唐娶的妻子正是"五鬼"之一查文徽之女。凭借岳父的关系，就算这次主帅被撤，他的前途也不会受太大影响。但士可杀，不可辱，朱元一气之下，生了自杀明志的念头。幕僚忙拉住他，意有所指道："大丈夫在哪里找不到富贵，何必为了保全妻儿去死？"朱元渐渐冷静下来，做了降周的决定。三月初四晚，朱元裹挟先锋壕寨使朱仁裕、监军使孙璘，带着本部营寨一万余人向郭荣投诚。

就这样，因为内斗，南唐平白失去一员大将和一万军队。郭荣决定趁对方内部混乱，马上向紫金山发起总攻。

三月初五凌晨，郭荣进驻下蔡以东的赵步（今安徽凤台东北淮河北渡），预备在此堵截南唐军。诸将领命，率军猛攻南唐数万军队所在的紫金山大营，大破敌军，俘杀一万多人，唐军大将许文稹、边镐、杨守忠等人悉数成了俘虏！

不出所料，从紫金山脱离的唐军残部想要沿着淮河向东逃亡，于是郭荣亲率数百骑兵沿着淮河北岸追击，后周诸将则率步骑沿淮河南岸追击。淮河上还有后周的舰队顺流直下，加上赵晁的水军也在镇淮军严阵以待，唐军被团团围住，几近无路可退，战死、淹死者约七千人，投降者将近三万人。一场追击战过后，南唐军队五万多人几乎没剩。周军缴获了几百艘战舰以及数以万计的物资装备。

短短几天，南唐军一败涂地，紫金山诸将里，只有濠州都监郭廷谓的部队全军而还。等郭廷谓回到濠州，发现李景达和陈觉跑得比谁都快，军队如同一盘散沙，最后只有静江指挥使陈德诚一部完好无损地回到金陵。

得知紫金山大败，刘仁赡扼腕叹息，病势再度加重，不久便不省人事。此时寿州军民已经快要支撑不住，再抵抗下去就得吃人了。至此，寿州官员不得不以刘仁赡的名义起草降表，投降后周。

显德四年三月二十一日，寿州城北举行了一场盛大而特殊的受降仪式。投降代表刘仁赡已经陷入昏迷，丧失意识，被人用担架抬到郭荣面前。

看着奄奄一息的老对手，郭荣嗟叹不已，肃然起敬，忙派人把刘仁赡送回城内养病。郭荣其实非常赏识刘仁赡，就地任命他为天平军节度使，但没过几天，这位南唐史上最倔强的硬汉便去世了，时年五十八岁。

刘仁赡获得了来自敌我双方的两份尊敬，他去世后，郭荣追封他为彭城郡王，李璟也追封他为太师。同样，比起过人的军事才能，欧阳修更感佩刘仁赡真正做到了大节无亏，特地在《新五代史》中把他和李存勖手下的裴约一起附在后梁名将王彦章的列传后，是为《死节传》三臣。

得知前线大败，李璟心惊肉跳，一时心血来潮，也想学习郭荣御驾亲征。中书舍人乔匡舜看出李璟不是这块料，竭力劝阻，反而被流放到南方。南唐诸将也对前景不太看好，神卫统军朱匡业在应对问策时，一时口快说出罗隐的名句"时来天地皆同力，运去英雄不自由"，表示无能为力，也被李璟贬官。

最后，怯懦的李璟还是不敢亲临前线，他终究没有郭荣那份胆魄。

且说那位本可大有作为的南唐大将朱元。因为他阵前投敌导致唐军大败，李璟果然把怒火转嫁到了朱妻查氏身上，即使查文徽哭着为女儿求情，他也丝毫不心软，命人杀死了这位无辜的女子，也将查文徽贬到了宣州。而朱元回到北方后，虽然恢复了本姓舒氏，但再也没有像在南唐这般受重用，二十年后在北方寂寥去世。

三月二十九日，在取得歼灭南唐精锐、降服寿州这些重大战果后，郭荣结束了第二次南征，返回汴梁。

全取江北

刘仁赡斯人已去，但南唐并非无人可用，濠州都监郭廷谓便是在此时挺身而出，誓要冲破周军的封锁。

后周得到寿州后，由于此地实在险要坚固，为绝后患，郭荣将寿州治所从淮南的寿阳（今安徽寿县）迁到了淮北的下蔡，同时为了表彰纪念已故的刘仁赡，清淮军这一军号也被改成忠正军。

新任忠正军节度使则是杨承信——这一人事调动颇有点儿黑色幽默的意味，因为杨承信的父亲，正是一点儿也不"忠正"的反贼杨光远。但事实上，杨承信和其父截然不同，是当时难得的良将，刚到下蔡上任，杨承信就加厚城池，增强守备，还派监军薛友柔击败了在附近蠢蠢欲动的南唐游军。

郭荣回朝之前，令韩令坤和赵匡赞（赵延寿之子，后汉三叛的始作俑者之一）二人进驻涡口镇淮军，负责搭建此地的第二座浮桥，打算在淮水两岸兴建南北二城（和梁晋争霸时的德胜南北城同理），进一步切断南唐濠州同寿州的联系，以防对方来攻，同时也是为向东进取做准备。

紫金山大败后，南唐要想守住江淮，就必须在淮河一线遏制住周军攻势。郭廷谓的父亲曾是濠州观察使，郭廷谓生于濠州，长于濠州，对此地的地形要点比较熟悉，他积极守备，始终把涡口浮桥当成家乡的心腹大患。

三月时淮水小涨，郭廷谓就坐不住了，打算趁着周军不备，烧了尚未完工的浮桥。赵匡赞的情报工作做得不错，提前获知此事，埋伏好一批弓弩手，见到郭廷谓前来就一通乱射，迅速击退了对方，最终浮桥建设也顺利完工。

郭廷谓只好蛰伏静待。这一等就到了五月，连续多日暴雨使淮水大涨，可算被他逮到了时机。郭廷谓再一次率两千水军，乘着轻舟向后周镇淮军发起了突袭。功夫不负有心人，这一回，郭廷谓不但给周军造成很大人员伤亡，还烧掉了被他视为眼中钉的浮桥，同时将后周在此地储备的粮资付之一炬。

镇淮军之败后，涡口大批周军退保定远，距北面的濠州只有九十里。郭廷谓派遣壮士假扮成贩夫走卒，混入定远，探查周军虚实，得知此处守将是后周武宁军节度使武行德。

数年前契丹灭晋，武行德在河阳举义，几次率军击败契丹来犯，名气在北方也是在响当当的。然而，郭廷谓听到这个名字后，并没有被吓住，反而不以为然道："是可图也！"

说干就干，郭廷谓日夜训练手下一万五千士卒，又凭借熟悉地形的优势，再次打了周军一个措手不及，猛将武行德从定远落荒而逃，仅以身免。

后周天子才刚回来不到两个月，南线就吃了两个败仗，朝野大惊，败军之将武行德也被郭荣贬官严惩。反观唐帝李璟，自然非常得意，这几场胜仗对南唐来说，正如久旱逢甘霖，郭廷谓也被升为濠州团练使。

九月时，中书舍人窦俨向郭荣提议，应该趁着南唐势弱，速战速决平定江淮，主张皇帝再次亲征。郭荣深以为然，不达目的，决不罢休，这才是他的风格！

经过半年休整，到了这年十月下旬，郭荣仍让王朴、张美等人留守开封，发起第三次亲征南唐。

十一月初五，郭荣率领周军抵达濠州城西。他此行要解决的第一个目标，就是战略位置非常重要的濠州，以及让人恨得牙痒痒的郭廷谓。

濠州东北十八里处有一片浅滩，上筑营寨，四面环水，是濠州通往淮东地区的咽喉所在，后唐在此停泊着数百艘战舰。郭廷谓采取了与张永德对付林仁肇时一样的方法，他命人立下巨木，用来阻隔后周水师，认为这样一来，对方根本不可能通过这片水域。

可他高估了水深，也低估了周军的勇气。

初六这天，年轻的殿前司殿直康保裔无所畏惧，带着数百人打头阵，骑着骆驼蹚过了这片水，赵匡胤率部紧随其后。正当此时，滩上营寨中冲出一群唐军，举着盾牌挡在周军前方高声喧哗，众人无法向前。对赵匡胤有救命之恩的猛士张琼一箭射死为首者，周军继续前进，抢滩占领了此地。同一时间，李重进也率军攻破了濠州南关城。

十一月十一日，周军向三面筑墙、一面靠水的濠州羊马城发起猛烈的攻势。

羊马城其形似月，所以也称月城，能够起到拱护内城的作用。唐军万箭齐发，周军举起牛皮包裹的大盾，顶着箭雨艰难攻城，赵匡赞与濠州刺史唐景思两位大将在身受重伤的情况下坚持浴血奋战（其中唐景思数日后不治身亡），周军将士无不奋勇当先。

在羊马城北，已升任控鹤右厢都指挥使的王审琦率水军死士数千人，将水面上的巨木逐一拔除，终于攻克唐军水寨，焚烧战舰七十余艘，斩杀唐军两千人。

在付出巨大的代价后，周军又攻克了羊马城。

没了月城的依托，濠州内城的郭廷谓已危如累卵，只好向郭荣投降。

大家都姓郭，有话好好说。郭廷谓还向郭荣提出了一个条件："如果我这就降了，留在江南的家属恐遭屠戮，请准许我派人到金陵请示，再出城投降。"

虽然知道郭廷谓此举实为搬救兵，但各为其主的道理，郭荣也是明白的。孙晟也好，刘仁赡也好，郭廷谓也好，君昏臣佞的南唐竟能出这么几个忠臣，实属难得，郭荣更看不起那些卖主求荣之人，所以虽然郭廷谓之前给后周带来过不少麻烦，他还是同意了郭廷谓的请求。

南唐派出的支援濠州的舰队，此时也已停泊在涣水（今浍河）东岸，近在咫尺。

郭荣得报，命赵匡胤率精骑当前锋，自己亲率水陆大军从濠州出发，向这支水军发起夜袭，于洞口（今安徽五河县东）一战杀敌五千人，俘虏两千人，缴获战舰三百艘，另有数百战舰退往了清口（今江苏淮阴西南，即泗水注入淮河口）。周军乘胜东下，所向克捷，连连攻克淮河沿岸的城池营寨。

十一月二十三日，后周军抵达泗州，郭荣亲自督战攻城，赵匡胤在城门放了一把火，攻克了月城。十天后，南唐泗州刺史范再遇无力守御，只得投降。

得到泗州后，郭荣吸取了前次的惨痛教训，禁止士卒践踏农田，更别说是劫掠民家了，百姓深受感动，争相给周军送来粮草物资。

十二月初六，周军从泗州出发，继续沿淮河东进。数十年来，淮河两岸罕有人迹，杂草芦苇密集丛生，遍地都是淤泥深沟，但接连大胜的周军士气高涨，争先前进，全然忘却了疲惫。

郭荣在北岸，赵匡胤在南岸，还有中流的大周舰队，水陆三路大军齐头并进。周军鼓角齐鸣，响彻云霄，场面蔚为壮观。

毋庸置疑，这是终结五代十国乱世的三道平行线。

十二月初九，周军在楚州西北再次大败唐军，郭荣与赵匡胤率军追击六十里，生擒了南唐淮河战线主帅——江北都应援使陈承昭。南唐的战舰在毁坏或沉没之余，共被后周缴获三百余艘；南唐的士卒在战死或溺死之余，共被后周俘虏七千余名。

南唐引以为豪的淮上舰队自此全军覆灭，江淮之间再无重量级大战！

次日，周军抵达楚州城下，仍有唐军出言不逊。郭荣非常不悦，给神射手马仁瑀递了一个眼神。老马一出手，就知有没有。对方应声而倒，周军随即攻克了此处月城。

而郭廷谓这边，收到信使的回复后，他彻底绝望，只得携濠州一万军队、数万斛粮草出降。郭荣倒还安慰他道："朕南征以来，南唐诸将纷纷非死即败，唯独你能摧毁涡口浮桥，攻破定远，你的战绩足以报效国恩了！濠州这个小城，即便是让李璟自己来守，他也不可能守得住的！"

铁骑左厢都指挥使武守琦领命，带着数百骑兵向江北第一名城扬州进发。武守琦抵达高邮后，扬州南唐守军就和之前的贾崇一样，实施了一次焦土政策，把城内的所有官邸民宅全部烧光，驱赶民众渡江逃窜。等武守琦到来，扬州城已是一片废墟，只剩十几个病人！周军就此接收了扬州。

到显德五年（958 年）正月，周军已经攻下泰州（今江苏泰州）、海州、静海军（今江苏南通），打通了前往吴越国的道路。同时，郭荣开凿了楚州西北的鹳水故道，水师得以从淮河进入长江。

楚州之战持续了四十多天后也结束了。楚州守将张彦卿效法刘仁赡，亲手杀死了劝降的儿子。都监郑昭业以及守军千人受他感召，无一人投降，同周军战斗到最后一刻，巷战身死。

三月，郭荣从泰州南下迎銮镇（今江苏仪征），殿前都虞候慕容延钊、右神武统军宋延渥率领舰队继续东下出了长江口，在东沛洲（今江苏启东）大破南唐舰队数百艘战船。

所谓墙倒众人推。南平王高保融、吴越王钱弘俶纷纷发兵响应后周，使得南唐陷入四面楚歌之境。

眼见江北大势已去，李璟要想继续统治江南，除了割地求和，别无他法。

显德五年三月十八日，南唐阁门承旨刘承遇奉李璟之意，晋见郭荣，希望能够用以下代价，来换取后周停战、划江为界：

其一，李璟削去帝号，从此只称唐国主，奉大周为正朔；其二，献上尚未被后周占领的庐州、舒州、蕲州、黄州四地；其三，每年进贡财物数十万，请求划江为界；其四，传位于太子李弘冀。

除了第四条被郭荣否决，让李璟继续当他的国主以外，郭荣欣然接受了其他几项。见全取江北的战略目标已经达成，郭荣立即下令撤走沿江诸军，命南平、吴越军队返国。及至四月初四，郭荣也从扬州启程，返回东京汴梁。

当了十五年皇帝的南唐帝李璟也在五月正式去了帝号，改称唐国主，停止使用自己的年号"交泰"，改用"显德"纪年。为了避讳，李璟从此改名"李景"，虽然和他的曾用名"李景通"仅一字之差，但意义已大为不同了。（为行文方便，下文仍称他为李璟。）

历经两年四个月，通过三次御驾亲征，周世宗郭荣逼迫南唐划江为界，终于全取江北十四州（光、寿、庐、舒、蕲、黄、滁、和、濠、泗、楚、扬、泰、通）共六十县之地，计军民二十二万六千五百七十四户。

反观战败一方，因为昏庸无能和任用奸邪，李璟付出了惨痛的代价，非但国土少了一大半，每年要向中原进献大量贡物，就连父亲传给他的皇帝之名也丢了。

李璟对后周自然是敢怒不敢言，只好把怒火撒到那些误国小人身上，把一切归罪于宋齐丘一党，于是将陈觉等"五鬼"成员或杀或贬，南唐的朝廷因之一下亮堂了不少。

然而，这改变不了南唐元气大伤的事实，这个昔日南方第一强国，正无可挽回地走向衰落……

终点，起点

郭荣即位以来，取得了一系列成就，北汉、后蜀、南唐诸国无不从此衰微不振，难以对后周产生实质性的威胁。如今，只有北方的契丹辽国还让人忧心不已。

依照王朴的规划，下一步是该把矛头再次对准后蜀了。然而就在三征淮南期间，接到南唐求援的契丹又开始在背后搞起小动作，屡次侵扰后周边境，这是郭荣所不能容忍的。

此时，契丹内部叛乱不迭，时有北人来投后周。辽国皇帝耶律璟虽然大肆血腥镇压反对派，但对军政大事却不太上心，只是沉溺于狩猎饮酒。而且，耶律璟每晚都会豪饮到深夜，睡到第二天中午才醒来，国人因此私下给他取了个"睡王"的外号。

接下来的一年里，郭荣训练军队、整备军械、疏通漕运，无一不是在为北伐契丹、收复燕云做准备。然而大军出发在即，却发生了一件让郭荣哀痛欲绝的事，那就是王朴去世了。

油尽灯枯，大周第一全能奇才王朴竟是累死的。除了军事和政治，王朴在天文、历法、音乐、工程等多个方面都有很高造诣，只有你想不到，没有他做不到的。这也意味着，他在帝国建设上可操持的事太多了。加上王朴本人性格刚强，事必躬亲，这么一位职场"拼命三郎"把弦绷得太紧，以至于四十五岁就猝逝了。

郭荣来到王朴灵前，这个站在帝国顶端的男人再也无法控制自己的情绪，哭成了一个泪人。他捶胸顿足，拿起玉斧敲击着地面，连连大呼："天不佑我王文伯！天不佑我大周啊！"

在群臣的印象里，也就先帝郭威和符皇后去世，天子才如此哀恸不已。

对郭荣而言，王朴是精明强干的能臣，是志同道合的战友，是惺惺相惜的知音，更是他理想中可以托孤寄命的家人……古往今来，没有多少君臣的关系可以走到这一步。

北宋名臣张方平有诗《读王朴诗》，把王朴比作萧何、张良，对其早逝表示深感遗憾：

世主英威动九阳，高贤事业出岩廊。

何须梦卜疑千古，灼见云雷定四方。

小国霸图防管葛，当时人杰自萧张。

不终制作成遗恨，律准今犹在太常。

郭荣擦干眼泪，为了故友未竟的事业，他更要打起精神来。显德六年（959年）三月十九日，郭荣宣布北伐收复燕云，再度踏上了新的征程。

此行非常顺利，从离开开封到驻军瓦桥关，郭荣只用了三十二天，便兵不血刃地收复了三关（益津关、瓦桥关、淤口关）三州（宁州、莫州、瀛州），共得十七县一万八千户。此外还有一些收获，那就是昭义节度使李筠攻下了北汉辽州，以及义武节度使孙行友从契丹手里攻下了易州。

显德六年五月初二，郭荣没有听从诸将的劝阻，决定继续北上，向幽州发起进攻。但就在这一天的黄昏时分，郭荣突然感到身体不适，只得将战事搁置，先行返回汴梁。

郭荣突然病倒，其情形与王朴何其相像。他在位仅仅五年半，却已经五度御驾亲征了！长时间的鞍马劳顿，加上堆积如山的政务，非常人所能消受，而郭荣也和王朴一样，为了做到极致，凡事都要亲力亲为，长期下来，劳累压垮了他的身体。

显德六年六月十九日，郭荣在万岁殿病逝，年仅三十九岁，庙号世宗。

后来的宋真宗赵恒与契丹勉强打了个平手，无力收复幽燕，只得订立了后世争议颇多的澶渊之盟。这位皇帝一度感慨道："周世宗神机妙算，英武果断，如果不是得病班师，他一定能收复幽蓟之地！"

北宋的大思想家石介，也有诗题曰《感事》，选段如下：

桓桓周世宗，三十纂瑶历。一岁破东河，刘崇丧精魄。

再岁复秦凤，不庭自柔格。三岁出南狩，王师拯焚溺。

江北十四州，取之如卷席。四岁征关南，曾不发一镝。

三州相继降，德声畅蛮貊。李昇请臣妾，钱镠修贡职。

帝欲因兵锋，乘胜务深击。直取幽州城，拓土开疆场。

重收虎北口，复关闭寇贼。是时战屡捷，六军气吞敌。

平吴如破竹，成功在顷刻。惜哉志不就，暴疾生中夕。

……

天不假年，壮志未酬。哀哉！痛哉！惜哉！

周世宗郭荣绝不仅是五代黑夜中一颗划空而去的流星。他大破河东，光复陇右，豪取江淮，平服三关，为不久后的统一天下奠定了强而有力的基础；他大刀阔斧地进行军事改革，为未来三百年的三衙管军制度定下了格局；他主持修订的刑法礼制，无一不被后来人所沿用。《清明上河图》中如梦似幻的东京汴梁城，其最重要的设计师，也是郭荣和王朴二人……他给历史留下了太多浓墨重彩的痕迹，南宋理学大家朱熹也曾说："五代时甚么样！周世宗一出便振。"

然而这位五代第一明君去世后，其继位者郭宗训尚且年幼，而范质、王溥、魏仁浦三相又错判了形势，在军界贸然进行了一次大改组，其结果便是后周的军权渐渐集中于郭荣临终任命的殿前都点检——赵匡胤及其同党手里。

半年后，显德七年（960年）正月，赵匡胤发动了著名的"陈桥兵变"，一朝黄袍加身，不久便强迫周恭帝郭宗训禅位，轻易取缔了后周，改国号为宋，改元建隆，仍定都开封，由此开创大宋三百年基业，使中国由乱到治，由分裂走向统一。

不过，初生的宋朝，该如何应付当前天下乱象纷纷的局面呢？

步步为营：宋初平叛战争

旋生旋灭

北宋建立之初，五代十国的分裂局面尚未结束，赵匡胤虽然轻易篡夺了后周郭氏的江山，但能不能坐稳这个皇帝宝座，在当时还是个未知数。

且不谈中原的北方有来自北汉及其背后辽国的压力，在南方还有南平、武平、后蜀、南汉、南唐、吴越、清源这些大小割据政权环伺，周世宗未完成的统一大业，如今照样落在赵匡胤的肩上，任重而道远。尤其对于兵变上位的赵匡胤而言，其政权合法性要打一些折扣，原来后周境内的各路节度使多处于观望状态，形势比较严峻，不容他掉以轻心。

赵匡胤一上台，就通过加官晋爵等方式，安抚了以天雄军节度使符彦卿、雄武军节度使王景、定难军节度使李彝殷、荆南节度使高保融为首的大部分藩帅，但仍有几个刺头，明里暗里不肯买他的账。

首先发难的，就是为后周建国立下大功的创业功臣、从郭威时代起就镇守潞州（今山西长治）并在对北汉战事中屡立大功的昭义军节度使李筠。

在地方上待了八年多，李筠渐渐开始居功自傲，越发张扬跋扈，不但擅自挪用朝廷赋税，招募江湖上的亡命之徒，甚至还因为私怨囚禁了监军使。周世宗郭荣也知道这些事，但为了大局着想，对李筠多有忍让。

赵匡胤上位后，派遣使者前往潞州，加封李筠为中书令，借此暗示他承认自己的帝位。然而李筠非常不满，当即就打算抗命拒绝，甚至想把使者扣押下来。

作为一个有割据之心的军阀，李筠这样做当然不是因为对后周有多忠诚，而是他自恃功臣宿将，除了对郭威和郭荣两位雄主，其他人谁都看不上眼。哪知如今世道变迁，一个连哪家阿猫阿狗都算不上的晚辈赵匡胤竟然也敢穿起绛红袍，戴上通天冠，踩到自己头上来了，这怎么能忍？

不过他的部下都还是清醒的，眼见李筠当场就要翻脸，连忙拉住上司，好说歹说，这才让他勉强下拜，接受了任命。但李筠仍旧心有不服，于是在宴请朝廷来使的饭局上又演了一出。

当时大家都在饮酒赏乐，潞州僚佐与朝廷来使其乐融融，场面一派和气。李筠突然让人取出一幅画像，继而对画痛哭流涕，简直如丧考妣。再仔细看那画上之人，既不是李筠的亡父，也不是他仍在世的老母，俨然前朝的开国皇帝周太祖郭威！

场面骤冷，潞州僚佐非常尴尬，结结巴巴地向使者解释：李相公他这是喝大了，脑子不清醒了，请您万万不要见怪啊！

显然，朝廷使者可没喝醉，也不曾放下警惕，一回到开封，就把李筠的种种不寻常举动都呈报给赵匡胤。

这件事情很快传开，就连北汉皇帝刘钧都听说了。刘钧见有机可乘，立即派人给潞州送去密信，想要拉李筠入伙，一起对付宋国。

李筠决定和北汉结盟，但他此时已经狂妄到目中无人的地步，仍然把这封密信送去了开封。此举看似向朝廷示好，实则是赤裸裸的威慑——即使你赵匡胤知道我下一步准备怎么走，我李筠也无所畏惧！

李筠之子李守节流着眼泪劝谏父亲不要做傻事，但李筠丝毫不为所动，反而气恼这个儿子一点儿也不争气。赵匡胤原本有意安抚李筠，他收到书信后，便任命李守节为皇城使（非实职，仅作武阶迁转）。不想李筠也很舍得，直接就派李守节入朝，顺便查探朝廷的动态。

然而赵匡胤见到李守节，第一句话便是："太子，你因何而来啊？"李守节当场就被这个称呼吓傻了，连忙跪下叩头解释："陛下您为什么要这么说啊？这一定是有奸人构陷我的父亲！"

赵匡胤这才打开天窗说亮话："朕也听说你多次劝谏你父亲，然而老贼不肯听你的话，如今也没有一点儿顾虑，派遣你前来，正是想要借我之手杀你罢了！回去告诉你的父亲，我没有做天子时，任你为所欲为，我既然做了这个天子，难道不能稍微让我一下吗？"

虽然李筠舍得用孩子去套狼，但赵匡胤怎会轻易入套，由着被人当刀使？倘若他真拿忠心的李守节开刀，既失厚道，又无意义，反而还会递给李筠一个名正言顺起兵的理由。所以赵匡胤此举，既是把皮球踢回到李筠脚上，又是在向天下群藩展示自己的仁厚宽容，可谓一举两得。

至于李筠这边，他见赵匡胤把话挑明，于是也卸下伪装，令幕僚起草檄文，以赵匡胤篡夺周室为名，兴兵讨伐！

建隆元年（960 年）四月十四日，李筠抓捕了不肯听命于他的监军周光逊（原李守贞降将，周德威之子）和闲厩使李廷玉（李嗣昭之孙），派手下将领刘继冲等人带着他们前往太原，把周李二人当作投名状，请刘钧发兵支援。刘钧对这两位河东名将之后倒是一点儿也不敢怠慢，把他们释放后，送回了各自的祖宅。

此后，李筠发兵自潞州南下，一举攻克了泽州，擒杀此地的刺史张福。

为了扩大反宋联盟，李筠积极寻求同伙。放眼一望，镇守晋州（今山西临汾）的建雄军节度使杨廷璋是郭威的小舅子，想来应该对改朝换代不满，似乎是个合适的拉拢对象。然而，李筠高估了杨廷璋对周朝的忠心，这位前朝国舅爷直接把送密信的人员抓起来，送到开封，并且上疏赵匡胤，陈述对付李筠之乱的方略，表示绝对拥护大宋朝。

其实不光杨廷璋，就连郭荣两任皇后（符氏死后，郭荣又娶其妹小符氏）的父亲符彦卿也对南方变天无动于衷。一到关键时刻，后周的这些皇亲国戚没一个靠得住的。最后愿意和李筠一起搞事情的，反倒只有后周的宿敌北汉，这样的现实真是令人哭笑不得。

攻克泽州以后，李筠的幕僚闾丘仲卿提醒他："您孤军起兵举事，实际上形势十分危险。虽然表面上倚仗河东的支援，但恐怕实际上也得不到他们的有力帮助，而大梁兵甲精锐，我们难以与他们争锋！"

提出了问题，就该阐述解决办法。闾丘仲卿继续说道："不如西下太行山，直抵怀州、孟州，据守虎牢关，占领西都洛阳，然后向东争夺天下，这是上策啊！"

绝非闾丘仲卿自吹自擂，这确实是一个行之有效的方案。当年李存勖能在潞州一战成名，也得益于李嗣昭占据地利，如今的李筠也是这样。如果叛军再据洛阳，届时联合北汉甚至契丹，不说赵匡胤能不能顺利平叛，就这个皇位，他也别想坐稳了，李从珂就是前车之鉴。

然而，李筠却刚愎自用，对闾丘仲卿的计策不以为然："我乃周朝宿将，和世宗皇帝义同兄弟，禁军都是我的故旧，到时候一定倒戈来投。何况我有儋珪枪、拨汗马，大事可成，根本不用担心！"

这句话里提到的儋珪，是李筠麾下一位擅长用枪的猛将，而拨汗马则是李筠的心爱坐骑，据说能够日行七百里。从这些言语可以看出，李筠此时的自信心已经无限膨胀了。

泽州陷落三天后，李筠起兵叛乱的消息传到了汴梁，赵匡胤起初还是有点儿慌的。枢密使吴廷祚进言道："潞州地势险要，贼人如果固守，那不是一年半载可以攻破的。然而李筠素来傲慢轻率、有勇无谋，朝廷应该马上发兵攻打，对方一定恃勇轻敌，出潞州与我军交战。只要对方离开老巢，便形同野兽离开丛林，鱼儿跳出水泊，必能将其一战擒获！"赵匡胤深表赞同。

两天后，赵匡胤任命侍卫马步副都指挥使石守信为主将、殿前副都点检高怀德为副将，率先锋部队北上。闾丘仲卿想到的，赵匡胤也想到了，于是他在两位大将临行前特意嘱咐道："千万不要放李筠西下太行山，只要你们急速占领重要关隘，一定能击破对方！"众将领命，西至洛阳，自孟津口渡过黄河北上。

接着，赵匡胤招来三司使张美，命他调集粮草。张美正要向皇帝报告一个好消息，原来怀州刺史马令琮（后晋名将马全节之子）早就怀疑李筠必反，所以日夜储备物资，以备朝廷发号施令。如今所疑之事应验，早先的准备就能立即派上用场了。

赵匡胤大喜，想要授予贴心的马令琮团练使一职，让他管理州郡兵马，宰相范质委婉提醒皇帝道："大军北伐，正需要马令琮提供接应，不宜挪到其他地方啊。"

"看看，实在是太高兴了，差点儿忘了……那就先升怀州为团练，再升马令琮为怀州团练使吧！"

同时，赵匡胤又派将领率龙捷、骁武等军数千人进驻河阳，由马令琮兼任讨伐李筠的先锋都指挥使。

至于三司使张美，也没闲着，在他的有力帮衬下，此战中宋军没有出现供给有缺的情况。

五月初二，赵匡胤命宣徽使昝居润奔赴澶州（今河南濮阳）巡视，再令澶州镇宁军节度使、殿前都点检慕容延钊，联合相州（今河南安阳）彰德军节度使王全斌，从东路西越太行山，与石守信部会师。

次日，赵匡胤又升洺州（今河北永年）团练使郭进为该州防御使，兼任西山巡检，与邢州（今河北邢台）安国军节度使李继勋配合，防备北汉东出太行山。就连远在西北的府州（今陕西府谷）永安军节度使折德扆也接到了任务，负责出兵牵制北汉。

就在赵匡胤展开部署的同时，李筠再一次派遣刘继冲前往晋阳，催促北汉刘钧南下。

刘钧也向辽国发出了求助。但对李筠来说，多一个和尚，就少一口粥，于是刘继冲转述了李筠的意思，那就是不要用契丹军队，用不着。

当天，刘钧在晋阳举行大阅兵，准备亲自率军从团柏谷南下。北汉群臣在汾水边上为刘钧饯行，其中宰相赵华尤其忧虑："李筠起事实在轻率仓促，一定不会成功。陛下如今要倾尽境内大军赴战，老臣实在看不出来这件事是可行的！"

然而刘钧瞪着赵华说道："朕志已决，爱卿怎么就知道一定不会成功呢？你要是有良策的话，不妨说说看？"赵华还没来得及回答，刘钧已拂袖上马，要将他即位以来的第一次御驾亲征进行下去。

李筠带着潞州众僚属乡绅在潞州西北的太平驿迎接汉军，和刘钧二人达成了此生第一次会面。刘钧倒是难得出手阔绰一回，不但封李筠为西平郡王，还让他享受赞拜不名的待遇，座次也在宰相卫融之上。此外，还赏了李筠三百匹骏马和大量珍宝。

但李筠心里有杆秤，之前他献给刘钧的贡品价值也差不了多少，加上北汉文武大臣都要打点一番，总体来看，还是自己送得更多。再一看，刘钧的仪仗和随行军队也非常寒酸，还没有自己的人多，哪里像是皇帝的排场？

李筠已经开始后悔了，自己到底是为什么要向这么个人称臣啊？

于是，李筠又絮絮叨叨向刘钧表示，说突然想起自己以前深受后周厚恩，不太忍心辜负。言语之间，潜台词也很明显，那就是我现在反悔称臣的话，还来得及吗？刘钧听了，自然心中不痛快。

李筠要回潞州，于是刘钧任命的汾州团练使王全德带领数千人并入了李筠部。李筠接受了，毕竟他也不是白向刘钧称臣的。不料刘钧又塞了一个宣徽使卢赞来做监军，李筠就不乐意了——他不需要刘钧过分的关心！

其实卢赞的工作态度倒是非常认真，还特意来找李筠商量下一步的军事行动。然而李筠心里越发不平衡，对这位空降监军爱搭不理，敷衍道："大梁军队都是我多年前的部曲，见到我自然就投降了。"卢赞对他的态度大感不快，索性拂袖离开。刘钧得知此事后，忙让宰相卫融前往军中调和。

瞧，还没开打呢，李筠就和北汉貌合神离，他的命运几乎已经注定。

李筠犹不自知，还在计算自己造反的家底儿：嗯，加上新添的汉军，能凑个三万数千人，加上平日养的三千匹骏马，全在这儿了。如今刘钧就在太平驿看着，自己岂能龟缩潞州让对方看笑话？

五月初四，李筠留下李守节驻守潞州，自己带着三万大军南下，进抵泽州。看来先前吴廷祚所料不差，李筠果然会放弃最保险的做法，贸然离开潞州。

石守信和高怀德二人则牢牢记住了赵匡胤的嘱咐，早在四月下旬便率军占据了泽州以南的天井关。把守住这个太行山南最重要的关隘，李筠的兵锋就不能深入屯集了大量军资的怀州了。

一直以来，李筠总认为宋军将大批投降于他，但他这份信心本就如镜花水月一般。石守信和高怀德两位大将并非李筠嫡系，反而是陈桥兵变的主要功臣。宋军的中下层军士经郭荣几次军队改革，中央军队早就更新换代了，谁还记得当年的李某人呢。

五月初五，石、高等将领出动，沿着沁水北上，绕过了泽州，先在长平（今山西高平西北）大破昭义军，斩敌军三千人，然后攻克另一据点大会寨，斩敌军五百人，一下子就破坏了李筠在泽州北方的两个补给中转站。

同时，永安军节度使折德扆也大破北汉沙谷寨，斩首五百级，惊动了太平驿的刘钧。

这起内战也是北宋建国以来的第一场战争，新帝赵匡胤无论如何都必须打赢，否则他将万劫不复，成为五代以来中原在位时间最短的皇帝。为了增加胜算，他决定穿上几个月没碰的战甲，披上尚未蒙尘的战袍，御驾亲征！

五月十九日，赵匡胤下诏宣布亲征李筠，任命枢密使吴廷祚为东京留守，知开封府吕余庆为东京副留守，侍卫马步军都虞候张令铎为东京城内都巡检使，至于皇城的大内都点检一职，则由担任殿前都虞候的弟弟赵光义来负责。

安排好了大后方，赵匡胤于二十一日启程，此前侍卫司的最高长官——侍卫马步军都指挥使韩令坤已奉命带人前往河阳，为天子的后继部队打前站。加上先前的各路军队，此时宋军的总人数已达十万人之多。

五月二十四日，赵匡胤抵达荥阳。洛阳的西京留守向训前来觐见，说："陛下应该火速渡过黄河越过太行山，趁着贼军没有集结完毕，给对方一个迎头痛击。如果停留太久的话，他们的气势将越发高涨！"

时任枢密直学士赵普也持相同意见："贼人认为国家初创，您不可能亲征，如果倍道兼行，攻其不备，可一战而胜！"

单论李筠实不足为患，但其余节度使们各怀鬼胎，多数都在观望，这是向训和赵普不需要明说，赵匡胤却能意会到的。就连当时已经退休在家的前后周名相李谷也私下接受了李筠的大量财物，整个天下暗流涌动。

事不宜迟，赵匡胤立即渡过黄河朝着太行山而去。山路崎岖狭窄，赵匡胤亲自下马抱起几块大石再上马，随驾群臣和将士们也纷纷仿效，争相背负石头，很快开出一条坦途，得以顺利通过。

五月二十九日，石守信、高怀德、慕容延钊、王全斌等部在泽州城南与李筠展开大战。李筠的儋珪枪和拨汗马一个没派上用场，宋军凭借接近十万人的人数优势，大败李筠的三万人，生擒被北汉任命为河阳节度使的昭义行军司马范守图（范延光之子），杀死其监军卢赞，并将俘虏的数千汉军一个没留全部杀了。最后只有北汉汾州团练使王全德溜得快，有幸逃回了潞州。

李筠先前的冲天豪气瞬时烟消云散，他慌忙逃进泽州城内据守。宋军将泽州城团团包围，只待赵匡胤到来。

六月初一，赵匡胤抵达泽州，督领全军发起总攻。几天后，潞州城内的王全德与龙捷指挥使王廷鲁等将出城南下，投奔了宋军，李筠的大本营几乎已成一座空巢。但泽州不同，此地虽小，但城防设施一应俱全，宋军打了十多天，仍未能攻下。赵匡胤感到有点儿头疼，招来控鹤左厢都指挥使马全义，向这位有勇有谋的老战友问计。

马全义胸有成竹地回答："陛下不必担忧，李筠坐困孤城，如果合力猛攻，马上可以歼灭。如果有所拖延，这倒是成全了对方的奸谋呢！"赵匡胤闻言，这才不再有所疑虑。

眼见泽州危在旦夕，李筠的爱妾刘氏不得不挺着个大肚子为一家人谋出路，她劝丈夫利用城中仅剩的几百匹马带着心腹部队冲出包围，凭借地势固守潞州，总比在这里等死来得好。但李筠又听信了其他人的话，认为城门只要一开，身边的人必然会劫持他到宋军面前投降，而他定会遭到赵匡胤的羞辱。思及此，他始终没能拿定主意。

就在李筠犹豫不决间，他仅剩的突围时机也偷偷溜走。六月十三日这天，赵匡胤令诸将发起了更猛烈的攻势。

其中，马全义身先士卒，亲自带着几十个不怕死的猛士攀上了泽州城头。激战中，一支飞矢射穿了马全义的胳臂，伤处顿时血流如注，而老马并不退却，当场就拔出箭镞，继续拼杀。受此鼓舞，宋军士气高涨，一举攻破泽州，生擒北汉宰相卫融。

城破在即，李筠仍然保持了他的高傲，宁死也不向一个后生投降，用自焚作为最后的抗争。至于李筠的爱妾刘氏，她本来也想陪夫君葬身火海，但李筠怜她身怀六甲，让人护送她离开。这位有勇有情的女子最后被李守节寻到，为李筠生了个男孩。

赵匡胤进了泽州城后，让人收殓了李筠的骸骨，禁止军队剽掠民间，并宣布免去泽州今年的田租。

六月十七日，赵匡胤乘胜向潞州进发，城内的李守节本就无心造反，两天后就主动投降了。

至于驻留在太平驿的刘钧一行，听说李筠败亡的消息后，马上溜之大吉。一回到晋阳，刘钧就对赵华说："李筠果然不能成事，真的就和爱卿说的一样！朕庆幸我军能全身而退，只可惜损失了卫融和卢赞啊（显然，他故意忽略了王全德和他的数千人马）！"此后，北汉收敛了一阵子。

赵匡胤即位后的第一仗打得非常漂亮，在平定昭义军李筠之乱的同时，还打出了军威，打出了国威，大大震撼了原本心存观望的各地节度使。加上他安插在各地的亲信也很好地发挥了监视功能，镇州成德军节度使郭崇、陕州保义军节度使袁彦、河中护国军节度使杨承信等人不敢再生他想，纷纷上表请求入朝。

首战告捷，北宋政权的根基总算是立住了。

垮掉的名将

就在李筠兴兵之时，另一位对赵匡胤有更大威胁的节度使也蠢蠢欲动，此人正是长期稳坐后周军界第一把交椅的淮南节度使李重进。

郭威死前，李重进被委任为顾命重臣之一。而在郭荣时代，李重进在高平之战、三征江淮、北伐关南等重大战事中都立下了赫赫战功。他可是一个在殿前军和侍卫司都做过老大的男人，在中央禁军中的威信和影响力远非李筠可比，恐怕只要李重进跺一跺脚，赵匡胤都会不由自主地抖两下。

周恭帝即位不久，李重进遥领侍卫马步军都指挥使的名头，改任淮南节度使，镇守扬州以震慑隔江的南唐。赵匡胤改朝换代后，让死党韩令坤取代李重进做了侍卫司一把手，只加封了对方一个没有实权的中书令虚衔，引起李重进的警觉。

李重进虽然是郭荣生前最信赖的大表哥，但他其实也心怀割据之意，所以并没有马上以拥护故周的借口起兵反宋，而是上表请求入朝，试探赵匡胤对自己的态度。

赵匡胤于心有愧，并不愿这么快和李重进见面，特意让翰林学士李昉写了一篇诏书，用"何须此日"之辞婉拒了李重进。李重进是个聪明人，他立即明白了：赵匡胤这是不信任自己啊，说不定哪天就要拿我开刀了，到时候哪里还需要征求我的意愿呢？

于是，李重进要给自己备一条后路。这位"黑大王"开始大肆招募不法之徒，修缮武器，整修不久前经历了几次战火的扬州城。

原后周的邓州武胜军节度使宋延渥、舒州团练使司超此时正奉赵匡胤之命，带着水军巡视长江，以防南唐有所动作，却无意中查探到李重进的不少猫腻。宋延渥马上把这一情报上奏朝廷，于是赵匡胤让他进驻泰州，监视淮南的动向。

后来李筠起兵，李重进觉得这是一个联合反宋的好机会，于是秘密派亲信翟守珣北上联络。但是李重进疏于调查，不知道这个翟守珣竟和赵匡胤是故交，更没有料到翟守珣直接到开封把他的阴谋一股脑抖搂给了赵匡胤！

赵匡胤暂时还不想在一南一北两面迎敌，于是问翟守珣："要是赐李重进丹书铁券的话，他能够信任朕的诚意吗？"翟守珣可不愿给李重进陪葬，便毫不犹豫地回复："李重进终究是不可能归顺的！"

此言一出，李重进可就被写入赵匡胤心里的黑名单了，只待日后找个机会除掉。于是，赵匡胤重重赏赐了翟守珣，承诺授他官爵，请他拖住李重进，不要这么快发难。

翟守珣回到扬州后，果然力劝李重进韬光养晦，不可轻举妄动。李重进听信其言，打消了联合李筠的主意，也就错过了对付宋军的最佳时机，赵匡胤没有后顾之忧，得以全力攥紧拳头，迅速平定了昭义之乱。

解决完李筠后，赵匡胤回过头来就要料理淮南，于是在当年九月十一日下诏让李重进移镇，从扬州北上青州（今山东青州）担任平卢军节度使。他料定这道命令会激起李重进的忧惧，于是又在两天后派遣六宅使陈思诲前往扬州，以抚慰的名义赐李重进铁券。

此令一出，李重进陷入了纠结之中：若拒不接受，就是抗命，赵匡胤可以名正言顺地讨伐他；可一旦接受，到时候就形同俎上鱼肉，任人宰割了。那么要不要直接起兵呢？一想到李筠，昭义军声势那般浩大都被轻易解决了，自己又何必重蹈覆辙，拿这虚弱的淮南去撞枪口？

李重进左思右想，还是收下铁券，整理行装，打算跟随陈思诲一起入朝。然而没过多久，在一些人的撺掇之下，他又开始犹豫了。这位猛将一生彪悍，从未如此优柔寡断过。最终，李重进还是认为自己身为前朝皇亲，必然难以保全，做出了最后的决断：起兵反宋！说干就干，他立即把正准备回京的陈思诲抓了起来。

后世有观点认为，当时李重进把情况预想得太坏。比如周朝国戚张永德，在宋朝照样活得好好的，比赵匡胤甚至赵光义都活得久。这种观点可能忽略了一个事实，那就是张永德与赵匡胤原本有着不错的私交，赵匡胤册封王皇后时，张永德还献出了一笔巨资做彩礼。这等亲厚关系，哪里是李重进所能比的呢？

九月二十二日，开封得到了李重进反叛的消息。

总算可以名正言顺地出师了！赵匡胤随即调兵遣将，仍然任命侍卫马步副都指挥使石守信为这一次的扬州行营主帅，以殿前都指挥使王审琦担任副帅，以宣徽北院使李处耘担任都监，以负责监视李重进的邓州武胜军节度使宋延渥担任都排阵使，作为征讨淮南的前军。

不止如此，为平定李重进，赵匡胤更是将殿前司副都点检高怀德、侍卫马步军都指挥使韩令坤、侍卫马军都指挥使韩重赟等一干心腹大将也加入了参战人员名单。放眼望去，征讨大军云集两大禁军系统高级将领，前前后后出动兵力约十万人。这一番几乎倾巢而出的大手笔，足可见赵匡胤对此次征伐行动的高度重视。

而李重进这边，在囚禁了陈思诲后，他也紧锣密鼓地展开了一系列备战工作，一面加紧城防，一面派人向南唐求援。

但李璟早已被打怕了，哪里还敢插手北方事务，于是拒绝接见来使，而后又偷偷派人转告使者，让他向李重进阐述自己这么做的理由："大丈夫因为失意而造反的，那可太多了，只不过你的时机不对。当时朝廷新旧交替，人心未定，李筠起兵，你不选择那时起兵，反而在人心已定的时候举事，想凭借几千乌合之众来抵抗天下精兵，即便是韩信、白起再生，也没成功的道理！我就是有兵有粮，也不敢资助你啊。"

这番分析虽是出自李璟之口，却是十分到位了。

事实上，李重进的问题不仅是起兵的时机不合适，其内部也并未团结凝聚在一起。

李重进在扬州时，性情不复当年豪迈，反倒越发啬刻薄，从来不舍得犒赏士卒，导致很多人心生不满。察觉到异常后，李重进立即抓捕了数十名他平时就有所怀疑的军校，这些人纷纷高呼道："我辈都是周朝戍卒，李公如果真心复兴周室，为什么不让我们效力？"焦虑果然会使人变得不再理智，对于这些人的申辩，李重进一概不听，还索性将他们全部杀死，一时间扬州城内弥漫着紧张的气氛，人人不安。如此一来，李重进渐渐陷入了众叛亲离的境地。

他身边的内鬼除了翟守珣，还有扬州都监安友规，后者早就知道他打算造反，于是翻墙逃往开封，把扬州的虚实一五一十告知了天子，赵匡胤就任命安友规为滁州刺史，让他担任石守信前军的向导。

赵匡胤非常重视这场战事，他询问第一谋臣赵普的看法，赵普说："李重进用了当年薛公三条计策中的下策，又没有武侯诸葛亮的深谋远虑，只知道倚仗一条淮河，困守孤城。他既没有诸葛诞的恩信，导致士卒离心，却又和袁绍那般，不重用能干的将士。对方外无援军，内缺粮草，我军急攻是胜，缓攻是胜，而兵贵神速，不如火速拿下他！"

赵匡胤深以为然，在安排妥当吴廷祚、吕余庆、赵光义三人留守京城后，于十月二十四日从开封出发，乘舟沿着汴水南下，开始了即位后的第二次御驾亲征。

十一月初八，赵匡胤一行抵达泗州，舍舟登陆。赵匡胤一声令下，诸将击鼓前进，鼓声震天。

十一月十一日，赵匡胤来到扬州西北七十里的大仪镇时，便得到了石守信的奏报：扬州城破只在朝夕，陛下快来，正好能欣赏这精彩一幕！这天傍晚，赵匡胤亲临扬州城下，宋军士气大振，马上攻破了城池。

李重进已无路可退，准备自焚，有人劝他先杀死陈思诲，多拉一个人垫背也好。李重进却摇了摇头，坦然说道："如今我将举族赴火，杀他又有什么意义呢？"随即纵身跃入熊熊火海，踏上了往生之路。（后来使者陈思诲还是被愤怒的叛军杀死，成了北宋平定淮南的一个牺牲品。）

一代名将行至末路，或许是"黑大王"的名号一语成谶，就李重进这个结局，想不变得焦黑都难。

往前数，五代十国时期跟他有相似结局的人竟如此之多：义武军节度使王都、唐末帝李从珂、山南东道节度使安从进、护国军节度使李守贞、岐阳军节度使王景崇、昭义军节度使李筠……有造反失败的藩帅，也不乏失意的帝王，都用这种极端又壮烈的方式在维护自己的尊严，令人嗟叹。

随后，赵匡胤任命宣徽北院使李处耘（陈桥兵变的另一位首谋功臣）为扬州知州，处理善后事务。

自打郭荣三征淮南以来，这座名城几年间经历了太多战火，全境一片凋敝，百姓困苦。李处耘上任后，勤于安抚，轻徭薄赋，有这么个父母官，军民深受感动，扬州也渐渐恢复了生机。

新天下人

为免步五代前朝后尘，赵匡胤乘着平定二李、威望新立之势，立即针对朝廷两大禁军，尤其是赵匡胤本人直接参与建设的殿前军（现在该叫殿前司了）兵权过重之隐患，开始对军队做出一系列重大调整。

首先，建隆二年（961年）闰三月，殿前都点检慕容延钊、侍卫马步军都指挥使韩令坤入朝，赵匡胤乘机罢免了二人的禁军职位，将他们外放出任节度使，自此不再设置"殿前都点检"一职。

同年七月，赵匡胤又解除了殿前副都点检高怀德、殿前都指挥使王审琦、侍卫马步军都虞候张令铎的军职，让他们与侍卫亲军都指挥使石守信全都离京赴镇，并不再设"殿前副都点检"一职。同样，"侍卫马步军都虞候"也不再轻授于人，下一次授出这一军职，已经是二十五年后的事了。

建隆三年（962年）八月，石守信（时任天平军节度使）又被解去了侍卫司一把手的职位。从此以后，"侍卫亲军马步军都指挥使"这一军职（始创于后唐明宗李嗣源时期）也几乎进了赵家的历史陈列室，常常缺额；"侍卫马步副都指挥使"也受到同等待遇；类似的还有"殿前副都指挥使"，在韩重赟被罢职后，该职位在赵匡胤时代空缺长达六年。

顺带一提，乾德五年（967年）后，侍卫亲军司也被赵匡胤有意一分为二，分别是侍卫马军司、侍卫步军司。自此，北宋的禁军系统朝着侍卫马、步二司加上殿前司的三衙体制过渡。

这些削权的措施，无疑加强了中央集权，也就是历史上著名的"杯酒释兵权"内核所在。

而针对地方藩镇割据，在赵普的建议下，赵匡胤沿袭了郭荣的做法，抽调强壮兵卒选入禁军，收兵权；在知州以外设通判、直接任免知县、废除支郡让各州直属中央，收事权；设立诸路转运使，收财权。正所谓"惟稍夺其权，制其钱谷，收其精兵，则天下自安矣"。

开宝二年（969年）时，赵匡胤趁凤翔节度使王彦超、安远节度使武行德、护国节度使郭从义、匡国节度使白重赞、保大节度使杨廷璋这几位五代宿将入朝赴宴时，罢免了他们的节度使之职，只授毫无实权的环卫散官，打压了老臣们恃功傲宠的风气，是为又一次"杯酒释兵权"。

赵匡胤初步解决了最能威胁帝位的两大难题，使得宋朝内部局势基本稳定下来。这时候，他终于可以安心把工作重心放在统一天下的大业上了。

起初，赵匡胤想把北汉刘氏当成第一个靶子来打。

早在刚平定李筠后，赵匡胤就有意顺势攻打北汉，还招来了在征讨泽潞战事中有功的华州团练使张晖，向他问计。老将张晖经验丰富，认为时机未到："泽州、潞州刚刚经历战火，重创还没恢复，一旦骤起兵事，恐怕军民都吃不消。不如息兵养民，等到富足之后再作图谋。"

赵匡胤听完，点了点头，不过要让他就这么放过虚弱不堪的北汉，他还是有点儿不太甘心。册立皇后不久，老赵又私下找来正入朝觐见的张永德，专门讨论此事。

张永德的看法和张晖一样，都不太赞成马上对北汉出手。但张晖的观点是从自身民生的角度出发的，而张永德的论述则是直接由敌情切入的："虽然北汉兵少，但个个勇猛凶悍，加上有契丹做后援，不易攻取。臣认为，可以每年多派出一些游骑，骚扰对方境内农事，到时候再派间谍向契丹假传消息，断其援军，就可以将北汉攻下。"赵匡胤也认为他的话有理。

依据王朴的《平边策》，既然中原在秦陇、江淮、河朔三个方向大获全胜，那么按部就班，下一步确实该攻打河东了。然而张晖、张永德全都不看好，且理由充分，这让赵匡胤一时有些困惑。既然现今对付北汉不大现实，那下一个目标应该定在哪里呢？

思绪万千，赵匡胤困意全无，索性起身出了宫城，来了个微服私访。

这晚，汴梁的天空难得下了一场鹅毛大雪，街上已几乎没有人迹。这样一个宁静的夜晚，枢密副使赵普家的大门却传来急促的敲门声。赵普正疑惑，这么晚了，谁会忽然登门，却见大雪之中，当今天子赵匡胤正站在赵宅门外，一旁陪同的还有皇弟开封尹赵光义。

赵普忙把二人请进内宅，在厅堂铺上两层褥子，三人席地而坐，点着炭火吃起烤肉来。赵普之妻魏氏则在一旁斟酒招待贵客，赵匡胤也亲切地叫她嫂子。谁都知道，天子一家和赵普的关系与家人无异。

"这么晚了，天气冷得很啊，陛下和大尹怎么想起来光临寒舍了？"

"想到一榻之外全是别人家，实在是睡不着啊，就来见爱卿啦。"

"陛下是觉得这天下过于狭小了吗？南征北战最是合时，所以不知您准备怎么做？"

"我想收了太原！"此时的赵匡胤就像个小学生，满是期待赵老师的认可和表扬。

然而，赵普沉默良久，才缓缓说："这样的话，那就不是臣能知晓的了。"

"为什么呢？"这已经是第三个不支持攻打北汉的人了，而且还是他最信任的赵普。

赵普淡笑："北汉正处西、北两边境，即便能够一举攻下，我朝仍要独自面对契丹、西蕃这些外患。我们何不先留着，等到削平南方诸国，河东弹丸之地，它还能逃到哪里去呢？"

一次"雪夜访普"，赵匡胤豁然开朗，再结合张晖、张永德的意见，他就此定下"先南后北""先易后难"的统一战略，是为对《平边策》的增补和调整。

不过，赵匡胤是依靠兵变上位的，得国不正，以致北宋政权的合法性大不如后周，此时他应该以什么资格和理由向南方势力开战呢？之前刘钧联合李筠造反，北宋尚可以理直气壮地向北汉出师，但如今南唐李璟十分安守本分，还拒绝了对李重进的援助，赵匡胤底气不足，怎好对其草率用兵？

他只能慎之又慎，密切关注南方各国的动向，寻求合适的突破口开战。同时，他又安插宿将，屯驻重兵，提防辽国、北汉、党项等边患，以便把重心放在统一南方上。

这一等，就足足等了近两年的时间。

王师入荆湘

建隆三年九月，武平军节度使（治朗州，今湖南常德）周行逢病危。

当年，马氏楚国王室内乱，南唐大将边镐趁机攻占楚都——潭州长沙府（今湖南长沙），楚国另一中心城市朗州的军人团体——武陵十指挥使推举刘言为首领，将唐军驱逐出了湖南。然而好景不长，朗州集团很快又陷入了争权内斗，刘言在内的几位重要人物相继殒命，而周行逢在一众军将中脱颖而出，成为湖湘地区的新一任掌门人。

周行逢入主朗州六年来，廉洁奉公，就连他的女婿想走后门也遭到拒绝，而且他关心民间疾苦，废除了不少昔日的苛捐杂税，放在那个时代，还算是个不错的军阀。

然而这位豪杰也有个缺点，那就是雄猜滥杀。为了牢牢掌握大权，周行逢将当年同在军中的其余指挥使全都除掉，只剩一个张文表因为态度恭谨，小心谨慎，得以外任衡州刺史。

周行逢到了晚年，崇信佛教，大量施舍僧尼，从没停过吃斋礼忏。就连偶然遇到僧侣，无论对方老少，周行逢都要俯身下拜，服侍对方。有人问他为什么要这样做，周行逢叹息一声说："我杀的人太多啦，不借助佛力的话，如何能解冤气呢。"

临终前，周行逢将儿子周保权托付给手下将佐，并语重心长地嘱托："武平军内部那些凶狠的家伙，比如和我一同起兵的十指挥使，早都被我铲除得差不多了，只剩张文表一个。他常常因为没有能得到潭州而不满，我死后，他必然叛乱！到时候，你们应该让杨师璠讨伐他。"

周行逢表面上放下屠刀，内里仍然满腹算计，临死之前他还提出了第二个解决办法："诸君请一定要好好辅佐我儿，如果实在没有办法平定叛乱，当据守不战，请求归附朝廷就好，不要让我家落进对方的虎口！"

周行逢去世后，他十一岁的儿子周保权被拥立为武平军留后，由他的姻亲武平亲军指挥使杨师璠、心腹谋主观察判官李观象代为掌握军政大权。

果不其然，张文表听说周保权上台，气得破口大骂："我和周行逢同样起于微贱，建立功名，怎么可能去侍奉一个小娃娃呢？"

此时，衡州一名小校声称，他梦见一条龙从张文表的衣领里钻出来。张文表高兴地认为自己有天命，决心起兵，于是假借奔丧之名，从衡州（今湖南衡阳）率军北上，奔袭潭州（今湖南长沙）。

此时在潭州担任留后的，乃是武平军行军司马廖简，此人一向看不起张文表，认为对方不能成事。廖简大言不惭地声称："只要张文表那个黄口小儿敢来，我就能一举拿下，根本不用担心！"甚至放松了警戒，只顾宴请宾客。

就在廖简喝得酩酊大醉时，张文表杀入潭州，带人径直闯进府衙，轻而易举地杀死了廖简在内的十几个赴宴人员。张文表夺得印绶后，上表宋朝，来了一手恶人先告状，并自称潭州留后，希望获得朝廷的支持。

朗州方面惊闻潭州之变，忙派杨师璠带兵攻打张文表。张文表到底也是摸爬滚打历练过的，一交手，当即小败朗州军，气焰正盛。杨师璠只得按兵不动，与之相持。

与此同时，朗州文武害怕杨师璠不敌张文表，便又采取周行逢临死前留下的另一个对策，急忙向荆南和朝廷发出了求救信号。然而当初周行逢说的是二选一，现在朗州文武却两步并作一步，全用上了，实在操之过急。

凑巧，邻居荆南高氏这边也有白事，建隆三年十一月，江陵府的荆南节度使高保勖也去世了。

说起荆南高氏，得先说上一位荆南节度使高保融，他是最后一位被封南平王的高氏，曾几度出兵响应后周攻打南唐。高保融生性木讷迟缓，处理政事没有章法，平时都是把事务交由弟弟高保勖打点。临终前，考虑到儿子高继冲年纪太轻，最后指定弟弟来当继承人。高保融死在了建隆元年，史称南平贞懿王。

南平国本来地盘就不大，在贞懿王时代更是日益衰落。中原新主赵匡胤志在解决南方割据问题，于是没有依照旧例加封高保勖为南平王，南平遂不复成国。

继任者高保勖自幼体弱，但眉清目秀，小时就惹人喜爱，在荆南的人气并不低，加上辅佐哥哥十几年，能力不算低。然而一上位，他就迅速堕落了下去，开始大兴土木，建起各式亭台楼阁，而且荒淫无度，每天在府衙中召集娼妓，与姬妾观赏三俗之事。南平老臣节度判官孙光宪急切劝谏，请他停止胡作非为，但高保勖根本不听。

如此一来，本就体弱的高保勖迅速把自己耗空了，三十九岁离世，也没个子嗣。临死前，高保勖听从了荆南老将牙内都指挥使梁延嗣的话，把节度使之位还给侄子高继冲。

当年十二月二十日，赵匡胤派中使赵璲前往湖南，宣布任命周保权为武平军节度使，准许张文表回朝，并且命令荆南发兵援助周保权，表明在周、张二人中，朝廷已经选择了周保权，顺便准备接收武平。

不过，现在武平、荆南两家都出了大变故，赵匡胤敏锐地觉察到这是一次性解决荆湖地区割据的良机。于是，在准备发兵支援湖南前，赵匡胤又命令内酒坊副使卢怀忠、内染坊副使康延泽二人前往江陵吊唁，借着安抚高继冲的机会探查情况，并嘱咐他们说："江陵的人心向背，山川走向，朕全都想要了解。"

使者们不辱使命，很快掌握了全部情况，将荆南的虚实回报朝廷。其中，卢怀忠报告说："高继冲手下能作战的军士不过三万人，粮食收成虽然不错，但老百姓困于高氏的横征暴敛。江陵南靠武平，东抵南唐，西近蜀国，北奉朝廷，看他们的形势，大概是日不暇给了，要拿下非常容易。"

赵匡胤召见宰相范质、枢密副使李处耘等人，就此确立接下来的策略——以平定湖南为名，向荆南借道，等到接收武平军，继而降服高氏，这正是一条一举两得的"假途灭虢"之计。

建隆四年（963年）正月，赵匡胤正式向天下宣布讨伐张文表，发布了一系列军职任命：

——襄州山南东道节度使慕容延钊担任湖南道行营主帅；

——枢密副使李处耘任行营都监；

——淄州刺史尹崇珂任行营马军都指挥使，毡毯使张勋任马军都监，内酒坊副使卢怀忠任步军都监；

——两位内外马步军副都军头解晖、谭延美分领行营水军主将；等等。

宋廷从十州之地征调数万大军，在慕容延钊所在地襄阳集合。

高继冲刚被正式任命为荆南节度使，没有意识到赵匡胤的阴谋，还十分听话，准备派出牙内副都指挥使李景威领着三千水军东下长江，作为朝廷攻打潭州的援军。

宋军主帅慕容延钊忽然生了重病，不得已只好乘着轿子指挥战事，军中事宜也多交给都监李处耘处理。李处耘到了襄州后，派出阁门使丁德裕前往江陵，向高继冲说明借道的意思，并要求荆南提供粮资。

高继冲此时既不懂民事，也不熟军事，只得召集以孙光宪、梁延嗣一文一武为首的僚佐，商量事宜。众人一致认为：先前明明已经与宋廷说好了，我们会派出李景威支援攻打武平，对方怎么反而得寸进尺了，恐怕是来者不善啊！于是就给李处耘打了一个马虎眼，以大军前来会引起民众恐慌为由，提出在江陵百里之外犒军。

李处耘自然对这个回复不满意，于是让丁德裕再跑一趟，坚决要求进入江陵府。面对施压，孙光宪和梁延嗣两位老臣何等精明，一眼看透了对方的意图。他们也清楚，就凭此时荆南的实力，绝对不可能抵挡宋军，于是劝说高继冲同意放行，尽可能不激怒对方。

但荆南军队的二把手——素有勇略的牙内副都指挥使李景威坚决反对，他对高继冲说："如今宋军虽以借道平定湖南为名，但看他们这个架势，明显是要乘机袭击我们。我李景威愿效犬马之劳，率三千兵马在荆门险要之处设下埋伏，等宋军在夜间行进时，一举攻击对方主将，他们一定会撤军。到时候，我军再掉转方向，擒获张文表献给朝廷，您的功劳那可就大了。"

说到最后，李景威还加上了一句严肃的警告："不然的话，恐怕您有摇尾求食的祸患啊！"

高继冲虽少不更事，但也已是个二十一岁的青年了，并没有被这一番话震慑住，反而回答道："我家多年事奉朝廷，不会落到这等地步，您对宋军的意图多虑了。况且，您难道是慕容延钊的对手吗？"

高继冲也算是问到了点子上——李景威和慕容延钊孰强孰弱，还真未可知。李景威不好正面回复，只好搬出了另一套说辞："老话都说，江陵各处有九十九座洲，如果数量满百，就意味着有王者兴起。武信王（即高继冲的祖父高季昌）在位时，江心中忽然又生出一洲，正是应了'满百王者兴'的迹象。但我却听说这个洲在昨天已经被淹没了，实在是令人担忧啊！"

这些道理有点儿虚，孙光宪看不上，索性从实际出发劝高继冲道："李景威不过是峡江一介小民罢了，哪里懂得成败！况且中原从周世宗时就已经有了一统天下的志向，宋朝建立以后，各项措置越发宏大深远。如今宋军讨伐张文表，正是如山压卵，湖南平定以后，又岂会光是借我们的道离开？不如早点归顺朝廷，那样的话，荆楚将免遭兵祸，您也不会失去富贵！"

高继冲认清形势后，表示同意孙光宪的看法。但他仍然心存侥幸，没有同意借道一事，而是派梁延嗣和同样支持献土的叔叔高保寅主动北上，送上牛酒犒劳宋军，同时让他们暗中观察对方的动向。

李景威出了府衙，知道已不可能出兵，深深叹了一口气，说道："大事去矣，还活着干什么？"悲愤之下，扼亢而死。直至今日，湖北长阳还流传着李景威的传说，虽然与史实小有出入，比如李景威的自尽地点，但"叹气沟""将军山"等景点，无不体现了人们对这位忠勇将领的崇敬之情。

高保融在位时，曾在江陵城西北方的纪南城（即楚国郢都故地，今湖北荆州北）以北，利用江水蓄积成一处七里多宽的水障，号称"北海"，以此来拱卫江陵。

建隆二年，高保勖派高保寅入朝进贡，赵匡胤便以方便后者顺利回家为由，下令将北海引流。高保勖不敢抗旨，只得照做，从此江陵府失去一处屏障，而宋军得以畅通无阻地南下。

此时慕容延钊与李处耘的大军行至距江陵百余里的荆门（今湖北荆门），见到了前来犒军的梁延嗣和高保寅。

李处耘代表宋军热情接待了荆南一行，礼遇有加，又请他们在军中留宿一晚。梁延嗣和高保寅本就已做好纳土的准备，得知对方只为借道，自然越发满意，马上派人通知高继冲不必再担忧。

然而就在这天晚上，慕容延钊在大帐设下宴席款待梁延嗣和高保寅等人，同时悄悄派出一支数千人的精锐骑军潜出军营，直奔江陵府而去，为首者不是别人，正是李处耘。

而高继冲这边，接到梁延嗣等人的回复后，他总算松了口气，但万万没想到李处耘领着一支宋军摸黑前来，打破了这片荆楚大地的寂静。高继冲惊慌失措，连忙惶恐出迎，在江陵城北十五里处与李处耘相遇。

李处耘见过高继冲，请他在这里等待慕容延钊大军，自己则先带着亲兵从北门进入江陵，快速占据了城内各处据点和要道。高继冲傻乎乎地等到慕容延钊入城，这才发现自己已完全没了还手之力。

没办法了，那就投降吧，相信父亲和叔叔都会理解我的。高继冲没有抵抗，随即交出印信和图籍，派人奉表献土。

北宋建隆四年二月初九，宋军兵不血刃降服高氏，收归荆南三州（荆、归、峡）共十七县之地、十四万二千三百户。自后梁开平元年高季昌上任荆南节度使起，高氏政权传了四代人五任节度使（高季昌、高从诲、高保融、高保勖、高继冲），共五十六年，其统治至此结束。

至于半主动归降的高继冲，赵匡胤后来又授予他徐州武宁军节度使之位，也不算亏待了他。

但在这之前又发生了一件大事，使宋军的前进步子有所放缓。

湖南战场这边，杨师璠不愧为周行逢临终钦点的大将，相持多时之后，他趁人不备，来了一招猛虎掏心，攻克潭州，生擒张文表！朗州将士不顾朝廷中使赵璲的劝告，坚决残杀了张文表。张文表一死，宋军就尴尬了——叛贼已死，武平已安，朝廷大军没有继续南下的借口了。

这当然难不倒慕容延钊和李处耘，毕竟有一句话叫作"请神容易送神难"，二人无所谓地继续南下，用实际行动排除政治干扰。

二月初十，江陵府的宋军兵分两路，水陆并行，日夜兼程。其中一路由主帅慕容延钊带领，负责攻取岳州（今湖南岳阳），前往潭州；另一路由都监李处耘带领，经澧州（今湖南澧县）方向，直取武平军的首府朗州。

宋军的异常动向引起了周保权的恐慌——这真可谓前门去虎，后门进狼啊！

父亲留给他的谋主李观象人如其名，非常善于观察现象，看透本质。李观象向他直言道："之前请朝廷援助，无非是为了讨伐张文表，如今张文表已死，朝廷大军却赖着不走，恐怕他们是一定要拿下湖湘之地了。然而我们所倚仗的屏障，无非就是北面的荆州，如今高氏已经束手听命，唇亡齿寒，朗州肯定不能独全。不如摘下这幞头归顺朝廷，还可以不失富贵！"

李观象的看法和孙光宪并无二致，不过朗州也出了一个李景威式的人物。此人并不是杨师璠，而是一个名不见经传的指挥使张从富，他坚决反对投降，周保权受他鼓舞，于是改变主意，积极准备防御措施。

丁德裕又一次作为宋军代表前往朗州宣谕，可没想到，他连朗州的门都没能进得去。张从富等人撤去境内所有桥梁，凿沉水上的船舶，大伐树木堵塞通路，意图阻截宋军前进。

慕容延钊将此事上报朝廷，于是赵匡胤马上派遣使者痛批周保权："你们请求朝廷出兵支援，所以朕特意发大军来拯救你们的危难，如今叛逆已除，是对你们有大恩大德，你们为什么反而拒绝王师入境，自取生灵涂炭，给百姓带来困扰？"

这话说得相当无赖，且不说张文表其实是由杨师璠平定的，就如今宋军这架势，安的什么心路人皆知，武平军焉能不进行自保呢？当然，赵匡胤无非是想给讨伐武平军找个借口罢了，既然想要土地，就不能要脸皮，白的也得说成黑的，没理也得说成有理。

就此，宋军统一南方战争中的首次交战正式打响。

慕容延钊抱病领军，水军主将解晖、谭延美与水军都监武怀节等人在三江口（今湖南岳阳北）与敌大战。试想，连南唐水师都不是中原舰队的对手，何况是区区武平军呢？结局毫无悬念，宋军斩首四千余级，俘虏将校十四人，缴获战舰七百多艘，从而攻克了湖南东面的门户——岳州。

慕容延钊接着沿湘江南下，轻松拿下了刚刚历经大战的潭州。

至于李处耘这一路的进展，那更是顺利，堪称顺滑。

三月，宋军在澧州南面与张从富部相遇，宋军旌旗猎猎，威仪赫赫，把没见过大世面的武平军吓了一跳，以致两军还没交手，武平军就自行溃逃了。

李处耘顺势追击至敖山寨（今湖南临澧境内），此处的守军也非常自觉，直接弃寨而逃，最后大多成了宋军的俘虏。

不知李处耘又听从了手下何人的鬼主意，使了一个损招，让原本就惶恐不安的武平军更加惶恐。李处耘从俘虏之中挑选了身形肥胖的几十人宰杀，并让一些不挑食的军士吃掉！

之后，他又命人在剩下的那些年少健壮的俘虏脸上刺字，放他们回朗州。

这件骇人听闻的事情迅速传到朗州，果然起到了李处耘想要的效果。宋军吃人不吐骨头这一恐怖印象，很快在军民心中扎下了根。被吓得魂飞魄散的人们纷纷放火焚烧屋舍，逃窜到山谷之间。这一招不战而屈人之兵，顿时令朗州大乱，张从富等人即便有心，也根本阻止不了军队的崩溃。

没过几天，慕容延钊部也来到了朗州，宋军在西山擒获了此战的祸首张从富，将其斩首示众。

武平军的另一位大将汪端是张从富的同党，挟持了周保权一家，逃匿至沅江南岸的一处僧舍。李处耘分兵急速追捕，很快俘获了被汪端丢下的周保权，赵匡胤同样赦免了周保权，给予优待。

汪端逃走以后，聚集起数千贼众在山林湖泽之间流窜，多次骚扰朗州。过了半年，慕容延钊终于擒获汪端，并处以极刑，为平定湖湘画上了一个句号。

至此，湖南十四州一监共六十六县之地、九万七千三百八十八户尽归北宋。北宋结束了湖南地区自唐末闵勖、雷满等人驱逐朝廷官员起，历经武安军、马楚王国、武平军等势力割据的八十二年历史。

北宋统一战争的第一仗——荆湖之战就此收官，这个开门红，极大地振奋了宋军的斗志。

此战的意义还远不止于此。

由于荆湖地区地处长江中游，并且在东、西、南三个方向分别紧挨南唐、后蜀、南汉诸政权，所以攻下这片枢纽地区，无疑给南方列国带来了巨大震慑，同时也切断了南唐和后蜀这两大势力的联系，为北宋将它们各个击破创造了有利条件。

那么，下一个目标会是谁呢？

赵匡胤的心里已经有了答案。

底定巴蜀：宋灭后蜀之战

凉风清冷几时来

宋乾德二年（964年）冬十月，东京汴梁破获了一起重大间谍案件，数位特务宣告落网。

这几位仁兄的来头说大不大，说小也不小，分别是后蜀的枢密院要员孙遇与兴州（今陕西略阳）军校赵彦韬、杨蠲（juān）。据主动向赵匡胤投案自首的赵彦韬所言，他们三人此次潜入中原，正是打算前往晋阳，代表蜀国向北汉发起联盟，一起对付宋朝。

此话不假，当时蜀国确实有心发起新一轮北伐，一雪后汉年间几次战败的前耻。不过，对这件事最为上心的，其实是掌握后蜀军政的权臣——时任通奏使知枢密院事（实际上的枢密使）王昭远。

王昭远原是一位僧人身边的童子，后蜀开国皇帝孟知祥非常喜爱这个聪明的孩子，把他要来陪侍东宫。太子孟昶与王昭远两人年纪相仿、志趣相投，很快亲近起来。孟昶即位以后，也想扶持亲信打压老臣，掌握大权，于是昔日玩伴王昭远就得到了重用，年纪轻轻便被委任为枢密院一把手。

稍晚进枢密院的另一位长官则是孟昶的表哥伊审征（孟昶的姑妈褒国公主之子），他为人贪得无厌，没什么才干。然而孟昶乐见自己的亲信和外戚掌权，于是王昭远和伊审征两人渐渐掌握了朝廷的话语权，就连蜀国仅剩的一位元老宰相李昊见了他们，也要避让个三分。

王、伊二人表面上以经世济民为己任，实则倚仗孟昶的庇护弄权贪利，甚至擅自挪用国库财物，肆无忌惮。时间一长，后蜀朝政被两个后生和韩保贞、赵崇韬（后蜀开国名将赵廷隐之子）等一干元勋子弟搞得乌烟瘴气，国势由此衰落。蜀中官员有看不过眼的，抨击王昭远等人奸邪无道，却全都遭到打压。

至于锦官城的主人孟昶，早年也曾励精图治，在赵季良等老臣的辅佐下取得"斗米三钱"的不凡治绩。后世各州县衙门正堂前常常刻有一句戒石铭——"尔俸尔禄，民膏民脂。下民易虐，上天难欺"，便是取自孟昶的《官箴》，经宋太宗浓缩而来的，由此可见，孟昶年轻时确有孜孜求治之心。

然而靡不有初，鲜克有终，蜀中长年太平无事，孟昶也变得骄奢淫逸起来，日夜打球走马，与宠妃花蕊夫人寻欢作乐。所谓"上有所好，下必甚焉"，蜀国群臣也纷纷效仿，陷入了纸醉金迷。据载，宰相李昊"资货巨万，奢侈逾度，妓妾数百"，就连西晋时期的两大富豪——石崇、王恺也完全比不过他。

不仅如此，孟昶越发好大喜功，仰仗财力雄厚，几度轻率发动北征，但在对阵后汉、后周的战事中多次战败，白白损耗国力。

孟昶的母亲李太后早年跟着孟知祥吃过苦，一向提倡节俭，也看不起小人专政。老太太是个明白人，眼见国事日非，终于忍不住劝说孟昶：

"老身当年目睹唐庄宗与梁国夹河作战，以及先帝平定蜀川的场景，他们手下的将领，哪个不是立有大功才得以掌兵的，所以士卒才会畏服。如今王昭远一个奴役出身，伊审征、韩保贞、赵崇韬他们都是富贵子弟，全都不懂军事，只不过倚仗皇帝旧恩，才位列众人之上！

"你身边平时根本没人敢说话，一旦遇到边疆有事，他们这些人怎么能抵御强敌呢？在我来看，唯独高彦俦这个太原旧人秉性忠诚可靠、战事经验丰富，一定不会辜负你。至于其他的人，一个都不配！"

然而李太后费尽口舌，就差和孟昶刚即位时那样打他屁股了，这番苦口婆心的规劝也没被孟昶听进去，后者反倒故意赌气一般，一度给王昭远加了个

"遥领山南西道节度使"的头衔，以宣示自己没用错人。

更令李太后想不到的是，她的这番话竟然传了出去，进了王昭远的耳朵，阴差阳错之下，甚至直接招来了亡国之祸。

王昭远平时也爱读些兵书，一贯自视甚高，总遗憾自己满腹用兵方略却没有机会一展才华，好让那些看不起自己的人刮目相看。自从听闻李太后的贬斥后，他的自尊心更是被深深刺痛了，越发想要证明自己。没有机会，难道就不能自己制造机会吗？

北宋建隆四年，即后蜀广政二十六年（963 年）五月时，宋军早已平定荆湖地区，赵匡胤放还了在江陵府的蜀国邸吏（驻江陵府办事处官员）。

蜀国老宰相李昊及时提出，本国必然会成为宋朝的目标，那么此时应是与宋朝搞好关系的机会，需派遣使者通好中原。孟昶对此表示同意，并马上准备派遣工作。

但就在此时，王昭远站了出来，强烈抨击这种低头折节的行为，阻止孟昶通使。孟昶听信了王昭远的建议，并依后者所言，派遣文思使景处瑭等人率军驻守三峡地区，在涪州、泸州、戎州（今四川宜宾）等沿江城市招募水手，增设水军。

王昭远还真没白忙活，蜀军的大动作果然引起了北宋的密切留意。

曾劝赵匡胤不要对北汉用兵的那位张晖，此时已被派往宋蜀边境担任凤州团练使。在初步摸透蜀地的山川走向后，张晖就把相关情报都秘密进献给了赵匡胤，同时陈述了从陆路攻取后蜀的计划。

这些日子以来，赵匡胤一直在研究进攻蜀国的可行性，对张晖提供的资料自然非常满意。平定荆南以后，高氏手下有位叫穆昭嗣的江湖奇士此时正担任翰林医官。赵匡胤招来这位穆神医，向他询问蜀中地理，穆昭嗣直截了当地回答："江陵便是蜀川、江南和岭南的通衢枢纽，如今已经得到此地，那么通往蜀地的水路也通了，正可以水陆并进！"

与此同时，赵匡胤也暗中向蜀地派出了情报人员。据间谍回报，成都城正流传一首《苦热诗》，其中有一句"烦暑郁蒸无处避，凉风清冷几时来"。赵匡胤闻之大喜："这正是当地百姓希望我来打下蜀国啊！"

在掌握了蜀川的山川形势、人心向背之后，赵匡胤对灭蜀的信心倍增，当然，这并不意味着他可以完全看轻对手。几十年前，正是后唐没有做好充足的战备才导致伐蜀失利，让孟氏能够割据至今。

前车之鉴不可忘，赵匡胤显然明白这个道理。此后几个月里，他先是在开封城南的朱明门外又开凿了一处引蔡水灌注的水池，建造了几百艘战舰，其后又派原南唐降将陈承昭在新池子里操练数千禁军，教习水战功夫，组建新水军并冠名"水虎捷"。期间，赵匡胤曾多次亲自前往观看新水师的表现，时刻期待它在未来战争中发挥关键作用。

现在，赵匡胤只差一个对孟昶开战的借口了。而另一边，恰有王昭远在抓紧制造建功立业的机会。

山南西道的节度判官张廷伟也看出了王昭远的心思，秘密劝告他说："您不如派遣使者通好河东汉国，让他们发兵南下，我军则从黄花谷、子午谷出兵接应，使中原腹背受敌，那么关中之地必然为我国所有，您想获取功勋，自然也不是问题了！"

王昭远闻言拊掌大喜，深以为然，于是就有了前文孙遇、赵彦韬、杨蠲三人北上一事。这个计划原本还是不错的，怎料赵彦韬对国情不看好，主动当了叛徒，才让王昭远所图露了馅。

赵匡胤看了赵彦韬献来的蜡丸书信，开怀大笑道："我西征师出有名了！"随后将孙遇和杨蠲也一并赦免，让他们进一步指明蜀地的山川形势、道路远近和守军虚实，并画成一幅完整详细的地图。

为了防止后蜀对三人的家属展开报复，赵匡胤还非常贴心地对外宣称，他们是被边关官吏抓获的。

主客员外郎董枢察言观色，第一个揣摩准了赵匡胤的心思，立即上书，请求皇帝讨伐蜀国。事实上，赵匡胤已经掌握了后蜀的"犯罪证据"，压根不用董枢提议，不过既然有人开这个头，顺水推舟，何乐不为呢？

乾德二年十一月初二，赵匡胤下诏，以蜀主孟昶勾结北汉刘钧，共谋犯宋为由，宣布发兵攻打蜀国。这不光是要给大宋讨个说法，还是为蜀川百姓除害，顺便给北方出身的蜀国将校们一个回家的机会！

就在当日，征蜀将帅名单随之出炉。鉴于参战人员实在太多，以下只列出两路大军的首要人物。

北路，即西川行营凤州路一军，率步骑三万人出凤州（今陕西凤县），沿嘉陵江南进，主要将帅如下：

——许州忠武军节度使王全斌，任西川行营凤州路都部署（主帅）；

——侍卫步军都指挥使崔彦进，任副都部署（副帅）；

——枢密副使王仁赡，任都监；

——凤州团练使张晖，任先锋都指挥使；

——阁门通事舍人田钦祚，任先锋都监；

——龙捷右厢都指挥使史延德，任马军指挥使；

——内染院使康延泽，任马军都监；

——虎捷右厢都指挥使张万友，任步军指挥使；

——翰林副使张煦，任步军都监。

而先前出卖了不少蜀国军事机密的赵彦韬等人，也将作为向导随军出征。

东路，即西川行营归州路一军，率步骑两万余出归州（今湖北秭归），溯长江西上，主要将帅如下：

——侍卫马军都指挥使刘光义，任西川行营归州路副都部署（名义上的副帅，实为两路主帅之一）；

——枢密承旨曹彬，任都监；

——前阶州刺史高彦晖，任先锋都指挥使；

——八作副使王令岩，任先锋都监；

——客省使武怀节，任前军战棹部署（先头部队水军主将）；

——龙捷左厢都指挥使张廷翰，任马军都指挥使；

——御厨副使（寄禄官，非管饭）朱光绪，任马军都监；

——虎捷左厢都指挥使李进卿，任步军都指挥使；

——仪鸾副使折彦赟，任步军都监；

——马步军都军头杨光义，任战棹左右厢都指挥使（水军主力大将）；

——供奉官药守节、殿直刘汉卿分别担任战棹左、右厢都监。

同时，赵匡胤与诸将"约法四章"：行营所到之处，不得焚烧毁坏当地的民舍，不得驱赶掳掠官吏百姓，不得挖掘前人陵墓，不得砍伐桑树柘木，否则按军法处置。

另外，他还命人在汴水以南营造了一处多达五百多间屋子的宅邸，充作给孟昶准备好的赏赐，以示此战必胜之心。

十一月初三，赵匡胤在崇德殿为诸将设宴饯行，顺便把先前画好的图纸交给他们，传授方略，最后微笑着问道："这回，西川可以攻下吗？"

王全斌等循规蹈矩地回答："臣等倚仗天威，谨遵妙算，不日便可平定。"

只有史延德被皇帝这么一激，当场豪言壮语道："西川要是在天上，当然到不了，既然在地上，到了就能平定！"

赵匡胤对史延德的豪迈气魄大为满意，一时兴起，又向诸将许下一条承诺："凡是攻克城池寨堡，只用登记武器粮草在册，那些钱币布帛，全都分给将士们，朕想要的，只是那里的土地而已！"

他哪里想得到，自己在酒席上乘兴撂下的这么一句随心之言，将在未来引起多大的波澜。

宋军大举来攻的风声很快传到了成都，孟昶随即点将，以王昭远为北面行营都统（主帅），禁军大将赵崇韬为都监，率三万蜀军北上，扼守利州、剑门关一带关隘；同时又命山南西道节度使韩保正为招讨使，洋州武定军节度使李进为副招讨使，率数万蜀军北赴兴元驻守，加强北面的防守。值得一提的是，除了王昭远，其他人都是先前与中原作战过的败将。

孟昶急切地希望能够雪耻，语重心长地对老朋友王昭远说道："这大军是爱卿召集来的，你可要努力为朕立功啊！"

饯行宴上，自比诸葛孔明的王昭远乘着酒兴，手执铁如意，挽起袖子，对宰相李昊说了人生中最硬气的一句话："我这一去，何止要破敌，正该带这两三万雕面恶小儿夺取中原，易如反掌！"

十四万人齐解甲

战争一打响，双方高下立见分晓。面对身经百战的宋军精锐，懒怠已久的蜀军毫无还手之力。

北路宋军王全斌部自凤州出发，到十二月十九日，已接连攻克乾渠渡、万仞、燕子等兴州外围的据点，一举击败七千蜀军，攻占兴州（今陕西略阳），缴获此地储存的军粮四十多万斛，蜀兴州刺史蓝思绾向东退保西县（今陕西勉县）。

随后，王全斌又率军攻克在兴州和西县之间的石图、鱼关、白水阁等二十多个据点。而这些都离不开此战宋军先锋——凤州团练使张晖的贡献。正是张晖不顾辛劳，在大散关地区一边作战一边开路，宋军才得以顺利从凤州抵达兴州。不幸的是，由于过度劳累，宋军行至青泥岭时，张晖因病去世。

已经抵达兴元府（今陕西汉中）的韩保贞与李进不敢怠慢，率山南、武定两道军队进驻西县。然而韩保贞胆小如鼠，手上虽有数万军队，却被宋军声威吓得不敢出战，只是依傍山岳背靠县城，一味布阵固守。

豪放的史延德自然看不上这样一支部队，率军一战打垮西县蜀军，追击至三泉（今陕西宁强县西北阳平关），生擒韩保贞与李进二将，并获得三十余万斛军粮。

北路副帅崔彦进与马军都监康延泽乘胜越过三泉，直抵嘉川（今四川广元东北），俘获并阵斩大量蜀军。在孟昶的急令下，蜀军残部只得烧毁了栈道，退保葭萌关（今四川广元昭化镇）。

当时，王昭远与赵崇韬正屯驻在利州，率军分布于利州北方的大、小漫天寨（今漫天岭）。由于利州西抵嘉陵江，有群山环绕，地势险峻，历来被视为进入蜀中的咽喉要道，加上此时栈道被毁，宋军难以继续行进，所以王全斌打算通过嘉川东南的罗川小道迂回行进。

康延泽倒是有其他想法，私下对崔彦进说："罗川道太过艰险，大军实在难以一起通过，不如分出兵力抢修栈道，两支军队相约在深渡（大、小漫天寨之间的嘉陵江、白龙江渡口）会师就好了。"崔彦进和王全斌眼前一亮，都觉得这个办法好。

不出数日，栈道修复完成，崔彦进率部抢先进击金山寨，又攻破了小漫天寨的蜀军，此时王全斌部也赶到深渡，与崔彦进会师。

蜀军依傍江水布阵，宋军步军都指挥使张万友等人领命，一战夺取浮桥，突破了蜀军的嘉陵江防线，终于到了日暮时，蜀军退保大漫天寨。

崔彦进、康延泽、张万友三将兵分三路进击，大漫天寨中的蜀军精锐倾巢出动，依旧被宋军打了个落花流水，于是大漫天寨也被攻克，寨中诸将全都成了宋军的俘虏。

利州方面不再坐视不管，王昭远与赵崇韬率数万蜀军来战，结果这位自比诸葛亮的王大人三战皆败，逼得他认清自己不过是个臭皮匠。王昭远等人从利州逃遁，渡过桔柏津（今四川昭化东北嘉陵江与白水江合流处），烧毁江上浮桥，退守剑门关，做起了缩头乌龟。

十二月三十日，王全斌等人进入利州，在此又得到了粮资八十万斛，加上先前所得，已获一百五十多万斛粮食！遥想当年后唐军攻打两川，在运粮之事上耗费甚大且收效甚微，如今粮食这般丰厚，意味着宋军的补给不再是问题，转运使们再也不用为粮食煞费苦心了。

再来关注宋军东路这边的进展。

东路主帅是刘光义，他也大有来头，他爷爷正是当年被朱温围在沧州里的刘守文，由于遭刘守光迫害，其父才举家南迁，刘光义因此留在了中原。

刘光义十分生猛，率领水军进入三峡地区后，接连攻破了松木、三会、巫山等蜀军寨点，杀死将领南光海在内的蜀军步卒五千余人，斩获水军六千多人，生擒水军大将袁德弘等一千二百人，夺取了两百多艘战舰，可谓战果颇丰，不比王全斌一路差到哪里去。

而东路的下一个目标就是夔州，此处有瞿塘关，是蜀川东面最重要的门户。杜甫有诗曰"白帝高为三峡镇，夔州险过百牢关"，便是赞叹夔门之险要，甚至胜过虎牢关百倍。

前蜀时代，坐镇夔州的是名将张武，自他之后，这里的蜀军常常沿袭其法，在两岸拉起巨大的铁索，架设浮桥等工事，设下三道栅栏，号称"锁峡"，并在两岸布列投石砲，用来阻止想要通过的敌军。

对此，刘光义早已成竹在胸。这依然要归功于赵匡胤的调研工作——就在刘光义出发前，赵匡胤特意指着地图上所画的夔州一处，嘱咐他说："沿着长江到了这个地方，切莫急着用水军求胜，应该先派遣步骑偷袭敌军，等到他们稍稍退却，再配合战舰水陆夹攻，一定能够拿下此处。"

作为一个称职的好员工，老板赵匡胤怎么说，他刘光义就怎么做，绝无二话。

于是，在宋军船队距离"锁峡"浮桥只有三十里时，刘光义下令停止行进，并按赵匡胤的办法夺取浮桥，水陆并行冲破了长江防线，直奔夔州而来，在白帝城西面屯驻大军，发起攻城。

此时镇守蜀国夔州宁江军的人，正是在数十年前见证后蜀崛起的老将高彦俦。不过高彦俦并非此地节度使，而是利州昭武军节度使，至于真正的宁江军节度使，则是远在朝廷的伊审征。换句话说，高彦俦是被孟昶搬去帮表哥解决麻烦的。实际上，利州当时已危在旦夕。

高彦俦不急不躁，面对节度副使赵崇济等人有理有据，主张坚壁清野："宋军跋涉山川险阻，远道而来，正是想要速战速决，我军应该用坚守对付。"

然而，监军武守谦是个空有心气没有脑子的人，反问道："敌寇占据城下而不出击，又有什么可以等待的呢？"继而在十二月二十六日这天（王全斌进利州前数日）擅自带着一千多人出了夔州。

刘光义等的就是这一刻，马军都指挥使张廷翰领命，在猪头铺这个地方果断把武守谦打成了猪头。武守谦的战败直接祸害了整个夔州，张廷翰等宋将追击这股败军，直接乘胜登上了夔州城头。

等到高彦俦带人来抵御时，为时已晚，宋军正源源不断涌入城门。高老将军没有放弃，而是拿起手中宝剑杀死了十几个宋军士兵，但他自己身上也受了同样数量的重伤，左右纷纷散去，高彦俦只好孤身奔回府衙。

节度判官罗济劝高彦俦马上逃回成都，但高彦俦拒绝了："我当年与周军相战，已经失去秦川，如今又不能守住这里，纵使天子不杀我，我又有什么面目见蜀中百姓呢？"

罗济又提出了第二条退路，劝他投降宋军，但高彦俦仍然没有同意，坦然道："我上下老小上百口人都在成都，如果独自偷生，岂不祸及全族？今天只有一死罢了。"

高彦俦叫罗济不必多言，他解下身上的兵符印绶交给罗济，说："你自己想办法逃走吧。"然后关上大门，整理衣冠，望着西北方行拜礼，最后登上阁楼，纵火自焚而死，甚是悲壮。

不久后，刘光义等人找齐高彦俦的骸骨，将他以礼安葬。

夔州一失，后蜀东部其他州县自然不在话下。很快，万州、施州（今湖北恩施）、开州、忠州、渝州、遂州等地也纷纷向刘光义投降。

进入诸州城后，刘光义按照赵匡胤所说的，把府库中的钱财布帛都分发给将士们。然而，诸将禁不住心中的恶念，还想大加屠戮逞凶。幸好有负责监督的都监曹彬在，恶行全被他阻止了下来，东路军由始至终没做出扰民之事，赵匡胤听说之后对曹彬大加称赞。

乾德二年的十二月，东京汴梁下起了大雪，赵匡胤穿戴着貂皮裘帽上朝，想起了前线的将士们。他对左右说："朕这么穿身上还觉得冷，西征将帅在外顶风冒雪，他们又怎么受得了？"于是赵匡胤当即脱下皮衣皮帽，派中使飞马奔驰，将它们赐予王全斌，由于只有一件，又特意向诸将宣谕问好。此举事小，却大为振奋了王全斌等人的士气。

转眼新年已到，然而蜀帝孟昶收到了一系列败报，注定没有心情好好过年了。他命太子孟玄喆为元帅，遂州武信军节度使李廷珪（当年黄花谷之战的败将）和前洋州武定军节度使张惠安为副，带一万多人增援剑州。

谁都看得出来，太子不过是孟昶为鼓舞前线派去的吉祥物，领兵打仗，还得看李廷珪和张惠安二将。然而孟太子成事不足败事有余，十分别致地抢了风头。

孟玄喆贵为太子，挂帅出征所用的旗帜自然非常精美。他临行前遇到下雨，担心锦旗淋湿，命人撤下，等到雨停之后再安上去，不料这些锦旗大都装反了。加上孟玄喆又用车辇载着姬妾和伶人等数十人，蜀地百姓见了，没有不偷偷取笑的：这哪里还像一支救命的军队？分明是个皇家戏班子！

不知何故，赵匡胤事前没有给出应对剑门关的办法。这一雄关天险自古就有"一夫当关，万夫莫开"之称，十分难以夺取，所以王全斌等人休整过后，在益光（今四川昭化）停下，商量如何对付。

有个叫向韬的侍卫军头似乎很有办法，进言道："我从一名降兵那里听说，从益光长江以东翻越几重山，有一条狭窄的来苏小道，蜀军只在嘉陵江西边设下营栅，东岸是可以渡江的，从这里南行二十里到达青强店，就可以与官道会合。倘若大军从这里走，剑门关天险便根本不足以依靠了。"

这条捷径是否就是当年王思同攻下剑门关走的那条道，犹未可知，不过可以确定的一点是，来苏正是当年庞福诚、谢锽的驻地。这就意味着，对攻守蜀地至关重要的剑门关、剑州之战将再一次打响。

听完向韬之言，王全斌等人摩拳擦掌，当即准备领兵奔赴来苏，但康延泽劝阻众人不要蛮干："蜀军屡战屡败，胆气已经丧失，剑门关可以急攻拿下。况且来苏是一条狭隘小道，主帅不宜亲自前行，派出一名偏将前往就足够了。

到时候偏师抵达青强店，再和大军南北夹击剑门关，王昭远必成我军俘虏！"

康延泽的建议再一次得到了王全斌的赞同。史延德受命率军去办这件差事，前往来苏小道。史延德抵达后，架起浮桥过江，驻守在江对岸的蜀军纷纷逃窜，宋军得以畅通无阻地抵达青强店。

得知一股宋军突然出现在剑门关背后，王昭远深感大事不好，仓促之下却又下了一着臭棋。他连忙出关退往汉原坡（今四川剑阁东三十里），只留偏将把守剑门关。但这样一来，剑门关的守军所剩无几，以致剑门关被王全斌轻易拿下！

攻克剑门关后，王全斌没有像当年的石敬瑭一样守在这里，而是看准机会，继续追击。王昭远听闻剑门关失守的噩耗时，蜀军甚至都还没退到汉原坡，可他竟被吓得双腿发抖，语无伦次，仪态尽失。

宋军很快杀到了汉原，蜀军副将赵崇韬不愧是赵廷隐之子，关键时刻并没有失掉胆色，而是布下战阵，策马先登大战宋军，亲手砍下几个人头，最后连兵器都折断了。

然而纵使赵崇韬作战英勇，蜀军的素质终究不够过硬，注定不敌宋军，在阵亡一万多人后，赵崇韬被擒，剑州也被宋军攻下。

而赵崇韬还在奋力一搏时，王昭远却已经吓得不能起身，只能瘫坐在胡床上。蜀军大败后，王昭远终于起身脱去甲胄，逃往东川，躲在一处仓房中悲叹流涕，双眼哭得又红又肿。

唐末五代的大才子罗隐，有一篇凭吊诸葛孔明的名作《筹笔驿》，全诗为：

抛掷南阳为主忧，北征东讨尽良筹。

时来天地皆同力，运去英雄不自由。

千里山河轻孺子，两朝冠剑恨谯周。

唯余岩下多情水，犹解年年傍驿流。

"运去英雄不自由……"王昭远被宋军骑兵抓获时，口中还在反复呢喃着这句诗，仿佛自己真是与诸葛孔明同命运，实在是引人发笑。都到这时候了，他还没忘坚持自己的人设，也是无药可救了！

与此同时，日夜嬉戏游乐的孟玄喆、李廷珪一行人终于来到绵州（今四川绵阳），却听闻剑门关剑州接连沦陷、宋军长驱直入的消息，忙不迭转身逃跑。次日，孟玄喆等擅自抛下军队，继续向西逃奔，沿途的屋舍和粮仓全被他们烧毁，属实可恶。

孟玄喆逃回成都后，孟昶得知败报，惶恐惊骇，不知所措，慌乱地询问身边文武："还有什么办法？"在过去的三十多年里，这位养尊处优的皇帝从未想象过，有一天亡国之祸会来得这么快，离得这么近。

老将石奉頵当年是被迫投降蜀国的，不想再改换一次门庭，只有他提了建议："宋军远道而来，势必支持不了多久。希望陛下聚集兵马，坚守城池，挫败敌军！"

孟昶没有父亲孟知祥的进取之心，沉默了一小会儿后，叹息道："我父子用丰衣美食供养士兵四十年，如今一朝遇敌，尚且不能为我向东发射一箭，即使想要闭关坚守，又还有谁愿意效力拼死呢？"

至于宰相李昊，他原本就主张归顺中原，于是顺势劝说投降。孟昶只好艰难地做出决定，命李昊起草降表。

当年前蜀灭亡时，为亡国之君王衍起草降表的，正是当时担任翰林学士的李昊。四十年后，历史重映，李昊又一次扮演了同样的角色。有蜀国百姓趁夜在李宅门上写下了一行大字——"世修降表李家"，传为一时笑话。

正月十三日，北路宋军抵达魏城（今四川绵阳东北魏城镇）。在接到伊审征送上的降表后，王全斌一面派先锋都监田钦祚回朝奏报，一面派康延泽先行前往成都晓谕孟昶，安抚军民，封存城中府库。

北宋乾德三年（965 年）正月十九日，宋军抵达成都北郊的升仙桥，孟昶来到军门前，并亲自展示了亡国君主的标配礼仪——肉袒面缚，衔璧牵羊。投降仪式结束后，王全斌当即释放了他。

从这天起，存在了三十一年、经历了两位皇帝（孟知祥、孟昶）的后蜀政权宣告灭亡，北宋得到四十六州共二百四十县之地，计五十三万四千二十九户。如果从唐末的王建、顾彦朗等军阀开始算起，不算后唐名存实亡的控制，蜀地也已割据了七十余年之久，至此重归中原政权。

而这一天距王全斌大军从汴梁出发，仅过了六十六天，已然超越当年郭崇韬灭前蜀的七十天纪录。

残缺的句点

非常讽刺的是，宋军只用了两个月即攻灭后蜀政权，却又花上了加倍的时间来平定蜀地。

王全斌部进入成都后，转头就把之前赵匡胤嘱咐的"约法四章"抛到了脑后，只选择性地记得宴席上天子的那句"只要土地，不要钱粮"。诸军将朝歌暮宴，不理军务，甚至放纵部下劫掠民间，使得蜀地百姓吃了不少苦头。曹彬屡次劝告诸将马上回朝，但此时已没人把他的话当回事，康延泽对此也非常无奈。

几天后，东路的刘廷让一军也进了城，孟昶也对他们用了先前同样的降国之礼，而朝廷来使也向两支部队颁发了同样的赏赐。但这样一来，两路军队开始争功，以致矛盾重重。

而之前北路宋军肆无忌惮地大行搜刮、勒索蜀地官民，终于引发了蜀人的愤怒。

当时，赵匡胤征发后蜀降卒前往京城，并且从优分发军装军饷，不料王全斌等人打起了这笔钱财的主意，不仅擅自克扣、中饱私囊，而且纵容部下欺侮蜀军。这支蜀军到了绵州后，终于忍无可忍，爆发了兵变，推举素有威望的文州刺史全师雄为主将，号称兴国军。转眼间，叛军规模像滚雪球一般越来越大，人数达到十余万之多，蜀地的反宋情绪遍布十七州之广。

至当年三月，全师雄自号兴蜀大王，开设幕府，置节度使二十余人，分别占领各处要害据点。不得不说，蜀军换了主帅就如脱胎换骨一般，接连击败了崔彦进、张万友等宋将，甚至迫得老将高彦晖战死沙场。

成都的王全斌非常惧怕，担心城内的近三万蜀军充当内应，于是心生一个可怕的想法，要把隐患扼杀在摇篮里——将这数万人统统杀掉！康延泽是当时为数不多保持清醒的将领，希望王全斌能够释放这批人中的七千老弱病残，至于其余人等，可以监督他们乘船东归，如果有变，则再杀不晚。

在先前的灭蜀战争过程中，康延泽前前后后提出了不少关键的有用建议，可见康延泽的思虑还是比较周全的，王全斌也都好好听取了，然而这一次，诸将终究没有再听从他，而是一意孤行，杀死了这两万七千名蜀军，是宋军在蜀地制造的最大的一次惨案。惨无人道的屠杀，最后导致蜀地叛军的抵抗更加坚决，各路兵变此起彼伏，战事久久不休。

而蜀地大乱，又直接导致了另一个人死得不明不白。

当年六月，蜀国君臣一行以俘虏的身份来到汴梁，孟昶被封为秦国公，孟玄喆、伊审征等人被封为节度使，就连王昭远也被封为左领军卫大将军，当然，以上职衔并无实权。然而仅仅过了六天，孟昶就突然去世了！

孟昶时年只有四十七岁，此前也从没有过大病记录，仅用"水土不服"四个字来解释他的暴死，似乎难以服众。民间倒是流传着各种花边野闻，说赵匡胤是为了夺取花蕊夫人，对孟昶痛下杀手。这样的说法未免太轻率了，与赵匡胤一贯沉稳的处事之风过于大相径庭。

比较合理的解释，是赵匡胤为断绝蜀地叛军兴复孟氏故国的念想，才不得不让孟昶从世界上消失。

各种不稽传说和桃色逸闻真假难辨，唯一可以确定的是，五代十国时期，在位最久的皇帝孟昶死了，同时带走了属于巨鹿孟氏的数十年荣耀和华贵，徒留花蕊夫人和她的《国亡诗》：

君王城上竖降旗，

妾在深宫那得知。

十四万人齐解甲，

更无一个是男儿。

至乾德四年（966年）五月，王全斌在灌口寨（今四川都江堰）击败全师雄部，蜀地叛军之首全师雄在金堂（今四川成都金堂县）病死。到了当年十二月，王全斌与丁德裕生擒全师雄的继任者谢行本、罗七君等人，终于平定各地。若非当初平蜀的将士居功骄恣、肆意妄为，宋军哪里用得着再白白花近两年的时间，付出了沉重的代价，才彻底平定了蜀乱。

但这并不代表宋廷就此停止了从蜀川吸血、向中原供应庞大战争开销的行为。自乾德年间起，数十年来，史称"岁漕蜀物，动逾万计"，巴蜀百姓的日子仍旧水深火热，由此埋下深重的隐患，直到未来那场规模空前的大起义爆发，不过这是宋太宗朝的后话了。

当初东路军虽晚到成都一步，军功略次，但由于他们一路上秋毫无犯，所以最后多数人员都得到了封赏。反观北路军，则有一大批将领挨罚，尤其是王全斌、崔彦进二将，虽是死罪可免，但活罪难逃，遭到了赵匡胤贬官、雪藏长达近十年之久。

经历了这次惨痛的教训，赵匡胤也再不敢轻易用类似"东西随便拿"这样的话来激励将士了。在接下来的统一战争中，赵匡胤始终注重狠抓军纪，避免再引起民愤。

想要彻底洗去五代军队的陋习，任重而道远。放眼望去，石守信专行聚敛，张永德贪图小利，韩重赟佞佛扰民，就连那位明白人康延泽，最后也生出与侄争财的家丑来……谁又可以作为大宋军队的表率呢？

终究还是有那么一个人，引起了赵匡胤的浓厚兴趣。

这个人不光是规正了东路大军的军纪，还在诸将争相抢夺蜀地的美姬财宝时独善其身、淡泊名利，他的行装中只留了图书和衣物，实在是当时难得一见的清流。

这个人就是曹彬。

其实，早在后周时期，宋太祖就已经领教过曹彬的大公无私了，哪怕是自己私下破费请客，曹彬也坚决不肯把公家的酒授给当时正是军界红人的赵匡胤。

"远近如一，是为仁也。"赵匡胤感叹，"此人乃真仁将也。"

从此以后，赵匡胤默默地给曹彬预留了一个位置——一个统御三军、掌握生杀的高位。

岭表攻略：宋灭南汉之战

妖邪派对

建隆四年三月，慕容延钊扫清武平军的余孽汪端。之后，潘美被任命为潭州防御使，镇守湖南，行安抚人心之责。

潘美新官上任，日子却过得并不舒心，只因为有个邻居非常不安分，惹得他每天肝火旺盛。那就是占据了两广地区的南汉政权，他们在失去了北方的荆湖屏障后，非但没有与北宋通好的意思，反而频频挑衅，连年骚扰湖南南部地区。仅在乾德元年（963 年，建隆四年十一月改元）时，南汉就多次入侵宋境的桂阳监（今湖南桂阳）、江华（今湖南江永东南）等地，到了乾德二年年初，更是一度深入潘美的大本营潭州地界。而南汉军每劫掠一处，只要看到宋军的影子就马上开溜，颇有游击风范。

潘美本就是个爆裂性子，几次逮不着人后，越发恨得牙痒痒，他决定直接给南汉一点儿颜色看看，免得老虎不发威，被人当作病猫欺负。

乾德二年九月，潘美联合南面兵马都监丁德裕、朗州团练使尹崇珂、衡州刺史张勋，对南汉最北端的领土郴州（今湖南郴州）下手。此地刺史陆光图和招讨使暨彦赟都是南汉当时公认能力还不错的将领，但两人面对实力强大的宋军，仍然不堪一击，随即被生擒。二人拒不投降，指着宋军骂骂咧咧，潘美也不啰嗦，直接一刀砍了。

汉军失了郴州，只得溃退往韶州（今广东韶关）。

韶州是南汉国都兴王府（今广东广州）北方最重要的门户，南汉皇帝刘鋹（chǎng）不听内侍邵廷琄的忠言，既拒绝与宋修好，也不肯加紧武备，直到丢了郴州才开始着急起来，重新请出邵公公给他支招。

邵廷琄随即被任命为东南面招讨使，率领水军驻守在洸口（今广东英德连江、北江汇合处之江口咀），积极招募兵员，训练士卒，南汉境内人心才得以稍稍安定。

当时宋军的战事重心还在西蜀，暂时不想跟南汉大动干戈，所以占领郴州后，潘美等人没有继续往南。倒是北宋新任的郴州刺史张勋更值得邵廷琄提防，此人在征讨二李、荆湖等战事中有多次担任监军的经验，而且残忍好杀，每逢攻城都要喊上一句："且斩！"曾把衡州百姓吓得不轻。

然而邵廷琄最终不是被张勋"且斩"，而是死在了一封举报他的匿名信上。这封信声称邵廷琄图谋不轨，并捕风捉影地描述了他的一些举动作为证据。生性多疑而又昏庸的刘鋹本着宁可信其有，不可信其无的原则，在乾德三年六月时，派人前往洸口赐死邵廷琄。

众士卒都深信邵将军不会造反，纷纷来到军门向使者请求彻查此事。但使者也不过是奉命行事，不肯答应，最终还是赐死了邵廷琄。军士们大感悲痛，在洸口为邵公公立庙，以此纪念这位忠臣。

至于这封匿名信何处而来，据后世分析，嫌疑最大的，应是执掌南汉军政大权的几位宦官。

南汉建国那年，对应北方后梁时期，传至刘鋹已是第四代皇帝。南汉朝廷的规模不大，但从开国皇帝刘龑（yǎn）往下数，皇帝一个赛一个奇葩，不但骄奢淫逸，还个个都很残暴。

这种暴虐，除了体现在皇帝们亲自操刀，发明各种刑罚（最出名的是水狱）用来虐待犯人上，还重点体现在手足相残方面。刘鋹之父刘晟就是杀死皇兄刘玢上位的，在位期间又前后杀死了十几个兄弟。

十七岁的刘铱即位以后，听从宦官陈延寿之言，仿效其父，杀死了祯王刘保兴以外的几个弟弟。接着，这位年轻的皇帝又继承改良了烧煮剥剔、刀山剑树等刑罚，还让犯人与老虎、大象这些猛兽角斗，只要他乐意，哪里都可以成为他获得快感的"罗马斗兽场"。

而在政治上，小暴君之昏聩又比祖父、父亲有过之而无不及，不但全面起用宦官、女官、巫师势力参政，而且出于对"有后之人"的顾虑，他制定了一个中国历史上绝无仅有的政策：无论三教九流，要想入朝得到重用，必须先自行阉割（女子除外），否则免谈！

就这样，南汉的宦官势力在刘龑末年抬头，在刘晟时期快速发展，到刘铱在位，其数量简直如火山喷发，达到近两万人之多，已比先代增长了十倍。南汉成了当之无愧的宦官王朝，可谓前无古人，后无来者！

不止如此，刘铱非但在肉体上阉割臣属，顺带在精神上也一并摧残。凡是不听话的大臣，往往都会得到一杯毒酒的赏赐。有君如此，臣不敢言。

所以相较于别国，南汉军事有一大特色，那就是自中宗刘晟时代起，涌现出了不少宦官出身的武将，这一点在当时独一无二。以吴怀恩、邵廷琄、潘崇彻为代表的宦官们，也算德才兼备，为南汉立过不少战功，但这些终归是特例。

兴王府挤满了在军事博弈上一窍不通，但于政治斗争方面经验丰富的宦官，他们才是真正祸国殃民的高手。这其中的代表，就是内太师龚澄枢、李讬，内侍中陈延寿，以及内中尉薛崇誉。此外，女侍中卢琼仙、黄琼芝也不是省油的灯，两人自刘晟时代以来就插手政务，是名副其实的女宰相。

龚澄枢和李讬朋比为奸、党同伐异，先是害死了忠直的老宰相钟允章，后联手除去宦官中的有力竞争者许彦真，做到了一家独大。李讬的两个养女也得到了刘铱的宠爱，同时被册立为贵妃和美人，这后宫中的枕头风是他想怎么吹，就能怎么吹。

为了让刘铱更加离不开他们，陈延寿还引荐了一位名叫樊胡子的高人，自称玉皇大帝上身，每天装神弄鬼，故弄玄虚。别看这位"大师"的名字听起来仿佛一个抠脚大汉，实际却是一位头戴远游冠、身着大紫袍的女巫，每日端坐在帷帐中，直把刘铱呼为"太子皇帝"。

刘铱一高兴，干脆当起甩手掌柜，将军国大事都交由樊胡子决断，自己则整日与一位又黑又肥、赐号为"媚猪"的波斯女子寻欢作乐，自称"萧闲大夫"。不过明眼人都看得出来，这樊胡子充其量不过是个摆设，她口口声声说的上天派下凡来辅佐大汉天子的龚澄枢、李托、陈延寿、卢琼仙等人，才是真正的幕后操盘手。

为了坐稳这一人之下、万人之上的位置，龚澄枢一党大肆打压他们眼里的假想敌。譬如宋军的威胁解除后，在军中素有威信的邵廷琄便成了龚党的眼中钉，因此遭到谗害而死。

另一位宦官名将潘崇彻，他曾在刘晟时期立下攻克郴州，击败南唐、武平军等大功，却也因为遭到刘铱、薛崇誉的猜疑，从桂州（今广西桂林）被召回兴王府，继而又被罢免了兵权，从此快快不乐，对这个国家越来越失望。

如此一来，南汉彻底沦为桀纣、权阉和女祸的极乐世界，朝廷纪纲荒废，国势日益败坏。朝廷随之加大了对民间敲骨吸髓的力度，以满足统治者们的穷奢极欲。南汉宫城满是用珍珠装饰的雕梁画栋，为了拥有用不完的珍珠，刘铱还在海门镇（今广西合浦廉州镇）设立一支多达八千人的"媚川都"，不少人在采珠的过程中溺死。

后来赵匡胤从郴州俘虏的口中惊闻南汉暴政，连连说道："我应救此一方之民！"

与此同时，一些南汉境内的官民，如昭州人周渭、士兵都知兵马使李廷珙等人，或因为苦于暴政，或看出南汉必亡，纷纷投奔了北方政权，为赵匡胤灭亡这个妖魔横行的政权出谋划策。

乾德六年（968 年，当年十一月改元开宝）九月，北宋道州（今湖南道县）刺史王继勋（原李守贞手下悍将，有"王三铁"的诨名）以南汉主刘铱昏庸残暴、南汉境内民不聊生，又屡次滋扰宋境为由，第一个向赵匡胤提出了讨伐南汉的请求。

赵匡胤有心救一方百姓，但他更希望能和平解决，尽量减少伤亡。所以开宝二年六月，赵匡胤虽然让右补阙王明担任荆湖转运使，负责准备战事所需粮草，但与此同时，他也让唐国主李煜以中原臣子的身份出面，要求南汉向北宋称臣，并吐出刘晟趁马楚内乱攻占的湖南旧地，归还给中原。刘铱自然对此不屑一顾。

充当传话筒的李煜见劝说不动，一年后又让人洋洋洒洒写下几千字的书信，又派给事中龚慎仪前往兴王府，第二次向刘铱分陈利弊。

看到劝降书后，刘铱心头火起，把唐使龚慎仪也抓了起来——好你个李煜，口口声声和我情如兄弟，字里行间却满是执着于要我和你一起屈居人下的勾当！上党李筠败了如何，蜀国孟氏灭亡了又如何，北朝若真有能耐，放马过来就是了，何必费那些嘴皮子功夫！

刘铱"甚不逊"的回信被李煜呈交给开封，令赵匡胤勃然大怒，下了攻打南汉的决心。

妙不可言的军队

开宝三年（970 年）九月初一，赵匡胤下令征讨南汉，以潭州防御使潘美为贺州道行营都部署，朗州团练使尹崇珂为副帅，道州刺史王继勋为都监，荆湖转运使王明为行营随军转运使，同时征调各州军队，奔赴此战的第一个目标——南汉境内的贺州（今广西贺州）。

而南汉这边，情况可就微妙了。这些年来，在某些阉人的"英明指示"下，凡是南汉州县的城墙和护城河，竟然一并改装成了宫殿楼宇、水塘池沼，至于军事用途的楼船战舰和武器铠甲，早就腐烂败坏了……刘铱放话倒是痛快，但南汉军究竟该拿什么抵挡宋军呢？

宋军避开了萌渚岭等险阻，突然出现在白霞（今广西钟山县西南）境内，贺州刺史陈守忠惊恐万分，接连派出使者向兴王府告急。刘铱一个眼神过来，龚澄枢不敢推托，火速前往贺州宣旨慰劳汉军。

贺州士卒们长久镇守边境，大都贫困疲乏，如今一下听说繁华的兴王府来人了，还是朝廷的二把手，顿时满怀期望，认为龚太师此次前来，一定会给前线的弟兄们带来赏赐。

然而，将士们严重低估了龚澄枢的脸皮厚度。这个权势熏天、富得流油的国之重臣，竟然真的只带了一纸诏书来表示安抚宣慰。至于其他的，嘿，你们看着龚公公作甚？别想想有的没的！

再也没有什么比这更能打击士气的了，贺州军队一哄而散，徒留龚澄枢待在校场。他还得庆幸这事不是发生在民风彪悍的北方，否则这会儿根本收不了场。

宋军很快就攻下了冯乘（今湖南江华西南），前锋部队也已抵达贺州北方的芳林一带，龚澄枢胆战心惊，不敢再作久留，马上乘着小船逃回了广州。兴王府的朝会上，群臣纷纷请求恢复潘崇彻的兵权。眼见南汉已经没其他人可用了，刘铱只好暂时放下面子，请这位名将再度出山。可潘崇彻早已心灰意冷，便以有眼疾为由，拒绝领兵。刘铱没有刘玄德三顾茅庐的耐心，大怒道："你们看看，朕为什么就必须要用潘崇彻，难道伍彦柔就没有计谋了吗？"

刘铱提到的这位伍彦柔，应该也是一名阉将，这人是怎么得到兴王府重用的，不好说，总之名不见经传，没有什么亮眼的成绩。刘铱都这么放话了，伍彦柔当然要硬着头皮出来接下任命。正所谓是骡子是马，拉出来遛一遛就知道了。伍彦柔率军万人沿着贺江西上贺州，那里的宋军正是他的试金石。

九月十五日，宋军已经包围了贺州，至二十日，潘美得知伍彦柔部即将到达，撤退二十里地，同时悄悄地在贺江岸边的南乡（今广西贺州信都）设下了三处伏兵，等待猎物踏入网中。

伍彦柔探得宋军已经后撤，大感放心，在当晚停泊在南乡，准备给宋军来个下马威。一夜无事，次日清晨，汉军登上江岸。主将伍彦柔手执弹弓，坐在一把折叠椅上，左顾右盼，颇为得意。

是时，潘美的伏兵骤然全数出动，沿水陆两路向汉军发起猛攻，汉军登时大乱，被宋军杀了个十之七八。伍彦柔甚至没反应过来即被生擒斩杀，他的"名将"生涯还没开始，就已经结束了。

宋军再度来到贺州城下时，手里就多了一样东西，那便是伍彦柔的人头。但守军不为所动，照旧坚守。随军转运使王明曾是名将药元福的老部下，经验丰富，他见机向潘美献策道："万一援军再到，胜负难料，应该发动急攻！"然而宋军诸将还是犹豫不决。

王明心中焦急，但他此行的任务并非冲锋陷阵，而是督运物资。他左右没等到潘美等人的动静，索性自己穿上甲胄，带着本部负责护送辎重的几百士卒和数千民夫，带头拿起簸箕、铁锹等泥瓦工具开干，不一会儿，就把城外的壕沟都填平了，直抵门前。

不承想，他这一番动作下来，竟把守军吓得不轻，直接开门迎降，宋军不战而胜。这可真是意外之喜，宋军兵不血刃就攻占了贺州！

之后，宋军没有继续朝东南推进，而是稳扎稳打，转向了汉军守备更为空虚的西方。其间，猛将王继勋在军中病逝，都监一职由郴州刺史朱宪接任。

刘𫓯束手无策，只好再请潘崇彻，授其内太师（与龚澄枢、李托平级）兼马步军都统之位，这回他老人家总算点头，带着五万兵马西上，戍守在宋军的必经之地贺江口（今广东封开江口镇）。然而让刘𫓯大失所望的是，潘崇彻实际另有打算——就此屯兵不进，放任潘美攻略西北。

九月二十九日，宋军攻下富州（今广西昭平）；十月二十三日，潘美在开建寨（今广西平乐东南）一战歼灭数千汉军，生擒将领。再至昭州（今广西平乐）、桂州（今广西桂林），守城的两位刺史都不是有胆色之人，一听闻前方战败的消息就纷纷弃城逃遁，于是，宋军又兵不血刃地拿下了两地。

潘美顾忌潘崇彻的大军，解除西边侧翼的威胁后，于十一月向东边的连州（今广东连州）推进。

连州的士卒大多是南汉降将李廷琪的旧部，李廷琪威望不减，仅凭单骑招降，就使汉军纷纷让路。连州守将卢收不得已撤离，向清远（今广东清远）逃遁，宋军再一次不战而胜，轻松拿下一城。

连州陷落后，刘铱竟不以为悲痛，反而欣喜地说："昭州、桂州、连州、贺州，还有先前的郴州，都是湖南旧地，如今北军取得它们，应该知足了，不会继续南下啦！"能抛出这番言论，是该说他过于乐观，还是该说他自欺欺人呢？

很快，潘美长驱直入，从连州奔向韶州（今广东韶关），狠狠地给刘铱来了一记响亮的耳光。

当然，刘铱再怎么愚蠢，还不至于轻视韶州这个重要门户，于是尽快做出了应对。韶州东南五里有一处莲花峰，因其山峰形似莲花得名，平时也是文人骚客观光采风的胜景。此时，南汉都统李承渥宣称率领十数万兵马在此严阵以待，并且他还带来了一件秘密武器——象军。

后世的南明名将李定国就用象阵大破了清军，逼得定南王孔有德走投无路，自刎而死，可见象军若部署得当，也能在战场上发挥巨大的战力。但此时的南汉象军不过是一种震慑敌军用的"仪仗"。不知几时起，南汉开始训练大象列阵，据说每一头大象背上可载十几名兵士（自吹），这些"巨无霸"列在阵前，无疑壮大了汉军的声威。

潘美骁勇，他可不惧怕这些庞然大物，只让人找出军中所有强弓劲弩，朝对方象群一顿乱射。这些大象平时也就组个仪仗队，哪里吃过这种苦头，中箭后疼得纷纷掉头就跑，全然不管背上和身后的汉军兄弟，直踩得他们哭爹喊娘，场面一片狼藉。宋军乘势大败汉军，攻下了韶州，生擒刺史辛延渥等人。李承渥仅以身免，逃回广州。

辛延渥被俘后，在潘美授意下写信劝降。刘铱有些意动，但见李讬坚决反对，只好收起心思，在兴王府东面深挖壕沟，做好战备。宦官专权的恶果再次凸显：潘崇彻已外出，眼下朝中竟无可以领兵之人，让刘铱心急如焚。

南汉后宫有个德高望重的老宫女梁鸾真，向皇帝推荐了自己的养子——内侍兼太微宫使郭崇岳。他也是一名宦官，虽然在宫中不是生面孔，但素无战功。可现在形势危急，刘𬬮也顾不了那么多，他自然没有御驾亲征的那个胆识，只好拿死马当活马医。

郭崇岳领命，和另一位被解除兵权多时的将领植廷晓一起，带着由前线败军和其他部队凑成的六万人马，屯兵马迳（今广州北部马鞍山）拱卫兴王府，是成是败，听天由命了。

一炬成飞灰

转眼已到开宝四年（971年），在接连攻克英州（今广东英德）、雄州（属韶州雄武军，今广东南雄）等地后，潘美又收到了一份新年厚礼——南汉最后的国之柱石潘崇彻，怀着无限失望之情，携五万大军奉表投降。

潘崇彻本是潘美最为顾忌的对手，如今强敌化为友军，潘美乐不可支——南汉已经无人能够阻挡宋军了！

宋军势如破竹，继续向南来到泷头（今广东英德南十五里）时，遇到了南汉谏议大夫王珪。原来，不可一世的刘𬬮总算舍得身段示弱求和，派王珪来请宋军暂缓行军。

现在想坐下来好好谈了？哼，晚了！潘美斩钉截铁地拒绝了请和，回复道："能战你就战，不能战就守，守不了那我劝你投降，不想投降，那就赴死！也不想死的话，那就只剩下逃亡了。不好意思，在我这儿就只能这五选一了，没有求和这个选项！"

潘美撂下的话十分硬气，但他并未盲目自大，仍是十分慎重小心。泷头一带山水险恶，出于对可能有埋伏的顾虑，潘美挟持王珪快马加鞭，率军全速通过路上的诸多险阻。正月二十八日，宋军抵达兴王府一带，屯兵于马迳附近的双女山，正好能俯瞰郭崇岳的大营。

潘美仍不失警惕，多次派出游骑发起试探性进攻。其实，汉军主将郭崇岳乃是一个缺乏勇略之人，只知日夜在帐中乞灵鬼神，寄希望于这些看不见摸不着东西。加上他的部队里有不少从韶州退回来的残兵败将，以致整支大军士气非常低落，只有植廷晓请求出战，但郭崇岳坚决不肯答应，闭栅不出，做起了缩头乌龟。

而兴王府这边，眼见请和一事迟迟没有回音，刘𬬮已经动了逃亡的心思，他找来十几艘大船，满载金银财宝和后宫妃嫔，准备入海远逃。他想着，只要这次能顺利出海，以后就可以做个岛主，虽然比不上当皇帝舒服，但依然能够过快活日子。然而，这个美梦没多久就碎了——一名叫乐范的宦官见钱眼开，联合千名卫士盗走这些大船后逃之夭夭。

这该杀的阉竖！朕的财富，朕的美人啊！刘𬬮的心凉了一大半，看着空虚的国库和后宫，再看看凋零的殿下群臣，突然觉得索然无味，于是再派使者前往潘美部队，奉表乞降。

眼下宋军离郭崇岳大营仅十里地，距兴王府也只有一百二十里地，决战一触即发，焉有受降的必要？潘美没有理会，直接把使者送到开封去——等到天子批复同意后，我再接受投降也不迟！

刘𬬮越发恐惧，只好一面令郭崇岳严防死守，一面为表诚意，又在二月初一派自己最要好的弟弟祯王刘保兴率领文武百官（不包括龚澄枢、李托等人）前往宋营再一次求降。

然而求降的队伍没能走远，他们遭到了郭崇岳的百般拦截。概因郭崇岳是个很矛盾的存在，他既没有胆量与宋军交战，却又不愿就这么屈膝降敌，于是只能为难自己人。刘𬬮没有办法，只好搬出兴王府余下所有兵力，准备与宋军决一死战。据记载，此时汉军加起来有十五万人，这个数量应该是有一些水分的，但即便打个对折，也是不少了。

此时植廷晓已忍无可忍，再这样按兵不动，迟早大家一起玩儿完，还不如殊死一搏！他对郭崇岳说道："北军乘着席卷而来的攻势，锐不可当，我军虽然势众，但多是遭受重创的残兵败卒。如果不驱策向前，只能坐以待毙，注定灭亡！"郭崇岳争辩不过，只好勉强同意。

二月初四这天，植廷晓带头率军赶往江边布阵，郭崇岳殿后，同时负责看好军队，以防溃乱。见汉军倾巢而出，宋军也好比饿鹰扑食，直接蹚水过来。两军正面交锋，终因实力悬殊，南汉大败，植廷晓到底没能挽回局面，战死沙场，郭崇岳则带着残部，再度退回营寨。

潘美留意到，汉军的营栅多是木竹材料，便对王明等将说："对方用竹子树木编造栅栏，要是给他来一把火，必然大乱，我军精锐再乘乱夹攻，此乃万全之策！"

潘美雷厉风行，入夜即分派数千名丁夫，每人手里攥着两把火炬，走小道悄然来到汉军营栅一旁。彼时，万炬齐下，又遇天公助力，刮起了北风，汉军大营顷刻间陷入一片火海。趁着对方乱作一团，潘美挥师急攻，阵斩数万汉军，郭崇岳也死在了乱军之中。

至此，兴王府门户洞开，彻底暴露在了潘美的眼皮底下，宋军前方一路坦途。

之前被郭崇岳拦截下的祯王刘保兴则侥幸乱中脱身，逃回了广州，向刘铱报告了这个令人崩溃的消息。存亡关头，龚澄枢、李讬、薛崇誉几人一合计，却得出这样一个结论："北军南来，无非就是贪求我国的珍宝而已。现在把它们全部烧了，让兴王府成为一座空城，对方定然不会久留，到时候就会自行回去了！"

这个结论当然是愚不可及、丧心病狂的。这些身心俱不全的宦官，不过是在为"自己得不到的东西，别人也休想得到"的扭曲心理寻找一个冠冕堂皇的借口罢了。

薛崇誉面无表情地向皇城掷下了第一把火，随后是第二把、第三把……一阵阵火光从宝殿、府库顶上蹿起，照亮了整个兴王府的夜空。一夜之间，精致华美的珠宫贝阙、堆积如山的奇珍异宝，都在这熊熊烈火中化为灰烬，徒留焦黑的废墟。

宋军抵达，刘鋹素服出降，汉国宗室、近百位臣属紧随其后。潘美进入广州，把俘虏们羁押在已化为残垣断壁的龙德宫中。其后，又有一百多名衣着华丽的宦官前来求见。潘美正因为大火造成的损失十分气闷，回头便见着这群穷奢极欲的祸害，怒从心起，直接下令全砍了，方才出了口恶气。

这一天是南汉大宝十四年（北宋开宝四年）二月初五，历经四任皇帝（刘龑、刘玢、刘晟、刘鋹），存续了五十四年的南汉政权就此终结。如果从南汉的奠基者——唐末清海军节度使刘隐开始算起，刘家已在广州割据了七十五年之久。灭南汉，北宋收获六十州共二百十四县之地、十七万二百六十三户。

之后，潘美和尹崇珂留下来一同担任广州知州，与都监朱宪一起平定尚未臣服于宋朝的南汉残余势力，其中也包括那位卷款潜逃的宦官乐范（疑似遇上了更强的海盗，导致人财两空）。至开宝六年（973 年）九月，宋岭南诸州都巡检使曹光实上任后，彻底平定了岭南。

至于刘鋹一行，他们于开宝四年四月末被押至开封。刚一抵达玉津园，赵匡胤就派副相吕余庆就南汉反复无常、焚烧府库之事前来问责，刘鋹立即把这些罪过全归在龚澄枢、李托、薛崇誉等人身上。而这几个平时在朝堂上趾高气扬的宦官，面对赵匡胤派来的人的询问，都没了声音，扭扭捏捏，不太情愿认罪。

就在这时，之前先一步来汴梁求和的谏议大夫王珪忍不住了，他倒是算一个清明之臣，对宦官误国积怨已久（虽然他自己也是一个阉人），听说了兴王府大火之后，当场发飙："昔日在广州时，国家机要政务全都被你们一伙人把持，大火又是从宫中烧起来的，如今还想把过失推脱到谁身上？"话音刚落，王珪便朝李托吐了一口唾沫，又附赠一个耳光。也就是有人拦着，不然以王珪那副恨不得生啖其肉的架势，指不定还得施加多少拳脚。龚澄枢等人见状，吓得立即认罪。

五月初一，赵匡胤将南汉君臣押送到太庙、太社，举行了隆重的受俘仪式，又来到明德门前，命摄刑部尚书卢多逊历数刘鋹之罪。在斩杀了刘鋹口中

"却是国主"的龚澄枢一党后，赵匡胤释放了刘铢，封他为恩赦侯，给这个昏君一个右千牛卫大将军的闲职，放在鼻子底下不好不坏地养着。赵光义即位后，又将刘铢改封为卫国公。刘铢大言不惭地自称是"降王之长"，靠卖弄愚鲁来取悦宋帝，得以在开封善终。这都是后话了。

而当前，赵匡胤解决了南汉，再放眼南方，尚称得上是北宋对手的割据政权，就只剩一家了。

金陵气散：宋灭南唐之战

鼠入牛角

自从遭到后周的沉重军事打击，失去了江北十四州这一要地，南唐国势便一蹶不振。

平定扬州的李重进后，赵匡胤一度表露出想要携大军乘胜渡江的念头，着实把李璟那颗本就高悬着的小心脏吓得不轻。后来赵匡胤思虑再三，认为时机未到，取消了这次南征，但惊魂未定的李璟决意搬家，把国都从金陵迁到了洪都南昌府（今江西南昌）。

仓促迁都，南昌府的环境设施不比金陵，地方也要狭小得多，群臣无时无刻不思归，李璟本人退朝以后，也常常空望北方，闷闷不乐，搬家才不到三个月，南唐君臣就又计划着还都金陵。

就在这时，李璟因长期心存郁结却无以抒发，终于一病不起，在建隆二年六月末逝世，年仅四十六岁。李璟归西，留在金陵监国的太子李从嘉即位，改名李煜，这就是在文坛上留下盛名的李后主了。

从表面上来看，宋帝、唐主两家和谐相处了十年之久，都没有轻触那层窗户纸。

李煜笑脸相迎，赵匡胤也客气相待，不仅同意了他追尊父亲李璟为帝（庙号元宗）的请求，而且在南唐境内出现旱灾时，赵匡胤也爽快地调拨了十万石粮食相助。

而李煜对宗主国北宋的态度，也比其父更加谨小慎微，不仅进献更多金银财宝，而且每逢宋使到来，他都要特意换上紫袍来接待，用低姿态来维系这个风雨飘摇的政权。

在外交方面，李煜也积极配合赵匡胤的步调，比如两次写信劝降南汉，为此还搭上了一个龚慎仪。

直到开宝四年年初，南汉被灭，龚慎仪得以回国，当了十年国主的李煜突然意识到，大事不妙了——南唐此刻已经在北、西、南三个方向陷入北宋的包夹，至于东边的吴越和漳泉两家，本属南唐宿敌，也都称臣于宋，赵匡胤无疑已对李煜张开了一张大网！

李煜大为震恐，光是在汉阳屯兵还不够，就在当年十一月，李煜又派遣弟弟韩王李从善北上朝贡，同时表示愿意把"唐"这个令无数人引以为傲的国号也削去，以后只称"江南国主"——既然大国占不成了，做个小国主总可以吧？

赵匡胤同意了这个做法，但又顺势把李从善扣留在了开封，软禁起来。

李煜大惊，又在开宝五年（972年）把国中制度一概降格，就连宫殿上的鸱吻装饰也全去了，以此来讨好赵匡胤。李煜也曾多次手书上疏北宋，求放弟弟归国，赵匡胤一概婉拒，只是封李从善为泰宁军节度使，连带其手下人加官，以表恩宠。

在几个弟弟里，李煜与同母七弟李从善关系最好，为此发出了"空苍苍兮风凄凄，心踯躅兮泪涟洄。无一欢之可作，有万绪以缠悲"的嗟叹，也因为始终没能够让弟弟回来，李煜更是无颜面对弟媳。韩王妃思夫心切，最后忧愤而死。

事实证明，一味地顺从和示弱，反而更会招致欺凌。为保住自己的宝座，李煜一而再，再而三地退让，向北宋表示绝对恭顺，结果适得其反，非但没能换得李从善归来，还让赵匡胤更觉他软弱可欺，尽显亡国之态。

早在开宝三年年底，宋军伐南汉时，镇守洪州的南都留守林仁肇就秘密上奏李煜："淮南诸州的守军均不过千人，而宋朝前些年灭蜀，如今又要攻取岭南，往返路途几千里，军队正疲惫困乏。希望陛下调拨给臣数万兵马，我将从寿春渡江北上，占据正阳，利用思念故国的百姓，可以收复江北故土。即便宋军来攻，臣占据淮南抵其援军，对方一定无法与我军相抗衡！"

难得林仁肇还为李煜设计了一条后路："臣举兵之日，就请陛下向宋朝通报说这是臣叛国外逃，这样的话，如大事可成，则国家享受好处，如事情不成，就请陛下诛灭臣全家，以此表明您对宋朝并无二心！"

林仁肇想牺牲小家，成全南唐，但怯懦的李煜害怕失败，不肯听从，连忙堵住对方的嘴。

枢密承旨、沿江巡检使卢绛在招募亡民、练习水战上很有一套，曾多次拦截想要从海门通过的吴越水师，并缴获了对方数百艘战舰。面对与日俱增的军事压力，卢绛也劝说李煜："吴越是我们的世仇，有朝一日一定会充当北朝的向导，形成犄角夹击之势，攻打我国，应该先灭掉吴越！"

李煜仍有顾虑："吴越是大朝附庸（现在的南唐也是），怎敢轻易交兵！"

卢绛同样有办法，献策道："臣请求诈称率领宣、歙二州叛乱，陛下可以扬言讨伐，并向吴越请求支援。吴越乐见我国内乱，一定会派兵，等他们一到，我军就进行抗击，臣也紧随其后进攻对方，吴越国必定灭亡！"

然而李煜畏首畏尾，同样不肯采用卢绛之策，让一干期望救国图存的忠臣志士扼腕叹息。

反过来，赵匡胤的小动作不断，曾让李从善劝兄入朝，但李煜也没傻到主动羊入虎口的程度，只是一面对外委曲求全、增加岁贡，一面在境内修缮武备，以图撕破脸的时候尚能自保。

看来用李从善做人质，筹码分量还不够重，不过很快，赵匡胤又从他身上发掘出了别的用处。

其时，南唐名将凋零殆尽，只有镇守长江中游诸要地的骁将林仁肇尚存威望、深得人心，人称"林虎子"，他主张抗宋，因此遭到中原朝廷的忌惮，是赵匡胤首要关切的对手。

赵匡胤派人前往南唐，重金贿赂林仁肇的左右侍从偷来这位名将的画像，再制造一场"偶遇"，让随侍李从善的南唐使者一行撞见这幅画，并且故意问道："你们认为，这画怎么样啊？"江南人自然不会认不出国内政要，满腹狐疑地回应："这……这很像我国大将林仁肇啊。"

见鱼儿上了钩，赵匡胤假装漫不经心地回答："仁肇将军准备投降大宋，就先用这幅画像作为信物了。"接着又指着一处空屋说道："到时候，就把这里赐给仁肇吧！"

李从善闻讯大吃一惊，立即将此事密报给了江南。果不其然，李煜见风就是雨，一下便落入圈套，以为正是自己不纳建议，引起了林仁肇的不满，导致对方暗中投敌。开宝五年二月，李煜派人暗中毒死了林仁肇，就这样，南唐最后的名将死在了反间计下。

当初举荐林仁肇和卢绛的人，正是南唐枢密使陈乔。眼下林仁肇死于非命，陈乔大感伤悲，不禁哀叹："国家大势至此，又杀了忠臣，我真不知道自己会是怎么个死法？"

计除林仁肇后，赵匡胤加快了针对江南国的备战节奏，进行了一系列相关部署。

开宝六年四月间，北宋翰林学士卢多逊以生辰国信使的身份出使江南，给李煜祝寿（显然，民间流传李煜生日在七夕是不准确的）。

临别之际，卢多逊以朝廷重修天下图经只缺江东地区的资料为由，向李煜提出索取图籍的要求。偏偏李煜缺个心眼儿，他只巴不得卢多逊早点离开，于是不假思索地让人把江南的图籍抄来，一并送给对方，好打发上路。

有了这些资料，江南十九州地势、驻军虚实、道路远近、户口多少，一切尽在北宋掌握，卢多逊心满意足，一回朝就向赵匡胤进言，认为江南势衰，可以攻取。大喜之余，赵匡胤非常欣赏卢多逊的智谋，有意重用他，不久就升他为副相。

早在开宝五年十一月，赵匡胤已命之前的两位副相薛居正、吕余庆兼任淮南、荆湖、岭南、剑南等地水陆转运事务，确保前线物资充足。在其后两年，尤其是开宝七年（974年）夏季，赵匡胤又多次检阅水师操练，为即将进行的大规模水战做准备。

与赵匡胤的积极筹备相对，江南再度陷入党争，国政混乱不堪。

李煜本人是一名虔诚的佛教徒，正因为他佞佛，金陵僧尼达数万之多，而这些人有国主这把保护伞，往往不用为犯法买单，只要假装诵佛念经，就能逃脱制裁，由此引发了社会的动荡不安。李煜还整天与一名号称"小长老"的神僧念佛论禅，对国家政务越发不关心。有说法认为，这位僧人其实也是赵匡胤刻意安排过来的，专门蛊惑李煜。

此外，李煜不听良臣忠言，缢死李平，逼杀潘佑，还一味专宠并放权给清辉殿学士张洎（jì），以及宗亲徐辽、徐游、徐元楀（南唐开国皇帝李昪原冒姓徐）等近臣。国家政令一时全出自澄心堂，中书省和枢密院形如虚设，奸佞当道，每况愈下。

江南有个未能考中进士的书生名叫樊若水，他上书针砭时事，但始终得不到回应，于是心怀怨恨，暗中谋划投奔北方。为了给北朝一个见面礼，樊若水假装在采石矶（今安徽马鞍山长江东岸）江边垂钓，实则用小船载着丝绳，在江上往返测量十几次，得到了长江的宽度，以此作为献策的依据。

天予不取，反受其咎。南唐不要的人才，赵匡胤照单全收，不仅赐樊若水及第出身，授予官职，还特地让李煜把樊氏家人都送到了江北，免去人家的后顾之忧。有了樊若水的数据支撑，荆湖守军再依其方略，很快制造出数千艘适合在长江上作战的巨舰，包含黑龙船、黄龙船等式样，以备搭设浮桥渡江。

卢多逊索取图籍回宋朝后，李煜渐渐反应过来，进一步明晰了赵匡胤想要南伐的意图，只好再派使者出使北宋求好，但没有收到答复。阁门使梁迥出使南唐，对李煜说："既然您要求受封，那如今朝廷有祭天大礼，国主何不前来参加？"李煜自是支支吾吾，不肯正面作答。

既然不可能和平收取江南，赵匡胤也不急不躁，沙场见真章吧。

开宝七年九月十八日，赵匡胤命颍州团练使曹翰带兵先行赶赴荆南，其后数日里，陆续进发的还有宣徽南院使曹彬、山南东道节度使潘美、侍卫马军都虞候李汉琼、侍卫步军都虞候刘遇、判四方馆事田钦祚、东上阁门使梁迥等将的部队。此外，黄州刺史王明、荆湖转运使许仲宣等人也蓄势待发。

万事俱备，只欠东风——还差一个对外宣战的借口，毕竟李煜长期以来非常恭顺，如今要伸手打他，起码在表面上得占理。这当然难不倒赵匡胤，他故意又一次派出知制诰李穆出使江南，明确请李煜前来开封。

在枢密使陈乔与清辉殿学士张洎的劝谏下，本打算入朝的李煜最终还是拒绝了，并回复说："我恭谨侍奉大国，只希望能够保全，非要逼到这份上的话，只有一死了！"

李穆摇摇头，警告李煜君臣："朝见与否，国主自己看着办吧，但朝廷兵强马壮，物力富强，江南恐怕挡不住兵锋，到时别后悔呀！"

无论表面上有多和睦，为了天下一统，这层薄薄的窗户纸，到底还是必须捅破的。

秋风扫落叶

赵匡胤吸取当年宋军滥杀导致蜀军复叛的教训，特地让以宽厚仁爱著称的曹彬担任主帅，这是他心目中早已拟定的最佳人选。当年十月，赵匡胤以李煜不肯入朝为由，宣布征讨，任命曹彬为昇州（即金陵府旧称）西南面行营主帅，潘美为都监（实际上的副帅），曹翰为先锋。

诸将临别时，赵匡胤曾交代曹彬："南方之事，一律委托给爱卿。切记，不能施暴掠夺百姓，要扩大我军威信，让江南军民自行归顺，能不急攻，就不急攻。南国本无罪过，但为了统一，朕容不得李氏，你们到了那里，一定不能犯下嗜杀的罪行！"

赵匡胤又拿出一把宝剑，装在匣子里，交给曹彬，并当场宣布："副帅以下，若有不听你号令者，斩！"

显然，这把"尚方宝剑"完全就是故意亮给其他人看的，算上潘美在内，诸将无不大惊失色，不敢抬头。

北宋另外还有一位帮手，即吴越王钱俶（钱弘俶，避讳赵弘殷去了"弘"字），他被任命为昇州东南面行营主帅，负责发兵策应宋军。客省使丁德裕带着一千多名禁军前往东南，担任吴越方面军的都监。

吴越国宰相沈虎子有点儿坐不住了，劝谏钱俶道："江南虽为世仇，但也是我国的屏障，如今大王要撤除这道屏障，到时候拿什么来保卫国家呢？"

不久，李煜也来信苦劝道："今天要是无我，明天又怎么会有你呢？到时候堂堂吴越王，不也只是大梁的一介布衣罢了！"

然而钱俶统统不理，坚持发兵攻打南唐。

这倒怨不了钱俶一根筋，自开国君主钱镠以来，由于深知自身实力不足，历任吴越国王都是奉行事大主义。早在后周时，吴越就曾发兵攻唐，而今北宋已经统一了南方大部分地区，钱俶更没有理由不参与。

到了这时候，李煜还是不肯放弃与北宋交好的可能性，又派遣弟弟江国公李从镒、水部郎中潘慎修带着重金入朝纳贡。这简直就是肉包子打狗，赵匡胤把这些人一律扣留，不作答复。

北宋有条不紊地进行战前部署，集结起十数万大军、几千艘战舰，分五路进击南唐：

——主帅曹彬率侍卫马军都虞候李汉琼、判四方馆事田钦祚等人，领荆湖水军东进，先行攻取南唐池州以东据点，为促成宋军渡江打头阵；

——副帅潘美率侍卫步军都虞候刘遇、东上阁门使梁迥等人，领步骑前往江北的和州，准备渡江会合；

——黄州刺史王明为池州至岳州一带水军主将，负责牵制上游鄂州、湖口等地的南唐水军；

——开封舰队取道汴水，经扬州驶入长江，攻取南唐润州；

——吴越大将沈承礼领兵，与丁德裕部负责攻略南唐常州，再配合宋军合攻润州，牵制金陵东面。

开宝七年十月十八日，曹彬等将自江陵出发。紧随其后的船队上，除了士兵，还满载着丁匠竹索。而在朗州造好的大批量黑龙船、黄龙船，也沿着长江顺流南下。

从鄂州到池州（今安徽贵池）一线，南唐守军表现得非常天真，他们都以为这是宋军在例行巡江，所以非但不加以阻击，还去送上牛酒犒军。宋军水陆得以顺利在长江中游一带集结，曹彬部水军也轻易通过了屯守重兵的湖口（今江西九江湖口）。

十月二十五日这天，曹彬部突然渡江发起袭击，南唐池州守将戈彦弃城而逃，宋军得以在闰十月初五进占池州，很快又接连在铜陵、芜湖等地击败唐军，缴获二百多艘战舰，南唐当涂（今安徽马鞍山当涂）主官魏羽赶忙投降。至此，金陵西南方的一大门户——采石矶已经近在宋军眼前。

南唐虽然不敢怠慢，也在采石矶设下两万重兵把守，但全然不是宋军的对手，曹彬轻而易举将其击败，并生擒了南唐两员大将，共俘虏一千余人。

攻占了这一险要后，曹彬就要接应尚在江对岸的潘美部。到了这时，樊若水的计划和随军所携的材料才真正派上用场。

这是个大胆的计划，反对者认为，长江自古就被称为天堑，江阔水深，古往今来就没有人造桥通过的先例。为此，与采石江面相仿的石牌口（今安徽怀宁西南石牌河口）成了一处试验地点，在验证可行后，一系列由战船连接而成的浮梁被分批移行到采石，再用竹索重新系上，一座巨型浮桥仅耗费三天工夫便顺利完工。

听闻宋军在长江上架设浮桥，李煜征询臣下的看法。其中张洎博览群书，对此嗤之以鼻："自打有历史记载以来，从没有这种事，他们一定不会成功！"李煜也不由得发笑："我也觉得，这就是儿戏！"

然而恰如戏法一般，激动人心的时刻终于到来。江北数万宋军怀着忐忑的心情踏上浮梁，发现往来竟然如履平地。浮梁衔接紧凑，尺寸准确无误，没有发生一起事故，潘美与曹彬顺利会师。

这是长江上的第一座跨江桥梁，这不仅仅是樊若水和全体宋军、丁匠的胜利，更代表人类又一次征服了自然。

江南君臣大梦初觉，火速派出润州镇海军节度使郑彦华率水军万人，天德军都虞候杜真率步骑万人，一齐上路抵御宋军。临行前，李煜还不忘亲自给大军打气："只要两支军队水陆并进，互相接应，就没有不胜利的！"然而事与愿违，这股唐军与敌相遇后，杜真部先行出击，郑彦华却拥兵不救，最终大败。

十二月，金陵戒严，南唐朝廷招募百姓当兵，又通过卖官鬻爵的方式，吸引民间献出财物和粮食。到了这个时候，李煜终于下定决心与赵匡胤决裂，宣布停用开宝年号，但又不敢直接改元，就采用干支纪年。

转入年初，宋军主力顺势扫荡金陵周边，先后在新林寨、白鹭洲、新林港等据点连败唐军，而荆湖宋军、吴越联军也相继从南唐国境周边传来捷报。田钦祚、王佺、侯陟等将也分别在溧水（今南京溧水）、宣州（今安徽宣城）、宣化镇（今南京浦口）等地打了胜仗，逐步扫清了金陵外围。南唐每战必败，伤亡惨重。

开宝八年（975 年）正月，南唐终于集结起十余万大军，前倚秦淮河，背靠金陵城，严阵以待。

这些兵员成分各异，番号多样，除了在后周时期就打出名堂来的"白甲军"，还有擅长在端午节划龙舟的"凌波军"，有民间雇工佣奴集结成的"义勇军"，还有富民土豪招募来的亡命之徒"自在军"……当然，南唐朝廷名为招募，实为搜刮，又在境内强拉了一支"排门军"。这些守军全部加起来，也撑起了十三个等级，但人数再多，名号再响，都无疑不是久经沙场磨炼的宋军之对手。

过完了上元节，正月十七日这天，曹彬与潘美发起了进攻。

当时，船队还没有到齐，为不错失战机，潘美高呼道："我提兵数万精锐前来，战无不胜，攻无不取，岂能被这一衣带水阻隔！"随即率领本部，先行蹚水渡河，打了城下守军一个措手不及。行营马军都指挥使李汉琼也带着本部强渡秦淮，并且在大舰上满载芦苇，顺风纵火，烧杀数千唐军，一举攻下对方水寨。

至二月十二日，宋军又攻克了金陵关城，南唐守军被杀千人，溺死千人，其余人等全都遁入内城。

令人称奇的是，就在这个月，金陵城内竟然照旧举办了年度科举，还精挑细选出了三十位进士。至于李煜本人，则更是有闲情逸致，写下了"樱桃落尽春归去，蝶翻金粉双飞。子规啼月小楼西。曲栏金箔，惆怅卷金泥。门巷寂寥人去后，望残烟草低迷"这样的佳句。

这就不由得让人惊叹：李煜未免也太心大了！

事实上，这位国主还不知道城外发生的变故。自从听从了陈乔、张洎的坚壁清野之策后，李煜便认为可以高枕无忧了，于是整天居于深宫，与僧侣、道士们诵经论易，沉浸在自己清心寡欲的小世界里。至于前方接连不断传来的加急军报，全被徐游、徐元楀、刁衎等近臣拦截，瞒了李煜几个月之久。

其后几个月，宋军多次击败唐军出击，在金陵城外三面立下营寨，正式形成包围之势。

南唐已无可靠的老将，如今主持金陵城中军务之人，乃是神卫军都指挥使皇甫继勋。

不错，这就是皇甫晖家那个不成器的儿子，他不顾父亲生死从滁州逃回后，非但没有受到惩罚，反而凭借烈属身份，年纪轻轻就当上了将军。此子素无战功，只在聚敛财富上尤有一手，据说他名下的园林房产"冠绝金陵"，是名副其实的南唐首富。早前百般构陷林仁肇，令李煜下了杀心的，就有这位皇甫继勋的一份。

宋军围城日久，皇甫继勋不想成为炮灰，也生怕自家财产流失，于是心生投降之意。皇甫继勋曾派侄子皇甫绍杰密奏李煜，请求降宋，但李煜内心是个文艺青年，壮志没有，情怀颇丰，自然反对。

眼见劝降不成，皇甫继勋又生一计，使出比较低劣的伎俩：散布悲观言论，刻意消极对战。

皇甫继勋每每与诸将商议军事，动辄抛出"北军强劲，谁人能敌"之言论，就连听说唐军战败，他也会嬉笑道："我就知道咱们打不过！"着实令人丧气。

但偌大唐军，仍然不乏想要积极御敌之人，屡有副将想要招募勇士夜袭宋军，却都遭到了皇甫继勋的拒绝，非但没获允出击，甚至还要受鞭打拘禁。为迫使李煜投降，皇甫继勋还胡乱指挥，故意让李煜派出一千亲军守卫，果然被击败。

就这样一个心思歹毒、乏善可陈的人，竟然深受倚重，掌握国都金陵城的命运。从根本上来说，识人不明的李煜要负直接责任。

而逃避现实的李煜做了几个月的春秋大梦，总算想起来该出宫走动走动了。但他一登上城头，赫然映入眼帘的，竟是营寨如林、旌旗遍野的宋军！

李煜肝胆俱裂，心里直恨被群臣蒙蔽了双眼，尤其是皇甫继勋，难怪自己每次让他来朝见都不肯来！

纸包不住火，皇甫继勋的阴谋败露，与皇甫绍杰一块儿被李煜下狱处死。他死后，南唐军权重新由澄心堂执掌。但张洎等人毕竟不通军务，实际情况并没有改善多少。眼下金陵万分危急，李煜和张洎只能把正屯守湖口、执掌十万兵众的神卫军都虞候朱令赟当作救命稻草了。

这位朱令赟也是南唐军中的少壮派将领，但陷害林仁肇，也有他的一份，这才继任了林仁肇的镇南军节度使一职。他与绣花枕头皇甫继勋不同，多少还有些才干，由于他额头突出、眼窝深陷（应该是有沙陀血统），加上骁勇善射，在军中还有个"朱深眼"的外号。

金陵告急，军中诸将请求朱令赟趁着江水高涨，迅速东下，但朱令赟却不许："现在前进，上游敌军必定掉头追击我军后方，与其交战，若胜还好说，若是败了，粮道将被切断，到时候危害就大了！"

且不说朱令赟是不是贪生怕死，他的担心也有道理。受宋将王明的牵制，湖口（今江西九江湖口）必须要看好。

于是，朱令赟写信召令洪州（今江西南昌）的南都留守柴克贞前来代守，这样他就可以率军支援金陵。这位柴克贞也是将门子弟，但要比哥哥柴克宏差远了，大概是怯敌的缘故，一味托病推辞，不肯北上。柴克贞不来，朱令赟也就有理由耗着，无论李煜怎么催促，一律不肯出兵。

到了七月，宋军虽然在其他地区接连告捷，但始终未能攻下金陵。战事旷日持久，天气越发炎热，军中又生了疫情。赵匡胤有了休兵的打算，一面命李穆送江国公李从镒回金陵敦促李煜归降，令诸将放缓攻势，一面准备让曹彬退军到扬州，休整兵马，到秋天再图后举。

副相卢多逊审时度势，认为不能退兵，但没能得到赵匡胤的认可，眼看宋军就要功亏一篑，卢多逊心中焦急，恰好这时候来了一个人——与卢多逊交好的扬州知州侯陟回到了开封。这位侯陟本是因为犯了受贿罪，回朝请罚的，由于自知无理可诉，就来请死党帮忙。卢多逊见到他后，眼前一亮：虽然皇帝不听自己的，但侯陟刚从前线回来，他的建议总是听得进去的吧！

侯陟也抱着将功抵罪的念头，于是在卢多逊的指使下求见赵匡胤，称："江南平定在旦夕之间，陛下为什么想要班师？希望您能急速攻取！臣如果误导了陛下，愿灭我三族！"

听了侯陟的一番分析，赵匡胤重新振作起来，决意支持卢多逊的主张，不灭南唐不撤军。而侯陟也因此被赦免罪过，可谓三赢。

李穆带着李从镒再次来到金陵，宣谕赵匡胤的旨意。李煜又一次想要投降，仍然被陈乔、张洎阻拦。这二人不但鼓吹"天命"之论，而且认为金陵城防坚固，北军早晚都要自行退军，李煜只好作罢。

赵匡胤冷哼，再命诸军急攻。此时，东边的常州、润州已相继被吴越联军攻下，号称"虎踞龙盘"的金陵已成一座孤城……

三十年来梦一场

李煜君臣简直泥古不化，仍然寄希望于通使求和；这次的使者除了南唐大才子徐铉，还有张洎力荐的江西隐士周惟简，后者甚至被视为可以在谈笑间化解两国恩怨的谈判高手。

徐铉和周惟简临行前，李煜还特意说："你们离开后，我这就去制止上游的援军，让他们不要东下了。"徐铉有些啼笑皆非，回复这位天真的国主："臣下此行不一定能排忧解难，金陵城中所能仗恃的只有援军了，为什么要制止呢？"

李煜倒是宅心仁厚："我若一边求和一边征兵，自相矛盾，岂不是会陷你于危难？"徐铉发现自己误会了国主，饱含感激地说："您应该以社稷为重，把我等生死置之度外！"同时也下了决心，一定要说服赵匡胤。

开宝八年（975 年）十月，江南使臣一行背负着李煜的殷切期望，风尘仆仆来到了汴梁。

徐铉不卑不亢，仰面大声说道："李煜没有罪过，陛下师出无名！"

赵匡胤对这位江左名臣饶有兴趣，于是召他上殿，让他把话说完。

"李煜以小国事大国，就好像儿子侍奉父亲，从来没有过失。李煜如地，陛下如天，天正要庇护地，为什么李煜要被讨伐呢？"徐铉开了头，情绪便如洪水开了闸，一边滔滔不绝，一边卖力煽情。

然而，这只换来对方辩友赵匡胤轻描淡写的一句话："既然是父子，分成两家吃饭，说得过去吗？"

徐铉一时语塞，竟无理辩驳，被这位武夫天子的口才震惊了。而周惟简也没有发挥多少作用，二人只好就这样灰溜溜地回国。

南唐使臣文斗失利后，驻军湖口的朱令赟终于坐不住了，率领十万余（号称十五万）水军东下，打算破坏采石矶的浮桥，让宋军有来无回。然而，朱令赟之前该出手时不出手，如今却偏偏拣了个不太好的时机，冬初长江水浅，这是常识，加上唐军战舰大到能承载千人，导致无法并进，行军的速度非常缓慢。

负责牵制南唐水军的宋军王明部正屯守独树口（今安徽安庆），王明忙派儿子入朝面圣，请求加造三百艘战舰，以阻挡朱令赟的攻势。显然，这个主意可不怎么样，并没有体现王明的真实水准。

赵匡胤看得明白，答复道："这不是应急之策，朱令赟朝夕间就要到达金陵，那时候就没法继续围城了！"同时密令王明，让他在江心洲浦之间竖起许多高长的木头，看上去就好像风帆桅杆一般。

也许这恰是赵匡胤颇有识人之明的体现，他早已看透了朱令赟。如他所料，谨慎过头的朱令赟看到江上的这些影子，不得不怀疑宋军设有伏兵，于是稍作逗留。这一放缓动作，就给宋军争取到了时间，行营步军都指挥使刘遇已经集结了一支援军，火速赶来。

就在皖口（今安徽安庆皖河入长江之口）一处叫虎踞洲的地方，两军相遇了。刘遇远远望见对方船队中，一艘竖起将旗、高达十数层的战舰尤为显眼，顶端有个人影，正是朱令赟！

既是狭路相逢，两军当即交火，热热闹闹打起来了！

刘遇部虽然骁勇，但所乘船小，而唐军船大，所以一时间双方难分高下。朱令赟见状，竟推出了撒手锏"火油机"。这火油机也不是什么稀罕的神奇武器，只是几艘巨舰而已，上面满载着用油脂浸灌过的芦苇，专门用于火攻。

显然，这批火油机本是朱令赟拿来对付采石浮梁的，现在既然拉不开局面，那就提前发挥它的威力吧！刘遇也没想到朱令赟这么快就要使出大招，他看着叫苦不迭的部队，匆忙间打算撤军退守。

就在这时，意想不到的变故发生了。

正所谓天有不测风云——朱令赟正得意扬扬之时，风向突然发生了改变！

情势骤然陡转，火红的烈焰迅速翻了脸，反过来吞噬了唐军，大船陷入了火海！

天不佑唐，天不佑唐啊！

朱令赟脸色发白，万念俱灰，他知道这场仗若败了将意味着什么，于是纵身一跃，投火而死……

刘遇喜出望外，宋军在皖口之战反败为胜。随后王明在湖口击溃了剩余的唐军，南唐最后一支有生力量至此化为泡影。

外援已绝，李煜只好再一次派徐铉与周惟简带着厚礼北上，向赵匡胤说情。

十一月初三，两国"辩论"再开，徐铉非常恳切地声称与请求："李煜是因为染病，不能入朝觐见，并非胆敢拒绝听命，希望朝廷能延缓攻势，保全江南一国存活！"

赵匡胤本来就已厌烦了应对这一次次无谓的外交，加上徐铉的声色气势也越发严厉、咄咄逼人，他终于像一头被惹恼的狮子一样站起来，按剑高声道："不要再多说了！江南又有什么罪过呢？只是天下一家，卧榻之侧，岂容他人鼾睡！"

一锤定音。

徐铉顿时哑然，惶恐退下，而气势全开的赵匡胤，已经留下了一句千古名言。

至于先前那位被张洎吹上了天的周惟简，早已被吓得双腿发软，连忙结结巴巴地辩解："我本是山野之人，从来没有做过官，是李煜那小子强行要我来的！我听说终南山多灵药，只希望日后能去那儿，归……归隐罢了。"这个周惟简实在是又好笑又可怜，赵匡胤就放他离开了。

至此，就差最后一轮总攻了。

潘美将列阵图呈献给开封方面，请求天子指示。此前，宋军分列三寨，对金陵采取围三阙一的攻势，潘美正负责城北。

赵匡胤不愧是沙场老手，只是看到图就发现了漏洞，指着北寨对使者说："江南人一定会夜袭此处，应该深挖壕沟自守！你快回去通报曹彬他们，合力完成工事，不然会被敌军得手！"

果然，十一月十八日夜，金陵城涌出五千身影，人手一把火炬，击鼓高呼杀往宋军北寨。曹彬与潘美早已准备万全，依托新挖成的壕沟阻截唐军，全歼了这支部队，生擒南唐将校十数人。此战过后，宋军无不惊叹天子料事如神，而唐军则再也不敢出战了。

虽然曹彬遵循赵匡胤的嘱咐，并不急于发起进攻，但从本年的春季到冬季，金陵已经被困十个月之久，城中的米价已飙升到了一斗万钱之高，百姓非病即饥，接连倒下，眼看就要上演易子相食的惨剧。

火候已到，曹彬也不愿生灵涂炭，于是多次写信劝告李煜，并下达了最后通牒："这个月的二十七日，金陵必破，你好自为之！"李煜只得约定，让十八岁的长子清源郡公李仲寓先行入朝，但很快又没了回音。

曹彬每天都派人来敦促，并放宽了条件："郎君不须远行，只要到了营寨，我军马上停止进攻。"然而李煜到底还是被张洎、陈乔等人阻挠，只得借口说："仲寓的行装没有整理齐全，宫中准备上交朝廷的买宴钱也没准备完毕，到二十七日那天，应该就能前来。"

面对这个重度拖延症患者，曹彬简直快被他气得没了脾气，再度派人强硬通知唐廷："你别拖，就是二十六日那天来，也来不及了！"李煜仍然不听，曹彬的最后一次劝降宣告失败。

虽然被李煜弄得大为不快，但曹彬到底不是王全斌，他时刻都很清醒，加上赵匡胤也多次派遣使者叮嘱："不要伤害城中的人们，须知困兽犹斗，对李煜一家也切勿加害。"再看潘美以下将领，忍了南唐这么久，如今将要攻城，个个摩拳擦掌，一脸刀口舐血的凶相，嗜杀之心就快按捺不住了。曹彬知道，他该做点儿什么了。

就在一切攻城措施准备停当之际，十一月二十六日这天，宋军主帅曹彬突然声称病倒，不再打理军务。

明天就开打，主帅却倒下了，这要是打不成，岂不闹了大笑话？诸将一脸问号，全都前来探问病情。

人都到齐了，曹彬这才发话："我的病并不是药物针石就能治好的，希望诸公一起诚心立下誓言，约定破城之后，不妄杀一人！那样我的病自然就能痊愈。"众人恍然大悟，领会了曹大人的意思，纷纷焚香立誓承诺。完事之后，曹彬当场宣布腰不酸了，腿也不疼了，病全好啦！

二十七日，金陵城破之际，作为南唐朝中态度最为坚决的人，陈乔深感后悔，与张洎相约一同死于社稷，希望日后李煜在被北朝问责时，也能把责任全部推到他们这些臣子身上。

然而，张洎可不愿意离开这个花花世界，等到陈乔自缢后，他转头就向李煜说："臣和陈乔一起执掌政务，如今国家灭亡，理应一同殉国，但我又想，都那样了的话，陛下北上，还有谁为您辩明呢？臣之所以不死，是因为有所等待啊。"张洎已经拿捏准了李煜，知道他不忍心让自己去死。

不过殉国者并非只有陈乔一人。金陵城破当天，南唐勤政殿学士钟蒨端坐在家，举族被杀；大理寺评事廖澄从容服毒而死；将军呙彦与马承信、马承俊兄弟巷战而死……

进城后，曹彬再次严厉申明禁止暴行，同时还在军中进行搜查，以防有藏匿他人妻女的行为，江南的士大夫们多数有赖曹彬保全。城中的仓廪府库，曹彬也全权委托给转运使许仲宣查点，自己一概不问。

曹彬确实无愧于其仁将之名，然而，赵匡胤和曹彬要想完全不沾血污，这也几乎是不可能的事。除了上述钟蒨一家，还有富商豪民家族一千多人，因登上昇元寺（即瓦官寺）高阁逃难，也被吴越军活活烧死。

只能说，比起引发蜀中大乱的王全斌、崔彦进等人，曹彬和潘美这回要自律得多，但也仅此而已。

投降之前，李煜曾在宫中堆积起柴草，做出约定举族赴火而死的姿态，似乎准备当第二个梁元帝。不过曹彬见到李煜后既没有疾言厉色，也没有强行羁押，反而先柔声抚慰他，再提醒道："归顺入朝后，俸禄赏赐都有限制，您应该趁现在多装一些财宝，那些东西如果被登记在册，您就一样都拿不到了。"又放李煜回宫，任其拿取财物。

田钦祚、梁迥等人想要阻止，生怕李煜想不开，到时候宋军责任就大了。曹彬却笑了笑，说："李煜此人一向没有决断，如今既已投降，肯定不会自杀，诸位大可不必顾虑啊。"

如此一看，张洎也好，曹彬也好，仿佛满世界都再清楚不过，南唐后主李煜是个何等柔弱、怯懦之人。作为一位君王，李煜的一举一动、一言一行尽在他人掌握，虽是可怜，又能怨谁呢？

北宋开宝八年十一月二十七日，宋军攻破金陵，李煜奉表投降。至此，历经祖孙三代皇帝（李昪、李璟、李煜），存续了三十八年的南唐政权宣告灭亡，北宋得十九州三军共一百零八县之地，计六十五万五千六十五户。

经过周世宗郭荣、宋太祖赵匡胤两代人二十年的努力，自唐末吴王杨行密以来，割据了八十余年的淮南、江南地区基本上回到了中原政权的怀抱。宋灭南唐之战，也是继晋灭东吴之战、隋灭南陈之战后，中国古代战争史上的第三次大规模渡江作战。

十二月，李氏一族登上前往汴梁的行舟，就此与故乡诀别，李煜潸然泪下，提笔写就一首《渡中江望石城泣下》：

江南江北旧家乡，三十年来梦一场。

吴苑宫门今冷落，广陵台殿已荒凉。

云笼远岫愁千片，雨打孤舟泪万行。

兄弟四人三百口，不堪闲坐细思量。

来到开封后，赵匡胤并没有刁难李煜，看在他称藩纳贡这么多年的分上，把他和刘铢两个君主区别开来，甚至单独取消了他的献俘礼，给足了李煜面子。

不过，李煜还是被赵匡胤封了一个颇有讽刺意味的"违命侯"，听着和耶律德光给石重贵的"负义侯"差不多。宋太宗赵光义即位后，又改封李煜为陇西郡公，不过李煜领着一份比较微薄的俸禄（时任右千牛卫上将军），还要养活一大家子人，日子过得还是比较清苦的。

关于李煜的晚年生活，历来富有争议，撇开那些桃色绯闻，徐铉在李煜墓志中的叙述更值得相信："太平兴国三年（978 年）秋七月八日，遘疾薨于京师里第，享年四十有二。"

金陵城破后，南唐其他地区的守将还坚持了一阵子。至开宝九年(976 年)四月，南唐最后一处不降的据点江州才被曹翰攻下。没有了曹彬的约束，曹翰一怒下腰斩江州守将胡则，并制造了宋灭南唐之战中最大的暴行——对江州实施屠城，杀了数万百姓，又夺其家财。更惨无人道的是，屠杀过后，曹翰还将死者的尸体全部投进井口，扔不下的，就全都丢到江中……

靡不有初，鲜克有终。可惜赵匡胤并没有处罚曹翰，反而不久还升了他的官，为灭南唐行动画上了一个血淋淋的句号。

南唐已灭，南方剩下的两个割据势力自是不在话下，甚至用不着北宋诉诸武力。

太平兴国三年四月，平海军节度使陈洪进采纳幕僚刘昌言之议，奉表献上漳、泉二州，共十四县之地，计十五万一千九百七十八户，结束了自闽国末年留从效割据泉州以来三十二年的历史。

太平兴国三年五月，一贯奉行事大政策的吴越王钱俶被宋太宗强行扣留在开封，不得已采纳国相崔仁冀的意见，奉表献上吴越国十三州一军共八十六县之地，计五十五万六百八户，结束了自唐末钱镠割据杭州、统一两浙以来八十余年的历史。

至此，宋朝将南方诸割据势力全数平定。

龙城战歌：宋灭北汉之战

道士与异姓人

灭了南唐以后，宋朝随即把目光转回了北汉。

事实上，在平定南方诸国的过程中，赵匡胤也并没有生硬地贯彻"先南后北""先易后难"这一战略路线。

据说，赵匡胤曾经通过宋汉边界的探子向北汉皇帝刘钧传达了一句话："你家与周朝郭氏世代仇怨，不屈服于人也是理所当然，但如今我朝与你没有什么隔阂，何必困扰这一方百姓呢？倘若有志入主中原，不如南下太行山，一决胜负！"

刘钧非常清楚自身实力，加上早被打出了阴影，自然不会被这种程度的激将法刺激到，于是实实在在地回复道："河东的土地和兵力都不及中原十分之一，我之所以守住这区区弹丸之地，只是担心祖庙无人祭祀罢了。"

史书评论，仅凭刘钧这一番话，赵匡胤便生了怜悯之心，所以在刘钧时代没有征发大军北伐。这话显然有刻意美化的成分，毕竟自打李筠事件后，宋汉之间就常有冲突，其间，辽州还一度陷入宋军之手，只不过后来又被北汉收复罢了。赵匡胤不大举进攻北汉，原因在前文由张晖、张永德和赵普之口阐述过了，而且北宋正忙着攻略荆湖、后蜀，当然抽不出多余兵力。

即位十四年来，偏安一隅的刘钧为了保住这一亩三分地，不惜当上第二位"儿皇帝"，长期对辽国忍气吞声。又因国势日衰，刘钧忧劳成疾，在乾德六年七月时一命呜呼，年仅四十三岁，庙号睿宗。

当初刘崇在世时，刘钧就收养了两个外甥刘继恩、刘继元。直到去世前，刘钧膝下还是没有亲子，只得在临终前把皇位传给刘继恩（原姓薛），同时招来最信任的宰相郭无为，请他担任托孤大臣。当然，刘继恩没有走石重贵的老路，他是在得到契丹的首肯之后才正式即位的。

赵匡胤自是对北汉念念不忘，听说刘氏新丧，马上动心，起了乘虚而入的念头。

八月，赵匡胤即组建河东道行营，做出如下人事安排，兵分东、西两路北上进攻北汉：

——潞州昭义军节度使李继勋任主帅，侍卫步军都指挥使党进任副帅，宣徽南院使曹彬任都监；

——棣州防御使何继筠任先锋主将，怀州防御使康延沼任先锋都监；

——晋州建雄军节度使赵匡赞任汾州路主将，绛州防御使司超任副将，隰州刺史李谦溥任都监。

就在此时，北汉政局陷入了更大的一轮内乱。

北汉宰相郭无为，字无不为，人如其字，是个颇有手段之人。此人早年是个在武当山修炼的道士，据说长了一副"方颡鸟喙"的怪异长相，如同《封神演义》里的雷震子。郭无为曾经前往河中，投奔当时正在讨伐李守贞的郭威，不过没被看上，只得拂衣而去，隐居在晋阳北方的抱腹山中。

刘钧即位后，不知道郭无为走了什么门路，通过枢密使段恒的引荐，得到了新帝的赏识，以一介山人身份进入北汉政界，参与执政。后来段恒因事获罪，郭无为非但干干净净地脱身，甚至还当上了宰相，顺便又一脚踢开了与他素来不和的宰相赵弘。从此，郭无为身兼宰相与枢密使两大要职，成了刘钧倚重的北汉第一权臣。

对宰相专权一事，新上位的皇帝刘继恩非常看不顺眼，如果自己要掌权，这牛鼻子老道无疑是最大的拦路石，所以屡次想把他驱逐出朝堂。但郭无为毕竟混迹政界多年，政治能量巨大，刘继恩非但没能撼动对方，反而打草惊蛇，引起了郭无为的警惕。

郭无为生性狠辣，选择先下手为强。一夜，供奉官侯霸荣等人领命闯入刘继恩卧室，一刀结束了新君的性命。刘继恩时年三十四岁，在位仅六十多天。侯霸荣等人擦干刀口血迹，正准备请赏，不料竟又被郭无为派兵一网打尽，火速被灭口了！

很快，郭无为又拥立了一位新君，是刘钧的另一个外甥，即刘继恩的同母异父弟弟刘继元（原姓何）。同时，他又连忙遣使前往辽国，一方面是告知国内变故，希望承认刘继元；另一方面则是求援，请求阻拦攻势正猛的宋军。

此时，汉军刚刚在洞涡河（今洞涡水）吃了败仗。

此行担任都监的是刘继元的岳父——枢密使马峰，他带领侍卫马步军都虞候刘继业、将领冯进珂部，准备前往团柏谷（今山西祁县东南）扼守。然而，马峰一行才刚过洞涡河，就遭到了宋将李继勋和何继筠的迎头痛击，汉军不敌，伤亡两千人，又有两员大将被俘，只得逃回晋阳。

值得一提的是，汉军将领中那位刘继业，也是刘钧的养子之一。虽然他在此次交战中没有出彩表现，但在未来，他的另一个名字将会响彻后世。

数万宋军继而攻取汾河桥，追击至晋阳城下，并非常不厚道地在延夏门放了一把大火。北汉殿直都知郭守斌率军出战，再次被击败，郭守斌本人也身中箭矢，退回城中。

赵匡胤软硬兼施，于十月派遣使臣前往晋阳城下宣谕，劝刘继元投降，并承诺授他青州平卢军节度使之位，授郭无为邢州安国军节度使之位，至于国丈马峰以下北汉官员，也尽是高官厚禄。

只不过这些诏书，是要先经权相之手的。郭无为一看内容，顿时心动了。同时他又起了一份私心，不愿意让其他人抢先劝降，于是就把其他诏书都藏了起来，只拿出刘继元那份，劝皇帝投降，但对方没有同意，这事就只好先搁下了。

到十一月时，由于久攻晋阳不克，加上辽国西南面都统——南院大王耶律挞烈已经得到指示，率数万骑兵自雁门关南下，李继勋等人担心腹背受敌，只好退兵。北汉有了契丹撑腰，马上又来了底气，乘机联合援军入寇宋境，大掠晋、绛二州而还。

北宋第一次攻打晋阳的行动，就这样虎头蛇尾地结束了，归根结底，还是因为没有准备充分，毕竟漏算了契丹援军这一重要影响因素。

局势稳定下来后，刘继元立即卸下伪装，开始了复仇和清算。他先是直接在舅舅刘钧灵前，让人缢杀有私仇的舅妈郭皇后，其后又把屠刀对准了自己的叔叔辈，刘崇诸子全被囚杀，只有一个刘铣靠着装疯卖傻逃过一劫。郭无为惊得汗都流下来了，不由得倒吸一口凉气：俗话说得好，会咬人的狗不叫，这刘继元表面看起来温温吞吞的，没想到其实是个不好惹的人物啊！

暴君搭配权臣，这样疯狂的组合能走多远呢？

沉浸式攻城

输给北汉不丢人，但要说是输给现在这个政治混乱、国弱民穷的北汉，赵匡胤确实心有不甘，于是在第二年的年初发起了第二次攻晋阳之战，而且还是御驾亲征！

老臣魏仁浦曾用"欲速则不达"来劝谏天子，但赵匡胤不为所动，再次把"先南后北"的原则搁置一旁。

开宝二年二月初八，赵匡胤命宣徽南院使曹彬、侍卫步军都指挥使党进等人先行奔赴太原。其后数日，赵匡胤正式宣布御驾亲征，任命开封尹赵光义为东京留守，枢密副使沈义伦为大内都部署，同时昭义军节度使李继勋仍然担任这一战的行营主帅，建雄军节度使赵赞任行营副帅。

赵匡胤吸取了去年因契丹援汉被打了个措手不及的教训，特地委任相州彰德军节度使韩重赟为北面都部署，定州义武军节度使祁廷义担任副手，负责防备契丹深入镇定地区，南下河北；同时又任命棣州防御使何继筠为石岭关部署，屯兵阳曲（今山西太原阳曲）一带，负责阻击契丹从代北来援北汉。

与此同时，北汉的刘继业、冯进珂二将再次南下屯兵团柏谷，派牙队指挥使陈廷山带着数百人巡逻。不料李继勋大军一来，畏敌如虎的陈廷山就非常自觉地投降了，刘、冯二人摇头叹气，看来这晋阳之南是无地可守了，只得逃奔回城。宋军紧随其后，也追到城下。这让刘继元非常不满意，一怒之下撸了刘、冯二人的兵权。

正值前来册封刘继元的契丹使者韩知璠到来，宫中设下宴席，群臣都要来参加。席间，打定主意要投降的郭无为心生一计，当众表演了一个"特别节目"。这位宰相突然起身来到厅堂正中号啕大哭，又掏出佩刀，看似要自刺胸膛。刘继元连忙跑下台阶，阻止郭无为自残，并亲自拉着他老人家入座，却听对方发问道："为何要凭借一座孤城对抗百万大军啊？"

这句话就问得非常戳心了。刘继元深感难缠，一时下不来台，顿时大为不快，但也没有想太多。

三月二十一日，赵匡胤到达太原，两天后在城南阅兵示威，随即下令修筑长围，又命时任知制诰卢多逊为预备役太原知府。

不久，又有人向赵匡胤提出增兵攻城的请求，不过素来精通水战的左神武统军陈承昭进言说："陛下自有千军万马在左右，为什么不用呢？"赵匡胤并未马上领悟他的意思，于是陈承昭又用马鞭指了指晋阳城东方向。赵匡胤恍然大悟，继而哈哈大笑，立即让陈承昭负责招徕这些"兵众"——汾水！

三月二十九日，陈承昭又在晋祠掘开口子，同时用晋水灌淹晋阳城。当时，晋阳城由西、中、东三城构成，汾水贯穿中城，北汉的宫城正处于西城的西南端，而晋祠又在西城的西南方向。所以只要引入汾水和晋水，离北汉政治中心最近的南墙很快就会陷入一片汪洋。

三月三十日，赵匡胤命令李继勋驻军城南，赵匡赞驻军城西，曹彬驻军城北，党进驻军城东，分列四寨逼围晋阳城。

当夜，北汉军从暗门中突然冲出，偷袭宋军城西大营，赵匡赞与其交战，连脚掌都被对方的弩箭射穿了，然而汉军迟迟不退。眼看陷入胶着，恰好党进属下东寨都监李谦溥在西山伐木，听到了战鼓声，马上带着一群工兵赶赴西军战场，鼓噪而来，汉军不知虚实，不敢久留，连忙退去。

差不多同一时刻，党进的东寨也遭遇了状况。由于北汉实在是无人可用，刘继元很快起复了刘继业，派他带着数百骑兵突袭宋军。党进挺身而出，大破汉军，最后只带着几个人穷追不舍，竟把刘继业逼得躲到壕沟里藏了起来。

刘继业最后靠着援军垂下的绳索才得以入城，免了被俘的厄运。

不出所料，契丹人这一次果然也有所行动，但都被宋军一一化解。

四月十一日，赵匡胤听说辽国一路军将从石岭关南下，马上召阳曲的何继筠前来，面授机宜，又拨给他数千精兵，并赏赐何继筠一碗麻浆粉，对他说："明天中午，朕等待爱卿的捷报到达！"

何继筠吃完这碗解暑小食，立即辞别而去，果然不负厚望，在阳曲北大破辽军，生擒辽国武州刺史王彦符，斩获敌军一千多人、战马七百匹。何继筠随即派儿子何承睿南下献上捷报，而赵匡胤则采取废物利用，把那些辽军首级带到晋阳城下展示，汉军士气顿时大减。

五月初二，河北遭遇了另一路辽国援军。对方从定州方向南下进犯，韩重赟、李汉超等将早已在嘉山（今河北曲阳东）严阵以待，契丹人望见宋军旗帜，大为惊骇，当即准备逃离。韩重赟可不愿放过这些送上门来的便宜，纵马追击，大破辽军，生擒战马数百匹。

直到来自辽国的援军皆败，赵匡胤决定发起总攻。五月初八，赵匡胤亲临晋阳城北，让陈承昭引入汾水。五月十二日，赵匡胤来到涨水的晋阳东南，命水军带头，携带强弓劲弩乘着小舟攻城。

战事非常惨烈，短短三天内，赵匡胤就接连损失了两位高级将领：内外马步军都军头王廷义在登城时，被一箭击毙；殿前指挥使都虞候石汉卿也被飞矢射中，坠入水中淹死。

与此同时，郭无为的逃跑计划也在进行中。这位大忽悠假称亲自带兵出击，得到了刘继元的信任，分到了一千精兵，由刘继业、郭守斌担任副手。刘继元甚至登上南城延夏门为其送行，殷殷等待他们回来，根本没有怀疑郭无为的意图。

然而，当晚突然变天，风雨交加，视野不清，郭无为行进到北桥上时，才发现大部队已经丢了。原来，刘继业隐约察觉了郭无为的阴谋，以坐骑伤了脚为由，已经悄悄带兵回城；至于郭守斌，他是真倒了大霉，在极其恶劣的天气下迷了路，直接与其他人失去了联系。

郭无为的身边只剩数十人，光带这么点儿人去向宋军投降，还不够人家塞牙缝的，只得原路返还晋阳。一回城，郭无为老调重弹，再劝刘继元出降，还是没有得到同意。不久，郭无为那些见不得人的勾当，被一个叫卫德贵的宦官全部抖搂了出来。

闰五月初二，太原南城已经完全被大水包围，水势汹涌，已经漫进延夏门的瓮城，穿过两层外城，直接注入了宫城中！赵匡胤登上长堤查看，发现城墙的缺口逐渐被扩大，汉军虽然打算沿着墙面设置障碍堵塞，但由于有宋军不停地射箭干扰，无法施工。不久又出现转机，水面上竟漂来了成堆干草，箭矢无法穿透，汉军趁势修复了缺口。

当天，为了稳定城内人心，刘继元果断派人将罪不可赦的郭无为缢杀，汉军守城的决心也越发坚定，开始想方设法一次次尝试解围。

西面再次冒出一批汉军，准备焚烧宋军的攻城器械，但被大败，留下了一万余具尸体。

到了半夜，营垒外忽然传来高呼声："汉主投降了！"赵匡胤当即令卫士整备武装，准备开门迎接。八作使赵璲多了个心眼，劝阻道："接受敌人投降，好比面对进攻，岂能半夜三更轻易答应呢！"一打探，果然是间谍所为。

这四个月来，晋阳城久攻不下，宋军长期屯驻在甘草地里，又碰上暑日暴雨，许多士卒都患了痢疾，军心不振，加上又传来辽国再援的消息，让赵匡胤动了退军的心思。

恰在此时，东西班都指挥使李怀忠也中了一箭，差点儿一命归西。眼见同僚们或死或伤，殿前指挥使都虞候赵廷翰眼睛红了，当即率领各班卫士叩头，争先恐后表示愿意以命效力。

赵匡胤动容说道："你们都是我训练出来的好兵，无一不是以一当百，所以护卫左右，休戚与共。朕宁可得不到太原，也不忍心让你们冒着锋刃，踏上必死之地！"诸将士感激涕零，高呼万岁。

赵匡胤不想让自己的精锐白白送死，于是听从了太常博士李光赞和宰相赵普的建议，决定班师回朝。不过此行并非一无所获，至少北宋又从太原地区裹挟得一万多户居民，迁徙至山东、河南等地。

到了六月，在斩杀了一批救援不力的将领后，刘继元命人挖开城墙，排出积水。当时，水位虽然降落，但城墙大多坍塌，辽国韩知璠见到这情形，带着庆幸的口吻叹息道："宋军引水灌城，只知其一，不知其二。如果他们知道先淹灌再排干的话，那么太原必然就完蛋了！"

接连碰了两次钉子，赵匡胤只得再次把工作重心放到"先南后北"上来，在其后数年里，接连攻灭了南汉、南唐。等到基本完成对南方的统一后，趁着北汉近年政坛地震不断、良将被杀殆尽，马上发起了第三次攻打晋阳之战。

开宝九年八月十三日，赵匡胤任命侍卫马军都指挥使党进为河东道行营主师，宣徽北院使潘美为行营都监，虎捷右厢都指挥使杨光义为行营都虞候，加上牛思进、米文义等将，分五路进取北汉。宋军接连告捷，取得了比之前更大的战果，再度直逼晋阳城下。

然而就在这样关键的时刻，宋太祖赵匡胤忽然丢下未竟的统一大业，溘然离世，只留下一个"烛影斧声"的千古谜案待后人解读。新帝赵光义需要稳定局势，只得下令河东行营撤军。

北汉虽然没有被直接灭掉，但经过宋太祖的三征晋阳，刘氏已经遭受了无法挽回的沉重打击，如今只剩下三万兵马，距离灭亡也已经为期不远了。

平晋交响曲

早在登基之初，赵光义就曾对弟弟齐王赵廷美说过："太原，我一定要拿下！"其后，除了稳固自己的统治以外，赵光义同样加紧了军队的训练，并且下令太行东西各州制造攻城器械和转运粮草，这些措施无疑都是在为攻打北汉做准备。

太平兴国三年，漳泉、吴越相继献土，南方实现了全部统一。为了超越周世宗、宋太祖的功业，地图上最为显眼的北汉自然成为赵光义的下一个目标。

太平兴国四年（979年）正月，在得到时任枢密使曹彬的支持后，赵光义宣布御驾亲征北汉，并为诸将分配好了任务：命宣徽南院使潘美担任此次主帅；河阳节度使崔彦进攻打晋阳东面，彰德节度使李汉琼攻打晋阳南面，彰信节度使刘遇攻打晋阳北面，桂州观察使曹翰攻打晋阳西面；马军都虞候米信、步军都虞候田重进分别担任行营的马、步军都指挥使。

这里先前还发生了一段小插曲。本来按照顺序，刘遇应该是负责西面的，但由于西面离北汉宫城较近，自然也更加险恶，所以刘遇想要同曹翰交换一下位置。曹翰也不傻，连忙托词说："观察使班次应该在节度使之下，我去打西面不合适吧。"可刘遇无论如何都想要换，商议久而不决。赵光义顾虑诸将不和，特意下旨给曹翰，好言好语哄道："爱卿智勇双全，晋阳城西面非爱卿不能对付啊！"曹翰这才同意交换位置。

二月，赵光义又以宰相沈义伦为东京留守，宣徽北院使王仁赡为大内都部署，枢密承旨陈从信为大内副都部署，左屯卫上将军张铎为京城内外都巡检使，于十五日动身北上镇州，亲自到河北牵制契丹。

同样在西路，赵光义让云州观察使郭进担任石岭关都部署，此外还让汾州防御使田钦祚、通事舍人王侁、军器库使刘文裕等人率部协防，应对可能从西路南下的辽国援军。

二月十九日，宋帝一行来到澶州（今河南濮阳）时，遇到一位叫宋捷的小官呈奏。听闻小官的姓名，赵光义非常欣喜地说："这是说我军必定大捷啊！"还给他升了官。这也可见其求胜心切了。

宋军兵分数路，攻打隆州（今山西祁县东南）、盂县（今山西盂县）、沁州（今山西沁源）、汾州（今山西汾阳）、岚州（今山西岚县）等地，牵制这些地区的守军，使之不能增援晋阳。

就在三月，辽国果然命令云中大同军节度使耶律善补向北汉发兵增援。

随后，任命南府宰相耶律沙为都统，冀王耶律敌烈为都监，与枢密副使耶律抹只率军先行。南院大王耶律斜轸、左千牛卫大将军韩侼等军作为后继部队。

三月十六日，契丹兵锋抵达白马岭（今山西盂县北），与郭进的部队隔着一条山涧相望。耶律沙等将打算等待后援，然而耶律敌烈、耶律抹只却认为速攻有利，急吼吼地就要蹚水过去交战，耶律沙想拦也拦不住。

这群冒失的契丹人还没渡过一半涧水，郭进便率领骑兵冲杀上来，一举大破辽军。一战下来，耶律敌烈等五位辽国大将悉数战死，耶律沙和耶律抹只仅以身免，还是幸亏耶律斜轸马上赶到，万箭齐发，才迫使郭进部退去。

郭进又逮到了刘继元的密使，带到晋阳城下示众，放出辽军战败的消息，令城中士气垮了大半。

也许郭进本人也想不到，这场白马岭之战不仅断绝了北汉最后的生机，还成为宋辽战争史上宋军战果最大的一次战役。可惜不到十天，这位为宋朝立下多次功勋的名将郭进，因为遭到监军田钦祚的欺压，性格刚烈的他不堪其辱，自尽而死，为宋朝的战事蒙上了一层淡淡的阴影……

经历惨败的辽军一时无力再多管闲事，赵光义遂从镇州出发，于四月二十二日抵达晋阳，亲临督战。

为了在气势上压倒敌军，赵光义每次巡视城郭，都要让几百名袒露上身、击鼓呐喊的"杂技演员"在前方开路。他们都是精挑细选的军士，精通舞剑，能够把剑抛到空中，再纵身跳起接住，如此反复。这些惊心动魄的表演，本来是赵光义专门训练来吓唬契丹使者的，这回更是派上了用场，守军无不胆战心惊。

宋军这边，崔翰、李汉琼等大将以身作则，虽身中流矢仍血战不已，加上天子赵光义不畏箭雨，亲自劳军，更是振奋了士气。

而北汉内部，厌战情绪高涨，宣徽使范超、侍卫马步军都指挥使郭万超等高官接连溜出晋阳，投降宋军。

五月初四，赵光义向诸将宣布发起总攻："明天就是端午节，咱们一定要在城里吃饭！"

愿是许了，但可惜还是没能赶上。宋军发起了强势的猛攻，却还是没能在晋阳城里过上端午。直到五月初五晚上，刘继元才听从国丈马峰的建议，决定投降。

北宋太平兴国四年五月初六（979 年 6 月 3 日），黎明时分，北汉英武皇帝刘继元身穿素服，头戴纱帽出城降宋。北汉政权作为后汉的残余势力，历经四帝（刘崇、刘钧、刘继恩、刘继元）二十八年，宣告灭亡，北宋得十州一军共四十一县之地，计三万五千二百二十户。

最初刘继业仍据城苦战，直到收到刘继元的劝降书，方才最后拜过一次北汉，大哭一场，脱下盔甲。赵光义对刘继业的骁勇之名早有耳闻，又亲眼得见其忠良品性，大为赞叹，让他恢复本姓，更名为杨业，也就是《杨家将》杨老令公的原型。这也意味着，从此以后，他就是大宋的臣子了。

晋阳，自打唐初齐王李元吉少不更事丢了它以后，这座经营了将近一千五百年的古城，直到北汉出降前，还没有被武力攻克过一次。无论是史思明、氏叔琮、王檀、张敬达，还是郭荣、赵匡胤，都在晋阳城下偃旗息鼓。

作为征服者，赵光义决意破坏这座"龙城"，焚毁晋阳，将并州治所移到榆次，建立新太原城，很多百姓来不及搬走，或者是不愿离开，丧生于火海之中。第二年，赵光义又下令再引汾水、晋水倒灌晋阳废墟，彻底摧毁了这座承载了诸多历史记忆的名城……

无论如何，北汉灭亡，宣示北宋基本完成了一统天下，五代十国的故事真正告一段落。

自从一百多年前的唐末黄巢大乱以来，梁晋争霸群雄并起、中原王朝更迭不休、南北版图四分五裂的大乱世，到此结束了。

正所谓，天下大势，分久必合。

只有少数人留意到，赵光义的目光已悄然投向了更遥远的北方。

那是一块已经散落了整整四十年的老旧拼图，它的名字，正是幽云。

大事记

公元 907 年，梁王朱温篡唐，五代开始。

公元 908 年，潞州夹寨之战，晋王李存勖击败梁军。

公元 911 年，柏乡之战，晋军大败梁军；燕王刘守光称帝；晋军攻燕，朱温北征援燕落空。

公元 912 年，朱温二次北征败还，其子朱友珪发动政变，朱温被杀。

公元 913 年，朱友珪死于政变，弟朱友贞继位；李存勖俘刘守光，燕国灭亡。

公元 915 年，后梁魏博镇归附晋国，晋军接连击败梁军。

公元 916 年，后梁奇袭太原失败；故元城之战，梁军惨败；晋国几乎全取河北。

公元 917 年，幽州之战，晋军大败契丹；晋军攻克后梁杨刘城，进逼河南。

公元 918 年，梁晋胡柳陂之战，双方两败俱伤。

公元 919 年，晋军筑德胜城，夹河之战，梁军屡不能胜。

公元 922 年，李存勖击退契丹主耶律阿保机；后梁收复大片河北失地；李存勖平定成德。

公元 923 年，李存勖在魏州称帝，建立后唐；后唐奇袭梁都开封，后梁灭亡。

公元 926 年，后唐内乱，李存勖身死，唐将李嗣源继位。

公元 928 年，义武镇叛，唐将王晏球大败定州契丹联军。

公元 930 年，剑门关之战，两川联军大败后唐军队。

公元 932 年，两川再度交恶，鸡踪桥之战，董璋兵败身死，孟知祥吞并东川。

公元 933 年，李嗣源去世，子李从厚继位。

公元 934 年，潞王李从珂推翻李从厚；孟知祥建后蜀，取得汉中后去世，子孟昶继位。

公元 936 年，后唐讨伐河东，石敬瑭求援契丹，建立后晋；李从珂兵败自焚，后唐灭亡。

公元 938 年，后晋从洛阳迁都开封；后晋正式向契丹割让幽云十六州；南唐建国。

公元 942 年，石敬瑭去世，子石重贵继位。

公元 943 年，后晋平卢节度使杨光远引契丹南下，发动叛乱。

公元 944 年， 后晋在秀容、马家口、戚城、澶州等地击败契丹；晋军平定杨光远之乱。

公元 945 年， 白团卫村之战，后晋痛击契丹，契丹主耶律德光落荒而逃。

公元 946 年， 中渡桥之战，晋将杜重威、李守贞等人举全军投降契丹。

公元 947 年， 契丹入开封，后晋灭亡；契丹改国号为辽；河东节度使刘知远建后汉。

公元 948 年， 刘知远去世，子刘承祐继位；护国、凤翔、永兴三镇联动后蜀，发起叛乱。

公元 949 年， 后汉任枢密使郭威为主将，关西三叛相继被平。

公元 950 年， 郭威起兵南下，刘承祐兵败身死；郭威监国，后汉名存实亡。

公元 951 年， 郭威称帝，建立后周；后汉河东节度使刘崇自立，史称北汉。

公元 954 年， 郭威去世，子郭荣继位，亲率军于高平之战大败刘崇，中原由弱转强。

公元 955 年， 后周攻打后蜀，收复陇右四州。

公元 956 年， 郭荣一征南唐，攻克滁州、扬州、泰州等地。

公元 957 年， 郭荣二征南唐，于紫金山之战击溃南唐大军，取得寿州；郭荣三征南唐。

公元 958 年， 南唐被迫去帝号，向中原称臣纳贡，后周全取江北地区。

公元 959 年，郭荣北伐河朔，收复三关四州，但暴病去世，子郭宗训继位。

公元 960 年，后周殿前都点检赵匡胤发动陈桥兵变，迫周帝禅位，建立北宋；北宋相继平定昭义、淮南二李叛乱；赵匡胤雪夜访普，确立统一战略。

公元 963 年，北宋降荆南、武平。

公元 965 年，北宋灭后蜀。

公元 968 年，北宋一攻太原，不克。

公元 969 年，北宋二攻太原，不克。

公元 971 年，北宋灭南汉。

公元 975 年，北宋灭南唐。

公元 976 年，赵匡胤暴死，北宋三攻太原中止，弟赵光义继位。

公元 978 年，北宋相继得漳泉、吴越献土，实现南方统一。

公元 979 年，北宋四攻太原，击败契丹援军，灭亡北汉，五代十国历史结束。

参考文献

1. ［后晋］刘昫，等 . 旧唐书 [M]. 北京：中华书局，1975.

2. ［五代］孙光宪 . 全宋笔记，第一编，第一册：北梦琐言 [M]. 郑州：大象出版社，2003.

3. ［北宋］王溥 . 五代会要 [M]. 北京：中华书局，1985.

4. ［北宋］薛居正，等 . 旧五代史 [M]. 北京：中华书局，1976.

5. ［北宋］欧阳修，等 . 新唐书 [M]. 北京：中华书局，1975.

6. ［北宋］欧阳修 . 新五代史 [M]. 北京：中华书局，1974.

7. ［北宋］司马光 . ［元］胡三省（注）. 资治通鉴 [M]. 北京：中华书局，2011.

8. ［北宋］王偁 . 东都事略 [M]. 台北：文海出版社，1979.

9. ［北宋］王钦若，等 . 册府元龟 [M]. 北京：中华书局，1960.

10. ［北宋］李昉，等 . 太平广记 [M]. 北京：中华书局，1961.

11. ［北宋］陶岳 . 五代史书汇编（第 5 册）：五代史补 [M]. 杭州：杭州出版社，2004.

12. ［北宋］路振 . 五代史书汇编（第 6 册）：九国志 [M]. 杭州：杭州出版社，2004.

13. ［南宋］李焘 . 续资治通鉴长编 [M]. 北京：中华书局，2004.

14. ［元］脱脱，等 . 宋史 [M]. 北京：中华书局，1977.

15. ［元］脱脱，等 . 辽史 [M]. 北京：中华书局，1974.

16. ［清］毕沅 . 续资治通鉴 [M]. 北京：中华书局，1986.

17. ［清］吴任臣 . 十国春秋 [M]. 北京：中华书局，1984.

18. ［清］顾祖禹 . 读史方舆纪要 [M]. 上海：上海书店出版社，1998.

19. 陈尚君（辑校）. 旧五代史新辑会证 [M]. 上海：复旦大学出版社，2005.

20. 王赓武 . 五代时期北方中国的权力结构 [M]. 胡耀飞，尹承 . 上海：中西书局，2014.

21. 郑学檬 . 五代十国史研究 [M]. 上海：上海人民出版社，1991.

22. 张其凡 . 五代禁军初探 [M]. 广州：暨南大学出版社，1993.

23. 杜文玉 . 五代十国制度研究 [M]. 北京：人民出版社，2006.

中国甲胄史图鉴

一场有关甲胄的视觉指南，多方位展现中国甲胄发展史

◎ 高清的陶俑、壁画、出土甲胄图片
◎ 刘永华教授、复原甲胄画师刘诗巍的精美手绘图
◎ 函人堂甲胄复原工作室、中式甲胄艺术家李辉提供的精
美复原甲图片

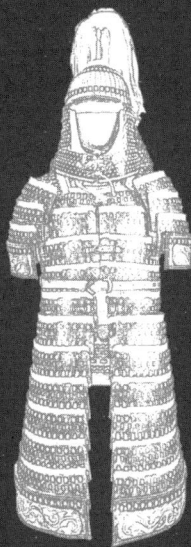

战争事典

中国甲胄史图鉴

中国甲胄史图鉴
一部见证朝代兴亡的武备史记

周渝 著

比小说好看
比剧本精彩

你一定爱读的中国战争史（系列丛书）

有史可证，有迹可循

从春秋到清朝，2600多年的战争故事，让你一读就上瘾

通俗易懂，有趣有料

插科打诨也好，正色直言也罢，说的是古往今来战场风云，塑的是家国内外忠奸百态。场场大戏，英雄、奸雄与"狗熊"，人人都是角儿；篇篇传奇，妙招、奇招和险招，处处有谋略。

中国历史新演绎

用人物刻画战争，用战争串联历史。每一场战争都有典籍支撑。14位新锐作者联袂执笔，精选经典战役铺陈，涉及战略、战术、战法、武器、兵力、布阵、战场展开……

情节紧张，行文爽快

跌宕起伏的王朝命运，两军交戈的剑拔弩张，千钧一发的安危瞬间，惊心动魄的逃亡旅程，风林火山的用兵之法，三十六计的多方施展，卧薪尝胆的多年隐忍，柳暗花明的意外展开……古人的故事，今人读来依然扣人心弦。